职务犯罪案件
监察调查与审查起诉
衔接机制研究

ZHIWU FANZUI ANJIAN
JIANCHA DIAOCHA YU SHENCHA QISU
XIANJIE JIZHI YANJIU

吕晓刚 著

法律出版社
LAW PRESS·CHINA
北京

图书在版编目(CIP)数据

职务犯罪案件监察调查与审查起诉衔接机制研究 / 吕晓刚著. -- 北京:法律出版社,2023

ISBN 978 -7 -5197 -7383 -0

Ⅰ.①职… Ⅱ.①吕… Ⅲ.①职务犯罪－刑事诉讼－诉讼程序－研究－中国 Ⅳ.①D925.218.04

中国版本图书馆 CIP 数据核字(2022)第 238106 号

职务犯罪案件监察调查与审查起诉衔接机制研究
ZHIWU FANZUI ANJIAN JIANCHA DIAOCHA YU SHENCHA QISU XIANJIE JIZHI YANJIU

吕晓刚 著

策划编辑 孙 慧 余群化
责任编辑 孙 慧 余群化
装帧设计 李 瞻

出版发行 法律出版社
编辑统筹 司法实务出版分社
责任校对 晁明慧 王 皓
责任印制 胡晓雅
经 销 新华书店

开本 710 毫米×1000 毫米 1/16
印张 20 字数 298 千
版本 2023 年 10 月第 1 版
印次 2023 年 10 月第 1 次印刷
印刷 唐山玺诚印务有限公司

地址:北京市丰台区莲花池西里 7 号(100073)
网址:www.lawpress.com.cn
投稿邮箱:info@lawpress.com.cn
举报盗版邮箱:jbwq@lawpress.com.cn

销售电话:010 - 83938349
客服电话:010 - 83938350
咨询电话:010 - 63939796

书号:ISBN 978 -7 -5197 -7383 -0
定价:78.00 元

凡购买本社图书,如有印装错误,我社负责退换。电话:010 - 83938349

序　言

随着国家监察体制改革的完成，我国腐败治理体系从制度层面实现了整体重构，职务犯罪追诉模式随之由检察机关自侦自诉的模式，转变为监察机关监察调查与检察机关审查起诉程序之间的衔接模式。由于监察机关在权力基础、法律渊源等方面与刑事侦查机关存在不少区别，职务犯罪案件监察调查与审查起诉的衔接机制，与公安等刑事侦查机关与检察机关之间的刑事侦查与审查起诉衔接机制，在法理基础和基本内容方面，都存在较大差异。因此，需要对职务犯罪案件监察调查与审查起诉衔接机制有关的一系列重要理论问题进行体系性建构，并以此为基础，推进职务犯罪案件监察调查与审查起诉衔接机制的立法完善，优化职务犯罪案件监察调查与审查起诉衔接机制的程序。所以，对职务犯罪监察调查与审查起诉衔接机制进行深入研究，对《监察法》《刑事诉讼法》相关的理论构建、立法完善和实践创新都具有重要的理论意义。

吕晓刚副教授是我指导的博士研究生，我对他的研究领域比较关注。自国家监察体制改革启动以来，他就开始聚焦监察制度与刑事诉讼制度衔接问题。他深入了解实践现状，紧跟学术研究前沿，先后承担了包括国家社科基金在内的一系列科研项目，并就检察机关提前介入监察调查等问题发表过一系列学术论文，积累了扎实的研究基础。

本书内容全面，观点明确，体系完整。作为长期以来对职务犯罪案件监察调查与审查起诉衔接机制研究成果的集中展示，本书研究重点集中在三个方面：一是对职务犯罪案件监察调查与审查起诉衔接机制的基础理论进行系统研究，在准确辨析有关概念内涵外延的基础上，探讨了监察调查与审查起诉衔接机制的理念、原则、价值、功能，为职务犯罪案件监察调查与审查起诉衔接机制理论体系的构建奠定基础。二是对职务犯罪案件监察调查与审查起诉衔接机制的制度进行了全面研究，讨论了监察调查程序与审查起诉程序衔接过程中管辖、证据、强制措施等制度之间的协调兼容。三是对职务犯罪案件监察调查与审查起诉衔接机制的程序框架进行了整体梳理，将对职务犯罪案件监察调查与审查起诉衔接机制的研究范围拓展至检察机关提前介入等环节，并关注了被追诉人不在案案件中监察调查与审查起诉的衔接等既往研究关注不足的问题。

相较于已有研究，本书的主要创新点有以下两个：第一，提出实质衔接理念，拓展了职务犯罪案件监察调查与审查起诉衔接机制的研究范围。职务犯罪案件的监察调查与审查起诉分属监察领域和刑事司法领域，二者在权力基础、程序属性、法律渊源、主体关系、对象身份等层面都存在差异，对职务犯罪案件监察调查与审查起诉衔接机制的研究，不能满足于只提供一种操作方案，应当构建全面推进该衔接机制完善发展的理论支撑体系和实践规范体系。职务犯罪案件监察调查与审查起诉衔接机制的构建，应当建立在能够兼容监察调查与审查起诉两种不同属性程序的基础上，实现监察程序向刑事诉讼程序的转向。在实质衔接视野下，从职务犯罪追诉的目标导向出发，将职务犯罪案件监察调查与审查起诉衔接机制的研究边界前移至监察调查环节，建立检察机关提前介入等机制，保障后续衔接的顺畅高效。将职务犯罪案件监察调查与审查起诉衔接机制的研究边界向后延伸至审查起诉阶段，通过建立退回补充调查等机制，保障审查起诉向监察调查的倒流补强功能能够切实发挥作用。这些观点是新颖且有意义的。第二，提出犯罪追诉与权利保障并重的价值导向。职务犯罪案件监察调查与审查起诉衔接机制不仅实现了监察机关与检察机关之间的案件流转，而且实现了被调查人向犯罪嫌疑人的身份转换，衔接结果直接关系到被追诉人实体责任的确定。因此，针对现行理论研究和立法偏重于权力衔接的倾向，本书提出犯罪追诉与权利保障并重的价值导向。本书关于身份转换与权利义务配置的研究，纠正了普遍存在的“重程序推进，轻权利保障”的价值定位偏差，有利于在监察调查与审查起诉衔接阶段实现犯罪追诉与权利保障之间的良性互动。

总之，本书是一本研究职务犯罪监察调查与审查起诉衔接机制的力作，我祝贺这部著作的问世，也期待作者在本领域持续研究并取得更新的成果。

王新清

2023 年 6 月 27 日

目　录 Contents

绪　论

一、研究缘起——制度改革衍生程序变迁

（一）国家监察体制改革引发职务犯罪追诉制度背景变迁

以腐败犯罪为代表的职务犯罪直接损及社会公平公正，为人民群众所深恶痛绝，影响党和政府的廉洁形象，严重危及国家的长治久安，因而长期受到刑事立法和刑事司法的高度关注。就职务犯罪追诉程序而言，经过长期的实践探索和制度完善，形成了不同于普通刑事犯罪的，以检察机关自侦自诉、法院审判为基本构造的追诉程序。这一程序模式通过发挥检察机关法律监督职能，实现了对职务犯罪的有效追诉，对强化职务犯罪治理发挥了重要的促进作用。然而，由于存在党的纪律检查机关的纪律检查活动与检察机关职务违法犯罪查办活动交叉重叠，影响追诉效率和追诉效果，以及检察机关自侦自诉缺乏有效监督、影响追诉正当性等弊端，影响了职务犯罪的有效追诉。对此，在对反腐败领域进行体系性重塑的国家监察体制改革中，立法对职务犯罪追诉程序，尤其是职务犯罪案件监察调查与审查起诉权力配置进行彻底重构，使职务犯罪案件监察调查与审查起诉衔接机制的制度背景产生了全面整体变革。

党的十八大以来，在总结既往反腐败斗争经验的基础上，针对严峻复杂的职务犯罪治理现状，在以习近平同志为核心的党中央领导下，以法治反腐为基本理念，以不敢腐、不能腐、不想腐为目标驱动，掀起了新一轮反腐败斗争，并取得压倒性胜利。在这一过程中，针对此前反腐败领域存在的主体覆盖不全、资源分散等弊端，从优化国家治理体系和治理能力的角度出发，以实现公职人员全覆盖和职务违法犯罪全覆盖为目标，调整国家权力体系，

推行国家监察体制改革。2016年1月，在十八届中央纪委六次全会上，习近平总书记指出，“整合监察力量，健全国家监察组织架构，形成全面覆盖国家机关及其公务员的国家监察体系”，首次提出进行国家监察体制改革的战略部署，由此拉开了国家监察体制改革的帷幕。同年10月，党的十八届六中全会审议通过了《中国共产党党内监督条例》，根据其第37条第1款的规定，“各级党委应当支持和保证同级人大、政府、监察机关、司法机关等对国家机关及公职人员依法进行监督”，正式明确了监察机关在国家机构体系中的角色定位。由于国家监察体制改革涉及国家权力体系重大变革，牵一发而动全身，为优化改革方案，完善改革举措，国家监察体制改革采取了稳妥科学的，建立在立法机关授权基础上的，由地区试点向全面推行的基本改革路径。2016年11月，中共中央办公厅印发《关于在北京市、山西省、浙江省开展国家监察体制改革试点方案》，这一方案选择北京市、山西省和浙江省作为试点地区，探索监察机关的组织设置、职权职能、制度建设、运行机制，为向全国推广积累实践经验。为实现重大改革于法有据的法治改革理念，2016年12月26日，第十二届全国人民代表大会常务委员会第二十五次会议通过了《关于在北京市、山西省、浙江省开展国家监察体制改革试点工作的决定》，赋予国家监察体制改革试点合法性，并对监察机关所享有的基本职权进行了明确，确认监察机关可以采取谈话、讯问、询问、查询、冻结、调取、查封、扣押、搜查、勘验检查、鉴定、留置等措施。通过对试点地区改革经验和成效的凝练总结，2017年10月，党的十九大报告提出要“深化国家监察体制改革，将试点工作在全国推开，组建国家、省、市、县监察委员会，同党的纪律检查机关合署办公，实现对所有行使公权力的公职人员监察全覆盖”，这既是对此前试点效果的认可，也标志着作为一项整体改革，国家监察体制改革得到了全面推进。2017年11月4日，第十二届全国人民代表大会常务委员会第三十次会议通过了《关于在全国各地推开国家监察体制改革试点工作的决定》，正式宣告国家监察体制改革由地区试点转入全国推进阶段。作为法治反腐的制度载体，国家监察体制改革自启动之初就蕴含深厚的法治底色，不仅改革试点与全面推进都获得最高权力机关的授权认可，并且高度重视国家监察法的制定，通过民主科学的立法过程和高效高质的立法规范，为国家监察体制改革的全面展开提供了坚实的规范保障。早在地方试点阶段，2017 年 6 月，第十二届全国全国人民代表大会常务委员会第二十八次会议就对《监察法（草案）》进行了初次审议。为全面听取社会各界意见，完善立法内容，实现民主立法、科学立法，2017 年 11 月 7 日，《监察法（草案）》在中国人大网上公布并向社会公开征求意见，受到广泛关注。

由于国家监察体制改革创设了监察权这一全新权力类型，会对《宪法》以前所确定的国家权力配置体系产生重大影响，因此为保证国家监察体制改革的合法性与权威性，宪法修正就成为监察机关制度建设的基本前提。2018 年 3 月 11 日，第十三届全国人民代表大会第一次会议审议通过了《宪法修正案》，该修正案第 52 条规定，《宪法》第三章“国家机构”中增加一节，作为第七节“监察委员会”；增加 5 条，分别作为第 123 ~ 127 条，分别规定了监察机关的权力配置、人员构成、组织架构、隶属关系以及运行机制等内容。以此为基础，第十三届全国人民代表大会第一次会议于 2018 年 3 月 20 日审议通过了《监察法》，并于当日公布施行。《监察法》的制定为国家监察机关行使监察权提供了统一明确的规范体系，确定了监察机关行使监督、调查、处置职权的实体和程序规范，标志着国家监察体制改革由改革探索进入制度运行阶段。此外，具体到职务犯罪案件刑事追诉领域，《监察法》规定监察机关作为反腐败专责机关，统一行使对公职人员职务违法犯罪的调查职权，对涉嫌职务犯罪的，在调查完毕后移送检察机关审查起诉。这有以下两个方面的意义：一方面，《刑事诉讼法》所确定的检察机关统一负责职务犯罪侦查和审查起诉的追诉模式已经不符合职务犯罪追诉权力配置现实情况，亟待调整；另一方面，《刑事诉讼法》所确定的职务犯罪检察自侦与审查起诉衔接规范无法满足监察调查与审查起诉衔接的实践需要，亟待完善。因此，《宪法》的修正和《监察法》的制定在职务犯罪追诉职权的配置调整上引发了连锁反应。为保证法制统一、规范协调，《刑事诉讼法》相应地展开了新一轮的修正。2018 年 10 月 26 日，第十三届全国人民代表大会常务委员会第六次会议审议通过了《关于修改〈中华人民共和国刑事诉讼法〉的决定》，完善职务犯罪刑事诉讼程序与监察调查程序的衔接，成为修正的主要内容之一。修正后的《刑事诉讼法》新增第170条,① 规定了监察委员会在职务犯罪案件调查终结后移送检察机关审查起诉的程序衔接规范。

通过《宪法》、《监察法》和《刑事诉讼法》的协调规范，我国对职务犯罪刑事追诉审前程序进行了重构，深刻地影响和改变了刑事司法权力的配置，使职务犯罪追诉领域的犯罪行为调查活动在一定程度上脱离了刑事诉讼范畴，形成了监察调查与刑事诉讼之程序分野。② 这一调整针对的是此前职务违法犯罪调查职权配置分立所导致的管辖空白、效率受限以及重复调查等弊端，实现了职务违法犯罪调查职权的协同行使，符合职务违法犯罪领域职务违法与职务犯罪交织复合的现实规律，并且解决了检察机关职务犯罪自侦自诉模式所面临的正当性困境，具有重要的进步意义。然而，经过这一重构之后，既有职务犯罪刑事追诉完全在刑事诉讼领域内进行的制度背景被打破，形成了纵贯监察调查与刑事诉讼两个不同领域的追诉新模式。据此，有学者提出，经过国家监察体制改革，职务犯罪监察调查取代刑事侦查后，我国的职务犯罪刑事追诉模式发生重大变革，“监察机关调查—检察机关审查起诉”的新模式将清晰地呈现出来。这一新模式明显区别于那种“侦查机关侦查—检察机关审查起诉”的传统追诉模式，“监察机关调查—检察机关审查起诉”模式取代“侦查机关侦查—检察机关审查起诉”模式，成为职务犯罪刑事追诉的主流模式。③ 需要注意的是，虽然此前职务犯罪刑事追诉职权配置也曾进行过调整，但是此类调整并未突破刑事诉讼的制度空间，主体的更迭并未导致程序属性和基础架构的变化，不涉及法理基础和基本制度的变革，因而只需对原有程序规范予以修改补充即可。然而，与之不同的是，国家监察体制改革后，监察机关所行使的监察调查权取代侦查机关行使的刑事侦查权，

---

① 《刑事诉讼法》第170条规定，人民检察院对于监察机关移送起诉的案件，依照本法和《监察法》的有关规定进行审查。人民检察院经审查，认为需要补充核实的，应当退回监察机关补充调查，必要时可以自行补充侦查。对于监察机关移送起诉的已采取留置措施的案件，人民检察院应当对犯罪嫌疑人先行拘留，留置措施自动解除。人民检察院应当在拘留后的10日以内作出是否逮捕、取保候审或者监视居住的决定。在特殊情况下，决定的时间可以延长1~4日。人民检察院决定采取强制措施的期间不计入审查起诉期限。

② 姚莉:《〈监察法〉第33条之法教义学解释——以法法衔接为中心》，载《法学》2021年第1期。

③ 李奋飞:《“调查——公诉”模式研究》，载《法学杂志》2018年第6期。

成为职务犯罪案件事实调查环节的权力基础，由此决定了监察调查程序与刑事侦查程序在程序属性上存在本质差异，这意味着职务犯罪案件的追诉程序被划分为监察属性程序和刑事司法属性程序两个不同的阶段。要实现对职务犯罪案件的刑事追诉，就要将非刑事诉讼意义上的监察调查程序衔接到刑事诉讼程序，并且在此过程中，由于监察调查取代刑事侦查，因而此类犯罪案件的立案程序和侦查程序被取消，使刑事案件“只有立案才能侦查，才能启动之后的起诉程序和审判程序”的传统诉讼格局被打破。[①] 由此，实现了我国法律关于公职人员职务犯罪追诉程序的变革与创新，[②] 但与此同时，也带来了如何实现监察调查程序与刑事诉讼程序有效衔接以及二者内部如何根据衔接要求进行整合的现实挑战。这成为职务犯罪领域在国家监察体制改革时期所面临的首要难题，其核心难点在于不仅要实现案件办理流程的有效流转，更重要的是以此为程序节点解决监察机关如何与司法机关配合制约以及监察调查如何与刑事诉讼衔接等重要问题。[③]

由于国家监察体制改革所创设的监察权是一种新型国家权力类型，同行政权和司法权平行，因而在将职务犯罪案件调查职权赋予监察机关的同时，《监察法》和《刑事诉讼法》都确认了职务犯罪调查程序的特殊性，将其与刑事诉讼程序进行了有意识的“切割”，故产生了制度分立后的程序衔接问题。[④] 虽然通过修正《宪法》和制定《监察法》，已经为职务犯罪监察调查权的有效行使提供了较为明确的规范指引，但是基于职务犯罪案件刑事追诉的连贯性，在程序流向上，监察机关调查完毕后，向检察机关移送涉嫌构成职务犯罪的案件，通过检察机关向法院提起公诉，是监察机关调查程序与检察机关起诉程序直接衔接的程序行为。[⑤] 同时，为保证移送衔接后的案件能够满足刑事审理定罪量刑的需要，就需要监察机关和检察机关作为衔接的对应双方，在监察调查和审查起诉衔接环节，根据职务犯罪案件特有的追诉程序

---

① 陈卫东：《〈刑事诉讼法〉最新修改的相关问题》，载《上海政法学院学报》2019 年第 4 期。

② 顾永忠：《公职人员职务犯罪追诉程序的重大变革、创新与完善——以〈监察法〉和〈刑事诉讼法〉的有关规定为背景》，载《法治研究》2019 年第 1 期。

③ 卞建林：《配合与制约：监察调查与刑事诉讼的衔接》，载《法商研究》2019 年第 1 期。

④ 吴宏耀：《论刑事诉讼法与监察法的制度衔接》，载《中国检察官》2018 年第 23 期。

⑤ 龙宗智：《监察与司法协调衔接的法规范分析》，载《政治与法律》2018 年第 1 期。

要求，主动适应程序环节的运行规律和内在要求。例如，对于职务犯罪证据，为保证衔接的顺畅有效，不仅要通过规范的保管移交措施以及统一的装订排版方式实现证据材料在不同主体之间的移送和接收。同时，为保证移送后的证据材料能够在刑事诉讼中发挥证明作用，要做好以下两方面工作：一方面，监察机关要主动按照刑事证据规范开展证据收集固定活动。另一方面，检察机关也要通过提前介入等方式利用自身法律优势协助监察机关取证。程序属性的差异是职务犯罪案件监察调查与审查起诉衔接机制不同于其他刑事案件刑事侦查与审查起诉衔接机制的关键所在。不同于普通刑事案件在刑事诉讼程序框架内部，由侦查阶段向审查起诉阶段的程序推进，职务犯罪案件监察调查与审查起诉衔接的关键在于如何依法把监察程序有序导入刑事诉讼程序，[①] 从而实现“监察案件”向“刑事案件”的转变。[②]

之所以在强调反腐败资源整合与权力集中配置的改革背景下，将职务犯罪监察调查与刑事追诉进行程序分立，并没有同职务违法一样将事实调查与结果处置统一整合到监察机关，而是在调整职务犯罪事实调查职权配置的同时，坚持通过刑事司法程序确定责任结果，是因为对法治理念的尊重和对权利保障的重视。具体而言，职务犯罪案件监察调查与审查起诉衔接机制这一问题产生的基本前提在于：为实现对所有行使公权力的公职人员职务违法和职务犯罪的双重全覆盖，检察机关的职务犯罪侦查权力和侦查队伍进行了“权、人”同转，在取消检察机关绝大多数职务犯罪侦查权的同时，确立了监察机关的职务犯罪调查主体身份。与之相对应的是，根据《刑事诉讼法》所确定的未经人民法院依法判决不得确定有罪原则，监察机关的处置职权不能涵盖职务犯罪的定罪量刑，监察机关不能自行对职务犯罪行为作出具有法律效力的性质认定和责任确定，职务犯罪案件只有进入刑事诉讼程序，方能最终完成定罪量刑的结果。不同于自诉案件可以直接在立案后进行审判阶段，由于我国实行国家公诉主义和公诉权检察机关独占主义，[③] 根据《刑事诉讼

① 唐保银、田春雷：《监察机关职务犯罪调查与检察机关诉讼衔接机制研究》，载《经济与社会发展》2020 年第 1 期。

② 陈卫东：《职务犯罪监察调查程序若干问题研究》，载《政治与法律》2018 年第 1 期。

③ 卞建林：《监察机关办案程序初探》，载《法律科学》2017 年第 6 期。

法》第169条的规定，凡需要提起公诉的案件，一律由检察机关审查决定。由此可见，职务犯罪案件监察调查与审查起诉衔接事关腐败治理和法治建设两项重大战略部署，能否实现衔接过程和结果的高效优质，受到社会各界的高度关注。

作为情节性质最严重的腐败行为，职务犯罪由于其严重的社会危害性、高度的社会关注性以及处理结果的严厉性，监察机关职务犯罪调查权的法治化运行被视为整个国家监察体制改革中最“拉锯”也是社会公众最关注的问题。[①] 在强化监察机关自我监督和内部规范之外，检察机关作为刑事司法机关，以审查起诉为程序载体对监察调查完毕的案件进行审查，以保证职务犯罪案件追诉的合法性，因此被寄予厚望。要发挥检察机关的审查起诉制约功能，就要以职务犯罪案件进入刑事诉讼程序为前提。而监察调查与审查起诉的衔接机制作为《监察法》与《刑事诉讼法》衔接的关键节点，作为检察与监察无缝衔接的机制再造，成为司法反腐职能变迁的必然选择。[②] 因此，强化职务犯罪监察调查与审查起诉的衔接贯穿国家监察体制改革全程。早在国家监察体制改革启动之初，中共中央办公厅印发的《关于在北京市、山西省、浙江省开展国家监察体制改革试点方案》就明确提出，监察委员会履行监督、调查、处置职责，与执法、司法机关有机衔接、相互制衡，要加强监察委员会与司法机关的衔接和制衡。在整个国家监察体制改革探索推进过程中，“执纪执法贯通，有效衔接司法”,[③] 一直受到立法规范和实践适用的高度重视。职务犯罪监察调查与审查起诉的有序衔接，不仅关系到个案查办，更会对职务犯罪案件追诉的程序运行产生联动影响。

首先，职务犯罪监察调查与审查起诉对于职务犯罪案件的有效查办意义重大。在职务犯罪案件办理过程中，国家监察与刑事司法并非单纯地“各管一段”，而是需要有序对接，监察程序唯有与刑事诉讼程序进行衔接，才能

---

① 秦前红：《监察体制改革的逻辑与方法》，载《环球法律评论》2017年第2期。

② 吴建雄：《国家监察体制改革背景下司法反腐的职能变迁与机制再造》，载《中南大学学报（社会科学版）》2018年第2期。

③ 《持续深化国家监察体制改革　推进反腐败工作法治化规范化》，载《人民日报》2018年12月15日，第1版。

达到追究职务犯罪责任的最终目标。[1] 根据《监察法》和《刑事诉讼法》的规定，职务犯罪案件追诉被划分为监察调查和刑事诉讼两个属性不同的阶段，但是由于二者之间存在前后相接的流程顺序，监察调查结果只有经历刑事诉讼的审查与确认，方能完成追诉职务犯罪刑事责任的最终目标；刑事诉讼只有在监察调查所确立的事实证据基础之上，方能完成职务犯罪案件的事实认定与法律适用。这决定了在职务犯罪监察调查与审查起诉衔接机制中，必然产生监察机关与检察机关及审判机关的工作协调问题。[2] 而要完成这一衔接和协调，关键在于监察调查与审查起诉的衔接，任何职务犯罪案件，只有经过这一衔接机制作为过渡，才能进入刑事责任确定环节。无论是监察机关，还是检察机关，以及被调查人、犯罪嫌疑人，监察调查与审查起诉的衔接都会对其产生重大影响。对于监察机关而言，将调查完毕的案件移送的审查起诉，不仅是其履行监察调查职权的重要组成部分，同时也是对其调查活动进行检阅的程序控制机制，涉及对监察调查过程和结果的评价。对于检察机关而言，通过衔接机制接收监察机关移送的职务犯罪案件，不仅是其审查起诉职权得以启动的基础，同时也是其履行配合制约原则，对案件进行形式性审查的程序载体。对于被调查人、犯罪嫌疑人而言，职务犯罪案件监察调查与审查起诉衔接机制带来的不仅是程序的变更，更重要的是因主体身份变化所导致的权利义务配置的变化。例如，委托辩护人、羁押场所等都会因衔接结果而相应变化。因此，职务犯罪案件监察调查与审查起诉衔接机制的顺畅与否对于案件办理发挥着关键作用，是实现监察程序与刑事诉讼程序并轨的程序载体，对于个案的程序推进和实体结果都会产生重大影响。

其次，职务犯罪案件监察调查与审查起诉衔接机制对于职务犯罪追诉程序整体优化的意义重大。虽然职务犯罪追诉程序被划分为监察调查和审查起诉两个阶段，两个阶段程序属性不同，但是在追诉职务犯罪的同一目标驱动下，职务犯罪案件监察调查与审查起诉衔接机制所承载的信息传导和证据移交必然会对前后两个程序阶段产生联动效应。一方面，从程序的向后延伸向

---

① 秦前红、刘怡达：《国家监察体制改革的法学关照：回顾与展望》，载《比较法研究》2019年第3期。

② 龙宗智：《监察与司法协调衔接的法规范分析》，载《政治与法律》2018年第1期。

度来说，职务犯罪案件监察调查与审查起诉衔接机制不仅会对检察机关的审查起诉活动的对象和范围产生直接影响，更会通过检察机关提起公诉的活动进而影响刑事审判活动的展开，对以审判为中心的刑事诉讼制度改革的实现产生重大影响。如果在衔接过程中，检察机关对于监察机关所移送案件和证据材料等，照单全收，全盘接受，不进行实质性审查，为规避办案压力，一概将所有案件原封不动地提起公诉，将矛盾压力后移，如此，法院在面临来自监察机关和检察机关的双重压力的情形下，保持中立的难度无疑会增加，以审判为中心的刑事诉讼制度改革的实现自然会困难加重。而如果在衔接阶段，检察机关能够有效完成案件材料衔接，不仅可以为审判的展开提供坚实的证据材料基础，也可以提前化解案件所存在的合法性缺陷，协助法院分担审理压力。另一方面，从程序向前传导的向度来说，职务犯罪案件监察调查与审查起诉衔接机制会对监察机关的监察调查活动产生制约功能，为保证通过衔接机制将案件移送检察机关，监察机关会依法展开监察调查活动，并全面收集、固定证据，从而实现监察调查程序的法治化运行，进而有效保障被调查人的合法权益。

最后，职务犯罪案件监察调查与审查起诉衔接机制对于国家治理体系和治理能力现代化建设意义重大。职务犯罪案件的监察调查以刑事诉讼为归处和出口，[①] 不仅实现了对职务犯罪案件调查和刑事追诉专业化分工，强化了法律应对腐败的能力，更重要的是，以衔接机制为核心构建的监察调查与审查起诉程序关系，体现了权力制衡与权利保障理念。通过监察权与检察权以及审判权之间的互相配合、互相制约，不仅可以发挥不同类型权力在反腐败领域的协同功能，更可以利用职权配置的分化实现权力运行中的互相制衡，监察调查的范围限定了后续审查起诉和审判的范围，而刑事追诉程序的审查和审理则对监察调查权起到了外部制约功能，通过个案信息回馈推进整体法律适用完善。通过职务犯罪案件监察调查与审查起诉衔接机制的构建与完善，推进监察调查权与刑事司法权运行机制的整体优化，从而兼顾腐败治理与推进法治建设两大历史使命协调共进。

---

① 徐鹤喃：《监察法与刑事诉讼法的衔接与统合》，载《人民检察》2019 年第 1 期。

在国家监察体制改革的宏观背景下，主流职务犯罪追诉审前程序由检察自侦自诉模式转变为监察调查与审查起诉衔接模式，这一转变不仅导致了案件事实调查主体的变更，更重要的是，由于监察机关的权力基础以及法律渊源等都与刑事侦查机关存在本质差异，决定了职务犯罪案件监察调查与审查起诉衔接机制同此前公安机关、国家安全机关等刑事侦查机关与检察机关的刑事侦查与审查起诉衔接机制不一样，在法理基础、基本内容以及具体流程等方面都需要全面重构。因此，制度背景的变迁所引发的监察调查与审查起诉衔接这一新机制，对于职务犯罪案件追诉而言，既是挑战也是机遇。随着国家监察体制改革走向深化推进阶段，在立法日趋完善、实践稳步推进的基础上，职务犯罪案件监察调查与审查起诉衔接机制的理论研究也应当从应急性对策分析走向体系性理论建构。由于侦查主体数量较多，案件调查取证与审查起诉的衔接机制在刑事诉讼领域内虽然类型多元，但由于权力基础和程序属性都没有突破刑事司法范畴，因而其理论基础可以共通。由于职务犯罪监察调查的权力基础和程序属性都突破了刑事司法范畴，使事实调查与审查起诉衔接的领域中第一次出现刑事司法程序与非刑事司法程序对接的崭新命题。对此，有必要在强调监察调查权特有权力属性的基础上，对职务犯罪案件监察调查与审查起诉衔接机制的主要特征予以阐释，为后续衔接机制的基本制度和具体程序的研究确立理论共识前提。

（二）职务犯罪案件监察调查与审查起诉衔接机制的重塑效应

针对职务犯罪案件追诉主体和案件类型的特殊性，我国《刑事诉讼法》在国家监察体制改革以前形成了不同于普通刑事案件刑事侦查与审查起诉在不同机关之间衔接的检察机关同一机关内部衔接模式。这一模式提高了职务犯罪追诉效率，但同时也带来了自侦自诉缺乏监督制约的正当性质疑。与之相对应的是，国家监察体制改革后所确立的职务犯罪案件监察调查与审查起诉衔接模式虽然改变了检察机关内部衔接模式，并且解决了正当性不足的弊端，但是职务犯罪案件监察调查与审查起诉衔接机制的法律渊源、程序属性、权力基础以及主体关系等都与普通刑事案件的刑事侦查与审查起诉衔接机制存在显著差异。检察机关的职务犯罪侦查职能转属至监察委员会，并不是简单地转机构、转职能、转人员，而是一种完全的体制创新，体现为主体和程序的双重新设，意味着《刑事诉讼法》原来设定的侦查机关与检察、审判机关的衔接机制不再适用于监察委员会，需要重新研究和设置新的衔接机制。①

1. 衔接机制法律渊源的变迁

国家监察体制改革前，无论是职务犯罪案件检察机关自行侦查，还是其他案件由侦查机关进行侦查，其与审查起诉之间的衔接都是以《刑事诉讼法》作为法律渊源。与之不同的是，以监察调查权力为基础的监察调查权，其效力支撑直接来自《监察法》，这意味着职务犯罪案件监察程序与审查起诉程序的衔接机制的特殊性在于突破了过去在《刑事诉讼法》框架内的衔接，而是重新置于《监察法》与《刑事诉讼法》之间的衔接。② 因此，要实现监察调查与审查起诉的有效衔接，需要《监察法》与《刑事诉讼法》的共同作用，《监察法》赋予了监察委员会对职务犯罪的调查权，《刑事诉讼法》规定了监察委员会对职务犯罪调查终结后移送检察机关审查起诉的程序，从而实现了二者的程序衔接。③ 因此，就法律渊源而言，职务犯罪案件监察调查与审查起诉的衔接不再是在同一法律渊源内部的程序对接，而是变成不同法律之间的协调。由于衔接过程分别涉及监察机关和检察机关，二者虽然在监察调查和审查起诉阶段分别独立适用《监察法》和《刑事诉讼法》，但在衔接这一节点上，必然存在《监察法》与《刑事诉讼法》重叠适用的问题，这就要求《监察法》和《刑事诉讼法》对于衔接问题的立法规范应当达到协调统一，否则必然会影响衔接机制的有序展开。例如，在《监察法》制定过程中，在最初的草案中，仅规定监察调查完毕的案件移送检察机关提起公诉，未明确检察机关是否可以对此类案件进行审查，这与《刑事诉讼法》所规定的检察机关对公诉案件进行审查起诉的规定显然存在出入。针对这一问题，在正式通过的《监察法》中对这一规定进行了调整，确认了检察机关对于监察机关移送案件的审查职权，由此实现了立法规范之间的协调。《监察法》

---

① 王秀梅、黄玲林：《监察法与刑事诉讼法衔接若干问题研究》，载《法学论坛》2019 年第 2 期。

② 李明春、师索：《监察权与检察权衔接的基本问题》，载《黑龙江政法管理干部学院学报》2020 年第 2 期。

③ 刘计划：《监察委员会职务犯罪调查的性质及其法治化》，载《比较法研究》2020 年第 3 期。

和《刑事诉讼法》作为两部独立的法律，无论是立法目标，还是具体内容都各有侧重，因而在衔接过程中首先要解决的问题是两部法律的位阶高低问题。在衔接过程中，尤其是规范互相矛盾时，如何确定具体的法律渊源。此外，正如前文所述，虽然监察调查与审查起诉作为独立的程序阶段，各自分别对应《监察法》和《刑事诉讼法》，但由于办案衔接机制的存在，决定了在监察调查过程中是否需要适用《刑事诉讼法》相关规范以保证后续符合刑事程序标准，从而能够得以顺畅衔接，以及审查起诉过程中对于职务犯罪监察调查过程的审查是以《监察法》，还是《刑事诉讼法》为标准进行等问题的解决，仍需要建立在明确《监察法》与《刑事诉讼法》法律位阶关系的基础之上。

关于《监察法》与《刑事诉讼法》之间的法律位阶关系，自《监察法》制定以来，学术界对此展开了广泛的讨论，其代表观点有以下两种：一是认为《监察法》是国家监察领域的基本法，属于宪法性法律，[①] 因而在法律位阶上相较《刑事诉讼法》更高。[②] 与之对应，有观点认为，《监察法》与《刑事诉讼法》同为《宪法》之下的部门法，二者均以国家和社会生活中带有普遍性的社会关系为调整对象，均由全国人民代表大会制定，都属于我国基本法律的行列，同处第二位阶无可争议，所以二者之间相互平等，[③] 二者之间在法律位阶上并无高低之分。要注意的是，上述两种观点都是将《监察法》和《刑事诉讼法》作为整体进行讨论，回归到职务犯罪案件监察调查与审查起诉衔接机制这一特定场域，可以转换研究路径，搁置《监察法》与《刑事诉讼法》宏观层面的效力争议，聚焦于职务犯罪调查程序与刑事程序的衔接，从个案追诉的角度出发，分析《监察法》中关于职务犯罪调查与《刑事诉讼法》中关于审查起诉的规定，确定其效力位阶，摆脱对《监察法》与《刑事诉讼法》本身效力的探讨。回归到职务犯罪监察调查与审查起诉衔

① 姜明安：《国家监察法立法的若干问题探讨》，载《法学杂志》2017 年第 3 期。

② 吴建雄：《国家监察体制改革若干问题探析》，载《新疆师范大学学报（哲学社会科学版）》2019 年第 5 期。

③ 李海峰、杨玉华：《监察调查与刑事诉讼协调与衔接的再考量》，载《西南民族大学学报（人文社科版）》2019 年第 4 期。

接机制而言，作为职务犯罪追诉程序的组成部分，《监察法》与《刑事诉讼法》对于这一部分的规定同为犯罪追诉程序法，共同完成确定职务犯罪刑事责任的任务，在规范效力上并无二致。就犯罪侦查、起诉与审判而言，《监察法》与《刑事诉讼法》都属于《宪法》之下的基本法律，两者具有相同的法律地位与法律效力。《监察法》与《刑事诉讼法》之间的关系并非“下位法依据上位法”或“上位法指导下位法”的关系，而是在职务犯罪调查、起诉与审判上的衔接关系，在职务犯罪的刑事追诉过程中，《监察法》与《刑事诉讼法》只有分工上的差异，并没有效力上的不同。① 因此，在衔接过程中，《监察法》与《刑事诉讼法》之间的位阶关系应当遵循“特别法优于一般法”“新法优于旧法”的平等效力法律适用规则。一方面，《监察法》所规定的监察调查程序与审查起诉的衔接，相较于普通刑事案件刑事侦查与审查起诉的衔接，属于特别法与一般法的关系，《监察法》相关内容具有适用上的优先性。另一方面，《刑事诉讼法》与《监察法》对于监察调查与审查起诉衔接机制都有规定的，由于《刑事诉讼法》修正时间晚于《监察法》制定时间，二者属于后法与前法的关系，所以《刑事诉讼法》相关规定具有适用上的优先性。

由于衔接过程涉及对监察调查环节移送相关材料的移交接收，为了实现审查标准的统一，就要解决《刑事诉讼法》在监察调查环节是否有法律效力，以及审查起诉阶段审查判断监察调查过程的法律渊源是《刑事诉讼法》还是《监察法》的问题。对于这一问题，《监察法》作为全国人民代表大会制定的法律，全面适用于我国的反腐败工作，涉及对贪污贿赂等职务犯罪的调查、起诉和审判，监察机关、检察机关和审判机关都应当严格执行。② 监察机关是行使国家监察职能的专责机关，监察机关办理的案件，在移送审查起诉之前，处于监察调查阶段，适用《监察法》的规定；在移送审查起诉之后，正式进入刑事诉讼程序，适用《刑事诉讼法》关于诉权行使的相关内容。这是我们理解《刑事诉讼法》与《监察法》衔接机制相关条文

① 姜涛：《国家监察法与刑事诉讼法衔接的重大问题研究》，载《南京师大学报（社会科学版）》2018年第6期。

② 杨宇冠：《监察法与刑事诉讼法衔接问题研究》，中国政法大学出版社2018年版，第24页。

的法意灵魂。① 但与此同时，由于监察调查与刑事追诉作为追诉职务犯罪程序的组成部分，二者之间存在前后相继的位序关系，存在不可切割的密切关联，监察调查是刑事追诉的事实基础，刑事追诉是监察调查的目标指向。很难想象，同一起案件，之前的调查不适用《刑事诉讼法》，而其后的审查起诉和法庭审判却以《刑事诉讼法》为准绳来审查和评价前面的调查行为。② 因此，这意味着，为保证追诉职务犯罪目标的达成，无论是监察调查环节，还是审查起诉环节都要以最终刑事责任确定为中心展开，在监察调查阶段，为保证后续衔接审查起诉顺畅有序，满足刑事追诉需要，在严格遵守《监察法》关于监察调查相关规范的同时，主动对标《刑事诉讼法》，尤其是在调查取证过程中，对于取证的程序性要求不得低于《刑事诉讼法》对应的侦查措施。另外，审查起诉阶段对于监察调查所获取案件材料的审查，在标准设定上，应当充分尊重监察调查的特殊性，综合《监察法》与《刑事诉讼法》相关规范进行审查。尤其是在监察调查所获取证据材料的审查中，对于取证的形式性规范，应当按照《监察法》的规定，判断监察机关取证的合法性；对于证据与案件之间实质关联性的判断，则应当按照《刑事诉讼法》的规定，判断证据的关联性。

在强调《监察法》与《刑事诉讼法》统筹的同时，也要注意《监察法》与《刑事诉讼法》在立法基础理念和价值目标上各有侧重，不能简单混同。《监察法》以反腐败为核心内容，强调对职务犯罪的彻底治理，坚持政治机关定位，以不敢腐、不能腐、不想腐为目标导向，在纪检监察合署办公的组织机构体系下，按照纪在法前、纪法融合的执法理念，合理运用“四种形态”，具有鲜明的政治性特征。《刑事诉讼法》以惩罚犯罪与保障人权为核心内容，坚持程序法定原则，具有鲜明的法律性特征。因而在衔接过程中，对于两部价值基础不同的法律渊源要予以合理统筹。为解决法律渊源之间的分歧，就需要建立在统一的职务犯罪追诉机制的目标驱动之下，以实现对职务犯罪的准确追诉为终极目标，强调不枉不纵，兼顾腐败治理与权利保障，从

---

① 童建明：《切实履行好新修改刑事诉讼法赋予检察机关的职责》，载《人民检察》2019 年第 1 期。

② 卞建林：《监察机关办案程序初探》，载《法律科学》2017 年第 6 期。

而实现衔接过程的法律性与政治性兼容。

2. 衔接程序属性的变迁

国家监察体制改革前，无论是职务犯罪的自侦自诉，还是其他刑事案件的侦查检察衔接，其所依托的侦查程序与审查起诉程序，都属于刑事司法程序的范畴，同属于刑事诉讼阶段体系。国家监察体制改革后，监察机关调查程序取代检察机关侦查程序，成为职务犯罪案件的事实调查程序。虽然就具体调查措施和调查目标而言，监察调查程序与刑事侦查程序具有极高的同质性，不仅监察讯问、询问、查询、冻结、搜查、调取、查封、扣押、勘验、检查、鉴定、技术调查措施等都在刑事侦查措施体系中存在对应措施，同时职务犯罪监察调查同刑事侦查相同，都将确定行为嫌疑对象和收集、固定证据作为调查活动的主要内容，以满足刑事审判对于审理对象和证据基础的需要。但要注意的是，具体措施和内容的相似性并不意味着监察调查程序同刑事侦查程序属性相同。根据《宪法》和《监察法》的相关规定，职务犯罪监察调查程序作为监察机关行使调查职权的程序载体，其法理基础和性质属性同刑事侦查程序存在本质区别，《监察法》规定的监察调查程序实质上是对刑事侦查程序的改革再造。①

首先，监察调查程序与刑事侦查程序的目标设定不同。对于刑事侦查程序而言，确定犯罪嫌疑人，调查收集证据以保障刑事审判顺利进行就是其终极目标设定。对于监察调查程序而言，个案的刑事追诉只是其程序目标的组成部分而已。监察机关兼具有政治任务与法律任务，监察机关属于政治机关，政治机关的首要任务在于实现政治目标，始终需要把讲政治放在首位，客观判断党内政治生态的整体情况，把握好“树木”与“森林”的关系，把政治效果作为反腐败的重要任务。② 具体到职务犯罪监察调查领域，对于监察机关而言，个案的查办要服务于腐败治理整体需要，刑事责任的确定要以“惩前毖后”和“治病救人”为最终目标。这意味着，在监察调查过程中，在调

① 吴建雄：《国家监察体制改革若干问题探析》，载《新疆师范大学学报（哲学社会科学版）》2019 年第 5 期。

② 姜涛：《国家监察法与刑事诉讼法衔接的重大问题研究》，载《南京师大学报（社会科学版）》2018 年第 6 期。

查职务犯罪案件事实的同时，还要对被调查人的主观认知、犯罪原因以及岗位漏洞等进行全面调查，为准确决定监察调查结果走向以及后续类似行为的预防奠定基础。

其次，监察调查程序与刑事侦查程序的指导理念不同。对于刑事侦查程序而言，基于刑事层面的程序法定原则和实体层面的罪刑法定原则，要求程序运行过程中完全聚焦于个案已然发生犯罪事实的查明。通过对案件事实的全面查清，提出初步的法律定性，同时在侦查过程中，基于无罪推定原则，对于犯罪嫌疑人要给予全面的权利保障。侦查程序的基本理念是通过对侦查权的有效监督和制约，约束刑事侦查权依法行使，保障程序对象的合法权益。与之相对应的是，监察调查程序中，监察调查权作为监察权的组成部分，对个案的调查不仅是事实查明过程，同时也是对公权力是否廉洁行使的监督过程。在此过程中，被调查人作为行使国家公权力的公职人员，不仅是调查对象，同时也是监督对象。据此，相较于刑事侦查程序，监察调查程序中对于被调查人的权利保障，尤其是委托辩护人等权利进行了适度克减。与此同时，正是由于监察调查程序不是纯粹的刑事追诉，监察机关与被调查人之间的角色定位也不应当被塑造为简单的对立冲突关系。监察机关及其工作人员不能仅将被调查人作为对立主体，完全以追究刑事责任为动力驱动，而是应当以监督为底色，调查为形式，通过职务犯罪监察调查，实现腐败治理目标，履行反腐败专责机关的组织定位。

最后，监察调查程序与刑事侦查程序的内容范围不同。对于刑事侦查程序而言，按照程序层面的立案标准和实体层面的犯罪构成，其侦查对象限定于刑事犯罪，对于不构成犯罪的事项一律要移送有管辖权的主体进行处理。与此不同的是，监察机关作为反腐败专责机关，统一行使职务违法犯罪的监察调查权，因而在监察调查过程中，对于被调查人的职务违法行为和职务犯罪行为可以同时展开调查。而违法和犯罪交织恰恰又是职务犯罪的常见情形，因而监察调查程序的调查内容往往是职务违法调查与职务犯罪调查同步进行。在此过程中，难免大量存在同时用于证明违法与证明犯罪的证据材料，因而在程序属性上，要兼顾职务违法与职务犯罪调查的立法设置与实践现状。

综上，由于监察机关不是司法机关而是政治机关，监察办案不适用《刑事诉讼法》的规定而适用《监察法》，使监察程序与刑事程序的性质殊为不同。[①] 监察调查程序作为一种独立的程序类型，在程序属性上同刑事侦查、审查起诉等刑事司法程序存在本质区别，由此决定了职务犯罪案件事实调查与审查起诉的衔接机制在程序属性上由同体衔接走向异体衔接。在衔接过程中，监察调查程序的政治属性与检察审查起诉程序的法律属性如何协调对接就成为二者衔接的重要前提。其一，要承认二者之间的差异性，不能强行以某一程序阶段的标准衡量不同属性的程序阶段。其二，要强化二者之间的关联性。根据《监察法》与《刑事诉讼法》的规定，监察机关的调查程序实质上已构成刑事诉讼的前置程序，[②] 二者之间已经形成了互相依托的紧密关联，监察程序与刑事司法程序的衔接，是一个监察法制到刑事法制的过程，也是一个由政治反腐到司法反腐的过程。[③] 为实现监察调查与审查起诉衔接的高效规范，就必须求同存异，监察调查程序在坚持政治性的同时，也要严格按照《宪法》与《监察法》展开调查活动，强化调查过程的法律性。

3. 权力基础的变迁

在职务犯罪案件检察自侦自诉模式下，由于对检察机关侦查权的属性界定存在争议，导致职务犯罪案件刑事侦查与审查起诉衔接机制对应的权力基础变迁与普通案件刑事侦查与审查起诉衔接机制对应的权力基础变迁是否相同并未达成共识。这一问题在监察调查权取代检察侦查权，成为职务犯罪案件事实调查的权力基础后得以明确。移送审查起诉作为监察权和检察权衔接机制的程序载体，[④] 其所连接的具体程序阶段在权力基础上，既不同于职务犯罪案件刑事侦查与审查起诉的检察权内部衔接机制，也不同普通刑事案件行政权与检察权的衔接机制，而是全新的监察权与检察权衔接的格局。职务犯罪案件事实调查阶段权力基础的变迁，带来的不仅是衔接机制主体机关的变化，更重要的是导致衔接过程中权力关系的重构。

根据《宪法》和《刑事诉讼法》对于检察机关法律监督机关的定位，检

① 陈卫东：《刑事诉讼法修改若干问题研究》，载《内蒙古社会科学》2020 年第 3 期。

② 陈邦达：《推进监察体制改革应当坚持以审判为中心》，载《法律科学》2018 年第 6 期。

③ 吴建雄：《夺取压倒性胜利要培植法治反腐理念》，载《学习时报》2017 年 11 月 6 日，第 3 版。

④ 陈光中、邵俊：《我国监察体制改革若干问题思考》，载《中国法学》2017 年第 4 期。

察机关在刑事诉讼中所行使的审查起诉权，实质上发挥着对侦查机关在侦查阶段行使侦查权的合法性进行监督的功能。与此同时，作为审前程序的组成部分，根据《宪法》和《刑事诉讼法》所确定的分工负责、互相配合、互相制约原则，侦查权与审查起诉权同属国家刑事追诉权的范畴，通过分工协作和互相制约共同完成追诉犯罪的法定职责。这意味着，普通刑事案件中侦查权与检察权之间既存在平等权力之间的分工配合制约关系，同时还存在检察权作为法律监督权，对作为被监督对象的侦查权，所形成的单向监督关系。在职务犯罪自侦自诉模式下，由于侦查阶段和审查起诉阶段的权力基础都属于检察权的范畴，侦查阶段的检察侦查权被视为兼具行政侦查属性与检察监督属性的复合体，审查起诉阶段的检察审查起诉权则被视为兼具行政公诉属性与检察监督属性的复合体。由此，决定了职务犯罪案件刑事侦查与审查起诉衔接机制的权力基础属于内部协调制约，不存在监督关系。与之不同的是，作为专门监督机关，监察机关不属于检察监督的对象，监察监督与检察监督之间是平行关系。这意味着，监察调查权作为监察权的具体权能，与检察权之间不存在单向监督关系，在职务犯罪案件办理中，二者是单纯的配合制约关系，不存在权力位阶的高低之分。据此，在职务犯罪案件监察调查与审查起诉衔接机制的关系架构中，要合理平衡权力位阶平行与个案办理规律之间的关系。

一方面，监察权与检察权同为国家权力体系的组成部分，二者的关系并非绝对依附、服从的关系，而是应该在各自权力边界内相互尊重、平等协商，依法独立行使各自职权。① 具体到监察调查权与审查起诉权，在权力属性上互相独立，应当各自恪守法律边界，严格区分不同程序阶段的权力辐射范围，审查起诉权不能随意介入监察调查，监察调查权自然也不能干预审查起诉。与此同时，由于监察调查完毕的案件只有进入审查起诉，方能追究刑事责任，完成追诉职务犯罪的目标，而只有监察机关将案件移送审查起诉，对于职务犯罪的刑事追诉方能启动，决定了二者之间存在不可分割的互相依存关系，

① 樊崇义、哈腾：《论监察与检察协调衔接机制的构建》，载《浙江工商大学学报》2018 年第 6 期。

因而在衔接过程中要充分尊重二者不同的权力属性和运行规律，不能简单以刑事司法权的标准复核监察调查权的运行过程，亦不能以监察调查权的特有规律干预刑事司法权的独立运行。

另一方面，基于审查起诉阶段在刑事诉讼程序中的角色定位，这一阶段的核心任务是准备公诉，而为保证公诉指控的客观合法，对前续事实调查阶段的合法性与准确性进行复核就成为审查起诉的必要组成部分。由此，决定了在程序内容层面，审查起诉权先天具有对监察调查权进行审查制约的现实需求。虽然基于权力基础的平等性，决定了审查起诉在职务犯罪案件追诉过程中不能以监督的形态呈现，但根据《宪法》所确定的互相配合、互相制约原则的要求，可以将审查起诉的过程视为审查起诉权对监察调查权的制约与配合，通过查漏补缺配合提升调查质量，通过纠错提醒制约调查规范。检察机关对移送审查起诉案件的合法性审查，不仅制约监察调查权的行使，规范监察调查权的运行，而且可以将刑事诉讼的价值与理念融入监察调查中，推动监察调查与刑事诉讼内在价值的统一，[①] 由此实现监察调查权与审查起诉权在衔接过程中的良性互动。

需要特别注意的是，在监察调查与审查起诉衔接过程中，难免会发现在监察调查与审查起诉阶段，存在滥用公权的情形。对此，根据监察全覆盖原则，由于审查起诉过程属于公权力行使过程，因而属于监察监督范畴，这意味着在监察调查与审查起诉衔接过程中，监察机关发现检察人员在审查起诉过程中存在职务违法犯罪的，可以行使监督、调查、处置等职权。对于检察机关在审查起诉过程中发现的监察人员职务违法犯罪线索，则应当按照《监察法》的规定移送有管辖权的监察机关。

衔接过程中，权力基础的变迁会对分属两端的职务犯罪事实调查和审查起诉的权力行使模式产生深远影响。对于监察机关而言，不同于职务违法行为可以在监察权内部完成事实调查与责任处置，为完成职务犯罪追诉目标，必然存在与审查起诉权等刑事司法权衔接的现实需求。为此，在监察调查权

---

① 朱福惠：《检察机关对监察机关移送起诉案件的合法性审查——〈人民检察院刑事诉讼规则〉解读》，载《武汉大学学报（哲学社会科学版）》2020 年第 5 期。

行使过程中，就要提前预设权力衔接后审查起诉权作用的内容和标准，以此调整监察调查权的具体展开。在审查起诉权行使过程中，不同于对刑事侦查权的监督与配合制约并存，而是应当在履行刑事起诉必要性职责的基础上，合理界定审查的范围与标准，既要保证所起诉案件符合刑事审判的要求，同时也要尊重监察调查权的特有属性。

4. 主体关系的辨析

正如前文所述，权力基础的变化导致职务犯罪案件中审查起诉权与监察调查权之间的关系同普通刑事案件相比，不仅具体负责机关的身份有所差异，更重要的是主体之间的关系更是存在本质差异。由于机构设置和权力分工的变化，调整刑事侦查主体在刑事诉讼发展历程中并非个例。例如，在2018年《刑事诉讼法》修正时，针对海警机关的机构设置和职权调整，明确了海警机关对于海上发生刑事案件的管辖权。① 然而，这种侦查主体机构的变更对于侦查机关与检察机关在刑事侦查与审查起诉衔接过程中的主体关系并未产生实质性影响。侦查主体的更迭，仅会影响衔接机制对应的具体机关，但是侦查主体与审查起诉主体之间分工负责、互相配合、互相制约和检察监督的相互关系并未受到影响。与之不同的是，监察机关取代检察机关，成为职务犯罪案件的调查主体，不仅彻底改变了此前职务犯罪案件自侦自诉、内部自我衔接的刑事侦查与审查起诉衔接主体关系，更重要的是，由于监察机关作为国家监督机关，同其他侦查机关在属性上存在本质差异，决定了职务犯罪案件监察调查与审查起诉衔接过程中的主体关系不能简单沿用刑事侦查与审查起诉衔接主体关系的成例，而是应当根据监察机关的机构属性和监察调查的权力基础进行特别分析。就机构属性而言，监察机关作为反腐败专责机关，被赋予针对公职人员职务违法犯罪进行监督、调查和处置的职权。其中，对于职务犯罪的监察调查由于直接作用于性质恶劣、情节严重的职务犯罪行为，尤为社会公众所关注。但要注意的是，对于监察机关而言，职务犯罪调查是其履行反腐败职责的工作内容之一，在具体调查过程中，需要与监督、处置

① 《刑事诉讼法》第308条规定，军队保卫部门对军队内部发生的刑事案件行使侦查权。中国海警局履行海上维权执法职责，对海上发生的刑事案件行使侦查权。对罪犯在监狱内犯罪的案件由监狱进行侦查。军队保卫部门、中国海警局、监狱办理刑事案件，适用本法的有关规定。

以及职务违法调查等职权进行整体统筹。这意味着，监察机关并非单纯的职务犯罪办案机关，职务犯罪监察调查也不是监察机关的唯一职责。因此，在衔接过程中，监察机关与检察机关的主体关系，在具体个案上属于调查办案机关与审查起诉机关的关系，但是在衔接机制的格局中，应当充分尊重监察机关的国家监督机关和反腐败专责机关的属性定位。尤其是在监察机关与党的纪律检查机关合署办公的背景下，对于纪检监察机关纪法衔接，统筹违纪违法犯罪处置移送的权力行使模式，检察机关应当与其他刑事侦查机关的办案移送审查标准予以区分。就权力基础而言，由于监察调查阶段不属于刑事诉讼程序，因而监察调查权不属于检察机关诉讼监督范畴。就个案而言，检察机关审查起诉权与监察机关监察调查权之间只存在配合、制约关系。[①] 监察机关作为监督机关，与作为法律监督机关的检察机关构成平行关系，不存在检察机关监督监察机关的空间，监察机关在衔接过程中，也仅能对检察机关工作人员的职务违法犯罪行为进行监督，而不能对检察机关依法履职、具体个案裁量进行干涉。

监察机关与检察机关在职务犯罪案件监察调查与审查起诉衔接机制中的主体关系，相较于普通刑事案件刑事侦查与审查起诉的主体关系，最显著的特征是由配合制约与监督复合变更为单纯的制约配合。关于这一关系转变，有两个问题需要特别注意：一是如何准确认知监察机关与检察机关之间的互相制约关系与侦查机关与检察机关之间的监督与被监督关系的差异；二是如何正确理解监察机关与检察机关在衔接机制中互相配合和互相制约之间的关系。

首先，关于监察机关与检察机关之间互相制约关系的理解，就词源而言，《现代汉语词典》（第 7 版）对“制约”一词的解释是“甲事物本身的存在和变化以乙事物的存在和变化为条件，则甲事物为乙事物所制约”；对“监督”一词的解释是“察看并督促”。就位阶关系而言，监督意味着双方之间存在位阶差异，监督者与被监督者之间是单向作用关系，而制约意味着双方并不存在位阶差异，相互之间可以双向互动。职务犯罪案件监察调查与审查

① 左卫民、唐清宇：《制约模式：监察机关与检察机关的关系模式思考》，载《现代法学》2018 年第 4 期。

起诉衔接机制中，监察机关与检察机关之间按照《宪法》、《刑事诉讼法》和《监察法》的规定，分别负责职务犯罪案件的监察调查与审查起诉，其中监察调查决定了审查起诉的事实基础，而审查起诉则关系到监察调查的目标实现，这是二者关系定位的根基所在。为保证监察调查所获取案件材料能够满足审查起诉所需，确保审查起诉能够完成将监察调查形成的结果推向刑事审判的功能设定，决定了无论是监察机关，还是检察机关，除各负其责之外，还有在关联办案阶段对其他机关的监察调查和审查起诉活动施加适度影响的现实需求。由于检察机关不能以诉讼监督为支撑对监察调查进行法律监督，因而监察机关与检察机关在监察调查与审查起诉衔接过程中的影响施加仅能通过双向平等的互相制约这一途径予以实现。这虽然在一定程度上削弱了检察机关对案件事实调查环节的影响力度，但是却使双方之间的制约关系得以真正发挥作用。在普通刑事案件监督与互相制约共同存在的情形下，检察机关同时是监督者和制约者，侦查机关则同时是被监督者和制约者，这就导致制约与监督之间难免互相影响，尤其是监督所具有的位阶差异必然导致要求主体关系平等的制约关系难以真正发挥实效。监察机关与检察机关在监察调查与审查起诉衔接过程中，通过平等双向的制约，可以有效促进监察调查权与审查起诉权的规范行使。尤其是对于监察调查权而言，自国家监察体制改革试点以来，法学界与实务界一直存在一种忧虑，即基于监察委员会行使调查权的行政化与封闭性，担心其不受有效制约从而导致权力滥用、侵犯公民权利。这种担忧不是空穴来风。① 在职务犯罪监察调查这一侵权风险最高的领域，通过职务犯罪审查起诉可以实现外源制约的介入，以此有效强化监察调查阶段的权力制约与权利保障。检察机关对监察调查的制约有利于规范调查活动，达到动态制约监察权的目的。② 与此同时，监察机关对于检察机关审查起诉予以必要制约，不仅有助于个案的正确追诉，更是履行反腐败专责机关职责，全面统筹反腐败工作的应有之义。

其次，关于监察机关与检察机关在监察调查与审查起诉衔接过程中互相

① 刘计划：《监察委员会职务犯罪调查的性质及其法治化》，载《比较法研究》2020 年第 3 期。

② 朱福惠：《检察机关对监察机关移送起诉案件的合法性审查——〈人民检察院刑事诉讼规则〉解读》，载《武汉大学学报（哲学社会科学版）》2020 年第 5 期。

配合与互相制约之间的平衡。[1] 虽然监察调查权与审查起诉权的权力属性存在差异，监察调查程序与审查起诉程序也分属监察程序与刑事司法程序，但是就职务犯罪行为的有效追诉整体而言，正确追诉职务犯罪是监察机关与检察机关共同的目标诉求。实现这一目标不仅需要监察机关与检察机关分别有效完成监察调查与审查起诉职责，由于后续刑事追诉需要以监察调查结论为基础，决定了监察机关与检察机关之间必然存在不可分割的联系。《宪法》与《监察法》都确定了监察机关与检察机关之间的基本关系定位是互相配合、互相制约，在目标设定上具有一致性，无论是配合，还是制约，都是围绕保证监察机关和检察机关正确履行职责这一中心进行的。职务犯罪案件监察调查与审查起诉的衔接作为监察机关与检察机关互动关系中最为密切的环节，这一阶段的配合与制约，其核心目标是将监察调查完毕的案件，由监察程序转入刑事诉讼程序。但是，由于配合与制约分别代表主体关系的两个不同向度，如何在衔接过程中处理好监察机关与检察机关之间配合与制约的平衡关系就成为职务犯罪案件监察调查与审查起诉衔接机制中主体关系的核心内容。

职务犯罪案件监察调查与审查起诉的衔接机制包括监察机关的移送和检察机关的接收两个维度。[2] 无论是配合，还是制约，都需要转化成为监察机关与检察机关的具体活动，而构建二者之间联动关系的基础，在于职务犯罪案件追诉的职权配置。按照既有立法框架，只有将监察调查与审查起诉凝聚成为有机协调的整体，方能实现对职务犯罪案件的有效追诉。配合与制约统筹于职务犯罪追诉目标之下，分别从强化权力协作与权力制约的角度出发，规范优化监察机关与检察机关的主体关系。其中，互相配合强调保证职务犯罪案件追诉程序的顺畅运行。一方面，监察机关与检察机关在形式层面要按照《监察法》与《刑事诉讼法》的规定，完成职务犯罪案件的程序变更与管辖转移，实现由监察调查程序向刑事追诉程序的过渡。另一方面，监察机关与检察机关要在实质层面完成职务犯罪追诉中的检监协作，在案件办理形式

---

① 李奋飞：《“调查——公诉”模式研究》，载《法学杂志》2018 年第 6 期。

② 夏金莱：《论监察体制改革背景下的监察权与检察权》，载《政治与法律》2017 年第 8 期。

衔接的基础上，通过补充调查、补充侦查、提前介入等机制，强化对于案件事实查明与法律适用的实质性配合。互相制约则强调为保证职务犯罪追诉的规范化、法治化，监察机关与检察机关在职务犯罪案件监察调查与审查起诉衔接机制中，这就要求一方面要对案件移送和接收过程中所涉及的案卷材料等进行形式审查，保证衔接机制的程序规范与内容完整，另一方面在查处职务犯罪的诉讼过程中，检察机关对监察机关的制约主要体现在审查起诉环节。[①] 检察机关与监察机关还应当对于案件的监察调查与审查起诉具体内容进行实质制约，通过退回补充调查、非法证据排除、不起诉复议等机制，加强对于监察机关调查活动与检察机关审查起诉活动的制约，保证职务犯罪案件追诉的合法性，有效保障被调查人和犯罪嫌疑人、被告人的合法权益。需要注意的是，虽然配合与制约代表了监察机关与检察机关在职务犯罪案件办理过程中主体关系的两个不同向度，分别通过合力与纠偏提高职务犯罪案件追诉质量，但是由于无论是配合，还是制约，都是围绕职务犯罪案件办理展开的，二者之间属于一体两面的关系，这意味着，检察机关与监察机关在职务犯罪案件监察调查与审查起诉衔接机制中不仅要分别明晰配合与制约的具体内容，同时还要合理定位配合与制约之间的边界。

根据检察机关与监察机关在职务犯罪案件监察调查与审查起诉衔接机制中具体的权责配置，二者之间的主体关系应当实现配合与制约的动态平衡。为实现这一平衡，监察机关与检察机关在衔接过程中不能对配合与制约厚此薄彼，应当严格依照《宪法》、《监察法》和《刑事诉讼法》相关规定，优化职务犯罪案件监察调查与审查起诉衔接机制。首先，当前反腐败斗争取得压倒性胜利，但高压反腐的战略部署并未松懈。这一背景决定了我们需要加强职务犯罪追诉力度，但并不能因此片面强调监察机关与检察机关在职务犯罪追诉中的互相配合，忽视二者之间的互相制约。通过程序上的制约防止和及时纠正错误，以保证案件质量，正确应用法律惩罚违法犯罪，实现反腐败执法司法公平公正的基本价值。[②] 尤其需要重视的是，虽然根据相关政策导

① 卞建林：《监察机关办案程序初探》，载《法律科学》2017 年第 6 期。

② 吴建雄、王友武：《监察与司法衔接的价值基础、核心要素与规则构建》，载《国家行政学院学报》2018 年第 4 期。

向与立法规范，监察机关作为反腐败专责机关的高度权威性得以确立，但是并不能借此过度强调监察机关的主导性和检察机关的单方配合。否则，如果只讲配合，不讲制约，检察机关成为单纯办理起诉手续的机关，检察机关的职责和作用就不复存在，[①] 审查起诉所具有的过滤纠偏功能无法发挥。对此，要做好以下两方面的工作：一方面，检察机关作为审查起诉机关，应当回归职务犯罪案件追诉，积极发挥作为审查起诉机关的制约功能，按照《刑事诉讼法》和《监察法》的规定，在衔接过程中，对于监察机关调查完毕移送审查起诉的案件进行全面审查。通过检察机关审查起诉过程中对调查取证合法性的审查，[②] 加强对监察调查的有效制约。另一方面，监察机关也应当从反腐败专责机关的职能定位出发，按照法治反腐的理念指引，树立《监察法》和《刑事诉讼法》一体存在和运作的统筹执法观。要深知，监察调查程序只是处置职务犯罪程序中的一个环节和阶段，要有把监察执法活动放在刑事诉讼的司法范畴中予以考量的理念，树立用刑事诉讼标准验核监察执法质量的统筹思维，[③] 主动接受检察机关的制约。职务犯罪监察调查活动应受刑事审查起诉条件约束，从而服务于追诉犯罪的共同使命。[④] 其次，要针对监察调查与审查起诉不同的程序属性，加强检察机关与监察机关互相配合的有效性。不同于普通刑事案件刑事侦查与审查起诉同处刑事司法范畴，监察调查与审查起诉分属不同属性的程序，无论是法律渊源还是权力基础都存在显著差异。加之职务犯罪监察调查实践经验积累有限，尚未形成较为成熟的调查流程细则体系。在这一背景下，如果只强调制约，而忽视配合，不仅影响监察机关与检察机关之间的主体关系，更会对职务犯罪案件追诉产生不利影响。对此，要做好以下两方面的工作：一方面，检察机关在对监察机关依照《监察法》所实施的调查行为和获取的证据材料予以认可的同时，还要主动通过提前介入等方式对监察机关的调查活动提供必要协助。另一方面，

---

① 龙宗智：《监察与司法协调衔接的法规范分析》，载《政治与法律》2018 年第 1 期。

② 陈邦达：《法律衔接中监察与检察关系重构》，载《检察风云》2020 年第 6 期。

③ 向泽选：《纪检监察工作如何实现法法衔接》，载《中国纪检监察报》2018 年 4 月 25 日，第 8 版。

④ 吕泽华：《我国职务犯罪监察调查工作中的监检关系问题研究》，载《安徽大学学报（哲学社会科学版）》2020 年第 4 期。

监察机关也应当主动对标《刑事诉讼法》，为检察机关履行审查起诉职责提供有效协助。

5. 程序作用对象身份变迁

在既有研究和立法规范中，对于职务犯罪案件监察调查与审查起诉衔接机制的关注重点基本集中于如何实现案件由监察机关向检察机关的移送，实现监察程序向刑事程序的过渡。对于作为程序作用对象的被调查人，其在衔接机制中的身份转换和权利保障等问题则缺乏必要的关注。不同于普通刑事案件以提起公诉为时间节点划分犯罪嫌疑人、被告人身份的做法，根据《监察法》的规定，职务犯罪案件监察调查期间，被调查对象的身份为被调查人，在监察调查完毕转入审查起诉程序后，按照《刑事诉讼法》的规定，其身份转换为犯罪嫌疑人，检察机关审查起诉的应该是犯罪嫌疑人，不是被调查人。① 职务犯罪案件监察调查与审查起诉衔接导致的被调查人向犯罪嫌疑人的身份转变，带来的不仅是称谓的变化，更重要的是由于《监察法》与《刑事诉讼法》对于被调查人和犯罪嫌疑人权利配置的规定存在差异，被调查人向犯罪嫌疑人的身份转变会对其权利保障，以及其与办案机关的关系定位等产生直接影响。

首先，对于被调查人与犯罪嫌疑人的权利配置而言，根据《监察法》的规定，就权利保障而言，被调查人在监察调查期间享有获得立案通知权、② 留置后告知家属权和留置期间人身安全权、③ 讯问时人身安全权和休息权，④

① 程相鹏：《监察调查与审查起诉程序之衔接》，载《中国检察官》2019 年第 23 期。

② 《监察法》第 39 条第 3 款规定，立案调查决定应当向被调查人宣布，并通报相关组织。涉嫌严重职务违法或者职务犯罪的，应当通知被调查人家属，并向社会公开发布。

③ 《监察法》第 44 条第 1 款和第 2 款规定，对被调查人采取留置措施后，应当在 24 小时以内，通知被留置人员所在单位和家属，但有可能毁灭、伪造证据，干扰证人作证或者串供等有碍调查情形的除外。有碍调查的情形消失后，应当立即通知被留置人员所在单位和家属。监察机关应当保障被留置人员的饮食、休息和安全，提供医疗服务。讯问被留置人员应当合理安排讯问时间和时长，讯问笔录由被讯问人阅看后签名。

④ 《监察法》第 40 条第 2 款规定，严禁以威胁、引诱、欺骗及其他非法方式收集证据，严禁侮辱、打骂、虐待、体罚或者变相体罚被调查人和涉案人员。

《监察法》第 44 条第 2 款规定，监察机关应当保障被留置人员的饮食、休息和安全，提供医疗服务。讯问被留置人员应当合理安排讯问时间和时长，讯问笔录由被讯问人阅看后签名。

以及对于监察机关及其工作人员违法行为的申诉权。[①] 与之相对应的是，作为犯罪嫌疑人，根据《刑事诉讼法》的规定，其所享有的诉讼权利包括申请回避权、自我辩护权、委托辩护权、强制措施变更申请权、办案机关及人员违法行为申诉控告权、上诉权等。虽然就权利保障范围和效果而言，《监察法》已经为职务犯罪被调查人设置了较为充分的权利保障体系，但是伴随监察调查与审查起诉衔接所导致的法律渊源变换，处于被追诉地位的被调查人在进入刑事司法领域后，身份出现了向犯罪嫌疑人的转换。与之相对应的是，其所享有的权利就由监察调查权利体系转入刑事诉讼权利体系。在此过程中，由被调查人向犯罪嫌疑人的身份转换所带来的权利变化最为明显、影响最为重大的，就是相较于被调查人，犯罪嫌疑人自被侦查机关第一次讯问或者采取强制措施之日起就有权委托辩护人。对于职务犯罪案件而言，由于监察调查案件直接移送审查起诉，意味着此类案件的犯罪嫌疑人，一旦进入刑事诉讼程序就有权依照《刑事诉讼法》的规定委托辩护人。由此可见，如何界定被调查人向犯罪嫌疑人身份转换的时间节点，对于其程序权利保障具有不可替代的重要意义。

其次，对于被调查人和犯罪嫌疑人的义务配置而言，根据《监察法》的规定，对于职务犯罪被调查人，监察机关可以采取的调查措施包括讯问、留置、查询、冻结、搜查、调取、查封、扣押、技术调查措施、通缉、限制出境等。与之相对应的是，对于犯罪嫌疑人，根据《刑事诉讼法》的规定，办案机关可以对其采取的权利限制措施包括讯问、搜查、查询、冻结、扣押、检查等侦查措施，以及拘传、拘留、取保候审、监视居住、逮捕等强制措施。《监察法》与《刑事诉讼法》对于监察机关和检察机关可以实施的权利限制措施配置的差异，决定了被调查人与犯罪嫌疑人所应当承担的程序义务自然

---

① 《监察法》第60条第1款规定："监察机关及其工作人员有下列行为之一的，被调查人及其近亲属有权向该机关申诉：

"（一）留置法定期限届满，不予以解除的；

"（二）查封、扣押、冻结与案件无关的财物的；

"（三）应当解除查封、扣押、冻结措施而不解除的；

"（四）贪污、挪用、私分、调换以及违反规定使用查封、扣押、冻结的财物的；

"（五）其他违反法律法规、侵害被调查人合法权益的行为。"

有所不同。与之相对应的是，由被调查人向犯罪嫌疑人的身份转换，会直接影响办案机关可以对其实施的权利限制措施。例如，对于在监察调查阶段被采取留置措施的被调查人，一旦经过程序衔接，身份转换为犯罪嫌疑人，按照《刑事诉讼法》的规定，检察机关应当对其先行拘留，留置措施自动解除，其羁押地点也将转为看守所。

最后，由被调查人向犯罪嫌疑人的身份转换，意味着职务犯罪案件追诉对象由特殊主体向一般主体的转换。监察调查与刑事侦查的异质性，决定了职务犯罪案件被调查人与普通刑事案件犯罪嫌疑人的身份设定存在巨大差异。通过职务犯罪案件监察调查与审查起诉衔接机制，不仅实现了案件追诉程序向刑事诉讼程序转入，同时完成了职务犯罪案件被调查人身份向刑事诉讼当事人的并轨，由此带来的直接影响，就是对于职务犯罪案件犯罪嫌疑人在进入审查起诉程序后，除法律另有规定外，其权利义务配置同其他案件犯罪嫌疑人应当相同，不得对其施加额外的限制。

（三）职务犯罪案件监察调查与审查起诉衔接机制的现实挑战

职务犯罪案件事实调查与审查起诉衔接机制整体重构所引发的理论调整和制度变迁，难免会对职务犯罪案件追诉实践产生重大影响。此前实践中形成的检察自侦自诉衔接模式被全新的监察调查与审查起诉衔接模式所取代，会对监察机关、检察机关的办案流程建立和完善带来巨大挑战。相较于刑事侦查与审查起诉同属刑事诉讼程序的情况，监察调查与审查起诉涉及属性不同的监察调查程序与刑事诉讼程序，无论是衔接机制的对应主体，还是衔接机制的具体内容，都更为复杂。对此，早在国家监察体制改革启动之初，理论界就认识到如何实现监察委员会和司法机关的有序衔接是国家监察体制改革的难点所在，[①] 考虑到工作业务的紧密程度，相较监察委员会与其他司法机关的协调衔接，监察委员会与检察机关的衔接也是当下国家监察体制改革最为关注和重点解决的问题。[②] 而且，根据对国家监察体制改革试点阶段以

---

① 马怀德：《国家监察体制改革的重要意义和主要任务》，载《国家行政学院学报》2016年第6期。

② 樊崇义、哈腾：《论监察与检察协调衔接机制的构建》，载《浙江工商大学学报》2018年第6期。

及《监察法》实施初期监察机关与检察机关职务犯罪案件衔接实践现状的考察，也印证了这一担忧的客观性，其中最为直观的表现就是移送检察机关职务犯罪案件数量的大幅下降。《监察法》制定实施前的5年间（2013年至2017年），全国检察机关立案侦查职务犯罪254419人，较前五年上升16.4%，各年度人数分别为51306人、55101人、54249人、47650人、46113人。2018年，全国检察机关受理各级监察委员会移送职务犯罪仅16092人，这一数字与之前检察机关行使职务犯罪侦查职能期间的人数相比减少了2/3。[①] 在此期间，虽然由于《刑法修正案（九）》对于职务犯罪定罪量刑标准进行了调整导致2016年与2017年的案件数量相较此前三年有所下降，但是其影响相对有限，不能作为解释2018年职务犯罪案件数量“断崖式”下降的原因。据此，在犯罪构成要件并无实质性变化的前提下，2018年职务犯罪案件数量的下降只存在两个合理的原因：一是监察机关作为新设机构，对于职务犯罪监察调查权的行使尚处于摸索阶段，办案能力相较于检察机关自侦部门存在一定欠缺，导致职务犯罪案件的调查启动和终结数量较少。二是监察机关调查完毕的案件难以顺畅衔接转入刑事诉讼程序，从而导致移送审查起诉案件数量急剧下降。

根据笔者参与的对《监察法》实施情况的评估调研，发现上述两种情形在职务犯罪案件追诉实践中普遍共存。以湖南省为例。2018年1月至2019年1月，全省监察机关移送审查起诉职务犯罪案件犯罪嫌疑人552人。其中，贪污贿赂类383人，滥用职权类11人，玩忽职守类4人。检察机关审理后，决定退回补充调查201人，起诉276人，不起诉23人，原职级为厅级以上干部24人全部提起公诉。监察机关移送审查起诉的职务犯罪案件比转属前下降许多。2012～2017年，该省检察机关查处的贪污贿赂犯罪案件年均在1000件左右，查处的渎职侵权案件年均在350件左右。2018年1月～2019年1月，该省监察机关移送审查起诉的职务犯罪案件相较于之前，缩减了一半的数量。基层区县查办职务犯罪案件减少的比例更大。据统计，2018年，该省114个区县中，有33个区县党纪政务处分数量大幅上升，而向检察机关移送

---

① 《曹建明作最高人民检察院工作报告》，载《检察日报》2018年3月10日，第3版。

职务犯罪案件数为零。[①] 由此可见，国家监察体制改革后，职务犯罪审查起诉数量呈现断崖式下降。[②] 此外，对于已经移送审查起诉的案件，退回补充侦查的比例远超普通刑事案件中退回补充调查的比例，并且这一现象在全国其他地区普遍存在。根据最高人民检察院披露的数据，2018 年监察机关移送审查起诉的案件中，检察机关退回补充调查 1809 人，占受案数的 11.6%，同比下降 37%。[③] 由此反推，2017 年国家监察体制改革期间退回补充调查率甚至高达 48.6%。

针对上述实践中出现的情况，中央纪委、国家监察委员会、最高人民检察院制定了《国家监察委员会与最高人民检察院办理职务犯罪案件工作衔接办法》《国家监察委员会移送最高人民检察院职务犯罪案件证据收集审查基本要求与案件材料移送清单》等规范性文件，初步确立了职务犯罪案件监察调查与审查起诉衔接机制中涉及的国家监察委员会案件移送前的审理流程、最高人民检察院提前介入监察调查的介入细则、国家监察委员会向最高人民检察院移送案件的具体流程、检察机关审查起诉的具体程序，以及职务犯罪案件退回补充调查和自行补充侦查等相关实施细则。以此为基础，监察机关与检察机关共同构建和完善了职务犯罪案件监察调查与审查起诉衔接机制的具体实施细则体系。针对实践中暴露出的衔接不畅，导致案件移送效率受限，退回补充调查率较高，以及在衔接过程中过分强调监察权威、影响监检配合等现象，2019 年 5 月，中央纪委办公厅印发了《关于加强和改进案件审理工作的意见》，特别强调建立健全涉嫌职务犯罪案件协作配合机制、加强与司法执法机关的互相配合制约。坚决防止设定"零延期""零退查""零不诉"

---

① 吴建雄、李春阳：《〈监察法〉实施中的若干疑难问题及其破解对策》，载《湖南大学学报（社会科学版）》2019 年第 6 期。

② 这一点得到相关研究的印证。2017 年国家监察体制改革试点的北京市、山西省、浙江省三地检察机关查办职务犯罪案件犯罪嫌疑人数量突现"断崖式"下降，降幅均超过了 79%，虽然 2018 年这三地检察机关查办职务犯罪案件犯罪嫌疑人的人数开始小幅反弹，但 2018 年的数据仍仅为 2016 年三地检察机关查办职务犯罪案件犯罪嫌疑人的人数的一半左右。参见詹建红、崔玮：《职务犯罪案件监察分流机制探究——现状、问题及前瞻》，载《中国法律评论》2019 年第 6 期。

③《最高人民检察院工作报告（第十三届全国人民代表大会第二次会议 张军 2019 年 3 月 12 日）》，载中华人民共和国最高人民检察院网，https://www.spp.gov.cn/gzbg/201903/t20190319_412293.shtml。

“零无罪”“零上诉”等脱离实际的工作目标。在前续实践探索和规范制定的基础上，为全面推进职务犯罪案件监察调查与刑事司法的有效衔接，国家监察委员会与最高人民法院、最高人民检察院、公安部联合印发《关于加强和完善监察执法与刑事司法衔接机制的意见（试行)》，内容涉及管辖、证据、留置与刑事强制措施、移送起诉、审查起诉、审判、从宽处罚、涉案财物等方面问题。这一文件的出台，为职务犯罪案件监察调查与审查起诉衔接机制创设了较为完整的细则规范体系，对推进职务犯罪案件的有效追诉起到了积极促进作用，有助于职务犯罪案件实现监察调查与审查起诉衔接机制的规范化。但需要注意的是，由于该意见法律位阶较低，且并不对外公开，这会影响内容的权威性，也不利于职务犯罪案件被调查人和犯罪嫌疑人及其辩护人针对案件衔接行使程序权利。对此，为推进职务犯罪案件监察调查与审查起诉衔接机制的法治化完善，有必要通过《监察法》《刑事诉讼法》及相关监察解释和司法解释的对应性修改调整，提高衔接细则规范的权威性与统一性，增强涉案主体的权利保障，回应社会关注。

二、研究综述——两法衔接背景下的程序贯通

虽然按照国家监察体制改革的初衷，在不敢腐、不能腐、不想腐的目标体系中，职务犯罪追诉并非监察机关最核心的业务内容，但是由于此类案件的追诉涉及监察程序与刑事诉讼程序的衔接，并且广受社会公众关注，因而在国家监察体制改革启动之初，如何实现职务犯罪侦查权转属后，监察调查与审查起诉的有效衔接就受到法学界，尤其是刑事诉讼法学界的高度关注。随着《监察法》的制定，监察调查结束后移送检察机关审查起诉的追诉衔接模式得以明确，并且确定了监察证据在刑事诉讼中的合法性，《刑事诉讼法》修正则明确了留置措施与先行拘留之间的对人强制措施衔接机制，从而基本确立了职务犯罪案件监察调查与审查起诉衔接机制的法律框架。以此为研究对象，形成了大量关于职务犯罪案件监察调查与审查起诉衔接机制的研究成果，以“监察调查，审查起诉，衔接”为关键词，在中国知网共检索获得文献 834 篇，相关文献不仅数量众多，而且研究涉及的领域众多，围绕职务犯罪案件监察调查与审查起诉衔接机制的理论阐释、立法完善和实践推进进行了全面的研究。总体而言，职务犯罪案件监察调查与审查起诉衔接机制的相

关研究主要以《监察法》制定与《刑事诉讼法》修正为主要研究对象，讨论监察程序与刑事司法程序的有效衔接，其具体内容包括以下几点。

第一，监察调查案件移送审查起诉是否需要刑事立案。① 由于监察调查程序与刑事诉讼程序的程序属性存在差异，根据此前刑事诉讼法理，立案作为刑事诉讼程序的起点，在诉讼程序中不可或缺。对于职务犯罪案件而言，虽然在监察调查环节按照《监察法》的规定进行了监察立案，但是在监察机关移送审查起诉后，检察机关作为刑事司法机关，对于此类案件是否需要进行刑事立案，以此作为刑事诉讼程序启动的程序基础，由于修正后《刑事诉讼法》并未对此予以明确规定，由此产生了一定争议。对此，有观点认为应当设置刑事立案程序作为衔接机制的程序保障，② 以“形式立案”划定监察与司法的程序界限，明确刑事诉讼开启节点。③ 还有观点认为应当对既有监察立案制度进行改造，实现监察立案与刑事立案的同步进行。④ 与之相对应的是，有观点认为在已有以监察调查为前置程序的前提下，刑事立案既无必要性，⑤ 又无可行性。⑥ 对于监察调查移送审查起诉的案件是否需要进行刑事立案，就立法层面而言，无论是《监察法》的具体表述，还是监察机关与检察机关、审判机关等共同形成的规范性文件，均认为此类案件在经过监察立案、进入刑事诉讼程序后，无须再次进行刑事立案。但是，就理论层面而言，立案作为刑事诉讼的启动环节，不仅是刑事诉讼程序启动的程序载体，同时还是判断办案机关权力行使、犯罪嫌疑人身份确认，以及辩护人是否可以参与程序⑦等一系列重要事项的时间节点。对此，如何解决立法规范与既有理论之间的分歧就成为分析职务犯罪案件监察调查与审查起诉衔接机制是否需

---

① 姚莉：《监察案件的立案转化与“法法衔接”》，载《法商研究》2019 年第 1 期。

② 陈卫东：《职务犯罪监察调查程序若干问题研究》，载《政治与法律》2018 年第 1 期。

③ 董坤：《法规范视野下监察与司法程序衔接机制——以〈刑事诉讼法〉第 170 条切入》，载《国家检察官学院学报》2019 年第 6 期。

④ 龙宗智：《监察与司法协调衔接的法规范分析》，载《政治与法律》2018 年第 1 期。

⑤ 纵博：《监察委员会调查权运行法治化的若干问题探讨》，载《宁夏社会科学》2018 年第 3 期。

⑥ 谢小剑：《监察调查与刑事诉讼程序衔接的法教义学分析》，载《法学》2019 年第 9 期。

⑦ 杨宇冠、郑英龙：《〈刑事诉讼法〉修改问题研究——以〈监察法〉的衔接为视角》，载《湖湘论坛》2018 年第 5 期。

要以刑事立案为过渡载体的关键所在。

第二，检察机关提前介入职务犯罪调查。检察机关提前介入职务犯罪调查，突破了监察调查与审查起诉的程序阶段限制，对于监察调查与审查起诉的分别运行以及互相衔接都会产生联动影响。对此，存在肯定论与否定论两种观点。检察提前介入监察调查肯定论认为，作为一种完善监检衔接的有效工作机制，检察机关提前介入监察调查是“配合制约”原则的具体体现，有助于解决当前监察调查资源不足的现实困境，推进法治反腐目标的实现。[①] 在此过程中，检察机关既可以利用自身优势，协助监察机关提高调查质量，还可以通过引导监察机关依法调查，提高监察调查的合法性。[②] 但需要注意的是，相较于普通刑事案件中检察机关提前介入刑事侦查的做法，由于监察调查与刑事侦查存在属性差异，决定了检察机关提前介入监察调查在权力基础以及角色定位等方面都具有特殊性。例如，不同于检察机关提前介入侦查存在检察监督与配合制约的混同的情况，检察机关提前介入监察调查是否存在检察监督的可行性与正当性则需要特别予以分析。[③] 与之相对的是，在检察机关提前介入监察调查否定论看来，检察机关提前介入监察调查不符合法理，在实践中容易导致诸多弊端，只能是权宜之计，应当寻求替代方案，重构现有的监检衔接机制。[④]

第三，留置措施与刑事强制措施的衔接。由于《监察法》仅规定了留置、限制出境和通缉三种人身自由控制措施，而其中效力最强，同时也最受关注的就是留置措施。由于留置措施作为“双规”“双指”措施法治化升级的产物，自诞生之日起就成为学术探讨与实践探索的重点关注对象。而这当中，如何实现留置措施与刑事强制措施的有效衔接，被视为职务犯罪案件监察调查与审查起诉衔接机制的重要组成部分。针对这一问题，为避免在监察调查与审查起诉衔接过程中出现人身自由控制措施的空当，有必要通过构建

---

① 何静：《检察介入监察调查：依据探寻与壁垒消解》，载《安徽师范大学学报（人文社会科学版）》2020 年第 6 期。

② 李奋飞：《职务犯罪调查中的检察引导问题研究》，载《比较法研究》2019 年第 1 期。

③ 吕晓刚：《监察调查提前介入实践完善研究》，载《法学杂志》2020 年第 1 期。

④ 封利强：《检察机关提前介入监察调查之检讨——兼论完善监检衔接机制的另一种思路》，载《浙江社会科学》2020 年第 9 期。

先予拘留机制作为衔接保障机制,[①] 实现对被调查人向犯罪嫌疑人身份转变的高效有序。但需要注意的是，对于先予拘留的性质目前存在一定争议,[②] 需要予以明确。随着《刑事诉讼法》修正确认先予拘留作为留置措施与刑事强制措施的衔接机制，基本解决了被采取留置措施的被调查人在监察调查与审查起诉期间的人身自由控制难题，但与此同时，对于尚未被采取留置措施的被调查人，如何在监察调查与审查起诉期间进行有效的衔接则缺乏有效的保障措施。为此，要做好以下两方面的工作：一方面，要强调监察机关应当向检察机关及时全面移送被调查人的身份、住址、联系方式等信息，检察机关也要在案件移送后，及时通知犯罪嫌疑人，并根据案情和犯罪嫌疑人的人身危险性，确定适当的强制措施。[③] 另一方面，要通过立法完善解决衔接过程中的监察人身强制措施与刑事强制措施对应性不足的问题，重构监察强制措施体系,[④] 形成与刑事强制措施相对应的人身自由控制措施体系。此外，对于补充调查期间被逮捕的犯罪嫌疑人是否需要倒流变更为留置措施的问题，理论界普遍认为监察机关将调查的职务犯罪案件移送检察机关之后，检察机关如果认为有事实和证据需要补充核实的将案件退回监察机关，此时案件仍然处于审查起诉阶段，犯罪嫌疑人应关押在看守所不应退回到留置状态，不应转移至监察机关办案场所。[⑤]

第四，监察证据衔接以及非法证据排除规则。作为事实认定与法律适用的基础，证据无论是在监察调查，还是在刑事诉讼程序中均具有不可替代的重要价值。由于监察调查不属于刑事诉讼程序，监察机关亦非侦查机关，因而对于监察调查期间获取的证据是否能够在刑事诉讼程序中直接作为刑事证据使用就成为理论研究的热点问题。[⑥] 对于这一问题的研究，主要包括证据

---

① 徐汉明、丰叶:《检察机关“先行拘留权”属性、程序、效能之逻辑结构》，载《法学评论》2020 年第 6 期。

② 高童非:《监检衔接中先行拘留措施的法教义学反思》，载《地方立法研究》2020 年第 2 期。

③ 郭竹梅:《完善监察机关移送案件强制措施衔接机制》，载《检察日报》2020 年 1 月 20 日，第 3 版。

④ 魏昌东:《〈监察法〉监察强制措施体系的结构性缺失与重构》，载《南京师大学报（社会科学版)》2020 年第 1 期。

⑤ 杨宇冠、高童非:《监察机关留置问题研究》，载《浙江工商大学学报》2018 年第 5 期。

⑥ 冯俊伟:《〈监察法〉实施中的证据衔接问题》，载《行政法学研究》2019 年第 6 期。

准入资格、监察取证规范、非法证据排除等。① 在监察改革试点阶段，参照此前《刑事诉讼法》中对于行政执法中获取证据的证据资格规定模式，有观点认为监察调查期间获取的实物证据可以在刑事诉讼中运用，言词证据不具有证据资格。与之相对应的是，有观点认为监察调查期间获取的证据，不论是实物证据，还是言词证据，都可以在刑事诉讼中运用。② 此后，随着《监察法》的制定实施，监察调查获取证据在刑事诉讼中便可以使用了，但由于缺乏相对应的细节性规范，对于监察调查与审查起诉衔接过程中证据移送接收的具体范围以及程序流程等都缺乏具体的规范，因而需要在审查起诉中构建专门的证据合法性审查机制。③ 此外，为避免非法取证，《监察法》与《刑事诉讼法》中均规定了非法证据排除规则，但由于两部法律对于非法证据排除范围的规定并不完全一致，因而对于监察调查获取证据的排除应当如何具体展开就成为监察调查与审查起诉证据衔接的重要研究课题。④ 对此，当务之急是应统一监察证据规则与司法证据规则中关于“监察非法证据”的认定标准。⑤

第五，职务犯罪案件退回补充调查。⑥ 就程序流向而言，职务犯罪监察调查与审查起诉衔接机制，不仅包括监察调查完毕案件移送审查起诉的顺序衔接，还包括检察机关退回监察机关补充调查的倒序衔接。由于立法中同时规定了退回补充调查与自行补充侦查两种证据补充机制，且并未明确二者的适用边界，因而首先需要对退回补充调查的具体适用情形予以明确。⑦ 在此基础上，需要明确退回补充调查期间的程序属性，这关系到犯罪嫌疑人是

① 姚莉：《〈监察法〉第33条之法教义学解释——以法法衔接为中心》，载《法学》2021年第1期。

② 韩旭：《监察委员会调查收集的证据材料在刑事诉讼中使用问题》，载《湖南科技大学学报(社会科学版)》2018年第2期。

③ 刘昂：《〈监察法〉实施中的证据合法性问题研究》，载《证据科学》2018年第4期。

④ 高通：《监察程序中非法证据的法解释学分析》，载《证据科学》2018年第4期。

⑤ 张硕：《监察案件非法证据排除制度体系：法理解构与实践路径》，载《政法论坛》2020年第6期。

⑥ 纵博：《监察体制改革中的证据制度问题探讨》，载《法学》2018年第2期。

⑦ 陈小炜、吴高飞：《监察体制改革背景下自行补充侦查和退回补充调查关系论纲》，载《西南政法大学学报》2019年第3期。

否需要重新转换为被调查人，已经被采取逮捕等强制措施的犯罪嫌疑人是否需要转换为留置措施，退回补充调查期间辩护人是否可以继续参与案件等一系列问题。[①] 对此，学术界目前普遍认为退回补充调查期间实行“案退，人不退”原则，强制措施无须变更，但要为监察机关调查讯问提供必要的便利。[②]

总体而言，当前对于职务犯罪案件监察调查与审查起诉衔接机制的研究主要是在法法衔接背景下，讨论如何应对职务犯罪案件由监察调查程序转入刑事诉讼程序在具体流程、证据、强制措施等方面所面临的现实挑战。目前，已经初步形成了职务犯罪追诉程序衔接机制体系，但需要注意的是，既有相关研究中，从宏观视角研究职务犯罪案件监察调查与审查起诉衔接机制的成果相对稀缺，并未对于衔接机制的理论基础展开深入讨论，缺乏对衔接过程中涉及的具体问题进行整体研究，导致相关研究结论和完善建议系统性不足。基于此，在后续研究中，要做好以下两方面的工作：一方面，要构建监察调查与审查起诉衔接基础理论体系，在辨析其与刑事侦查和审查起诉衔接机制的内在差异的基础上，从程序属性以及基本原则等视角出发，探讨职务犯罪案件监察调查与审查起诉衔接基础理论。另一方面，要完善职务犯罪案件监察调查与审查起诉衔接机制，分别对职务犯罪案件监察调查程序设置、主体制度、证据制度等主要问题展开整体讨论，实现衔接机制构建的内在自洽，以此推进职务犯罪案件追诉的法治化。

三、研究内容——形式移送基础上的程序实质衔接

职务犯罪案件监察调查与审查起诉衔接机制作为监察体制改革后职务犯罪案件追诉程序中的重要组成部分，在打击职务犯罪、推进法治反腐领域发挥着不可替代的关键性连接作用。对于这一衔接机制的理解，如果仅就形式层面而言，其存在价值只是职务犯罪案件办理过程中的不同办案机关之间的案件移送与接收，简单的程序流程规范就可以满足案件衔接的具体需求。然

① 陈小炜：《监检关系视野下退回补充调查与自行补充侦查》，载《北方法学》2020 年第 6 期。
② 王霈：《退回补充调查需要厘清的几个问题》，载《中国纪检监察报》2020 年 11 月 4 日，第 8 版。

而，由于监察调查与审查起诉分属监察领域和刑事司法领域，二者在权力基础、程序属性等层面都存在差异，并且衔接结果不仅关涉具体职务犯罪个案的公正处理，更影响监察调查权与检察权之间能否协调互动，关系到法治反腐目标能够全面实现。因此，对于职务犯罪监察调查与审查起诉而言，程序衔接的关键应该在于彼此间的相互联系，其实质应当是在考虑监察调查活动特殊性的前提下，将职务犯罪监察调查程序与审查起诉程序协调对接。[①] 这意味着，职务犯罪案件监察调查与审查起诉衔接机制的构建必须建立在能够兼容监察调查与审查起诉两种不同属性程序的基础上，并且在此过程中实现监察程序向刑事诉讼程序的转向。审查起诉需要实现刑事案件监察调查与刑事侦查的二元并轨，对于职务犯罪案件监察调查与审查起诉衔接机制的研究，不能于满足仅提供一种“操作方案”，[②] 而是应当构建能够全面推进衔接机制完善发展的理论支撑体系和实践规范体系。监察调查权与审查起诉权的分离，体现了追诉职能的细化分工，但共同的诉讼目的决定两权具有前后相继、一体完成追诉功能的本质。[③] 在实质衔接视野下，职务犯罪案件监察调查与审查起诉的具体内容不应被限制为案件由监察机关向检察机关的移送流程，而是应当从职务犯罪追诉的目标导向出发，以如何通过监察机关与检察机关的配合制约，完成监察调查与审查起诉职责为主要内容。基于此，要做好以下两方面的工作：一方面，需要将职务犯罪案件监察调查与审查起诉衔接机制的研究边界前移至监察调查实施环节，通过检察机关提前介入等机制，保障后续衔接流程的顺畅高效。另一方面，需要将职务犯罪案件监察调查与审查起诉衔接机制的研究边界向后延伸至审查起诉事实阶段，通过退回补充调查等机制，保障审查起诉向监察调查的倒流补强能够切实发挥作用。以此为指导，对于职务犯罪案件监察调查与审查起诉衔接机制的具体研究将以理论阐释为基础，以制度和程序完善为内容，遵循理论辨析指导机制完善、机制

---

① 詹建红、许晏铭：《论监察调查与刑事诉讼程序的衔接》，载《社会科学战线》2019 年第 8 期。

② 施鹏鹏、马志文：《论刑事诉讼法与国家监察体制的衔接》，载《浙江工商大学学报》2020 年第 2 期。

③ 吕泽华：《我国职务犯罪监察调查工作中的监检关系问题研究》，载《安徽大学学报（哲学社会科学版）》2020 年第 4 期。

发展“反哺”理论创新的研究路径。具体而言，职务犯罪案件监察调查与审查起诉衔接机制研究的主要内容包含理论构建、制度保障和程序规范三方面的内容。

一是职务犯罪案件监察调查与审查衔接机制的理论构建。作为国家监察体制改革引发的衍生产物，职务犯罪案件监察调查与审查起诉衔接机制在衔接主体、程序属性以及权力基础等方面都与普通刑事案件刑事侦查与审查起诉衔接机制存在显著差异。这意味着，既有的刑事侦查与审查起诉衔接理论体系难以满足职务犯罪案件监察调查与审查起诉衔接机制理论阐释的需求，因此有必要在探究职务犯罪案件监察调查与审查起诉衔接机制性质属性的基础上，构建职务犯罪案件监察调查与审查起诉衔接机制的基础理论体系。这一体系的具体内容，包含对职务犯罪案件监察调查与审查起诉衔接机制内涵与外延的阐释，并在此基础上，分析衔接机制的属性特征和价值功能，以及应当遵循的理念原则。通过职务犯罪案件监察调查与审查起诉衔接机制基础理论体系的架构，不仅可以对后续职务犯罪案件监察调查与审查起诉衔接机制的立法完善和实践推进提供理论指导价值，同时也是辨析当前既有规范流程正当性和科学性的评价指标。职务犯罪案件监察调查与审查起诉衔接机制基础理论体系的构建，既是国家监察体制改革后职务犯罪案件程序流转理论体系走向自立自洽的重要标志，同时也是监察理论与刑事诉讼理论体系联结协调的关键所在。对于职务犯罪案件监察调查与审查起诉衔接机制基础理论的研究既是理论指导实践的逻辑起点，也是实践“反哺”理论的逻辑回归。

二是职务犯罪案件监察调查与审查起诉衔接机制的制度保障。职务犯罪案件由监察调查转入审查起诉阶段，不仅是案件办理流程的推进，更是案件整体在不同办案场域中的转换。由于监察机关与检察机关在组织体制、职权配置以及法律渊源等方面都相对独立，因而为保证案件在职务犯罪案件监察调查与审查起诉衔接机制中得到有序流转，就需要针对衔接过程中涉及的对应制度进行协调兼容。根据当前职务犯罪案件监察调查与审查起诉衔接机制立法规范和实践现状，二者衔接所涉及的具体制度包括管辖制度、证据制度、强制措施制度以及被调查人和犯罪嫌疑人权利保障制度等。首先，就管辖制度而言，在监察调查与审查起诉衔接过程中，需要重点解决的是以干部管理权限为基础构建的属人管辖为主、属地管辖为辅的监察管辖制度，与属地管辖为主、属人管辖为辅的刑事诉讼管辖制度之间所存在的内在冲突，并确定规范合理的关系对应机制。其次，就证据制度而言，在职务犯罪案件监察调查与审查起诉衔接机制中，需要重点解决的是监察调查所获取证据在审查起诉中的审查、判断和运用问题，尤其是对于取证合法性判断的法律依据问题需要特别予以分析。再次，就强制措施制度而言，在职务犯罪案件监察调查与审查起诉衔接机制中，需要重点解决的问题是被调查人向犯罪嫌疑人的身份转变过程中如何实现人身自由控制措施的无缝衔接，避免出现措施断档。此外，还需要从刑事强制措施体系倒推监察调查强制措施体系的丰富完善问题。最后，就被调查人权利保障而言，在职务犯罪案件监察调查与审查起诉衔接机制中，需要重点解决的问题是被调查人向犯罪嫌疑人身份转换所导致的权利义务配置调整，尤其是辩护权等权利的行使节点和边界的确定问题。

三是职务犯罪案件监察调查与审查起诉衔接机制的程序规范。虽然既有相关立法和规范中已经初步确立了职务犯罪案件监察调查与审查起诉衔接机制的基本流程，但为保证案件衔接的高效有序，就需要以案件衔接为中心，对监察机关的移送和检察机关的接收进行全面的程序规制。此外，由于职务犯罪案件在监察调查与审查起诉衔接过程中并非纯粹的单向流动，还包括由审查起诉向监察调查的反向流动，因此职务犯罪案件监察调查与审查起诉衔接机制的程序规范主要内容包括检察机关提前介入监察调查程序、案件移送接收具体流程、退回补充调查程序、被调查人不在案案件的衔接流程等。其中，关于提前介入程序的研究内容主要是如何规范检察机关提前介入监察调查活动，确保提前介入的规范合法。案件移送接收流程则包括监察机关的案件移送程序和检察机关的案件接收程序两项内容。退回补充调查程序则包括检察机关的退回补充调查流程，以及监察机关补充调查完毕后的再次移送程序。被调查人不在案案件的衔接程序则包括因被调查人逃匿、死亡、重病等原因，需要后续转入违法所得没收程序或者缺席审判程序案件的移送与接收程序。

第一章

职务犯罪案件监察调查与审查起诉衔接机制概述

作为国家监察体制改革的立法保障，《监察法》制定和《刑事诉讼法》修正后，我国刑事诉讼从“侦查—起诉—审判”的传统线性构造向“侦查—起诉—审判”与“调查—起诉—审判”并存的二元线性诉讼构造转变。[①] 这一转变不仅改变了职务犯罪案件的具体办案流程，更重要的是拓展了犯罪追诉程序衔接的类型外延，创设了独具特色的监察调查程序与刑事司法程序衔接的职务犯罪追诉程序衔接模式。在这一模式下，监察权与刑事司法权得以有效联结，既强化了职务犯罪的有效追诉，又保障了追诉过程的公正合法，是满足监察体制改革后，职务犯罪由刑事侦查转入监察调查所带来的异体程序衔接现实需求的制度保障。然而，由于监察调查与刑事侦查在程序属性、权力基础等方面都存在本质区别，因而既有刑事诉讼理论中关于刑事侦查与审查起诉衔接机制的内容已经无法作为职务犯罪案件监察调查与审查起诉衔接机制的理论基础。因此，对于职务犯罪案件监察调查与审查起诉衔接机制的研究有必要回归理论原点，以内涵外延辨析为基础，以理念原则探析为导向，以价值功能归纳为支撑，为后续职务犯罪案件监察调查与审查起诉衔接机制具体内容的探讨提供基本前提。

① 左卫民、唐清宇：《制约模式：监察机关与检察机关的关系模式思考》，载《现代法学》2018 年第 4 期。

第一节 职务犯罪案件监察调查与审查起诉衔接机制的概念界定

职务犯罪案件监察调查与审查起诉衔接机制作为国家监察体制改革所导致的职务犯罪追诉程序配置调整的产物，目前随着立法规范和实践活动，业已在追诉职务犯罪的实践中得以形成。然而，当前相关研究主要停留在如何对职务犯罪案件监察调查与审查起诉衔接机制中所涉及具体规范和制度阐释与完善的层面，对于该衔接机制缺乏整体的理论建构。这导致对于该衔接机制的内涵外延、基本特征等都尚未形成普遍认可的通说，缺乏统一的理论话语体系。由此，不仅影响了学术讨论前提共识的确立，更会导致对于职务犯罪案件监察调查与审查起诉衔接机制具体内容的研究因缺乏统一理论指引而陷入碎片化的误区。因此，为推进职务犯罪案件监察调查与审查起诉衔接机制理论研究与实践推进的规范科学，有必要对这一机制的概念界定等基础问题进行充分辨析，以期为后续相关研究提供基础概念平台。

一、职务犯罪案件监察调查与审查起诉衔接机制内涵探究

对犯罪追诉进行程序阶段划分是近现代刑事诉讼区别于民事诉讼、行政诉讼的重要特征。审前程序与审判程序的分离，不仅实现了事实查明与定罪量刑的阶段划分，以满足刑事诉讼对于事实证据基础客观性的苛刻要求，同时通过不同阶段办案主体之间的互相制约，发挥了规范侦查权、司法权行使，保障被追诉人合法权利的程序价值。程序阶段的划分不仅引发了不同程序阶段具体内容的界定问题，同时也衍生了前后相邻程序阶段的衔接问题。尤其是针对侦查与审查起诉以及审查起诉与审判之间的阶段衔接，形成了大量的研究成果，形成了较为成熟的程序阶段衔接理论体系。然而，立案、侦查、审查起诉、审判、执行的阶段划分，只是对刑事诉讼程序进行的内部阶段划分，虽然不同阶段的具体诉讼任务和办案责任主体有所差异，但本质上都属于刑事诉讼程序的范畴，其程序属性、权力基础等都保持一致。与之不同的

是，根据《监察法》和《刑事诉讼法》的规定，国家监察体制改革后所导致的职务犯罪追诉程序重塑，改变了刑事诉讼程序一元程序模式，形成了监察程序与刑事诉讼程序二元衔接程序模式。这一模式下的监察立案调查程序，与后续的刑事审查起诉、审判、执行程序，在程序属性和权力基础等方面都存在本质差异。监察调查与审查起诉作为监察程序与刑事诉讼程序衔接的端口，虽然实际效果上都是将案件转入审查起诉阶段，但由于二者分属不同属性的程序范畴，因而此前以刑事侦查与审查起诉为对象形成的理论体系无法对这一衔接机制予以有效兼容。对此，自国家监察体制改革启动以来，尤其是《监察法》制定与《刑事诉讼法》修正过程中，监察程序如何与刑事司法程序相衔接，被视为国家监察体制改革中"法法衔接"的主要方面，成为当前理论研究的关注重点。[①] 职务犯罪案件监察调查与审查起诉衔接机制作为监察程序与刑事诉讼程序衔接的载体，其内涵远比同一程序内部衔接的刑事侦查与审查起诉衔接机制更为丰富。通过这一机制，不仅要完成具体个案的办案阶段转换，还要构建监察程序与刑事诉讼程序、监察权与刑事司法权之间的联动协调体系。

（一）职务犯罪案件监察调查与审查起诉衔接机制的理论含义

在国家监察体制改革对职务犯罪追诉程序进行重构之后，围绕如何解决职务犯罪案件检察自侦转换为监察调查之后的程序整合，尤其是不同于刑事侦查与审查起诉在管辖范围上的重叠对应，由于监察调查同时覆盖职务违法与职务犯罪，且监察机关的组织属性和权力基础同侦查机关迥异，因而对于职务犯罪案件监察调查与审查起诉衔接机制来说，无论是主体，还是内容，以及目标都需要特别予以分析。对于如何解决上述问题，在基本路径选择上有两种模式：第一种是在监察调查环节实现职务犯罪与职务违法的二元分轨模式，在此基础上对职务犯罪调查进行侦查化改造，以此回归传统的刑事侦查与审查起诉衔接模式，从而实现与既有理论和制度的兼容协调。[②] 第二种

① 秦前红、刘怡达：《国家监察体制改革的法学关照：回顾与展望》，载《比较法研究》2019年第3期。

② 陈瑞华：《论监察委员会的调查权》，载《中国人民大学学报》2018年第4期。

是根据监察调查权与刑事侦查权的属性差异，创设不同于刑事侦查与审查起诉衔接机制的全新衔接机制。[①] 随着对职务犯罪监察调查权研究的深入，监察调查权同刑事侦查权存在本质差异的观点受到普遍认可，这意味着就模式选择而言，职务犯罪案件监察调查与审查起诉衔接机制只能选择重构模式，形成一种同刑事侦查与审查起诉衔接机制完全不同的衔接机制。这一衔接机制一方面要实现具体个案的程序转换，保证办案流程的高效有序，另一方面要实现监察程序与刑事诉讼程序的整体协调，为监察机关行使职务犯罪调查权行为与检察机关行使检察审查起诉权行为的互动提供制度保障。因此，对于职务犯罪案件监察调查与审查起诉衔接机制的概念界定不仅要关注个案层面的具体衔接内容，还要结合这一机制依托的理论基础，对衔接的目标导向等予以明晰，以此协调监察调查与审查起诉之间权力基础以及程序属性上的差异。

1. 职务犯罪案件监察调查与审查起诉衔接机制的衔接主体

根据分工负责原则，监察机关与检察机关分别作为职务犯罪案件监察调查以及审查起诉的法定职责主体，自然是职务犯罪案件监察调查与审查起诉衔接机制的主导性参与主体。但需要注意的是，立法中仅从宏观层面原则性确定了监察机关与检察机关整体作为衔接主体，而在具体个案中，监察调查与刑事审查起诉分别需要按照《监察法》和《刑事诉讼法》所确定的管辖规则确定具体案件的管辖机关。然而，由于监察管辖与刑事诉讼管辖并非简单的一一对应关系，具体个案办理过程中还可能存在管辖变更等情形，这导致实践中可能存在调查实施主体与移送审查起诉主体相分离的情形，也可能存在接受审查起诉主体与实施审查起诉主体相分离的情形。对此，应当从协调监察调查管辖制度与刑事诉讼管辖制度的视角出发，构建职务犯罪案件监察调查管辖与审查起诉管辖协调机制，以此明确程序衔接的直接责任主体。

此外，需要注意的是，当前无论是《监察法》，还是《刑事诉讼法》，对于职务犯罪案件监察调查与审查起诉衔接机制所设计的规范都是从监察机关

---

① 吴建雄：《国家监察体制改革若干问题探析》，载《新疆师范大学学报（哲学社会科学版）》2019 年第 5 期。

和检察机关的视角出发，根据办理案件工作流程需要进行制度设计，主要内容是为监察机关和检察机关之间的案件流转提供的规范指引。这一视角下，职务犯罪案件监察调查与审查起诉衔接机制完全成为监察机关与检察机关之间的办案机制，满足办案机关需求成为基本的价值出发点。与之相对应的是，作为被流转案件的直接利害相关方，职务犯罪被追诉人作为监察调查对象和犯罪嫌疑人，职务犯罪案件监察调查与审查起诉衔接机制不仅关系到其身份状态的变化，其权利义务配置也会因此受到直接影响，并且衔接结果对其责任追究是否需要继续推进具有决定性作用。因此，根据正当程序理念中程序参与原则的要求，职务犯罪案件被调查人、犯罪嫌疑人作为衔接机制的直接作用对象，应当将其纳入衔接机制的主体范畴。为体现被调查人、犯罪嫌疑人在衔接过程中的主体性，除了要对其在衔接过程中由于身份转换所导致的权利义务变化予以明确规范，更重要的是在衔接机制的理论探讨、立法规范和实践适用中改变办案机关中心主义视角，充分尊重被调查人、犯罪嫌疑人作为衔接机制参与主体的参与权，平衡职务犯罪案件办案机关与追诉对象之间的权力（利）义务配置，统筹腐败惩治与权利保障。

2. 职务犯罪案件监察调查与审查起诉衔接机制的衔接内容

就案件办理流程而言，职务犯罪案件监察调查与审查起诉衔接机制的内容指向的是特定案件由监察调查程序全面转入审查起诉程序，在此过程中涉及对证据、追诉对象以及案卷等的移送与接收。不同于刑事诉讼中刑事侦查与审查起诉之间的完全对应关系，由于监察调查的覆盖范围不仅包括职务犯罪案件，还包括职务违法案件，并且同一行为人同时涉嫌职务违法与职务犯罪的情形在实践中普遍存在，这决定了职务犯罪案件监察调查与审查起诉衔接机制的内容除界定职务犯罪案件办理过程中监察调查与审查起诉之间具体对接的内容外，还包括对于监察调查中职务违法与职务犯罪内容的有效区分。

虽然因为程序属性不同，监察调查与审查起诉分属监察程序与刑事诉讼程序，但是案件本身的一致性决定了这两种程序同属职务犯罪案件追诉程序体系，二者之间存在不可分割的密切联系。为保证衔接的有效性，监察调查不仅要预先对标刑事诉讼关于证据证明的标准，还需要通过提前介入等机制进行有效沟通；审查起诉也要充分尊重监察调查的独立法制基础，并且通过补充调查等机制进行互相配合。由此，决定了职务犯罪案件监察调查与审查起诉衔接机制的内容不能简单局限于案件材料的移送与接收，而是应当从办案流程整合的视角出发，以满足职务犯罪合法有效追诉为目标，通过程序衔接实现办案联结。

因此，对于职务犯罪案件监察调查与审查起诉衔接机制具体衔接内容的界定，一方面要从外部视角区分职务违法与职务犯罪调查事项，另一方面要从内部视角合理界定衔接机制所涉及的具体事项，尤其是要注意衔接先前调查过程和后续审查起诉过程的延伸拓展事项。

首先，就职务违法与职务犯罪调查事项的区分而言，根据《监察法》的规定，监察机关对公职人员职务违法和职务犯罪行为统一行使调查权，这有利于整合反腐败资源，实现对职务违法犯罪行为的全覆盖。但是，对于职务违法犯罪行为调查完毕的后续流转，根据《监察法》和《刑事诉讼法》的规定，对于职务违法行为需要处以监察处置，而职务犯罪行为则根据未经人民法院依法判决不得确定有罪，需要转入刑事诉讼程序方能确定刑事责任。然而，实践中大量存在的公职人员同时涉嫌职务违法与职务犯罪的案件，使看似泾渭分明的职务违法与职务犯罪程序分流存在模糊地带。职务违法与职务犯罪行为的统一调查，既可能在实体层面出现违法犯罪定性争议，也可能出现证据材料归属争议，尤其是后者的界定，会对职务犯罪案件监察调查与审查起诉衔接机制的内容界定带来巨大挑战。因此，在衔接机制中应当明确监察机关向检察机关移送的案件范围限于被调查人涉嫌职务犯罪的相关信息，对于仅涉及被调查人职务违法部分的案件信息不得移送，以此保障被调查人的合法权益。后续审查起诉过程中，检察机关认为犯罪嫌疑人涉嫌职务违法信息对职务犯罪追诉具有影响的，可以向监察机关调取相关证据材料。

其次，对于职务犯罪案件监察调查与审查起诉衔接机制具体内容的界定，要满足案件本身在不同机关、不同程序之间完整流转的需要。具体而言，要根据职务犯罪刑事追诉的现实需要，保障后续追诉建立在充分的证据基础之上，并且可以将裁判结果实现。据此，职务犯罪案件监察调查与审查起诉衔接机制的内容应当包含案卷、证据材料、被调查人及对应人身自由控制措施等。此外，其范围还要满足案件办理中监察机关与检察机关实质上互相配合与制约的需要，保障职务犯罪追诉的有效展开。据此，职务犯罪案件监察调查与审查起诉衔接机制的内容还应当包含检察机关在监察调查阶段的提前介入，以及审查起诉过程中监察机关的补充调查等。

3. 职务犯罪案件监察调查与审查起诉衔接机制的衔接目标

国家监察体制改革后，对于职务犯罪追诉模式变迁所产生的监察调查与刑事追诉程序分离的问题，以衔接机制为载体，保障职务犯罪案件能够在监察机关和检察机关之间顺畅流转，是职务犯罪案件监察调查与审查起诉衔接机制构建的首要目标。此外，该衔接机制作为联结监察调查与刑事追诉的程序节点，是监察机关与检察机关、监察权与刑事司法权、监察程序与刑事诉讼程序互动的关键连接点，因而这一衔接机制在满足个案办理需求的同时，还应当承载更为丰富的目标设定。职务犯罪案件监察调查与审查起诉衔接机制被视为监察委员会与检察机关的工作协调衔接，在制度层面，本质上是监察制度与刑事诉讼制度的协调衔接；在立法层面，本质上是《监察法》与《刑事诉讼法》的协调衔接；在操作层面，本质上是监察职能与检察职能的协调衔接。① 因此，职务犯罪案件监察调查与审查起诉衔接机制的衔接目标应当予以有效拓展，从程序贯通、权力规范和权利保障三个方面出发，分别剖析办案机关和被追诉对象的目标设定。职务犯罪案件监察调查与审查起诉衔接机制并非只是在技术层面进行简单的对接与协同，而是要进行深层次的内在价值冲突协调，如果无法得到妥善解决，将会在很大程度上阻碍诸多新设程序机制的流畅运行。②

（1）程序贯通

由于监察调查程序与刑事诉讼程序之间存在属性差异，其基本法理和内在规律等都存在一定差异，而职务犯罪案件监察调查与刑事追诉的互相依赖，决定了必须对这两种不同类型的程序进行有效贯通，方能完成惩治腐败、追

---

① 樊崇义、哈腾：《论监察与检察协调衔接机制的构建》，载《浙江工商大学学报》2018 年第 6 期。

② 施鹏鹏、马志文：《论刑事诉讼法与国家监察体制的衔接》，载《浙江工商大学学报》2020 年第 2 期。

诉职务犯罪的目标。职务犯罪案件监察调查与审查起诉衔接机制的首要衔接目标就是实现监察调查程序与刑事诉讼程序的有效贯通，通过案件在两个程序之间的转接，将管辖权由监察机关转给检察机关，监察调查所获取证据进入刑事诉讼程序，成为刑事证据，被调查人转变成犯罪嫌疑人。通过职务犯罪案件监察调查与审查起诉衔接机制的贯通，不仅要实现程序本身的接轨，更重要的是要实现程序内容的承继，让监察调查阶段所获取案件信息材料，以及对案件事实认定和法律适用的相关意见能够转入刑事诉讼程序，从而聚合监察调查权与审查起诉权，形成惩治腐败的合力。同时，程序的贯通，还意味着要以该衔接机制为纽带，将刑事诉讼程序的标准要求引入监察调查领域，将监察调查补充调查导入审查起诉领域，由此实现监察程序与刑事诉讼程序的有效贯通，推进职务犯罪案件追诉的规范化、法治化。

为实现程序贯通的衔接目标，需要职务犯罪案件监察调查与审查起诉衔接机制能够为监察调查程序与审查起诉程序的对接提供管辖、证据、强制措施等案件内容移交接收程序方面的规范指引，并且将提前介入、补充调查等机制纳入衔接机制中。同时，由于监察调查与审查起诉分属监察领域与刑事诉讼领域，其基础法理和运行规律都存在一定差异，这就要求衔接机制能够妥善协调监察程序的政治性与刑事诉讼程序惩罚犯罪与保障人权平衡的理念差异，以职务犯罪合法追诉为统领，理顺监察调查程序与审查起诉程序的运行逻辑，从而实现监察调查与审查起诉的全方位对接，有效沟通监察权与检察权、监察机关与检察机关以及监察程序与刑事诉讼程序。

（2）权力规范

为整合反腐败资源，作为反腐败专责机关，通过权力创设、机构整合、职权调整，监察机关被《宪法》和《监察法》赋予极高的权威性，这对于强化腐败治理力度具有积极价值。与此同时，却又难免产生“谁来监督监督者”的疑问。因此，有观点认为，我国国家监察体制改革存在如何实现国家监察机关与司法机关的有机衔接以及如何监督和制约监察机关两个难点。[①]

① 马怀德：《国家监察体制改革的重要意义和主要任务》，载《国家行政学院学报》2016 年第 6 期。

对此，职务犯罪案件监察调查与审查起诉衔接机制对解决这两个问题都发挥着关键作用。尤其是对于规范监察调查权的合法行使而言，职务犯罪案件监察调查与审查起诉衔接机制具有不可替代的重要价值。该衔接机制作为职务犯罪案件由监察调查转入刑事追诉的程序节点，在发挥承前启后的过渡作用的同时，基于衔接过程中对于案件移送接受标准的设定，根据互相制约原则，分别会对监察机关调查权和检察机关审查起诉权的行使发挥规范作用。具体而言，职务犯罪案件监察调查与审查起诉衔接机制的权力规范目标主要体现为以下几个方面。

首先，职务犯罪案件监察调查与审查起诉衔接机制的权力规范具有双向性。监察机关与检察机关作为衔接机制的对应主体，在履行职务犯罪案件移送和接收过程中，分别会对对方发挥制约功能。一方面，由于职务犯罪案件调查完毕后，只有进入刑事诉讼程序，方能最终定罪量刑，确定责任结果。这意味着，监察调查的调查活动只有经过刑事诉讼程序的最终裁判之后才能真正发挥惩治腐败犯罪的作用。因此，虽然监察调查的直接法律渊源是《监察法》，但是《刑事诉讼法》难免会对监察调查产生实质性影响，这一点也得到了《监察法》第 33 条第 2 款的确认。审查起诉作为刑事诉讼程序组成阶段，作为检察机关依据《刑事诉讼法》展开的审查活动，必然对监察调查程序与审查起诉程序衔接问题的处理提出要求：不仅应将其视为一个价值中立的程序操作，还应当通过衔接机制中的程序处理，实现检察机关对监察制度应有的制约效果。① 尤其是检察机关在衔接过程中对证据、案卷、强制措施的审查对于监察机关的职务犯罪调查权行使产生了重要的规范制约作用，促使其同时满足《监察法》和《刑事诉讼法》的要求。另一方面，监察机关作为反腐败专责机关，对于腐败犯罪追诉不仅要承担具体调查职责，也需要对后续刑事追诉持续关注，以确保职务犯罪追诉的有效性与合法性。这意味着，在职务犯罪案件监察调查与审查起诉衔接机制中，检察机关对于监察机关移送的案件，应当依法接收，并配合做好案卷、证据以及追诉对象的移交

① 王一超：《论〈监察法〉与〈刑事诉讼法〉适用中的程序衔接》，载《法治研究》2018 年第 6 期。

接收工作，确保职务犯罪案件得到高效及时的审查起诉。同时，在后续审查起诉过程中，若出现证据不足事实不清等情形，检察机关要及时与监察机关沟通，做好补充调查的衔接，并且在作出非法证据排除以及不起诉决定时，通报监察机关，认真对待监察机关的异议，从而保障职务犯罪案件审查起诉权得以规范行使。

其次，职务犯罪案件监察调查与审查起诉衔接机制的权力规范具有延伸性。就直接目标而言，职务犯罪案件监察调查与审查起诉衔接机制的构建目标被限定为保障调查完毕的职务犯罪案件能够从监察调查阶段转入刑事审查起诉阶段，因而其权力规范首要的规范对象就是监察机关和检察机关在衔接过程中权力行使的合法性。例如，监察机关应当依法将职务犯罪案件调查过程中所获取证据材料完整移送检察机关，而检察机关则也应当完整及时地接收监察机关所移送的案件证据材料。此外，由于衔接机制发挥着联结监察调查程序与刑事诉讼程序的关键作用，为保证衔接机制的顺畅有序，必然会对衔接机制先前的监察调查过程和后续的审查起诉过程产生影响，为满足衔接需要，监察机关必然需要预先规范监察调查行为，检察机关也必然需要强化对启动非法证据排除、补充调查等行为的规范。

最后，职务犯罪案件监察调查与审查起诉衔接机制的权力规范具有平等性。根据《监察法》的规定，监察机关与检察机关在职务犯罪案件办理过程中的主体关系是互相配合、互相制约，这决定了在职务犯罪案件监察调查与审查起诉衔接机制中，监察权和检察权运行的规范是建立在监察机关与检察机关平等制衡的基础之上，而不是单方主体对对应主体的监督和约束。因此，职务犯罪案件监察调查与审查起诉衔接机制中的权力规范是通过提前介入、补充调查、提出异议等渠道予以实现。无论是监察机关，还是检察机关，都应当通过监察调查程序和审查起诉程序内的法定程序渠道实现权力规范目标。而且，这一规范行为应当统筹在合法追诉职务犯罪的目标之下，检察机关制约监察机关，以及监察机关制约检察机关，都应当以分工与合作为基础，其目的在于通过制约准确有效地适用法律，提高查处职务犯罪的效率。①

① 朱福惠：《论检察机关对监察机关职务犯罪调查的制约》，载《法学评论》2018 年第 3 期。

（3）权利保障

对于职务犯罪被追诉对象而言，监察调查与审查起诉的程序阶段变化，带来的最直接的影响就是由被调查人向犯罪嫌疑人的身份变动，在称谓变化的同时，与之相伴而生的是权利义务配置的变更。职务犯罪案件监察调查与审查起诉衔接机制在保障监察机关与检察机关工作相衔接的同时，也要关注被调查人向犯罪嫌疑人转换过程中职务犯罪案件被追诉人的权利保障。首先，应当尊重被追诉人在职务犯罪案件监察调查与审查起诉衔接机制中的主体性，将其纳入衔接主体范畴，并体现在概念界定中，从而确立完整的衔接机制主体体系，避免职务犯罪案件监察调查与审查起诉衔接机制异化为单纯的工作衔接机制，忽视被调查人以及犯罪嫌疑人的权利保障。其次，由于《监察法》和《刑事诉讼法》对于被调查人和犯罪嫌疑人的权利义务配置规定有所不同，所以在监察调查与审查起诉衔接过程中要重点确定身份变化的时间节点，以此作为权利义务状态变化的时间基准。最后，监察机关与检察机关作为公权力机关，在职务犯罪案件监察调查与审查起诉衔接机制中，应当主动对接涉及被调查人、犯罪嫌疑人合法权益保障的事项。例如，对于有利于被调查人、犯罪嫌疑人的证据材料，监察机关应当完整移送，检察机关也应当妥善接收。此外，对于衔接过程中发现的危及被调查人、犯罪嫌疑人合法权益保障的事项，也要及时予以回应。例如，对于发现非法取证的，检察机关应当启动非法证据排除程序。

综上所述，职务犯罪案件监察调查与审查起诉衔接机制作为一种全新的职务犯罪追诉程序衔接机制，其基本含义是指监察机关和检察机关对于调查完毕、符合移送审查起诉条件的职务犯罪案件，完成证据材料、案卷文书以及被调查人的移送与接收，以实现职务犯罪案件监察调查向刑事追诉过渡，保障职务犯罪有效追诉，维护被调查人、犯罪嫌疑人合法权益的程序机制体系。根据这一界定，需要注意以下几点：首先，职务犯罪案件监察调查与审查起诉衔接机制是一种全新的犯罪追诉程序衔接模式，不同于普通刑事案件在刑事诉讼程序内部的衔接，这一衔接机制是不同属性程序之间的衔接，因而其内涵和外延都有别于普通刑事案件刑事侦查与审查起诉衔接机制。其次，职务犯罪案件监察调查与审查起诉衔接机制是由多项具体衔接机制组成的体系，其范围覆盖案卷文书、证据材料、强制措施等工作衔接机制，还包含权利保障、提前介入、补充调查等延伸机制。最后，职务犯罪案件监察调查与审查起诉衔接机制的基础理念是平衡职务犯罪追诉与保障被调查人、犯罪嫌疑人合法权益。一方面，要加强监察机关与检察机关在衔接过程中的互相配合、互相制约，保障职务犯罪案件能够得到及时有效的追诉，强化腐败犯罪打击力度；另一方面，要强化对被调查人、犯罪嫌疑人在衔接过程中的权利保障，提高衔接过程的法治性、正当性。

因此，就性质属性而言，作为一种独立的犯罪追诉程序衔接机制，职务犯罪案件监察调查与审查起诉衔接机制是联结监察调查与审查起诉的制度保障，对监察程序与刑事诉讼程序的并轨具有承前启后作用，需要兼顾监察法理与刑事诉讼法理，以追诉职务犯罪和保障权利平衡为基本价值观，复合政治性与法治性，是法治反腐制度体系的重要组成部分。相较于普通刑事案件追诉和职务违法案件处置的事实调查程序与责任确定程序衔接机制，职务犯罪案件监察调查与审查起诉衔接机制作为不同属性程序之间的外部衔接机制，具有鲜明的特殊性，这是由这一衔接机制内在理论特性所决定，也是其外在的特有规范形成的原因所在。因此，通过对职务犯罪案件监察调查与审查起诉衔接机制基本特征的梳理，既有助于对这一衔接机制的内涵辨析的有效深入，也有助于对其外延界定的边界廓清。

（二）职务犯罪案件监察调查与审查起诉衔接机制的基本特征

对于职务犯罪案件而言，特有的监察调查与刑事诉讼协同追诉机制，决定了其无论是内涵属性还是具体内容，都有别于一元程序内部衔接的普通刑事案件刑事侦查与审查起诉衔接机制和职务违法案件监察调查与处置衔接机制。作为一种全新的犯罪追诉程序衔接机制，职务犯罪案件监察调查与审查起诉衔接机制的最终目标是实现监察机关与检察机关的同频共振。[①] 在此过程中，《监察法》和《刑事诉讼法》分别对这一衔接机制进行了特别规范，业已初步形成满足实践需求的职务犯罪案件监察调查与审查起诉衔接机制体

① 唐保银、田春雷：《监察机关职务犯罪调查与检察机关诉讼衔接机制研究》，载《经济与社会发展》2020 年第 1 期。

系。以此为基础，对比普通刑事案件刑事侦查与审查起诉衔接机制以及职务违法案件监察调查与处置衔接机制，我国职务犯罪案件监察调查与审查起诉衔接机制的基本特征主要为独立性、法治性、体系性以及综合性。

1. 职务犯罪案件监察调查与审查起诉衔接机制的独立性

国家监察体制改革之初，根据职务犯罪案件监察调查权与检察自侦权之间的替代关系，有观点认为职务犯罪案件监察调查权实质上等同于职务犯罪案件侦查权，据此认为职务犯罪案件监察调查与审查起诉衔接机制等同于刑事侦查与审查起诉的衔接。然而，随着《监察法》的制定和《刑事诉讼法》的修正，相关立法规范业已明确这一观点并未得到立法的支持与认可。根据相关规范，尤其是根据《刑事诉讼法》第170条的规定,[①] 职务犯罪案件的监察调查与审查起诉衔接机制在法律渊源、强制措施等方面都与普通刑事案件刑事侦查与审查起诉衔接机制存在显著差异。由此，决定了职务犯罪案件监察调查与审查起诉衔接机制相较于普通刑事案件刑事侦查与审查起诉衔接机制在规范层面互相独立。与此同时，由于对于职务犯罪案件调查权性质属性阐释与研究的深入，这一职权在性质属性上不同于刑事侦查权的观点得到普遍认可，由此决定了在内在理论基础上，职务犯罪案件监察调查与审查起诉衔接机制同刑事侦查与审查起诉衔接机制存在本质差异。据此，职务犯罪案件监察调查与审查起诉衔接机制无论是外在制度构成，还是内在理论基础，都具有独立性。

此外，作为反腐败资源整合的成果，监察调查权实现了对职务违法与职务犯罪的全覆盖，但由于职务违法与职务犯罪的性质差异所导致的责任追究决定权配置的差异，导致职务违法与职务犯罪调查完毕后的程序流向分别形成了转入监察处置和移送审查起诉两种路径。其中前者，根据《监察法》和《公职人员政务处分法》的规定，属于监察权限内部的职权流转，可以由同

---

① 《刑事诉讼法》第170条规定，人民检察院对于监察机关移送起诉的案件，依照本法和《监察法》的有关规定进行审查。人民检察院经审查，认为需要补充核实的，应当退回监察机关补充调查，必要时可以自行补充侦查。对于监察机关移送起诉的已采取留置措施的案件，人民检察院应当对犯罪嫌疑人先行拘留，留置措施自动解除。人民检察院应当在拘留后的10日以内作出是否逮捕、取保候审或者监视居住的决定。在特殊情况下，决定的时间可以延长1～4日。人民检察院决定采取强制措施的期间不计入审查起诉期限。

一部门一并进行，即案件的调查与处置的衔接是在监察程序的内部进行的，其法律渊源、权力基础、程序主体保持一致。与之相对应的是，由于职务犯罪行为的最终责任确定权由人民法院行使，只能通过刑事诉讼程序方能得以实现，决定了职务犯罪案件监察调查完毕后必须转入刑事诉讼程序，方能完成职务犯罪的责任确定。因此，职务犯罪案件监察调查与审查起诉衔接机制是在监察程序与刑事诉讼程序之间的外部衔接机制，其法律渊源、权力基础、程序主体等都会在衔接机制中发生变化。由此，决定了职务犯罪案件监察调查与审查起诉衔接机制与职务违法监察调查与处置衔接机制是相互独立的。

职务犯罪案件监察调查与审查起诉衔接机制的独立性，对于这一机制的理论基础架构和制度体系构建产生深远影响。首先，就理论基础的独立性而言：一方面，要确立职务犯罪案件监察调查与审查起诉衔接机制应当作为独立研究对象的前提，对于这一机制的理论阐释都应当建立在职务犯罪案件监察调查与审查起诉衔接机制不同于普通刑事案件侦查与审查起诉衔接机制以及职务违法监察调查与处置衔接机制的基础之上。只有达成这一共识，方能保证后续的理论探讨、立法规范以及实践适用建立在同一话语体系中，也才能确保后续的具体理论体系架构和立法规范完善保持统一的发展路径。另一方面，要形成独立的职务犯罪案件监察调查与审查起诉衔接机制具体理论内容体系，形成独立的内涵外延、性质属性、价值功能体系。在职务犯罪案件监察调查与审查起诉衔接机制具体理论阐释过程中，将普通刑事案件刑事侦查与审查起诉衔接机制和职务违法案件监察调查与处置衔接机制作为参照物，辨析差异，梳理联系，既可以将普通刑事案件刑事侦查与审查起诉衔接机制较为成熟的理论体系作为参照，同时又可以在差异辨析中推进职务犯罪调查移送与职务违法调查处置理论体系的分化与成熟。其次，就制度构建的独立性而言：一方面，在立法规范层面，虽然当前《监察法》和《刑事诉讼法》对于职务犯罪案件监察调查与审查起诉的衔接，尤其是证据和强制措施衔接的基本流程进行了规范，但是当前立法中对于职务犯罪案件监察调查与审查起诉衔接机制的规范仍然存在体系性和可操作性不强的缺陷，尤其是在当前《监察法》与《刑事诉讼法》分别规范的立法模式下，对于职务犯罪案件监察调查与审查起诉衔接机制的规范应当在统一立法思路的基础上予以协调规范，即在《监察法》和《刑事诉讼法》中都以这一衔接机制的独立性为统领，并且对于此类案件的管辖协调、证据使用等内容进行明确规范，确定适用细则，提高规范性与可操作性。另一方面，在制度完善层面，要在既有强制措施和证据衔接机制的基础上，将监察调查阶段检察提前介入、补充调查与补充侦查中的监检衔接等内容纳入职务犯罪案件监察调查与审查起诉衔接机制中，并以此全面彰显职务犯罪案件监察调查与审查起诉衔接机制相较刑事侦查与审查起诉衔接机制以及监察调查与处置衔接机制的独立性特征。

2. 职务犯罪案件监察调查与审查起诉衔接机制的法治性

作为国家治理能力和治理能力现代化的重要制度载体，国家监察体制改革自改革之初就秉持社会主义法治理念，无论是政策导向，还是立法规范，都体现了鲜明的法治反腐特征。将职务犯罪案件追诉程序划分为监察调查与刑事诉讼两个阶段，并通过衔接机制予以联结，一方面改变了传统职务犯罪案件检察机关自侦自诉、缺乏有效制约的弊端，另一方面也改变了党的纪律检查机关与检察机关对职务犯罪案件重复调查侦查、缺乏合法性支撑的不足。所以，职务犯罪案件监察调查与审查起诉衔接机制的存在本身就是社会主义法治建设在职务犯罪追诉领域的重要标志。具体而言，职务犯罪案件监察调查与审查起诉衔接机制的法治性特征表现为以下几个方面：首先，就案件程序设置的法治性而言，虽然《监察法》规定监察机关作为反腐败专责机关，统一行使对所有公职人员的监督、调查、处置职权，然而不同于职务违法的调查处置一体模式，《监察法》对于职务犯罪案件的追诉程序要尊重《刑事诉讼法》所确定的未经人民法院依法判决不得确定有罪原则，要求将调查完毕的案件移送审查起诉，经刑事审判确定刑事责任。这既是对既有刑事法治体系的充分尊重，同时也通过程序分离与主体分立，实现对职务犯罪案件办案流程的分工制衡，从而强化权利保障。其次，就职务犯罪案件监察调查与审查起诉证据材料衔接机制的合法性而言，虽然《监察法》针对监察调查权限的程序与内容进行了独立的规范，但由于职务犯罪案件追诉需要转入刑事诉讼程序，因而《监察法》第 33 条第 2 款明确规定：“监察机关在收集、固定、审查、运用证据时，应当与刑事审判关于证据的要求和标准相一致。”相对应地，《刑事诉讼法》第 170 条第 1 款规定：“人民检察院对于监察机关移送起诉的案件，依照本法和监察法的有关规定进行审查……”通过法律渊源的互相确认，使职务犯罪案件监察调查与审查起诉衔接机制中对于证据材料的合法性审查形成了统一的标准，避免了法律规范的内在冲突，又借此提高了职务犯罪案件监察调查的合法性，有助于对被调查人合法权益的保障。再次，针对监察调查过程中可能存在的非法取证行为，《监察法》与《刑事诉讼法》均确立了非法证据排除规则，实现了证据材料衔接合法性的双重保障机制。最后，就人身自由控制的合法性而言，为保证对被调查人的人身自由控制措施能够在程序转换过程中无缝衔接，避免出现“控制真空”，《刑事诉讼法》规定，对于监察机关移送起诉的已采取留置措施的案件，人民检察院应当对犯罪嫌疑人先行拘留，留置措施自动解除。检察机关应当在拘留后的10日以内作出是否逮捕、取保候审或者监视居住的决定。由此，实现了留置措施与刑事强制措施之间的有效对接，将被调查人、犯罪嫌疑人的人身自由控制措施衔接机制纳入了法治化的轨道，有效平衡追诉犯罪与保障权利的需要。

职务犯罪案件监察调查与审查起诉衔接机制的法治性特征对于这一机制的完善发展具有重要影响。作为基本指导理念，法治性应当融入职务犯罪案件监察调查与审查起诉衔接机制的整体制度构建。首先，应当实现职务犯罪案件监察调查与审查起诉衔接机制的“有法可依”，针对当前《监察法》与《刑事诉讼法》的相关规定过于原则、缺乏具有可操作性的细则的情况，应当通过完善立法的方式，对于衔接机制中涉及的管辖、证据、强制措施等内容予以明确规范，提高监察机关与检察机关在案件衔接过程中的规范性，避免因缺乏细则而影响职务犯罪案件的有效追诉。其次，应当实现职务犯罪案件监察调查与审查起诉衔接机制的“良法之治”。虽然《监察法》与《刑事诉讼法》的内在法理基础存在差异，但是基于追诉职务犯罪的共同目标，《监察法》与《刑事诉讼法》对于职务犯罪案件监察调查与审查起诉衔接机制的规范应当以平衡职务犯罪追诉与被调查人、犯罪嫌疑人权利保障为价值出发点，对于职务犯罪案件监察调查与审查起诉衔接机制所涉及的证据、强制措施、管辖、提前介入、补充调查、权利保障等具体内容予以明确和优化，通过立法完善推进法治实践。

3. 职务犯罪案件监察调查与审查起诉衔接机制的体系性

职务犯罪案件由监察调查程序转入刑事审查起诉程序，并非简单的办案机关更迭与办案流程推进，而是案件所处程序空间的整体变更，与此相伴而生的是程序属性、权力基础、法理依据以及法律渊源的系统性调整。因此，体系性作为职务犯罪案件监察调查与审查起诉衔接机制的重要特征之一，对于正确理解这一机制的内涵构成具有重要意义。由于在职务犯罪案件特殊的监察调查与刑事追诉分立模式中，监察调查与审查起诉分别按照《监察法》和《刑事诉讼法》的规定予以展开，而不同法律渊源中，对于具体程序内容的规范各有侧重，由此决定了如果要在衔接过程中实现案件的完整转移，就需要对衔接机制所涉内容进行整体优化，以确保衔接机制的内在协调。此外，虽然职务犯罪案件监察调查与审查起诉衔接机制的直接目标是实现案件的程序推进，但是在此过程中，为保证衔接的高效有序，还需要配置相应的保障机制，以此推进职务犯罪案件监察调查与审查起诉衔接机制的体系优化发展。综上，职务犯罪案件监察调查与审查起诉衔接机制的体系性体现在以下几个方面：

首先，理论基础的体系性。从职务犯罪案件监察调查与审查起诉衔接机制在程序定位来说，其既是监察调查程序的终点，又是刑事诉讼程序的起点，这决定了这一机制同时处于监察法理和刑事诉讼法理的双重影响之下。因此，职务犯罪案件监察调查与审查起诉衔接机制的理论基础需要兼容监察法理与刑事诉讼法理，并在此基础上，根据案件移送与接收的程序流向，分别对证据、强制措施等具体理论问题予以统筹。

其次，制度内容的体系性。对于职务犯罪案件监察调查与审查起诉衔接机制，根据具体制度功能定位的不同，可以进一步划分为案件移送接受机制和案件衔接保障机制。其中，前者聚焦于就职务犯罪案件本身，监察机关与检察机关进行移送与接受的制度保障；后者则重点关注为保障职务犯罪案件监察调查与审查起诉衔接机制的顺畅有效，就案件所涉及监检协作制约问题进行规范的制度载体。具体而言，职务犯罪案件监察调查与审查起诉衔接机制中的案件移送接受机制，包括监察机关对于案件移送审查起诉的内部分工以及移送标准、移送流程等内容，检察机关对于接收监察机关移送案件的内部分工以及接收审查标准、接收流程等。职务犯罪案件监察调查与审查起诉衔接机制的衔接保障机制则包括被调查人、犯罪嫌疑人权利保障衔接机制，检察机关提前介入监察调查机制以及监察机关补充调查机制等。

最后，立法规范的体系性。虽然受制于法律渊源的分立，职务犯罪案件监察调查与审查起诉衔接机制的内容需要分别通过《监察法》和《刑事诉讼法》予以规范，但是基于合法有效追诉职务犯罪这一目标的一致性，《监察法》与《刑事诉讼法》中对于职务犯罪案件监察调查与审查起诉衔接机制的立法规范应当全面统筹，既要避免重复立法、立法冲突，也要避免立法空白，实现立法内容的自洽周延。具体而言，职务犯罪案件监察调查与审查起诉衔接机制的立法体系性，主要体现在以下两方面：一方面，体现为立法指导理念的体系性，以构建独立衔接机制为基本精神，以平衡职务犯罪追诉与被追诉人权利保障为理念基础，实现《监察法》与《刑事诉讼法》中涉及职务犯罪案件监察调查与审查起诉衔接机制内容的协调统一。另一方面，体现为具体内容的体系性，既要合理划分《监察法》与《刑事诉讼法》对于职务犯罪案件监察调查与审查起诉衔接机制具体内容的立法分工，避免重复立法与立法空白，又要针对证据、强制措施等具体立法内容进行衔接立法，避免规范冲突，优化贯通立法内容。

4. 职务犯罪案件监察调查与审查起诉衔接机制的综合性

职务犯罪案件监察调查与审查起诉衔接机制作为沟通监察领域与刑事司法领域的制度载体，不仅要满足监察机关与检察机关就特定个案进行工作衔接的需要，同时基于该衔接机制所作用前后相邻程序之间的差异性，这一衔接机制要在监察机关与检察机关在职务犯罪案件办理过程中发挥强化协作、加强制约的功能。此外，由于这一衔接机制的存在，对于监察机关和检察机关的职务犯罪案件办理活动产生了实质性的约束规范作用，从而能够有效提升被调查人、犯罪嫌疑人的合法权益。由此可见，职务犯罪案件监察调查与审查起诉衔接机制的价值功能具有综合性特征，其作用结果包含协作、制约和保障等多个方面。

首先，职务犯罪案件监察调查与审查起诉衔接机制是一种协作机制，这也是该衔接机制最重要也最直接的价值功能所在。具体而言，职务犯罪案件监察调查与审查起诉衔接机制的协作性有以下两个方面的体现。

一方面，体现为通过这一机制实现了监察机关与检察机关之间的互相配合。审查起诉作为监察委员会职务犯罪案件调查程序结束后的下一个阶段，决定了监察机关与检察机关工作和业务上的紧密性要大于监察机关与其他司法机关。① 通过该衔接机制，监察机关将调查完毕的案件交由检察机关审查起诉，并最终提起公诉，通过审判确定案件最终定罪量刑结果。在此过程中，监察机关的调查活动是检察机关追诉犯罪的证据事实的基础所在，检察机关的审查起诉活动是监察机关调查活动价值实现的程序推进保障所在。检察机关作为党领导下的司法机关，在党和国家反腐败总体格局中，承担着司法监督的法定职责；在惩治腐败犯罪的法治环节中，负有确认、巩固和拓展监察办案成果、追诉提起审判、实现罪刑法定原则的重要职责。② 监察机关作为反腐败专责机关，在职务犯罪追诉中不仅是调查职权的直接行使者，同时由于犯罪追诉结果直接关系到腐败治理大局，因而对于后续职务犯罪案件的刑事追诉，监察机关同样是重要的利害相关方，应当充分尊重其参与权。职务犯罪案件监察调查与审查起诉衔接机制作为监察机关与检察机关在职务犯罪案件办理中产生交集的程序端口，对于双方履行各自职权，互相配合、互相协助具有不可替代的程序保障功能。

另一方面，通过职务犯罪案件监察调查与审查起诉衔接机制，实现了监察机关与检察机关具体办案活动的互相协助。《监察法》与《刑事诉讼法》对于职务犯罪案件追诉的程序分置，决定了职务犯罪案件监察调查与审查起诉衔接机制的存在是办理职务犯罪案件的刚需。这一衔接机制承载着沟通监察调查活动与刑事审查起诉活动的重大使命，既是监察机关调查活动能够转化为职务犯罪追诉的现实路径保障，也是检察机关追诉职务犯罪案件的事实证据基础。具体而言，职务犯罪案件监察调查与审查起诉衔接机制，实现了案件程序推进的互相协助。不同于刑事侦查活动与审查起诉活动的直接对应，

---

① 樊崇义、哈腾：《论监察与检察协调衔接机制的构建》，载《浙江工商大学学报》2018 年第 6 期。

② 吴建雄：《国家监察体制改革背景下职务犯罪检察职能定位与机构设置》，载《国家行政学院学报》2018 年第 1 期。

监察调查活动无论是内在法理还是外延范围都具有独立性，因而通过职务犯罪案件监察调查与审查起诉衔接机制的过滤筛选功能，可以实现监察调查活动与审查起诉活动之需求之间的有效对应，确定需要移送的调查事项范围。同时，通过该衔接机制的传递效应，检察机关审查起诉职务犯罪案件所需要的事实证据基础的标准和要求可以引入监察机关的调查活动。通过职务犯罪案件监察调查与审查起诉衔接机制，可以对监察机关的调查取证活动以及移送活动进行有效规范和精准筛选，同时可以对检察机关的审查起诉活动所坚持的标准和要求进行预先明确，提高其可预期性，实现监察调查活动与审查起诉活动的协调互动。

与此同时，职务犯罪案件监察调查与审查起诉衔接机制实现了案件实质推进的互相协助。职务犯罪案件监察调查与审查起诉衔接机制不仅包含静态层面的案件移送接收，同时还应当包含动态层面的案件内容预先强化与后续补强。职务犯罪案件监察调查与审查起诉衔接机制的最终目标是实现监察调查与刑事司法的有效联通，围绕案件移送衔接开展工作。为保证这一目标的有效达成，就需要在集中静态衔接的基础上，发挥提前介入、补充调查等延伸性动态衔接机制的积极价值，保证衔接机制的完整高效。通过将职务犯罪案件监察调查与审查起诉衔接机制的作用范围拓展至监察调查阶段和审查起诉阶段，不仅可以对监察机关与检察机关的履职活动进行有效规范，同时也有助于发挥二者之间的协同功能，凝聚合力，共同致力于职务犯罪案件的合法有效追诉。

其次，职务犯罪案件监察调查与审查起诉衔接机制还是一种制约机制。通过监察调查权取代职务犯罪侦查权，国家监察体制改革实现了职务犯罪案件事实调查与审查起诉的主体分离，扭转了检察机关自侦自诉模式正当性不足的困境。然而，由于监察程序与刑事诉讼程序的二元分立使此前刑事诉讼程序针对刑事侦查与审查起诉衔接机制所设置的程序内制约机制无法发挥作用，形成了监察调查阶段监察机关的绝对主导地位，以及审查起诉阶段检察机关的绝对主导地位。对此，为发挥程序制衡机制，规范监察调查权与审查起诉权的行使，职务犯罪案件监察调查与审查起诉衔接机制就成为监察机关与检察机关之间，监察调查与审查起诉之间互相制约的制度载体。一方面，通过在监察调查与审查起诉衔接过程中对于监察机关移送案件的接收，检察机关可以对监察机关调查活动的合法性和有效性予以有效制约。就合法性而言，检察机关合法性审查的目标在于将监察调查刑事化，避免在司法程序中固化监察调查中心主义，实现监察调查与刑事诉讼内在价值的统一。[①] 尤其是通过非法证据排除规则等途径，可以促使监察调查同时符合《监察法》和《刑事诉讼法》的双重合法性要求，提高监察调查的法治性，切实保障被调查人合法权益。就有效性而言，检察机关通过提前介入、补充调查等机制，可以对监察机关的调查活动进行有效推进，以追诉职务犯罪为目标，提高监察调查积极性，避免怠于行使职权，影响职务犯罪案件的有效追诉。另一方面，通过对于移送审查起诉案件的关注与推进，监察机关可以对检察机关审查起诉活动的合法性与积极性进行有效制约，避免审查起诉过程中出现不作为或者权力滥用。

最后，职务犯罪案件监察调查与审查起诉衔接机制又是一种权利保障机制。惩罚犯罪与保障人权相平衡作为犯罪追诉的基本价值观，对于包括职务犯罪案件在内的刑事案件具有普遍指导效力。相较于推进犯罪追诉的案件衔接程序规范，《监察法》和《刑事诉讼法》中对于衔接阶段被调查人、犯罪嫌疑人的权利保障存在规范不足的弊端。虽然传统刑事诉讼领域内针对被追诉人权利保障形成了较为成熟的保障体系，但是与过去将海关、监狱、军队保卫部门、国家安全机关增设为犯罪侦查主体不同，后者仅是主体增设，仍然适用《刑事诉讼法》的规定，而国家监察体制改革不仅新设了主体，而且新设了一套全新的调查程序。[②] 由此，决定了既有刑事诉讼程序衔接权利保障体系不足以支撑职务犯罪案件监察调查与审查起诉衔接机制中的权利保障需要。与此同时，《监察法》中对于被调查人权利保障设置的规范主要作用于监察调查期间，缺乏对衔接机制的关注，而被调查人、犯罪嫌疑人作为职务犯罪案件监察调查与审查起诉衔接机制的直接作用对象，基于正当程序理

① 朱福惠：《检察机关对监察机关移送起诉案件的合法性审查——〈人民检察院刑事诉讼规则〉解读》，载《武汉大学学报（哲学社会科学版）》2020 年第 5 期。

② 王秀梅、黄玲林：《监察法与刑事诉讼法衔接若干问题研究》，载《法学论坛》2019 年第 2 期。

念，应当充分保障其程序主体地位。因此，职务犯罪案件监察调查与审查起诉衔接机制还应当被定位为权利保障机制。通过对被调查人、犯罪嫌疑人在该衔接机制中的权利保障机制的健全，既有助于保护被调查人、犯罪嫌疑人的合法权益，同时也有助于提高该衔接机制的法治性和公信力。职务犯罪案件监察调查与审查起诉衔接机制的权利保障性，主要有以下两方面的体现：一方面，表现为以程序转换为时间节点，对应权利义务的配置变化。针对《监察法》与《刑事诉讼法》对被调查人和犯罪嫌疑人权利义务规定不一致的规范基础，精准确定程序转换的时间节点，避免出现权利保障调整滞后或者空白。另一方面，表现为以职务犯罪案件监察调查与审查起诉衔接机制为纽带，促进监察调查与刑事诉讼领域内被追诉人权利保障的协调发展，在尊重监察法理与刑事诉讼法理差异性的基础上，最大限度提高职务犯罪案件被调查人、犯罪嫌疑人权利保障水平。

（三）职务犯罪案件监察调查与审查起诉衔接机制与关联概念辨析

职务犯罪案件监察调查与审查起诉衔接机制作为一种全新的犯罪追诉程序衔接机制，具有独立的内涵外延，然而由于这一机制尚处于初创阶段，理论积累与实践经验的缺失决定了这一机制的内涵外延辨析都有待于进一步深入。在此过程中，由于衔接事项的相似性和作用对象的同质性，导致对于职务犯罪案件监察调查与审查起诉衔接机制同刑事侦查与审查起诉衔接机制以及职务违法监察调查与处置衔接机制等关联概念之间存在模糊与争议。对此，为明确这一机制的内涵范围，弄清外延边界，有必要将其与上述关联概念予以比较，辨析异同。

1. 职务犯罪案件监察调查与审查起诉衔接机制同刑事侦查与审查起诉衔接机制

就案件办理流程而言，无论是监察调查，还是刑事侦查，都承载着收集固定证据、控制追诉对象，并将案件推进至审查起诉的程序使命，具有一定的相似性。而权力基础的不同则是二者最显著的差异所在。因此，职务犯罪案件监察调查与审查起诉衔接机制同侦查与审查起诉衔接机制的概念辨析，关键在于对监察调查权与刑事侦查权的关系界定。国家监察体制改革之初，基于检察机关职务犯罪侦查向监察机关的“人权同转”，二者之间呈现直接的替代关系，因而学术界有观点认为监察调查权与刑事侦查权属性相同。其理由是：因为在国家监察体制改革试点过程中，《刑事诉讼法》中关于检察机关的侦查权的有关条文被调整和停止适用，由监察机关代替施行，因此监察机关对职务犯罪的调查措施就是侦查行为。[①] 监察机关对于被调查人涉嫌犯罪的行为所进行的调查与公安机关的侦查行为在性质上是相同的，对职务犯罪行为的调查不但受《监察法》的调整，也应当受《刑事诉讼法》的约束。[②] 此外，还有观点认为监察调查权应当根据调查内容的不同具体分为党纪调查、政务调查与刑事调查，其中刑事调查权与侦查权实质是一致的，应当受《刑事诉讼法》的调整。[③] 然而，随着《监察法》的制定、《刑事诉讼法》的修正以及相关理论研究的深入，当前主流观点普遍认为虽然监察机关的调查权与刑事侦查权具有相似之处，但是监察调查权不等同于刑事侦查权，[④] 二者在性质属性以及法理基础层面都存在本质差异。由此，决定了监察调查程序与刑事侦查程序自然亦非同类程序，这两种程序对应的后续审查起诉衔接程序在性质属性上自然存在差异。具体而言：首先，职务犯罪案件监察调查与审查起诉衔接属于异体程序的外部衔接机制，刑事侦查与审查起诉衔接机制属于同体程序的内部衔接机制。监察调查程序与审查起诉程序分属监察程序与刑事诉讼程序，而侦查程序与审查起诉则同属刑事诉讼程序，前者在衔接过程中要实现监察程序向刑事诉讼程序的转轨，而后者则是在刑事诉讼程序上同轨推进。由此，决定了职务犯罪案件监察调查与审查起诉衔接机制相较刑事侦查与审查起诉衔接机制的内容更为复杂，内涵也更为丰富。其次，监察调查与审查起诉衔接机制的主体关系同刑事侦查与审查起诉衔接机制有所差异。根据《监察法》的规定，监察机关与检察机关作为监察调查与审查起诉的职权主体，其相互关系是互相配合、互相制约，二者之间不存在位阶差异。与之相对应的是，根据《刑事诉讼法》的规定，侦查机关与检

① 陈越峰：《监察措施的合法性研究》，载《环球法律评论》2017 年第 2 期。

② 陈光中：《关于我国监察体制改革的几点看法》，载《环球法律评论》2017 年第 2 期。

③ 陈瑞华：《论监察委员会的调查权》，载《中国人民大学学报》2018 年第 4 期。

④ 刘艳红、夏伟：《法治反腐视域下国家监察体制改革的新路径》，载《武汉大学学报（哲学社会科学版）》2018 年第 1 期。

察机关作为刑事侦查与审查起诉的职权主体，其相互关系既有分工负责、互相配合、互相制约的一面，同时还有检察监督与被监督的一面。最后，职务犯罪案件监察调查与审查起诉衔接机制的衔接内容同刑事侦查与审查起诉衔接机制存在差异。由于监察调查程序的权力基础以及价值理念等与刑事诉讼程序存在差异，决定了监察调查在与审查起诉衔接过程中需要协调的事项更为复杂，因而其衔接内容更为丰富。例如，就法律渊源而言，职务犯罪案件监察调查与审查起诉衔接机制中需要兼顾《监察法》与《刑事诉讼法》，而刑事侦查与审查起诉衔接机制则统一于《刑事诉讼法》之下。再如，由于监察领域的人身自由控制措施同刑事强制措施存在差异，因而留置措施与刑事强制措施的衔接相较于侦查强制措施与审查起诉强制措施的衔接就更为复杂。

需要注意的是，虽然职务犯罪案件监察调查与审查起诉衔接机制同刑事侦查与审查起诉衔接机制存在属性差异，但是二者在犯罪追诉程序推进过程中所扮演的角色具有相似性，加之职务犯罪案件与普通刑事案件之间的事实、主体等方面可能存在交叉，由此决定了二者之间具有关联性。首先，由于在程序直接目标上都是将调查取证完毕的案件推进至审查起诉阶段，因而二者在内容范围上具有高度的相似性，据此可以将刑事侦查与审查起诉衔接机制成熟的立法和实践经验引入职务犯罪案件监察调查与审查起诉衔接机制的完善工作中，推进这一衔接机制的立法成熟与实践发展。其次，对于存在主体、事实互涉的职务犯罪案件与其他刑事案件，其前续的调查与侦查分立模式需要在审查起诉阶段进行并轨，因而在程序衔接过程中，就需要协调监察调查与刑事侦查的一并衔接问题。这需要与职务犯罪案件监察调查关联的案件在刑事侦查在移送审查起诉过程中，就管辖、期限、证据材料、强制措施等问题进行充分协调，从而确保后续审查起诉工作能够统一进行，从而提升追诉质量，提高办案效率。

2. 职务犯罪案件监察调查与审查起诉衔接机制同职务违法案件监察调查与处置衔接机制

由监察机关统一行使职务违法与职务犯罪调查权，是监察全覆盖改革目标的重要组成部分，由此实现了对行政监察、检察自侦等反腐败资源的整合，凝聚了腐败治理的合力。然而，受制于职务违法与职务犯罪行为的性质差异所导致的责任确定权配置的差异，职务违法与职务犯罪在调查完毕后的程序走向出现分化，其中职务违法行为将转入监察处置环节，而职务犯罪行为则需要转入刑事诉讼程序。虽然程序分化后，都面临由调查环节转入责任确定环节的衔接挑战，但由于衔接对象存在差异，决定了职务犯罪案件监察调查与审查起诉衔接机制同职务违法案件监察调查与处置衔接机制存在差异。首先，相较于职务犯罪案件监察调查与审查起诉衔接机制前后程序的异质性，职务违法案件监察调查与处置衔接机制属于监察程序内部的衔接机制，衔接机制所联系的程序在法理基础以及性质属性方面都保持一致，这决定了这一衔接机制的内涵外延都与职务犯罪案件监察调查与审查起诉衔接机制存在差异。其次，职务犯罪案件监察调查与审查起诉衔接机制的目标设定不同于职务犯罪案件监察调查与处置衔接机制。职务违法案件监察调查与处置衔接机制在不同于职务犯罪案件监察调查与审查起诉衔接机制在程序推进的同时，还承载着不同办案主体间配合制约等目标。职务违法案件监察调查与处置衔接机制的功能更为单纯，完全聚焦于案件本身办理流程的推进，不影响主体间关系，虽然对于部分职务违法行为，其责任追究会由监察机关转交主管机关负责，但是这种转交并不涉及主体间就案件办理所引发的配合与制约问题。最后，职务犯罪案件监察调查与审查起诉衔接机制的衔接内容同职务违法案件监察调查与处置衔接机制存在差异。相较于监察程序与刑事诉讼程序衔接时针对证据、强制措施等方面的差异性规定所导致的衔接挑战，对职务违法案件的监察调查与处置同属监察领域，统一适用《监察法》，因而衔接内容更简单，不存在证据材料选择、强制措施对接等衔接内容。

需要注意的是，基于监察机关统一行使职务违法与职务犯罪调查权的职权配置，以及职务违法与职务犯罪行为的伴生特征，实践中大量存在同时涉嫌职务违法与职务犯罪的案件。对于此类案件，需要做好程序分流工作，通过对两种衔接机制进行充分协调，有效应对衔接过程中的事实基础分化以及证据分类、强制措施衔接等，确保监察处置与审查起诉都能建立在充分的调查基础之上，有效惩治职务违法与职务犯罪，避免因处置和审查起诉的对象以及证据材料重叠，导致责任结果确定时出现问题。

二、职务犯罪案件监察调查与审查起诉衔接机制外延明晰

作为监察程序与刑事诉讼程序联结的程序节点，职务犯罪案件监察调查与审查起诉衔接机制的作用范围并不局限于监察调查与审查起诉这两个特定程序环节。对于职务犯罪刑事诉讼程序而言，职务犯罪案件监察调查与审查起诉衔接机制实质上可以被视为监察委员会与检察机关以及审判机关的工作协调衔接机制，在制度层面，实质上是与《刑事诉讼法》程序制度的协调衔接，包括与《刑事诉讼法》侦查取证规范的协调，以及与检察审查和法院审判制度规范的衔接等，其中涉及一系列十分重要且有利益冲突的司法问题，如案件管辖及其冲突、强制侦查的发动条件和程序、强制措施的转接及羁押必要性审查、非法证据的审定和排除、证人出庭作证以保障庭审实质化、辩护权的保障和律师的介入等。这些问题都不是孤立的，即不是仅涉及单一主体的诉讼问题，而是不同主体间的互涉互动问题。可见，协调衔接的根本问题，是监察制度与国家刑事诉讼程序制度如何协调衔接。① 因此，早在国家监察体制改革启动之初，针对实践中职务犯罪案件程序衔接所面临的现实挑战，各试点地区就分别从案卷文书的衔接、证据材料的衔接、调查对象和强制措施的衔接、涉案财物的衔接以及补充调查的衔接五个方面着手构建衔接规范体系，并且针对被调查人逃匿、死亡案件违法所得的财产没收、证人保护对接等具体问题构建衔接保障配套机制体系。② 上述探索在后续《监察法》制定和《刑事诉讼法》修正中部分被纳入立法范畴，初步形成了职务犯罪案件监察调查与审查起诉衔接机制的立法规范体系。在此基础上，国家监察委员会与最高人民法院、最高人民检察院、公安部联合印发的《关于加强和完善监察执法与刑事司法衔接机制的意见（试行）》中围绕职务犯罪案件监察调查与审查起诉衔接机制所涉及管辖、证据、留置与刑事强制措施、移送起诉、审查起诉、审判、从宽处罚、涉案财物等问题进行了集中规范。除此之外，最高人民检察院制定的《人民检察院刑事诉讼规则》，以及国家监察委

---

① 龙宗智：《监察与司法协调衔接的法规范分析》，载《政治与法律》2018 年第 1 期。

② 吴建雄：《国家监察体制改革背景下司法反腐的职能变迁与机制再造》，载《中南大学学报（社会科学版）》2018 年第 2 期。

员会制定的《监察法实施条例》，针对职务犯罪案件监察调查与审查起诉衔接机制中所涉及具体问题分别从检察机关视角和监察机关视角作出了相应的规范。总体而言，当前相关立法规范中，针对职务犯罪案件监察调查与审查起诉衔接机制所涉及证据、强制措施、认罪认罚从宽等问题初步构建了监察调查与审查起诉衔接的规范体系。然而，由于当前《监察法》与《刑事诉讼法》领域对于职务犯罪案件监察调查与审查起诉衔接机制的相关规范分别从不同领域单向进行规范，缺乏贯穿衔接机制全程的整体统领性规范，导致当前职务犯罪案件监察调查与审查起诉衔接机制立法规范呈现碎片化特征，缺乏体系性。对此，主流观点普遍认为职务犯罪案件监察调查与审查起诉衔接机制的外延范围应当突破案件交接工作机制的樊篱，从监察程序与刑事诉讼程序对接的高度出发，以案件有效追诉为目标导向，以全面覆盖监察机关、检察机关以及被调查人、犯罪嫌疑人的程序参与为标准，合理界定职务犯罪案件监察调查与审查起诉衔接机制的外延范围。

根据既有立法规范和职务犯罪案件追诉实践，理论界针对职务犯罪案件监察调查与刑事诉讼衔接机制的外延范围形成了不同的观点。有观点认为，这一衔接机制至少包括以下几个方面的内容：第一，案件管辖的协调衔接问题；第二，立案和调查（侦查）工作的协调衔接问题；第三，强制措施的协调衔接问题；第四，证据使用的协调衔接问题；第五，程序保障措施的协调衔接以及案件移送的协调衔接等问题。[①] 还有观点认为，监察委员会与司法机关的衔接体现在制度层面就是《监察法》与《刑事诉讼法》之间的衔接关系，包括案件管辖、立案程序、调查措施、强制措施、证据使用等诸多方面的衔接。[②] 虽然上述观点均是从监察程序与刑事诉讼程序、监察机关与司法机关的整体视角展开讨论，但基于职务犯罪案件监察调查与审查起诉衔接机制在监检关系和监察程序与刑事诉讼程序衔接机制中的核心地位，上述衔接内容基本等同于对职务犯罪案件监察调查与审查起诉衔接机制的外延范围界定。虽然实践中职务犯罪案件案情各不相同，具体程序衔接内容自然差异悬

① 龙宗智：《监察与司法协调衔接的法规范分析》，载《政治与法律》2018 年第 1 期。

② 王秀梅、黄玲林：《监察法与刑事诉讼法衔接若干问题研究》，载《法学论坛》2019 年第 2 期。

殊，但是基于衔接主体、衔接程序以及衔接目标的一致性，可以对职务犯罪案件监察调查与审查起诉衔接机制的外延范围进行归纳，形成明确的衔接内容体系。具体而言，根据职务犯罪案件追诉程序运行规律，结合监察机关、检察机关以及被调查人、犯罪嫌疑人在衔接过程中的程序行为，以职务犯罪案件追诉的程序贯通为出发点，根据衔接机制的程序走向，职务犯罪案件监察调查与审查起诉衔接机制的外延范围可以划分为监察调查管辖与审查起诉管辖衔接机制、检察提前介入监察调查机制、案卷移送与接收机制、证据衔接机制、留置与刑事强制措施衔接机制、认罪认罚从宽衔接机制、被调查人不在案案件衔接机制以及被调查人、犯罪嫌疑人权利保障衔接机制。通过上述机制，形成了纵贯职务犯罪案件监察调查与审查起诉机制全程的案件办理实质衔接机制，以此推进监察机关与检察机关的配合制约，实现对被调查人、犯罪嫌疑人权利保障的全程覆盖。上述机制虽然在当前监察领域和刑事诉讼领域的相关立法规范中均有所涉及，但由于缺乏体系规划，导致当前相关立法还存在内容缺失、可操作性不足等缺陷，对此有必要在统一衔接机制基本理念原则的基础上，推进相关立法内容的完善与丰富。

第一，关于监察调查管辖与审查起诉管辖衔接机制。由于《监察法》所坚持的以干部管理权限为基础构建的属人管辖为主、属地管辖为辅的管辖机制，同《刑事诉讼法》所确定的以犯罪地为主、被告人居住地为辅的管辖机制之间存在显著差异，为保证不会因管辖冲突影响职务犯罪案件监察调查与审查起诉的有效对接，需要构建个案管辖衔接协调机制，尤其是针对职务犯罪案件犯罪地为主、被告人居住地为辅的刑事诉讼管辖，调整职务犯罪案件监察调查管辖规范，通过指定管辖、移送管辖等途径，实现监察调查管辖与审查起诉管辖的有效对应，避免管辖竞合与管辖空白。

第二，关于检察提前介入监察调查机制。虽然这一行为发生在衔接前的监察调查阶段，但是作为监察机关与检察机关配合制约关系重要实现机制，检察机关在监察调查阶段的提前介入对于后续监察调查完毕后的案件移送与接收具有重要价值。一方面，检察提前介入可以提前将审查起诉标准引入监察调查阶段，提高监察调查质量，避免后续衔接过程中因标准不统一而导致需要补充调查，影响衔接效率。另一方面，检察提前介入可以及时发现监察调查阶段存在的不符合刑事司法要求的调查行为和证据材料，做到提前应对，避免因后续非法证据排除等影响案件衔接的实效性。

第三，关于案卷移送与接收机制。作为案件基本信息载体，案卷所包含的文书和证据材料是监察调查与审查起诉的根基所在。对于监察机关与检察机关来说，职务犯罪案件监察调查与审查起诉衔接机制本质上就是案卷的移送与接收。不同于刑事侦查与审查起诉的全卷移送，由于监察调查案卷可能同时包含职务违法与职务犯罪信息，证据材料也可能存在交叉，因此如何确定移送与接收的案卷范围就成为这一过程的首要问题。此外，对于移送与接收过程中案卷的形式规范与操作流程等同样需要予以明确，以提高其可操作性。

第四，关于证据衔接机制。虽然《监察法》已经明确监察调查获取的证据在刑事诉讼中的证据资格，然而由于监察证据本身在种类范围、载体形式以及取证规范等方面都与刑事证据存在差异，因此对二者之间的衔接机制需要特别予以分析。一方面，要对证据的移送与接收过程进行有效规范，确定移送证据的范围以及责任主体。另一方面，要对监察证据进入刑事诉讼后的审查运用进行规范，尤其是对于审查的标准与依据要予以明确，避免因法律渊源不统一影响证明标准、证明责任以及非法证据排除等证据规则的适用。

第五，关于留置与刑事强制措施衔接机制。虽然两者均以人身自由控制为措施内容，但留置措施无论是适用条件，还是适用程序，都与刑事强制措施存在差异。为实现监察调查与审查起诉过程中人身自由控制措施的无缝对接，避免追诉对象失控，《刑事诉讼法》确立了先予拘留机制作为保障。然而，由于《监察法》中对于被调查人人身自由控制措施存在数量不足且强制力缺乏的弊端，导致职务犯罪案件监察调查与审查起诉衔接过程中对于被调查人的人身自由控制精确性不足，且难以与刑事诉讼成熟的强制措施体系有效对应，因而有必要以被调查人、犯罪嫌疑人人身自由控制措施衔接机制为中心，丰富拓展监察调查人身自由控制措施体系，规范职务犯罪案件刑事强制措施适用衔接机制。

第六，关于认罪认罚从宽制度衔接机制。基于职务犯罪案件隐蔽性高、证明难度大的特征，认罪认罚从宽制度在此类犯罪中意义重大。《监察法》中虽然规定了从宽处理意见的移送，但其与刑事诉讼中认罪认罚从宽制度之间的关系仍有待明确。通过认罪认罚从宽衔接机制的反向辐射，推进职务犯罪案件监察调查中认罪认罚从宽的及时启动，提高监察调查质效，实现认罪认罚从宽在监察调查与刑事诉讼中的贯通适用，提高办案质量，保障被调查人、犯罪嫌疑人合法权益。

第七，关于被调查人不在案案件衔接机制。针对死亡和潜逃境外的职务犯罪行为人，《刑事诉讼法》确立了违法所得没收程序和刑事缺席审判程序两种专门程序用以财产没收和定罪量刑。由于这两种程序的适用对象存在竞合，适用效果存在差异，因而在职务犯罪调查中，针对不在案的被调查人如何向审查起诉衔接就成为监察机关面临的现实挑战。通过构建被告人不在案案件衔接机制，可以充分解决此类案件中监察机关移送过程中的案件定性选择，以及具体案件的衔接流程，确保此类案件能够在后续刑事诉讼中得以有效推进，并充分保障不在案被调查人、犯罪嫌疑人及其近亲属，相关利害关系人的合法权益。

第八，关于被调查人、犯罪嫌疑人权利保障衔接机制。职务犯罪案件监察调查与审查起诉的程序衔接，同时也是被调查人向犯罪嫌疑人身份转换的过程。对此，一方面要合理设定身份转换的流程及时间节点，另一方面要针对程序衔接过程中所可能存在的侵权风险，有针对性地为被调查人、犯罪嫌疑人配置衔接阶段的权利义务，做到权利保障无缝隙，权力规范无空白。

第二节 职务犯罪案件监察调查与审查起诉衔接机制的理念原则

针对成文法具体规范可能存在周延性不足、需要适用解释的困境，无论是监察法领域，还是刑事诉讼法领域，针对监察调查程序和刑事诉讼程序的规范适用，在立法中均有基本原则的相关规范，理论界也围绕程序运行和规范解释探讨不同程序的基本理念。然而，由于职务犯罪案件监察调查与审查起诉衔接机制同时嵌入监察调查程序与刑事诉讼程序，纯粹的监察调查程序理念原则和刑事诉讼程序理念原则都无法完全涵盖这一衔接过程。对此，需要针对职务犯罪案件监察调查与审查起诉衔接机制的法理基础、立法规范和实践适用特征，明晰其所应当遵循的理念原则体系。首先，就理念层面而言，针对职务犯罪追诉程序推进的基本内容设定，以及权力规范和权利保障的基本法理基础，职务犯罪案件监察调查与审查起诉衔接机制应当坚持追诉犯罪与权利保障相平衡理念和正当程序理念。其次，就原则层面而言，根据《宪法》《监察法》的既有规范，作为监察机关与检察机关发生联系的联结点，监察机关与检察机关互相配合、互相制约原则可以直接适用于职务犯罪案件监察调查与审查起诉衔接机制中，以此分别确立职务犯罪案件监察调查与审查起诉衔接机制的互相配合原则与互相制约原则。

一、追诉犯罪与权利保障平衡理念

作为反腐败专责机关，监察机关基于其政治机关属性，以腐败治理为使命，职务犯罪追诉仅是其职权组成部分，在职务犯罪调查过程中，在治病救人、惩前毖后的理念指导下，并非完全仅以移送审查起诉为唯一目标。然而，当案件进入移送审查起诉阶段之后，意味着监察机关已经确定了将其作为刑事案件移送刑事诉讼程序的实体定性和程序选择，由此确立了以追诉职务犯罪为目标导向的程序路径。在此路径下，监察机关与检察机关作为监察调查与审查起诉的职权主体，要做好以下两个方面的工作：一方面，要保障追诉的有效性，避免因衔接不畅而放纵犯罪，影响职务犯罪案件追诉的一般预防与特别预防功能的发挥。另一方面，要保障追诉过程的合法性，避免因衔接违法而危及权利保障，影响职务犯罪案件追诉的公信力与权威性。因此，平衡追诉职务犯罪与保障被调查人、犯罪嫌疑人权利就成为职务犯罪案件监察调查与审查起诉衔接机制的基础性指导理念。

作为“四种形态”中责任结果最为严重的一种职务违法犯罪处理方式，职务犯罪案件移送审查起诉虽然在监察案件中所占比例极低，但由于此类案件严重的社会危害性和严厉的责任追究结果，职务犯罪案件的刑事追诉受到办案机关、案件当事人以及社会公众的高度关注。职务犯罪案件监察调查与审查起诉衔接机制作为国家监察体制改革后职务犯罪案件追诉的必经环节，被视为联通监察调查与刑事追诉的桥梁，衔接效果直接关系到对职务犯罪案件的定罪量刑。因此，确保衔接过程的合法有效就成为职务犯罪案件监察调查与审查起诉衔接机制的首要目标。

（一）凝聚监检合力提高职务犯罪追诉实效性

作为反腐败资源整合的成果，监察机关被赋予极高的权威性，被确定为反腐败专责机关，承载着职务犯罪案件监察调查使命；检察机关作为公诉机关，承载着职务犯罪案件审查起诉的职责。二者均为职务犯罪案件主动追诉主体，监察调查程序与审查起诉程序共同构成了职务犯罪案件的审前追诉程序体系。将职务犯罪案件移送审判并最终定罪量刑，既是对监察调查成果的司法认可，作为腐败治理的重要组成部分，对监察机关意义重大；同时，这也是对检察机关审查并支持公诉的认可，作为检察职责履行的重要组成部分，对检察机关同样意义重大。由此可见，通过有效的程序衔接，推进职务犯罪案件追诉符合监察机关与检察机关的共同价值诉求。不同于监察调查和审查起诉阶段的分工负责、各司其职，职务犯罪案件监察调查与审查起诉衔接机制需要监察机关与检察机关的共同参与，任何一方的缺位失职都会影响衔接的效果，最终影响职务犯罪案件的追诉质量。因此，监察机关与检察机关在职务犯罪案件监察调查与审查起诉衔接机制中，都应当以有效追诉职务犯罪为履职宗旨，不仅尽责完成各自所负责的移送和接收工作，还要主动为对方的衔接活动提供协助，凝聚合力，共同推进职务犯罪案件的程序转轨。

具体而言，职务犯罪案件监察调查与审查起诉衔接机制强化追诉实效性的理念可以具化为充分衔接理念和及时衔接理念。其中，前者是指监察机关与检察机关在职务犯罪案件监察调查与审查起诉衔接机制中应当实现案件的完整衔接，避免出现证据遗漏灭失变质，被调查人、犯罪嫌疑人脱管逃跑，以及涉案罪名情节错误偏差等情形，从而在职务犯罪案件监察调查与审查起诉衔接机制中做到“人、证、罪”齐全。后者则是指监察机关应当在调查完毕、符合移送审查起诉标准后，及时将案件予以移送，检察机关也应当在收到监察机关所移送的案件后及时予以接受，并对案卷、证据材料、犯罪嫌疑人等予以接收保管，避免案件移送不畅，致使证据失效变质，被调查人、犯罪嫌疑人脱逃死亡等。通过全面及时的衔接过程，可以有效提升职务犯罪案件监察调查与审查起诉衔接机制的质量与效率，为案件的有效追诉提供充足的程序保障。

（二）强化权利保障提升职务犯罪追诉的合法性

无论是监察调查阶段的被调查人，还是审查起诉阶段的犯罪嫌疑人、被告人，作为职务犯罪案件的被追诉主体，其合法权益都应当得到充分保障。职务犯罪案件监察调查与审查起诉衔接机制同时也是被调查人向犯罪嫌疑人身份转化的过程。在此过程中，随着身份的变迁，其权利义务配置相应得以调整。为避免因办案主体更迭、办案程序变化，导致被调查人、犯罪嫌疑人权利保障出现空白和盲区，强化衔接期间的权利保障就成为职务犯罪案件监察调查与审查起诉衔接机制的重要理念指引。具体而言，职务犯罪案件监察调查与审查起诉衔接机制中的权利保障理念包含两重具体含义：一是提高衔接过程本身的权利保障水平。要强化监察机关移送和检察机关接收过程中的权利保障水平，尤其是对于被采取留置措施的被调查人，确保留置措施向刑事拘留转换过程中，被剥夺人身自由的被调查人、犯罪嫌疑人的合法权益。同时，还要精确界定被调查人与犯罪嫌疑人的身份转化时间节点，以此作为明确被调查人、犯罪嫌疑人权利义务配置的时间参照坐标，精准判断是否存在权利保障不足，有效避免权利保障缺位。二是以衔接机制为契机，对监察调查与审查起诉阶段的权利保障予以审查和促进，通过非法证据排除、提前介入、补充调查等延伸性衔接机制，及时发现和纠正监察调查与审查起诉阶段存在的违法侵权问题，并且以衔接机制的过滤功能倒逼监察调查与审查起诉阶段办案机关严格依法展开监察调查与审查起诉工作，全面提高职务犯罪案件追诉程序的法治性。

（三）加强犯罪追诉与强化权利保障的协调平衡

如同刑事诉讼中惩罚犯罪与保障人权之间天然的矛盾性一样，在职务犯罪案件监察调查与审查起诉衔接机制中，犯罪追诉与强化权利保障之间也存在与生俱来的矛盾与冲突。在取证技术没有实质性变化的前提下，犯罪追诉的强化需要以权利限制为代价，权利保障的加强需要以追诉不利为成本。对此，既要避免过度强调犯罪追诉而无视权利保障，同样亦不能过度强调权利保障而忽略犯罪追诉。由于实践中职务犯罪案件类型多样，案情差异悬殊，且不同时期、不同背景下，对于职务犯罪案件追诉的政策导向同样可能有所变化，因此对于职务犯罪案件监察调查与审查起诉衔接机制中的犯罪追诉与权利保障理念应当构建动态平衡关系。根据宏观层面的反腐败政策法律调整和微观层面的案情差异，依据宽严相济的刑事政策和“不敢腐、不能腐、不想腐”的腐败治理理念，针对个案确定犯罪追诉与权利保障的平衡标准。需要注意的是，基于我国反腐败斗争已经取得压倒性胜利，但依然需要深入推进的战略部署，由于职务犯罪案件的社会危害性直接影响党和国家的长治久安，对此类案件的犯罪追诉与权利保障平衡尺度相较于普通刑事案件应当有所差异，尤其是在“零容忍”的政策导向下，应当适度强化职务犯罪案件追诉力度，以适应职务犯罪案件办理的现实需求和民众诉求。

虽然强化犯罪追诉与加强权利保障在个案中可能面临直接冲突，但是就职务犯罪案件程序优化而言，应当推进犯罪追诉与权利保障的协调统一，在合法有效追诉职务犯罪的目标驱动下，以合法规范的监察调查与审查起诉衔接行为保障案件追诉的有效推进；以客观公正的监察调查与审查起诉衔接结果保护被调查人、犯罪嫌疑人的合法权益，从而实现衔接机制实体公正与程序公正的协调共进。

二、正当程序理念

正当程序理念作为公权力行使的基本程序理念，其理论渊源为英国的自然公正原则，该原则包括两项最基本规则：一是任何人不能成为自己案件的法官；二是任何人的辩护意见都应该被公平地听取。[①] 随着现代法治理念的发展，正当程序理念的作用范围已经从诉讼领域拓展至所有公权力行使领域，成为规范权力运行的重要程序机制。职务犯罪案件监察调查与审查起诉衔接机制涉及监察调查与审查起诉两个领域，其中后者所处刑事司法空间本就是正当程序理念最为重要的作用空间，而前者虽然作为新兴权力属性运行空间，缺乏对正当程序理念的立法确认，但基于监察调查权本身的公权力属性，结

① 陈瑞华：《刑事审判原理论》，北京大学出版社2003年版，第48－49页。

合这一权力属性对被调查人所可能产生的重大影响，依据监察法治理念，正当程序理念同样应当成为监察调查权行使的理念基础。据此，应当将正当程序理念确定为职务犯罪案件监察调查与审查起诉衔接机制的基本理念。

（一）职务犯罪案件监察调查与审查起诉衔接机制语境下的正当程序内容阐释

围绕正当程序理念的具体内容，刑事诉讼法学界展开了深入的讨论，基本形成了以审判中立、控辩平等、控审分离为基本内容的共识。然而，这一内容界定是以刑事审判为对象展开的，职务犯罪案件监察调查与审查起诉衔接机制无论是性质属性，还是内在规律，都与刑事审判存在显著差异，这决定了对于职务犯罪案件监察调查与审查起诉衔接机制语境下正当程序理念的具体内容应当予以特别解读。职务犯罪案件监察调查与审查起诉衔接机制作为联通监察调查程序与审查起诉程序的程序节点，其程序正当性的评价标准，一方面要符合监察调查与审查起诉各自程序阶段的独特要求，另一方面还要符合程序衔接兼容的现实需求。根据正当程序相关理论研究成果，结合当前职务犯罪案件监察调查与审查起诉衔接机制的实践现状，职务犯罪案件监察调查与审查起诉衔接机制语境下的正当程序理念应当包含主体充分参与、衔接程序法定和救济机制完备三项内容。

1. 主体充分参与

保证程序利害相关方的充分参与是正当程序理念的基本要求，职务犯罪案件监察调查与审查起诉衔接机制的参与主体除监察机关与检察机关之外，还包括被调查人、犯罪嫌疑人，部分案件中还存在被害人，保障上述主体在衔接过程中的充分参与就成为判断衔接机制正当性的重要指标。其中，相较于监察机关与检察机关的参与，被调查人、犯罪嫌疑人的参与，无论是立法支撑，还是实践保障，都相对更为弱势，需要特别关注。首先，就监察机关与检察机关的充分参与而言，虽然监察机关与检察机关作为公权力机关，在监察权与检察权强有力的支撑下，获得了参与衔接机制充分的程序保障，但是在具体个案衔接过程中，仍要注意具体承办案件的监察机关与检察机关的有效参与，尤其是要避免因一方参与机关地位强势，而导致对应主体无法充分参与，影响程序制衡机制功能的发挥。其次，就被调查人、犯罪嫌疑人的程序参与而言，受制于当前立法中并未为其提供明确的机制保障，导致其参与活动缺乏强制性规范保障。对此，一方面要在后续立法完善中为被调查人、犯罪嫌疑人参与职务犯罪案件监察调查与审查起诉衔接机制提供明确依据，确立其程序主体地位，另一方面要对被调查人、犯罪嫌疑人在职务犯罪案件监察调查与审查起诉衔接机制中的参与内容予以丰富，明确其享有的参与权利范围，并对应性地规范监察机关与检察机关的配合保障职责，以提高其参与的实效性。最后，由于职务犯罪案件往往缺乏直接被害人，因而其程序主体地位并未得到《监察法》和《刑事诉讼法》的重视，然而基于其与职务犯罪案件追诉结果直接的利害关系，对于存在直接被害人的职务犯罪案件，职务犯罪案件监察调查与审查起诉衔接机制中应当尊重其程序主体地位，保障其参与权，全面提升职务犯罪案件监察调查与审查起诉衔接机制的法治化水平。

2. 衔接程序法定

程序法定原则作为公权力运行的基本准则，业已成为现代法治理念的必要组成部分，通过对程序内容的静态立法规范和程序运行的动态依法进行，实现对公权力的有效规制。职务犯罪案件监察调查与审查起诉衔接机制同时包含监察机关的移送行为和检察机关的接收行为，二者虽然在权力属性上存在差异，但是规范行使权力的基本要求高度一致，都必须在法定的程序规范下展开衔接活动。因此，无论是监察机关，还是检察机关，都应当将衔接程序法定作为职务犯罪案件监察调查与审查起诉衔接机制正当程序理念的必要组成部分。具体而言，衔接程序法定的实现依赖于程序本身的完备性、正当性以及程序适用的有效性。首先，就程序完备性、正当性而言，为保证监察机关与检察机关能够在监察调查与审查起诉衔接过程中有规可循，就要有效提高程序的可操作性，通过详尽具体的程序规范提供明确的法律指引。与此同时，为实现衔接机制设置的“良法之治”，还应当高度重视职务犯罪案件监察调查与审查起诉衔接机制程序设置的科学性、法治性，强化对衔接过程中监察权、检察权的有效规制，加强对被调查人、犯罪嫌疑人和被害人在衔接过程中的权利保障。其次，就程序适用的有效性而言，一方面要求监察机关与检察机关梳理程序法定的衔接理念，严格依法展开衔接活动，另一方面要设置有效的程序违法责任追究机制，通过非法证据排除等程序性制裁机制和办案责任追究等实体性制裁机制，加强对监察调查与审查起诉衔接过程中程序违法的惩戒力度，提高程序刚性。

3. 救济机制完备

职务犯罪案件监察调查与审查起诉衔接机制在实现监察程序与刑事诉讼程序并轨的同时，对被调查人而言，意味着就此进入刑事诉讼程序，面临刑事责任追究。由此可见，监察调查与审查起诉衔接的结果对于被调查人、犯罪嫌疑人影响重大。基于正当程序理念的要求，应当为其配置相应的异议救济机制，以保障其对衔接过程和结果可以发表异议寻求救济。首先，应当确立被调查人、犯罪嫌疑人对于职务犯罪案件监察调查与审查起诉衔接机制中监察机关和检察机关职权活动的异议权，赋予其向办案机关及其上级机关针对衔接过程中的违法行为进行申诉控告的权利。其次，应当赋予被调查人、犯罪嫌疑人、被害人对职务犯罪案件监察调查与审查起诉衔接结果的救济权，对于监察机关与检察机关就案件衔接作出的处理决定，作为利害关系人的被调查人、犯罪嫌疑人以及被害人都有权申请办案机关及其上级机关进行复议复核。

（二）职务犯罪案件监察调查与审查起诉衔接机制与以审判为中心的刑事诉讼制度改革的关系

虽然就衔接机制的直接效果而言，职务犯罪案件监察调查与审查起诉衔接机制所连接的程序阶段为监察调查与审查起诉阶段，然而就职务犯罪案件追诉程序整体而言，监察调查与审查起诉的衔接作为此类案件审前阶段的程序衔接，对于最终审理会产生重大深远的影响。根据未经人民法院依法判决不得确定有罪原则，监察机关与检察机关展开程序衔接，最终目标是刑事责任的确定，从而履行有效追诉职务犯罪的职责使命。因此，对于职务犯罪案件监察调查与审查起诉衔接机制而言，监察程序和刑事诉讼程序的顺畅衔接，必须遵循司法主导和程序法治原则。[①] 在国家监察体制改革后，随着职务犯

① 詹建红：《认罪认罚从宽制度在职务犯罪案件中的适用困境及其化解》，载《四川大学学报（哲学社会科学版）》2019 年第 2 期。

罪追诉由检察自侦自诉模式转换为监察调查与检察起诉衔接模式，监检关系围绕职务犯罪调查与起诉活动而产生，也必然因其最终服务于审判活动而受到审判标准的制约与指引。[1] 因此，以审判为中心的刑事诉讼制度改革统摄着职务犯罪监察调查权与审查起诉权的业务衔接关系，[2] 相对于法院审判来说，监察调查和审查起诉皆处于审前阶段，在审判中心原则下审前阶段应服从并服务于审判阶段。[3] 职务犯罪案件监察调查与审查起诉衔接机制作为监察调查与审查起诉程序转化的制度载体，在职务犯罪案件审前阶段发挥着不可替代的重要作用，衔接机制的内容直接关系到刑事审判是否能够建立在确实充分的证据基础上，最终确定的刑事责任是否能够针对行为人进行有效实现。因此，以审判为中心的刑事诉讼制度改革在职务犯罪案件领域的实现，不仅需要刑事诉讼程序内部的结构调整，更需要通过将职务犯罪案件监察调查与审查起诉衔接机制延伸至监察调查阶段。无论是监察机关，还是检察机关，都应当将以审判为中心的刑事诉讼制度改革所确立的面向审判、服务审判的理念，贯彻到职务犯罪案件监察调查与审查起诉衔接过程中。在衔接机制设置与实施过程中，监察机关应当从满足刑事审判需要的角度出发，确定案件移送的范围，尤其是对于证据材料的移送，应当满足刑事诉讼所坚持的证据确实充分、足以排除合理怀疑的证明标准。检察机关则应当通过形式审查、提前介入、补充调查等衔接机制，确保在监察调查与审查起诉衔接阶段所接收证据材料能够满足后续审判的需求。

1. 以衔接机制为纽带推进监察调查规范进行

以审判为中心的刑事诉讼制度改革作为刑事诉讼结构调整的重大改革举措，其作用范围遍及刑事诉讼全程，是对犯罪追诉程序的整体优化。然而，职务犯罪案件相较于普通刑事案件，由监察调查取代刑事侦查，成为案件收集固定证据、查获追诉对象的事实基础形成阶段。由于监察调查程序独立于刑事诉讼程序，使以审判为中心的刑事诉讼制度改革的直接效力无法作用于

---

① 陈邦达：《推进监察体制改革应当坚持以审判为中心》，载《法律科学》2018 年第 6 期。

② 吕泽华：《我国职务犯罪监察调查工作中的监检关系问题研究》，载《安徽大学学报（哲学社会科学版）》2020 年第 4 期。

③ 叶青：《以审判为中心的诉讼制度改革之若干思考》，载《法学》2015 年第 7 期。

监察调查阶段，但与此同时，案件最终审判所依赖的事实证据基础形成于监察调查程序，且只有最终审判定罪量刑方能彻底实现监察调查追诉职务犯罪的程序目标。职务犯罪案件追诉的连贯性，决定了监察调查程序与刑事诉讼程序之间不可分割的紧密联系，职务犯罪案件监察调查与审查起诉衔接机制作为监察调查与刑事诉讼程序衔接的程序接口，在协调以审判为中心的刑事诉讼制度改革与监察调查的关系中扮演着关键性角色。

首先，职务犯罪案件监察调查与审查起诉衔接机制确立了以审判为中心的刑事诉讼制度改革在职务犯罪案件追诉中的全面指导性。虽然国家监察体制改革后，职务犯罪案件追诉模式被全面重构，但职务犯罪追诉的事实调查程序从刑事侦查转变监察调查，在一定程度上仅意味着求刑权主体的变化，但并不应对审判中心主义造成冲击。[①] 因此，在坚持审判程序终局性、权威性的前提下，处理好监察调查和审查起诉之间的关系，就成为监察调查应对以审判为中心的刑事诉讼制度改革的重要内容。[②] 推行以法治思维和法治方式反腐为核心理念的国家监察体制改革，与以审判为中心的刑事诉讼制度改革在法治精神上相吻合，故应加强以审判为中心的刑事诉讼制度改革的升华。[③] 职务犯罪案件监察调查与审查起诉衔接机制的构建本身就是对以审判为中心的刑事诉讼制度改革的尊重与实现，职务犯罪案件监察调查在权力基础、程序配置上虽然有别于刑事侦查，但最终定罪量刑仍遵循审判权要求的垄断性，并未突破现行刑事责任确定机制。

其次，以职务犯罪案件监察调查与审查起诉衔接机制为渠道，可以将以审判为中心的刑事诉讼制度改革的影响力导入监察调查程序，提高职务犯罪案件追诉的法治性。为确保职务犯罪案件监察调查与审查起诉衔接机制的高效有序，案件衔接能够满足刑事诉讼审判需求，监察机关必然在监察调查过程中充分考虑刑事审判标准对案件事实证据基础的要求，有针对性地采取同

---

① 汪海燕：《监察制度与〈刑事诉讼法〉的衔接》，载《政法论坛》2017 年第 6 期。

② 谢小剑、李鹏云：《以审判为中心改革中监察案件的办理》，载《江西社会科学》2020 年第 12 期。

③ 潘金贵、王志坚：《以审判为中心背景下监察调查与刑事司法的衔接机制研究——兼评〈刑事诉讼法（修正草案）〉相关条文》，载《社会科学研究》2018 年第 6 期。

时符合《监察法》与《刑事诉讼法》规定的调查取证措施。例如，《监察法实施条例》作为《监察法》的具体实施办法，明确规定监察机关调查涉嫌职务犯罪的案件时要在事实认定、程序环节、法律适用上符合法律法规的标准和要求，与以审判为中心的刑事诉讼制度改革相协调，确保监察工作在法治化、规范化的轨道上运行。由此可见，以审判为中心的刑事诉讼制度改革不仅对职务犯罪案件监察调查与审查起诉衔接机制本身具有重要影响，其作用范围经衔接机制的传导，深入监察调查过程中，形成了符合正当程序理念的职务犯罪追诉程序体系。

2. 应对以审判为中心诉讼制度改革对职务犯罪案件检察审查起诉的挑战

以审判为中心的刑事诉讼制度改革，要求职务犯罪的监察调查必须与之相适应，且对职务犯罪案件审查起诉、决定提出公诉、出庭支持公诉形成了倒逼机制，并回溯职务犯罪案件导入刑事诉讼程序、追溯监察机关职务犯罪的移送审查起诉乃至追及职务犯罪的监察调查程序。[①] 对于检察机关而言，作为以审判为中心的刑事诉讼制度改革的直接作用对象，为在后续支持公诉中能够在庭审中有效追诉犯罪，需要以确实充分的证据基础为支撑。职务犯罪案件中，检察机关所依赖的证据基础主要来自监察机关的移送，因此在监察调查与审查起诉衔接过程中，对证据材料和被追诉人的接收对于检察机关应对以审判为中心的刑事诉讼制度改革所提出的要求具有关键性影响。

首先，检察机关应当针对以审判为中心的刑事诉讼制度改革对于证据材料以及程序合法性的严格要求，在职务犯罪案件监察调查与审查起诉衔接阶段完整接收监察机关所移送的案件材料，并通过全面的形式审查，确保案卷材料的完整，并做好所接收材料的保管工作。对于经过形式审查，发现存在案卷材料不足、证据移送有遗漏的，应及时要求监察机关予以补充完善。与此同时，还要做好被追诉人的衔接，对于被采取留置措施的被调查人及时转为刑事拘留，对于未被采取留置措施的，及时根据《刑事诉讼法》的规定，确定是否需要采取强制措施，以及采取何种强制措施。其次，检察机关还应

① 徐汉明、赵清：《检察机关对职务犯罪案件依法审查的三个运行向度》，载《中南民族大学学报（人文社会科学版）》2021 年第 1 期。

当充分利用提前介入、补充调查、补充侦查等机制，将以审判为中心的刑事诉讼制度改革对于证据材料、办案程序的具体要求引入监察调查，提高职务犯罪案件追诉程序的整体法治化水平。最后，监察机关与检察机关应当从“大控方”的视角出发，以职务犯罪案件监察调查与审查起诉衔接机制为纽带，形成追诉职务犯罪的合力，以证明犯罪行为为内容，实现监察调查与审查起诉的协同作用，提升追诉质量，应对以审判为中心的刑事诉讼制度改革对于犯罪追诉主体带来的影响。

三、互相配合原则

作为法定原则，互相配合、互相制约原则奠定了监察机关与刑事司法机关的主体关系，监察调查与审查起诉作为监察机关和检察机关在职务犯罪追诉过程中的核心内容，自然也应当将这一原则作为职务犯罪案件监察调查与审查起诉衔接机制的底层基础原则。由于互相配合与互相制约分别代表了主体间关系的不同向度，因而这一原则又可以具体划分为互相配合与互相制约两个子原则。就互相配合原则而言，虽然此前《刑事诉讼法》中侦查机关与检察机关之间在刑事侦查与审查起诉衔接机制中应当坚持互相配合原则早已成为共识，并且形成了较为成熟的实践操作模式。然而，由于监察调查不同于刑事侦查，监察机关亦不同于侦查机关，因此职务犯罪案件监察调查与审查起诉衔接机制中的互相配合原则与刑事诉讼程序内的刑事侦查与审查起诉衔接机制中的互相配合原则存在差异，需要特别予以解读。

（一）职务犯罪案件监察调查与审查起诉衔接机制互相配合原则的主要内容

作为职务犯罪案件追诉程序推进的重要连接点，职务犯罪案件监察调查与审查起诉衔接机制发挥着联通监察调查程序与刑事司法程序的关键作用。虽然就规范层面而言，互相配合与互相制约原则属于同等位阶，然而就实践意义而言，互相配合原则显然处于主导地位，这是由职务犯罪案件监察调查与审查起诉衔接机制存在的初衷所决定的。对于互相配合原则在职务犯罪案件监察调查与审查起诉衔接机制中的内涵解读，一方面基于程序推进目标和具体内容的一致性，需要借鉴刑事侦查与审查起诉衔接机制中互相配合原则的具体内涵，另一方面要从监察调查与审查起诉不同的程序属性出发，从异质程序衔接的角度出发，剖析其特殊性。就宏观层面而言，互相配合原则主要是指监察机关和司法机关在办理职务犯罪案件方面，要按照法律规定，在正确履行各自职责的基础上，互相支持，不能违反法律规定，各行其是，互不通气，甚至互相扯皮。[①] 具体到职务犯罪案件监察调查与审查起诉衔接机制，以职务犯罪案件追诉为中心，互相配合原则在程序推进、主体关系和权力运行等方面都具有特定的阐释路径。

首先，职务犯罪案件监察调查与审查起诉衔接机制互相配合原则的目标是实现职务犯罪案件由监察调查程序向审查起诉程序的有序衔接。不同于刑事侦查与审查起诉在刑事司法程序内部衔接，职务犯罪案件的监察调查与审查起诉分属监察调查程序与刑事司法程序。受制于衔接机制两端程序属性的差异，使职务犯罪案件监察调查与审查起诉衔接机制所面临的挑战更为严峻。因此，为实现监察调查与审查起诉的有序衔接，对于衔接过程中程序间的协作要求自然更高，互相配合原则就成为职务犯罪案件监察调查与审查起诉衔接机制的基本指导原则。根据这一原则，要做好以下两方面的工作：一方面，要在具体衔接过程中，实现监察调查程序向审查起诉程序的全面转入。另一方面，要以衔接机制为纽带，实现监察调查程序与审查起诉程序的有效贯通，以审查起诉标准促进监察调查质量提升，以有效监察调查保障审查起诉高效有序。

其次，职务犯罪案件监察调查与审查起诉衔接机制互相配合原则的内容是构建监察机关与检察机关在衔接过程中的全方位协作关系。监察机关与检察机关作为监察调查与审查起诉的职责主体，其履职行为必须建立在对方协助配合的基础之上，否则任何一方都无法单方面完成追诉职务犯罪的目标。监察机关与检察机关在职务犯罪案件监察调查与审查起诉衔接机制中的互相配合，主要表现在以下两方面：一方面，表现为衔接过程中的互相配合。监察机关按照法律规定，形式规范、内容全面地将案件材料和追诉对象移交检

---

① 中央纪委法规室、国家监察委员会法规室编写：《〈中华人民共和国监察法〉释义》，中国方正出版社2018年版，第66页。

察机关，检察机关也应当及时全面地将相关材料予以接收，对于存在的缺漏，检察机关也应当及时提醒监察机关予以补充完善。另一方面，表现为监察机关的监察调查活动与检察机关的审查起诉活动之间的全面互动。通过提前介入、补充调查等机制，构建职务犯罪案件监察调查与审查起诉衔接机制的前移与后延，拓展衔接机制作用空间，以职务犯罪案件监察调查与审查起诉衔接机制为载体，推进监察机关与检察机关互相配合主体关系的构建。

最后，职务犯罪案件监察调查与审查起诉衔接机制互相配合原则的基础是推进监察调查权与审查起诉权的协同规范运行。监察调查权与审查起诉权作为监察调查与审查起诉阶段的主导性权力，在各自的程序阶段具有高度的权威性，然而根据未经人民法院依法判决不得确定有罪原则，无论是监察调查权，还是审查起诉权都无法独立完成追诉职务犯罪的目标，二者只有互相协作，共同作用于职务犯罪案件，方能推进最终定罪量刑的实现。职务犯罪案件监察调查与审查起诉衔接机制作为监察调查权与审查起诉权发生直接联系的程序空间，处于两种权力的共同作用之下，互相配合原则就成为协调二者关系的核心准则。在此过程中，以职务犯罪案件追诉为统筹，引导监察权与检察权互相配合，避免内耗和权力冲突，凝聚合力，共同致力于合法有效追诉职务犯罪，为反腐败斗争持续推进提供有力保障。

（二）职务犯罪案件监察调查与审查起诉衔接机制互相配合原则的现实意义

职务犯罪案件监察调查与审查起诉衔接机制作为监察机关与检察机关联系的直接端口，强化“监诉协作”，对监察案件的办理具有重大意义，有利于形成“大控方”追诉格局，增强打击职务犯罪的合力；能够将监察机关的调查技巧和公诉机关的法律素养有机结合，实现优势互补，提高办案效率；有利于强化证据的收集和固定，提高调查工作质量；有利于化解监察机关和检察机关在工作中的矛盾和冲突，减少“程序倒流”等。[①] 无论是监察机关，还是检察机关，通过互相配合原则，不仅可以直接提高职务犯罪案件监察调

① 潘金贵、王志坚：《以审判为中心背景下监察调查与刑事司法的衔接机制研究——兼评〈刑事诉讼法（修正草案）〉相关条文》，载《社会科学研究》2018年第6期。

查与审查起诉衔接效率，还可以通过监检协作全面提升职务犯罪案件办案质量。

1. 凝聚合力，强化追诉

职务犯罪案件追诉对象作为公权力行使者，往往具有较强的反追诉能力，加之此类犯罪往往面临高度依赖言词证据的现实挑战，因而其追诉难度较高。这对于监察机关的调查活动和检察机关的审查起诉活动都提出了更高的要求。为避免因程序衔接不畅影响职务犯罪案件追诉力度，就需要通过监察机关与检察机关的互相配合，形成追诉合力，从而强化对职务犯罪行为的追诉力度，应对此类案件所面临的追诉难度高的挑战，回应社会公众对于打击腐败行为的热切期望。监察机关与检察机关虽然在职务犯罪追诉中承担的具体职责存在分工，但是二者同属追诉方，在程序诉求上存在一致性，这决定了二者在职务犯罪案件监察调查与审查起诉衔接机制中凝聚合力保持一致的正当性。需要注意的是，监察机关与检察机关在职务犯罪案件监察调查与审查起诉衔接机制中的互相配合应当以合法客观为指引，不能为单纯追求打击犯罪而无视权利保障，互相配合不能变异为互相包庇、互相纵容。

2. 程序推进，提高效率

不同于普通刑事案件的程序内衔接，职务犯罪案件监察调查与审查起诉衔接机制属于异体程序衔接，由于监察调查程序与审查起诉程序属于异体程序，二者分别有独立的管辖、证据和强制措施制度，由此决定了在衔接机制中需要协调对接的事项更为复杂。对此，通过互相配合原则，一方面，可以就职务犯罪案件监察调查与审查起诉衔接过程中面临的案件管辖、证据材料、强制措施等现实挑战，通过监察机关与检察机关的配合协助，实现案件在不同程序间的有序转换，避免因程序推进不畅，影响职务犯罪案件追诉。另一方面，监察机关与检察机关在案件办理中的互相协助要有效拓展延伸，通过提前介入、补充调查等机制，实现监察调查程序与审查起诉程序的嵌入式配合，以此有效提高衔接效率，避免因案件移送中存在的实体性和程序性矛盾影响衔接效率。

（三）互相配合原则的风险预防

互相配合原则对于监察机关与检察机关强化职务犯罪案件追诉具有重要

的积极价值。然而，由于监察调查权与审查起诉权作为公权力，在行使过程中要严格遵循客观公正理念，并且为避免因监察机关与检察机关过度强调犯罪追诉，损及被调查人、犯罪嫌疑人权利保障，决定了这种协作配合并非无原则、无底线地服从或者帮助，其实质是严格按照法律规定履行职责、行使职权，共同促进“调查、公诉、审判、执行”这一打击腐败流程的顺畅执行和权力运行效能的发挥。① 就职务犯罪案件监察调查与审查起诉衔接机制而言，互相配合原则虽然有利于程序推进的高效有序，与此同时也存在一定的风险与隐患，不仅影响作为衔接机制作用对象的被调查人、犯罪嫌疑人，也不利于监察调查权与审查起诉权的良性互动。

1. 导致权利保障边缘化

互相配合原则建立在监察机关与检察机关追诉职务犯罪的共同价值基础之上，与之相对应的是，作为被追诉对象的被调查人、犯罪嫌疑人同样会受到这一原则的影响。在实体层面，监察机关与检察机关在监察调查与审查起诉中互相配合强化追诉力度，对于被调查人、犯罪嫌疑人而言，则是被追诉的风险升高；程序层面，监察调查与审查起诉期间，监察权与检察权的协同强化，则必然会对被调查人、犯罪嫌疑人的权利保障带来挑战。尤其是当出现监察机关与检察机关互相配合突破或者规避《监察法》与《刑事诉讼法》所设置的权力制约和权利保障机制的情形时，被调查人、犯罪嫌疑人将面临权利受损和无法救济的双重困境。因此，对于互相配合原则的限度，应当综合考量监察机关与检察机关的权力协作和被调查人、犯罪嫌疑人权利保障的有效平衡，不能以牺牲权利保障为代价，单向追求所谓办案机关之间的互相配合。

2. 致使权力制衡被虚置

无论是作为国家监督权的监察权，还是作为法律监督权的检察权，在我国权力体系中都具有高度的权威性，具体到职务犯罪案件的监察调查权和审查起诉权，在监察调查和审查起诉程序中都处于绝对主导地位。对此，为解决“谁来监督监督者”的难题，《监察法》和《刑事诉讼法》都选择将职务

① 王洪宇：《监察体制下监检关系研究》，载《浙江工商大学学报》2019 年第 2 期。

犯罪案件监察调查与审查起诉衔接机制作为重要的权力制约机制，通过个案中的行为规范，加强对监察调查权和审查起诉权的制约。然而，互相配合原则对于监察调查权与审查起诉权的制约关系具有先天的风险性。一旦监察机关与检察机关过度强调互相配合，异化为互相包庇、互相纵容，必将导致权力制衡机制被虚置，难以发挥作用。因此，对于互相配合原则下如何保持监察机关与检察机关在职务犯罪案件监察调查与审查起诉衔接机制中的权力制衡要高度重视，不仅要从制度设计上对监察机关与检察机关在衔接过程中的配合边界进行明确，还要通过强化外部监督制约机制，对监察机关与检察机关的互相配合进行有效规范。

四、互相制约原则

正如前文所述，过度的互相配合，不仅影响职务犯罪案件追诉对象的权利保障，还会危及监察调查权与审查起诉权在衔接过程中的规范行使，因此在强调办案机关配合关系的同时，还需要通过监察机关与检察机关之间的职责分工与权力制衡规范职务犯罪案件监察调查与审查起诉衔接机制的规范运行。尤为重要的是，不同于侦查权处于法律监督权的监督范围中的情况，监察调查权作为监察权的组成部分，其权威性更强，对于权力制约机制的需求自然更为强烈。因此，互相制约原则与互相配合原则相伴而生，共同构成职务犯罪案件监察调查与审查起诉衔接机制的基本原则体系。

（一）互相制约原则的内容阐释

作为监察机关与刑事司法机关主体关系的法定原则，互相制约原则主要是指监察机关和司法机关在追究职务犯罪过程中，通过程序上的制约，防止和及时纠正错误，以保证案件质量，正确应用法律惩罚犯罪。[①] 具体到职务犯罪案件监察调查与审查起诉衔接机制，虽然这一机制的基本功能定位是实现职务犯罪案件由监察调查程序向审查起诉程序的推进，强调监察机关与检察机关之间的协同合力，但是根据前文对互相配合原则风险的分析，在强调

---

① 中央纪委法规室、国家监察委员会法规室编写：《〈中华人民共和国监察法〉释义》，中国方正出版社2018年版，第66页。

监检协作的同时，必须通过相互制约实现权力制衡与权利保障。职务犯罪案件监察调查与审查起诉衔接机制作为监察机关与检察机关直接产生联系的“前沿阵地”，互相制约原则对于程序过滤、主体关系构建和权力规范等问题具有普遍影响。

1. 强化程序过滤效果

对犯罪追诉程序进行阶段划分是近现代刑事诉讼的重要特征之一，其目的除应对犯罪追诉专业化要求之外，还蕴含着通过程序分化实现案件过滤，避免追诉程序畅通无阻而丧失纠错救济功能的重要价值。互相制约原则的确立对于职务犯罪案件监察调查与审查起诉衔接机制的程序过滤功能的发挥具有不可替代的重要价值。以互相制约原则为指引，监察调查与审查起诉作为前后相继的不同追诉阶段，通过形式审查、提前介入、补充调查等渠道，可以对职务犯罪案件的追诉程序推进发挥实质性过滤功能。通过对不符合程序推进条件案件的程序制动和内容补充，在避免错误追诉的同时，还可以有效提高职务犯罪案件追诉质量，推进监察调查程序与审查起诉程序的优化完善。

2. 构建良性监检关系

监察机关与检察机关作为职务犯罪案件监察调查与审查起诉衔接机制的重要主体，二者在衔接过程中的主体关系直接影响衔接机制是否能够得以规范有序进行。相较于检察机关与侦查机关之间制约与监督的叠加控权机制，检察机关与监察机关在职务犯罪案件监察调查与审查起诉衔接机制中的主体关系只有互相制约作为控权机制予以调整。互相制约原则确立了职务犯罪案件程序推进过程中监察机关与检察机关的平等制衡关系，既有助于确立二者之间有效的办案衔接制衡机制，更有助于避免因片面追求互相配合而导致监检关系失控，危及被调查人、犯罪嫌疑人合法权益保障。无论是监察机关，还是检察机关，都应当在职务犯罪案件监察调查与审查起诉衔接过程中严格依法履职，对于对方存在的疏漏都应当及时予以提醒纠错，不能将对方的正常制约行为片面理解为刁难敷衍，更不能因对方权力基础的权威性而放弃制约，在衔接过程中照单全收，彻底放弃审查制衡。

3. 规范权力运行互动

监察调查权与审查起诉权在职务犯罪案件监察调查与审查起诉衔接机制中共同作用于案件程序的推进，然而由于监察调查权与审查起诉权的权力属性以及内在规律都存在差异，因而在衔接过程中难免存在权力冲突与博弈。对此，在互相配合原则凝聚合力的同时，也要通过互相制约原则予以平衡，从而构建协同与制衡双向共存的权力互动格局。无论是监察调查权还是审查起诉权，都具有高度的权威性，二者在职务犯罪案件监察调查与审查起诉衔接机制中互相配合有助于提升权威性，互相制约则有助于保证公信力。通过权力间的制衡，及时解决权力运行过程中存在的偏差疏漏，从而形成监察调查权与审查起诉权的良性互动关系。

（二）互相制约与互相配合的关系辨析

互相配合、互相制约原则作为职务犯罪案件监察调查与审查起诉衔接机制的法定基本原则，二者虽然价值导向不同，但是二者共同影响监察机关的移送活动和检察机关的接收活动，相互之间存在不可分割的密切关联。

1. 互相配合原则与互相制约原则面临直接冲突

虽然这两项原则对应的主体均为监察机关与检察机关，但是互相配合与互相制约分别对应凝聚合力与分化制衡两种截然对立的作用机制，监察机关与检察机关在配合与制约过程中所扮演的角色同样存在内在价值冲突。因此，互相配合与互相制约之间存在矛盾冲突毋庸讳言，而且普遍存在于职务犯罪案件监察调查与审查起诉衔接机制的具体衔接活动中。在个案衔接过程中，配合的强化必然会以牺牲制约为代价，强调制约则相对应地会影响配合力度。因此，在职务犯罪案件监察调查与审查起诉衔接机制中，针对直接冲突的互相配合和互相制约，必须合理确定其边界，任何一端的片面强调，都将不可避免地会导致放纵犯罪或者侵害权益的后果。相较而言，追诉职务犯罪案件的共同目标和公权力机关之间的天然亲近性，决定了监察机关与检察机关在职务犯罪案件监察调查与审查起诉衔接机制中更侧重于相互配合，相互制约的意识则相对被边缘化。因此，在职务犯罪案件监察调查与审查起诉衔接机制的实践运行中，互相配合与互相制约原则之间的冲突主要表现为过度强调配合而忽视制约，影响职务犯罪案件监察调查与审查起诉衔接机制的权力规范与权利保障功能的发挥。对此，在职务犯罪案件监察调查与审查起诉衔接机制原则体系完善过程中，应加强对于互相制约原则的制度保障，避免二者之间关系过度失衡。

2. 互相配合、互相制约原则应当达成动态平衡

虽然在具体个案中，不可避免地存在互相配合原则与互相制约原则难以完全同等兼顾的现实冲突，然而从职务犯罪案件监察调查与审查起诉衔接机制的宏观层面出发，互相配合原则与互相制约原则二者缺一不可，不可偏废。只有实现互相配合、互相制约的动态平衡，方能充分实现追诉犯罪与权利保障的双重价值追求。合法有效追诉职务犯罪案件是二者得以兼容共存的根基所在。为实现这一目标，要做好以下三点：首先，需要职务犯罪案件监察调查与审查起诉衔接机制摆脱工作衔接流程的窠臼，从程序推进、主体关系以及权力运行的高度出发，使互相配合、互相制约原则真正成为职务犯罪案件监察调查与审查起诉衔接机制的基本原则。由于职务犯罪案件监察调查与审查起诉衔接机制更多的是一种监察委员会职务犯罪调查和检察机关审查起诉工作之间的以分工负责为基础、各管一段的衔接机制，还不能真正体现为介入彼此职能工作的“互相配合”甚至权力制衡的“互相制约”关系。[①] 因此，无论是互相配合的凝聚合力，还是互相制约的分化制衡，都应当通过强化追诉和加强保障转化为具体的衔接机制。其次，应当确立互相配合与互相制约的动态平衡标准体系，针对不同的时代背景、政策导向以及个案案情，在不同案件中，分别确定妥当的平衡标准，试图通过静态统一标准确定所有职务犯罪案件监察调查与审查起诉衔接过程中互相配合与互相制约原则的边界标准，既无必要性，又无可行性。最后，互相配合、互相制约原则平衡标准的界定，不仅要从检察机关与监察机关的视角出发，还要兼顾被调查人、犯罪嫌疑人的价值诉求，在规范权力行使的同时加强权利保障。

---

① 吕泽华：《我国职务犯罪监察调查工作中的监检关系问题研究》，载《安徽大学学报（哲学社会科学版）》2020 年第 4 期。

第三节 职务犯罪案件监察调查与审查起诉衔接机制的价值功能

作为监察调查与刑事司法发生联系的直接关联点，职务犯罪案件监察调查与审查起诉衔接机制在职务犯罪案件追诉程序中扮演着不可或缺的重要角色。监察调查与刑事诉讼的衔接，主要是指监察机关调查职务犯罪与检察机关审查起诉的有效衔接，是推进反腐败工作法治化、规范化的关键问题。[①] 基于当前《监察法》和《刑事诉讼法》所确定的监察调查与刑事诉讼分立的追诉模式，无论是从制约权力、保障人权出发，还是从诉讼规律的角度考量，为确保职务犯罪调查工作在法治框架内开展，检察机关需要与监察委员会在刑事诉讼层面进行对接，这有助于监察制度的完善、推进法治建设进程。[②] 职务犯罪案件监察调查与审查起诉衔接机制的构建与发展，无论是对职务犯罪案件个案程序推进，还是整体制度完善，都影响深远。

一、程序推进功能

国家监察体制改革后，职务犯罪案件追诉的权力配置重构，与此相伴而生的是此类案件的追诉程序的调整，既往的检察自侦自诉程序模式被职务犯罪案件监察调查与审查起诉衔接机制所取代。由于监察调查与审查起诉分别由《监察法》和《刑事诉讼法》规定，这意味着职务犯罪案件追诉程序要经历不同立法空间的嬗变。作为《刑事诉讼法》与《监察法》衔接的第一个环节，监察案件移送检察机关审查起诉的衔接问题最为重要，实践中呈现出的实践难题也最突出。[③] 对此，就需要职务犯罪案件监察调查与审查起诉衔接机制发挥程序推进功能，实现职务犯罪案件在不同性质程序之间的转轨。具

① 吴建雄：《国家监察体制改革若干问题探析》，载《新疆师范大学学报（哲学社会科学版）》2019 年第 5 期。

② 陈瑞华：《论检察机关的法律职能》，载《政法论坛》2018 年第 1 期。

③ 程雷：《刑事诉讼法与监察法的衔接难题与破解之道》，载《中国法学》2019 年第 2 期。

体而言，监察调查与审查起诉的程序推进功能表现在宏观和微观两个层面。

首先，就宏观层面而言，职务犯罪案件监察调查与审查起诉衔接机制实现了监察调查程序与刑事诉讼程序的程序贯通，为职务犯罪案件由监察领域转入刑事诉讼领域提供制度保障，为监察机关、检察机关以及被调查人、犯罪嫌疑人提供了衔接过程中的行为规范和指引。这一机制的存在可以弥合因《监察法》与《刑事诉讼法》针对职务犯罪案件的管辖、证据、强制措施等问题规定差异所导致的衔接障碍，同时也可以应对因监察机关与检察机关不同办案模式所导致的追诉分歧。职务犯罪案件监察调查与审查起诉衔接机制对于监察制度与刑事诉讼制度的协调兼容，以及监察调查权与刑事司法权的协同互动都具有积极的促进价值，对监察法治与刑事法治在职务犯罪案件追诉中的发展提升会产生积极影响。通过制度性规范和保障职务犯罪案件中监察调查与审查起诉的衔接，使职务犯罪案件追诉程序得以有效贯通，追诉犯罪与保障权利的双重价值得以覆盖案件办理全程，从而使被立法分割为两个阶段的职务犯罪案件追诉程序得以达到内在协调和外在一致。

其次，就微观层面而言，职务犯罪案件监察调查与审查起诉衔接机制保障了个案办理的高效有序。监察机关与检察机关的性质属性以及权力基础等都存在差异，且在监察调查与审查起诉活动中分别遵循《监察法》与《刑事诉讼法》，不可避免地会导致个案的具体管辖、证据资格以及人身自由控制措施适用等方面存在一定冲突。对此，通过职务犯罪案件监察调查与审查起诉衔接机制的协调，可以解决具体个案办理中监察调查与审查起诉环节因规范不一致所导致的内容偏差，从而实现案件在监察机关与检察机关之间的顺畅对接，避免因管辖、证据、强制措施等具体问题上的矛盾冲突影响职务犯罪案件的有效追诉。与此同时，由于《监察法》和《刑事诉讼法》对于被调查人、犯罪嫌疑人分别设置了不同的权利义务，所以如何在办案衔接过程中精准确定被追诉人的权利义务状态，同样需要职务犯罪案件监察调查与审查起诉衔接机制的保障，既避免权利配置调整滞后影响权利保障，也避免因义务履行空白影响犯罪追诉。

二、案件过滤功能

职务犯罪案件追诉事关腐败治理，深受社会公众高度关注，同时对于被追诉人影响重大，因而对于追诉的客观性、公正性要求极高，一旦出现错误追诉必将严重影响办案机关的公信力与权威性。因此，职务犯罪案件追诉程序在强化追诉力度的同时，还应当关注追诉的客观公正，以精准追诉提高职务犯罪治理的法治性与公正性。对此，一方面要强化对职务犯罪案件实体问题的立法规范与实践适用，另一方面在程序层面要充分发挥程序所具有的过滤紧缩功能，尤其是在程序推进的衔接节点，要对衔接机制所涉及案件的程序与实体问题进行充分审查，确保不符合追诉条件的案件被及时终止，避免因程序惯性而畅通无阻，导致案件“带病追诉”。职务犯罪案件监察调查与审查起诉衔接机制作为职务犯罪追诉程序的重要程序转换节点，是案件转出监察领域的最后一道防线，也是进入刑事司法领域的第一道防线，对于职务犯罪案件程序过滤意义重大。一方面，只有发挥程序法治对于监察机关的制约作用，才能确保将监察机关的调查行为最终纳入法治轨道，以实现国家监察体制改革的目标。① 另一方面，在衔接过程中，有效对案件进行过滤是检察机关的首要职责所在，只有充分发挥案件过滤筛查功能，方能确保进入刑事司法程序的案件符合刑事追诉标准，并能够满足检察机关在后续审判中证明指控的现实需求。

首先，对于监察机关而言，职务犯罪案件监察调查与审查起诉衔接机制的过滤功能有助于倒逼其提高监察调查质量，提高监察调查法治化水平。职务犯罪案件监察调查与审查起诉衔接的结果直接决定了监察机关调查完毕的案件能否转入刑事诉讼程序，一旦在衔接过程中因不符合衔接标准而被退回或者要求补充，都会对监察机关造成负面影响。因此，为确保衔接过程中不会因调查质量不合格而导致案件被过滤，必然需要从监察调查质量提升入手，通过提升调查过程的合法性应对衔接机制程序过滤所提出的新要求。其次，对于检察机关而言，虽然目前《监察法》与《刑事诉讼法》对于职务犯罪案

① 卞建林：《配合与制约：监察调查与刑事诉讼的衔接》，载《法商研究》2019 年第 1 期。

件监察调查与审查起诉衔接过程中检察机关的具体审查标准并未明确，但无论是形式审查，还是实质审查，检察机关都应当充分发挥过滤审查功能，对监察机关移送案件的形式完备性、内容充分性以及程序合法性进行全面审查，对存在缺陷的，及时通知监察机关予以补充完善，对于存在违法调查的，及时启动非法证据排除，并将相关线索移送监察机关。最后，无论是监察机关，还是检察机关，都应当正确认识职务犯罪案件监察调查与审查起诉衔接机制的案件过滤功能，不能将其简单归结为“挑刺刁难”，而是应当从提高职务犯罪案件追诉质量的高度出发，检察机关积极主动行使审查职权，监察机关也应当理性对待过滤结果。

三、主体对接功能

不同于侦查机关与检察机关长期践行刑事侦查与审查起诉衔接机制所形成的主体关系模式，监察机关作为全新设置的反腐败专责机关，其同检察机关之间在职务犯罪案件监察调查与审查起诉衔接机制中的主体关系并未形成较为成熟的模式。作为职务犯罪案件的追诉主体，监察机关与检察机关的紧密衔接，是巩固反腐执法成果、实现反腐法治的关键环节。① 职务犯罪案件监察调查与审查起诉衔接机制在为监察机关与检察机关提供工作衔接流程的同时，也为二者的主体关系优化提供了制度载体。一方面，职务犯罪案件监察调查与审查起诉衔接机制的存在，使监察机关与检察机关在具体办案活动中得以形成确定的对应关系，二者对于案件材料的具体移送和接收的具体操作细则能够得以有效沟通协商。另一方面，职务犯罪案件监察调查与审查起诉衔接机制对于推进监察机关与检察机关主体关系的良性互动意义重大。虽然《监察法》确立了监察机关与检察机关互相配合、互相制约的主体关系准则，但由于监察机关作为国家监督机关，检察机关作为法律监督机关，二者的权力位阶高低、监督范围界定等都尚有待明确。职务犯罪案件监察调查与审查起诉衔接机制则从案件办理的视角出发，确立了在监察机关与检察机关在平等的前提下，以分工为基础的配合制约关系。这一主体关系模式不仅避免了

---

① 吴建雄、刘峰：《国家监察体制改革：价值、逻辑与路径》，载《求索》2017年第1期。

因位阶高低争议所产生的权力冲突，同时还回归案件办理本身，以职务犯罪合法有效追诉为统摄，理顺监察机关与检察机关之间的主体配合制约关系。

四、权利保障功能

职务犯罪案件监察调查与审查起诉衔接机制，对于办案机关而言意味着职权职责的转移。与此同时，被追诉人同样面临由被调查人向犯罪嫌疑人的身份转换，职务犯罪案件监察调查与审查起诉机制的存在有助于保障被追诉人在程序衔接转换过程中的合法权益，避免出现权利义务错配和空白。职务犯罪案件监察调查与审查起诉衔接机制的权利保障功能主要通过权力规范和权利强化两条路径予以实现。首先，由于职务犯罪案件监察调查与审查起诉衔接机制的存在，使监察机关的移送和检察机关的接收都有规可循，最大限度地避免了权力滥用，在提高被调查人、犯罪嫌疑人程序可预期性的同时，也为其权利保障提供了明确的规范指引。与此同时，职务犯罪案件监察调查与审查起诉衔接机制的存在使得被调查人、犯罪嫌疑人可以利用衔接过程中检察机关与监察机关的互相制约，实现权利受侵害后的有效救济。其次，《监察法》和《刑事诉讼法》在分别规定监察调查与审查起诉阶段被调查人、犯罪嫌疑人权利保障机制的同时，还应当针对监察调查与审查起诉衔接这一特定阶段进行特别保障，尤其是对于衔接过程中所面临的主体更迭、措施变化、内容筛选等特有问题，设置相对应的权利保障机制，重点保护被调查人、犯罪嫌疑人的人身自由权、财产权等实体性权利和知情权、异议救济权等程序性权利。

五、法律协调功能

随着国家监察体制改革的深入，推进反腐败工作的规范化与法治化，关键在于实现《监察法》与《刑事诉讼法》、监察程序与刑事诉讼程序的精密衔接。[①] 职务犯罪案件监察调查与审查起诉衔接机制被视为《监察法》、《刑

---

① 向泽选：《纪检监察工作如何实现法法衔接》，载《中国纪检监察报》2018年4月25日，第8版。

事诉讼法》和《刑法》等法律法规实施对接的良性运行机制和创新纪法贯通的有效载体。[①] 一方面，职务犯罪案件监察调查与审查起诉衔接机制的现实规范需求成为立法修改调整的内在驱动。无论是《监察法》的制定，还是《刑事诉讼法》的修正，都将规范职务犯罪案件在监察调查领域和刑事司法领域的有效衔接作为重点关注对象。例如，2018 年《刑事诉讼法》修正中涉及应对《监察法》内容调整的法条共有 4 条，其中规范职务犯罪案件监察调查与审查起诉衔接机制的就有 3 条。另一方面，职务犯罪案件监察调查与审查起诉衔接机制中面临的现实挑战和积累的实践经验，都将成为立法完善调整的实践支撑。例如，在《监察法实施条例》中，检察机关提前介入监察调查等涉及职务犯罪案件监察调查与审查起诉衔接机制的内容得以确认，纳入规范体系，由此实现了立法规范与实践适用的良性互动。此外，对于在衔接过程中暴露出的立法缺陷则可以及时予以调整，避免立法与实践的冲突。

① 徐汉明、赵清：《检察机关对职务犯罪案件依法审查的三个运行向度》，载《中南民族大学学报（人文社会科学版）》2021 年第 1 期。

第二章

职务犯罪案件监察调查与审查起诉衔接机制的基本流程

不同于刑事侦查与审查起诉同处刑事诉讼程序内，只需以《刑事诉讼法》作为法律渊源，无论是案件管辖，还是证据材料，以及强制措施等都沿用统一标准，衔接流程相对简单明确，职务犯罪案件的监察调查与审查起诉由于分属监察领域和刑事司法领域，分别以《监察法》和《刑事诉讼法》作为法律渊源，这导致二者在案件管辖、证据材料以及强制措施等方面的规定都存在差异，由此决定了监察调查与审查起诉具体衔接流程更为复杂。虽然当前立法确立了职务犯罪案件监察调查与审查起诉衔接机制的基本程序格局，但是仍然面临管辖冲突协调、具体衔接流程细则规范可操作性不足等现实挑战。对此，有必要对职务犯罪案件监察调查与审查起诉衔接机制的具体运行流程进行全面梳理与细化。在此过程中，要针对当前职务犯罪案件监察调查与审查起诉衔接机制的流程设计规范供应不足的立法基础，通过完善立法、拓展解释以及制定细则等方式构建更为详尽完备的流程规范体系。此外，相较于增加规范即可解决的可操作性不足的问题，职务犯罪案件调查与审查起诉衔接流程还面临因理论和立法冲突所导致的制度障碍的问题。这是因为，职务犯罪案件监察调查程序与审查起诉程序的属性差异，决定了二者之间衔接具体流程的设计。在应然层面，一方面要实现监察法理与刑事诉讼法理的兼容，另一方面要满足《监察法》与《刑事诉讼法》的双重合法性要求。然而，在实然层面，由于监察法理与刑事诉讼法理以及《监察法》与《刑事诉讼法》的独立性，二者在衔接过程中会面临一系列制度性冲突所产生的衔接流程障碍。具体而言，职务犯罪案件监察调查与审查起诉衔接过程中管辖如何对接，职务犯罪案件监察调查与审查起诉衔接过程中是否需要刑事立案，职务犯罪案件被调查人认罪与审查起诉阶段犯罪嫌疑人认罪认罚从宽如何衔接等具体问题，亟待通过职务犯罪案件监察调查与审查起诉衔接机制流程的完善优化予以解决。

第一节 职务犯罪案件监察调查与审查起诉管辖衔接

管辖作为公权力配置的制度载体，本质上是一种权力分配与约束机制，既是对公权力机关的授权，同时也是对权力范围的限制，对于公权力的规范合法行使意义重大，解决了待处理事项纷繁复杂与公权力机关数量众多之间如何实现一一对应的现实挑战。通过管辖制度的确立，既可以避免公权力机关之间履职冲突、互相争抢，也可以避免公权力机关消极履职、互相推诿，同时还可以为利害关系人提出诉求提供明确的法律指引。广义上的管辖，是指将待处理事项与负责公权力机关进行对应的制度规范。具体到刑事案件管辖，此前根据《刑事诉讼法》的相关规定，形成了以立案管辖与审判管辖为主体的管辖制度，并且通过地域管辖、级别管辖、专门管辖和指定管辖等具体管辖类型构建了刑事诉讼管辖体系。然而，由于国家监察体制改革后，独立于刑事诉讼程序的职务犯罪监察调查取代了从属于刑事诉讼程序的检察侦查，加之监察调查完毕后的案件还要通过移送审查起诉进入刑事诉讼程序，这使职务犯罪案件的管辖包括监察调查管辖与刑事审查起诉管辖两重内容。这意味着，要实现监察调查与审查起诉衔接过程中案件规范有序地在具体监察机关与检察机关之间流转，面临的首要挑战就是监察调查管辖与审查起诉管辖的精准对应。实现程序的有机衔接首先要解决的是管辖问题。① 然而，由于监察调查管辖与审查起诉管辖分别由《监察法》和《刑事诉讼法》规定，二者的基本原则和具体规范都存在一定差异，存在一定的冲突与分歧。监察机关由于职权范围和监察对象的特殊性，其级别管辖与地域管辖的内涵

① 孟穗、冯靖：《监察调查与刑事诉讼的衔接问题研究》，载《河北法学》2019 年第 4 期。

并不同于传统刑事诉讼体制的管辖,[①] 因此，为避免职务犯罪案件监察调查与审查起诉衔接过程中因管辖衔接不畅所导致的案件流转停滞、混乱，有必要构建统一明确的职务犯罪案件监察调查与审查起诉管辖衔接规范体系。

一、职务犯罪案件监察调查管辖与审查起诉管辖的现实冲突

管辖制度是案件进入办理程序的第一扇门，明确案件管辖是整个办案程序的关键，监察权、侦查权、审判权等公权力均需通过明确合理的管辖来获得运行的合法性。[②] 根据职务违法犯罪行为调查的现实需求，结合此前纪检监察机关办案程序，《监察法》确立了以公职人员管理权限为基准的监察调查管辖制度。监察委员会刑事案件管辖权（以下简称监察管辖权）是各级监察委员会在犯罪调查和处置上的权限和分工，主要解决监察委员会与其他侦查机关之间的管辖分工，以及各地、各级监察委员会的管辖分工问题。[③] 这一管辖模式既保证了监察机关相较于被调查人的权威性，又保证了监察调查进行的严肃性，推进了职务犯罪案件监察调查的规范进行。然而，由于长期以来刑事司法领域内为保证不同区域、不同级别办案机关的办案职责与办案资源之间的有效平衡，便于办案机关及时获取证据，便于诉讼参与人参加诉讼活动，便于社会公众知情监督，形成了以犯罪地管辖为主、犯罪嫌疑人居住地为辅的刑事诉讼管辖制度。虽然在各自程序空间内，监察调查管辖与刑事诉讼的关系可以并行不悖、互不干扰，然而在职务犯罪案件监察调查与审查起诉衔接机制这一特定情境下，监察调查与刑事诉讼的管辖分歧就演变为具体案件办理中的管辖冲突。职务犯罪案件监察调查与审查起诉衔接机制中的管辖冲突包含级别管辖、地域管辖、指定管辖等方面，表现为管辖制度的全方位冲突。对此，有必要在明确现行监察调查管辖与审查起诉管辖制度现状的基础上，辨析二者产生冲突的具体情形，并有针对性地确定相应的管辖协调衔接机制。

---

① 伍华军、陈浣莹：《我国监察委员会办理职务犯罪案件衔接问题研究》，载《江汉大学学报（社会科学版）》2019 年第 1 期。

② 叶青、王小光：《监察委员会案件管辖模式研究》，载《北方法学》2019 年第 4 期。

③ 谢小剑：《监察委员会刑事调查管辖制度初探》，载《湖湘论坛》2019 年第 5 期。

（一）管理权限主导下的职务犯罪案件监察调查管辖

监察调查管辖是职务犯罪追诉程序的起点，也是案件进入《监察法》和《刑事诉讼法》视野中的第一步，在两法衔接过程中发挥的作用不言而喻。[①]构建明确规定案件管辖事项的工作规则，是实现法法衔接的重要前提。[②] 同刑事诉讼管辖相类似，职务犯罪案件监察调查管辖也可以包含职能管辖和内部管辖两方面内容。其中，前者强调监察调查所覆盖刑事案件的范围以及涉案人员身份范围，聚焦于解决监察调查与刑事侦查的罪名划分。后者则是关于监察机关内部不同级别、不同地域的监察机关对于职务犯罪案件监察调查的具体分工。二者都会对职务犯罪案件监察调查与审查起诉衔接机制产生直接影响，但是相对而言，职务犯罪案件监察调查内部管辖中所涉及监察调查的级别管辖、地域管辖、指定管辖等内容对于职务犯罪案件监察调查与审查起诉衔接机制的影响更为深刻。因此，对于职务犯罪案件监察调查与审查起诉管辖衔接机制的梳理，在监察调查管辖领域应当重点关注监察调查的内部管辖。总体而言，虽然基于组织体系的一致性，监察调查的内部管辖在具体管辖类型上同样包含级别管辖、地域管辖、指定管辖和移送管辖，但是监察机关关于职务犯罪的管辖分工，并不同于司法机关的地域管辖以犯罪地为主导、级别管辖以案情严重程度及社会影响范围等为根据的规则设置，而是带有浓厚的政治色彩，以同级党委的管理权限作为管辖的基本根据，具有独特的管辖划分机理。[③] 根据《监察法》和《国家监察委员会管辖规定（试行）》的相关规定，监察委员会确定管辖范围的基本原则是“以人立案”，即首先考虑的是涉案人员的身份。在此基础上，监察委员会再结合“事项”因素，即案件涉嫌的违法犯罪类型，进一步确定管辖的具体范围。除此之外，在实践中，上下级监察机关之间可能因为特殊情形的存在而进行管辖权的转移，监察机关也可能因为管辖权争议、管辖权不明或者其他情况，而需要由上级监察机关予以确定或者指定。

---

① 袁相亭、刘方权：《监察与司法的管辖衔接机制研究》，载《交大法学》2019 年第 4 期。

② 吴建雄、王友武：《监察与司法衔接的价值基础、核心要素与规则构建》，载《国家行政学院学报》2018 年第 4 期。

③ 江国华、龚雄艳：《职务犯罪监察管辖冲突及其解决机制》，载《江汉学术》2021 年第 5 期。

1. 以管理权限为基础确定级别管辖

根据《宪法》和《监察法》的规定，监察机关形成了包含国家监察委员会、省级监察委员会、市级监察委员会和县级监察委员会的四级机构组织体系。其中，除国家监察委员会之外，其他级别的监察委员会数量都是多元的，这决定了对于职务犯罪案件监察调查机关的具体确定，都应当遵循首先确定级别，然后在既定的级别中再根据地域确定具体办案机关。因此，职务犯罪案件监察调查级别管辖在监察调查管辖体系中居于基础地位。关于职务犯罪案件监察调查级别管辖，不同于《刑事诉讼法》按照案情轻重、特定罪名和影响范围确定案件管辖级别，而是采取了以管理权限为基础的级别管辖确定模式。根据《监察法》第 16 条第 1 款的规定，各级监察机关应当按照管理权限管辖《监察法》第 15 条规定的人员所涉监察事项，这是上下级监察机关之间进行职责分工的依据。① 所谓“管理权限”，是指对被监察对象的组织人事管理权限，② 需要注意的是，此处的管辖权限并非监察机关的管理权限，而是监察机关所对应同级党委的管理权限。《监察法实施条例》中明确规定，设区的市级以上监察委员会按照管理权限，依法管辖同级党委管理的公职人员涉嫌职务违法和职务犯罪案件。县级监察委员会和直辖市所辖区（县）监察委员会按照管理权限，依法管辖本辖区内公职人员涉嫌职务违法和职务犯罪案件。以此为依据，在监察工作实践中，国家监察委员会、省（直辖市）监察委员会、地市监察委员会、县（区）监察委员会分别对“中管干部、省管干部、市管干部、县管干部”行使监察调查管辖权。所谓“中管干部”，是指人事关系在中央组织部门备案，由中共中央、中央组织部门任免推荐的公务人员，一般情况下与“中管干部”对应的领导职务级别为省部级副职以上。同理，“省管干部”是省级党委组织部门管理的公务人员，人事关系由省级党委组织部门备案管理，并由省级党委组织部门推荐或任命的干部，这类干部一般属于厅局级，比如地级市的市委书记、市长，省直机关正副职领

① 《监察法》第 16 条第 1 款。

② 参见中央纪委法规室、国家监察委员会法规室编写：《〈中华人民共和国监察法〉释义》，中国方正出版社 2018 年版，第 116 页。

导，高等院校书记、校长等。[①] 以此类推，“市管干部”对应的是县处级领导干部，比如县级人民代表大会、人民政协、人民法院、人民检察院的主要领导。“县管干部”对应的是乡科级干部，比如乡镇长、乡镇党委书记、县行政部门领导以及普通科员。此外，对于未被纳入上述干部管理体系的“基层群众性自治组织中从事管理的人员”，则应当由所在地的县级监察委员会管辖，县级监察委员会向其所在街道、乡镇派出监察机构、监察专员的，派出的监察机构、监察专员可以直接管辖。[②]

以干部管理权限为基础构建级别管辖的管辖制度，主要是基于以下几个原因：一是长期以来纪检监察机关的办案模式沿革，符合监察机关的组织体系设置和调查资源配置。虽然实践中存在部分“小官巨贪”“高官微腐”案件，但通常而言，职务犯罪案件的严重程度往往与被调查人的职务级别之间成正比。而且，就目前纪检监察机关的组织体系来看，更高级别的监察机关，无论是办案能力还是办案资源，相较于低级别监察机关更有优势。因此，以管理权限为基础确定职务犯罪案件监察调查级别管辖，既符合职务犯罪案件调查难度的级别分布，同时也符合监察调查资源在不同级别监察机关的配置，有利于实现监察调查资源的优化配置。二是由于职务犯罪案件本身是以公职人员所行使的公权力为基础产生的，为保证调查的权威性，就需要拥有管理权限的授权主体展开调查。坚持党对反腐败工作的统一领导是监察机关进行调查活动的首要准则，在调查过程中，针对不同级别调查对象是否进行调查等活动需要向拥有管理权限的党委汇报。此外，被调查对象的级别越高，对应的反调查能力相应会更强，对此，提高调查机关的级别对于强化调查权威具有不可替代的重要价值。因此，通过将对被调查人拥有管理权限的党委所对应的同级监察机关确定为管辖机关，可以有效提升监察调查的威慑力和效率性。

2. 以“属人”为基础构建地域管辖

根据监察调查管辖先确定级别管辖、后确定地域管辖的确定路径，对于

① 叶青、王小光：《监察委员会案件管辖模式研究》，载《北方法学》2019 年第 4 期。

② 中央纪委法规室、国家监察委员会法规室编写：《〈中华人民共和国监察法〉释义》，中国方正出版社 2018 年版，第 116 页。

特定职务犯罪案件，在确定所对应监察机关的级别之后，除国家监察委员会之外的其他级别的监察委员会，仍需要在若干同级别监察委员会中选择具体的监察委员会作为实际办案机关。然而，不同于《刑事诉讼法》以犯罪地和被告人居住地作为地域管辖的确定依据，职务犯罪案件监察调查选择以被调查人管理权限机关所在地作为地域管辖确定的基准。《监察法》第 16 条第 1 款所规定各级监察机关按照管理权限管辖本辖区内《监察法》第 15 条规定的人员所涉监察事项，实质上既包含对职务犯罪案件监察调查的级别管辖，也包括地域管辖。该条中的“本辖区”，是指本级监察机关所在的省（自治区）、盟市、旗县区的行政管理区域，[①] 监察机关的级别设置与地域设置同我国行政机关、检察机关等设置相似，均是以行政区划的地域范围为基础进行级别与地域的划分。[②] 据此，对于职务犯罪案件的地域管辖确定是以对监察对象拥有管理权限的党委所对应监察机关所在地为基础确定地域管辖，而非以职务犯罪行为的发生地或者被调查人所在地为标准确定地域管辖。按照对于被调查人的管理权限同时确定被调查人的级别管辖与地域管辖，在监察调查管辖中处于核心地位。这一标准实质上是以被调查人的“属人”管辖为基础确定的，以管理权限为基准，一并解决职务犯罪案件监察调查的级别管辖与地域管辖。这一地域管辖确定模式的优势在于可操作性强，标准明确，可以有效避免管辖权竞合和管辖盲区。

以对被调查人的管理权限为基准确定职务犯罪监察调查地域管辖的原因在于：首先，这一模式可以有效应对不同性质公权力机关管理机制所产生的被调查人地域与管理权限主体所在地域分离的现实问题。其中，表现最为突出的就是对于垂直管理机构以及高校、国有企业中的公职人员的监察管辖。根据组织管理关系，拥有级别管辖权的管理权限主体所在地有可能与被调查人所在地存在分离，如果以犯罪地或者被调查人所在地为基准确定地域管辖，则可能与其级别管辖所确定的管辖主体存在冲突。采用以管理权限为基础的属人管辖模式则可以有效解决这一问题，避免管辖权竞合。其次，这一模式

---

① 中央纪委法规室、国家监察委员会法规室编写：《〈中华人民共和国监察法〉释义》，中国方正出版社 2018 年版，第 82 页。

② 江国华、龚雄艳：《职务犯罪监察管辖冲突及其解决机制》，载《江汉学术》2021 年第 5 期。

可以有效提高监察调查管辖的明确性与效率性。基于管理权限的一元性，使这一标准指向明确，具有较强的可操作性。与此同时，以管理权限的主体所在地确定地域管辖，也可以保证办案机关及时获得授权，有效向党委汇报，规范展开调查活动。最后，以管理权限为基准确定职务犯罪监察调查地域管辖符合职务犯罪案件的内在规律，由于职务犯罪案件都是以被调查人所行使公权力为基础产生的，由对被调查人有管理权限主体所对应的监察机关作为管辖机关可以通过查办案件，全面掌握所管辖公职人员的职务犯罪客观现状，有助于有针对性地确定腐败治理方案。

3. 指定管辖与移送管辖

虽然以管理权限为核心，《监察法》确立了职务犯罪案件监察调查的级别和地域管辖标准体系。然而，由于职务犯罪案件被调查人的公职人员身份，为避免因案外因素影响监察调查的顺利进行，监察调查实践中除按照管理权限确定级别和地域管辖的一般性管辖之外，还有大量案件需要通过指定管辖对根据管理权限所确定级别和地域管辖进行调整。此外，由于《监察法》所确定以管理权限为中心的级别管辖模式普遍存在案件严重复杂程度与所对应监察机关级别之间不匹配的问题，因而在职务犯罪案件监察调查实践中，还需要通过移送管辖的方式，对职务犯罪案件的级别管辖进行个案调整。

第一，就指定管辖而言，根据《监察法》第 17 条第 1 款的规定，上级监察机关可以将下级监察机关有管辖权的监察事项指定给其他监察机关管辖。这一规定赋予上级监察机关对于职务犯罪案件的指定管辖权，以此解决下级监察机关因回避等原因不便于管辖的职务犯罪案件的调查管辖权确定问题。关于这一规定的理解要注意以下几点：首先，应当明确下级监察机关对于被指定管辖案件的调查管辖权并不存在争议，否则上级监察机关的指定则属于管辖权争议解决，而非指定管辖。其次，上级监察机关应当是被指定管辖案件指定前后两个监察机关的共同上级机关。最后，上级监察机关的指定管辖，不仅可以变更被指定管辖案件的地域管辖，也可以改变其级别管辖。指定管辖制度在犯罪追诉中早已有之，此前刑事诉讼中设置指定管辖主要是期望通过异地管辖，过滤案外因素对于诉讼程序的影响。职务犯罪案件中，被调查人作为公职人员，往往在一定区域内具有较为广泛的社会影响和人际关系，导致监察调查所面临的案外影响相较于普通刑事案件更为严重。这使职务犯罪监察调查对于指定管辖的需求更为强烈，其适用频率自然更高。

第二，就移送管辖而言，这一机制主要是解决职务犯罪案件监察调查管辖权在上下级监察机关之间转移问题的管辖调整机制。《监察法》第16条第2款规定："上级监察机关可以办理下一级监察机关管辖范围内的监察事项，必要时也可以办理所辖各级监察机关管辖范围内的监察事项。"第17条规定，上级监察机关可以将其所管辖的监察事项指定下级监察机关管辖，也可以将下级监察机关有管辖权的监察事项指定给其他监察机关管辖。监察机关认为所管辖的监察事项重大、复杂，需要由上级监察机关管辖的，可以报请上级监察机关管辖。上述两条规定，分别规定了监察调查移送管辖的提级管辖和降级管辖。就提级管辖而言，其是指上级监察机关管辖本应由下级监察机关管辖的案件，实现监察调查管辖在级别上由下到上的转移。监察调查提级管辖一般是因为如下几方面的原因：（1）上级监察机关认为在其所辖地区有重大影响的职务犯罪案件；（2）上级监察机关认为下级监察机关不便办理的重要复杂的职务犯罪案件，以及下级监察机关办理可能会影响公正处理的职务犯罪案件；（3）领导机关指定由上级监察机关直接办理的职务犯罪案件；①（4）监察机关认为有重大影响、由上级监察机关办理更为适宜的职务犯罪案件；（5）监察机关不便办理的重大、复杂职务犯罪案件，以及自己办理可能会影响公正处理的职务犯罪案件；（6）因其他原因需要由上级监察机关管辖的重大、复杂职务犯罪案件。② 提级管辖主要目标是通过上级监察机关的权威性以及与发案地相对分离，保障案件处理的客观公正。职务犯罪案件监察调查的提级管辖具有以下几个特点：首先，职务犯罪案件监察调查提级管辖既包含上级监察机关主动将下级监察机关管辖案件上提至本机关管辖，也包括下级机关将自身管辖案件主动提交上级机关管辖。其次，职务犯罪案件监察调查提级管辖既包括直接上下级监察机关之间的管辖上移，还包括上级监察机关对下级监察机关的越级上提管辖。就降级管辖而言，是指上级监察机

① 魏琼：《我国监察机关的法理解读》，载《山东社会科学》2018年第7期。

② 中央纪委法规室、国家监察委员会法规室编写：《〈中华人民共和国监察法〉释义》，中国方正出版社2018年版，第120页。

关将依法应由自身管辖的案件，交由下级监察机关管辖的级别管辖调整机制。不同于刑事诉讼领域对移送管辖仅保留由下至上的单向通道，《监察法》分别设置了由下至上和由上至下的双向通道。《刑事诉讼法》否定管辖权的由上至下移送是为了避免办案机关借此规避两审终审制的监督功能，而对职务犯罪案件监察调查对管辖权由上至下转移的认可则是基于以管理权限为基础的级别管辖确定模式往往面临大量情节轻微但管辖级别较高的案件，为避免大量简单轻微案件耗费有限的高级别监察调查资源，通过管辖权下移的方式实现监察调查资源的优化配置。

第三，就管辖权争议解决而言，虽然《监察法》以管理权限为基准确定了职务犯罪案件监察调查级别与地域管辖体系，然而实践中由于被调查人的任职单位等原因，在部分案件中还是存在管辖不明的情形。对此，《监察法》第16条第3款规定："监察机关之间对监察事项的管辖有争议的，由其共同的上级监察机关确定。"监察实践中难免存在案件管辖方面的争议，即两个或者多个监察机关认为某职务犯罪案件都属于自己管辖，或者都认为不属于自己管辖。此时，应当报请共同的上级监察机关予以确定。此时，所谓的"共同的上级监察机关"，是指同发生管辖争议的两个或者两个以上监察机关均有领导与被领导关系的上级监察机关，可以是具有直接领导关系的上一级监察机关，也可能是并不具有直接领导关系的更高级别监察机关。[①] 管辖权争议需要解决的问题，既包括不同级别、不同地域监察机关之间的管辖权竞合问题，也包括监察管辖盲区问题，通过上级监察机关的领导权解决具体个案面临的争抢管辖和推诿管辖。

综上所述，以《监察法》和《国家监察委员会管辖规定（试行）》为基础，当前监察机关已经形成了包括级别管辖、地域管辖、指定管辖和移送管辖为主体的职务犯罪案件监察调查内部管辖体系。这一管辖体系以干部管理权限为标准，确立了各级监察委员会分级管辖模式，兼顾地域和行业分工，存在多种变更管辖权的方式，并吸收了党的纪律检查机关传统的派驻纪检监

① 魏琼：《我国监察机关的法理解读》，载《山东社会科学》2018年第7期。

察组管辖的内容，成为我国法律体系中自成一系的管辖模式。[①] 其基本特征是以对被调查人的管理权限为核心构建管辖机制，无论是级别管辖，还是地域管辖，都以管理权限为基准，对应相应级别和地域的监察机关。具体到这一管辖体系的内部关系，有以下几点需要注意：首先，就级别管辖与地域管辖的关系而言，确立了级别管辖优于地域管辖的适用原则。例如，《国家监察委员会管辖规定（试行）》第 3 条规定，国家监察委员会在党中央集中统一领导下，“按照干部管理权限和属地管辖相结合的原则，实行分级分工负责”。对党的组织关系在地方、干部管理权限在主管部门的监察对象，按“谁主管，谁负责”的原则进行监督执纪；对上级垂直管理单位的公职人员和省、市驻地单位中的处科级以下公职人员，按干部管理权限，以“分级负责为主、指定管辖为补充”的原则管辖。上述规定表明，同刑事审判管辖相似，监察调查管辖也采用了先级别后地域的管辖确定路径，我国各级监察机关首先按干部管理权限确定级别管辖事项，再根据辖区和地域确定自己管辖范围内的监察事项。其次，就级别、地域管辖与指定管辖的关系而言，指定管辖作为法定管辖的例外性个案调整机制，其设置目的是以指定管辖的灵活性应对法定管辖面临的形式化，提高监察调查的客观性、中立性。就效力而言，指定管辖优于法定的级别、地域管辖，但是为保证指定管辖适用的规范有序，未来有必要对具体指定的实体条件和程序流程进行明确规范。最后，就移送管辖而言，基于上下级监察机关之间领导与被领导的关系，职务犯罪监察调查形成了上下双向互通的管辖权移送机制，这一模式有利于监察调查资源的优化配置，但也存在滥用的风险，为此需要对移送管辖，尤其是上级监察机关向下级监察机关的移送调查管辖进行有效规范。

（二）“案件”中心主导下的审查起诉管辖

我国《刑事诉讼法》中的管辖制度包括立案管辖与审判管辖两种，其中前者主要是明确公检法等办案机关对于刑事案件立案的权限划分，后者则是指不同级别法院，以及同级人民法院开庭审理刑事案件的权限划分。其中，与职务犯罪案件监察调查与审查起诉衔接机制关联最为密切的是审判管辖，

① 叶青、王小光：《监察委员会案件管辖模式研究》，载《北方法学》2019 年第 4 期。

这是因为目前我国采用的是以审判为基准的管辖确定原则，《刑事诉讼法》在各机关管辖职能分配的基础上，优先确立了刑事案件的审判管辖，并以此为基础来确定其他阶段的管辖。[①] 作为公诉机关，检察机关起诉与法院审判之间的一一对应关系，决定了审查起诉管辖同审判管辖——无论是级别管辖还是地域管辖——都具有一致性。长期以来，根据刑事诉讼实践规律，《刑事诉讼法》确立了包括级别管辖、地域管辖、指定管辖和移送管辖在内的审判管辖机制。不同于监察管辖围绕被调查人的属人管辖为中心进行构建，刑事审判管辖的确立则是以“案件”为中心展开的。

1. 以案情罪名为基础的级别管辖

根据《宪法》和《人民检察院组织法》，我国的检察机关在级别上包含最高人民检察院、省级人民检察院、市级人民检察院和基层人民检察院，不同级别的检察机关在职责范围和资源配置上差异显著。相较于地域管辖的重叠包含关系，级别管辖更为明确清晰，因而审查起诉管辖所要确定的首要内容是对级别管辖的确定。《刑事诉讼法》第 20 ~ 23 条分别规定了不同类型案件的级别管辖，以此为参照，基层人民检察院管辖第一审普通刑事案件，但是依法由上级人民检察院管辖的除外。市地级人民检察院管辖危害国家安全、恐怖活动案件，以及可能判处无期徒刑、死刑的案件的第一审刑事案件。省级人民检察院管辖的第一审刑事案件，是全省（自治区、直辖市）性的重大刑事案件。最高人民检察院管辖的第一审刑事案件，是全国性的重大刑事案件。以案情轻重、涉嫌罪名以及影响范围作为刑事案件审查起诉管辖基础，检察机关级别越高，所负责审查起诉案件的范围越窄，形成了典型的“金字塔”形级别管辖模式。

这一级别管辖模式的确定主要是基于以下几个理由：一是符合不同级别检察机关的办案资源配置现状，无论是机关数量还是办案人员配置，检察机关的级别越高，办案机关数量越少，人员配置也更少，主要的办案资源主要集中于基层人民检察院。因此，就需要将绝大多数案件配置到基层人民检察

① 施鹏鹏、马志文：《论刑事诉讼法与国家监察体制的衔接》，载《浙江工商大学学报》2020 年第 2 期。

院，防止因案件分配与资源配置错位，影响审查起诉顺利进行。二是符合不同级别检察机关的职责角色定位，根据上下级检察机关之间领导与被领导的关系，高级别的检察机关作为领导机关，对于下级检察机关的请示汇报需要及时研究回复；同时，对于检察实践中面临的重大疑难问题，还需要通过制定检察解释以及规范性文件的方式进行指导。为避免繁重的办案压力影响上级检察机关领导、指导功能的发挥，有必要将案件级别管辖侧重配置于基层人民检察院。三是案情轻重与特定罪名通常与案件办案的复杂程度之间存在正相关关系，以此确定案件审查起诉级别管辖，可以对相对重大疑难复杂的案件进行筛选，将上级检察机关有限的办案资源集中于此类案件的审查起诉，实现检察办案资源的优化配置。

2. 属地为主、属人为辅的地域管辖

《刑事诉讼法》对于刑事审判的地域管辖采取了犯罪地为主、被告人居住地为辅的确定原则，以此为指导，审查起诉的地域管辖应当坚持犯罪地为主、犯罪嫌疑人居住地为辅的地域管辖确定模式。具体而言，刑事案件由犯罪地的监察机关管辖。如果由被告人居住地的监察机关管辖更为适宜的，可以由被告人居住地的监察机关管辖。犯罪地包括犯罪行为发生地和犯罪结果地。犯罪行为发生地，包括犯罪行为的实施地以及预备地、开始地、途经地、结束地等与犯罪行为有关的地点；犯罪行为有连续、持续或者继续状态的，犯罪行为连续、持续或者继续实施的地点都属于犯罪行为发生地。犯罪结果发生地，包括犯罪对象被侵害地、犯罪所得的实际取得地、藏匿地、转移地、使用地、销售地。犯罪嫌疑人居住地，则是指犯罪嫌疑人的户籍地。经常居住地与户籍地不一致的，经常居住地为其居住地。经常居住地为犯罪嫌疑人被追诉前已连续居住一年以上的地方，但住院就医的除外。由于相关司法解释对于犯罪地采取了较为宽泛的解释路径，导致案件具体地域管辖中可能出现数个同级办案机关都有管辖权的情形，针对这一问题，《刑事诉讼法》进一步规定几个同级监察机关都有权管辖的案件，由最初受理的监察机关审查起诉。在必要的时候，可以移送主要犯罪地的监察机关审查起诉。据此确定了以犯罪地为主、以犯罪嫌疑人居住地为辅，以最初受理地为主、以主要犯罪地为补充的审查起诉地域管辖机制。

之所以确定以属地管辖为核心的地域管辖模式，主要是基于以下几个原因：一是犯罪地往往证据材料最为集中，便于办案机关及时收集、固定、补充证据，有利于检察机关及时展开审查起诉。二是犯罪地通常与诉讼参与人居住地重叠，方便当事人和其他诉讼参与人及时参与诉讼，提高效率减轻讼累。三是犯罪地往往受到犯罪行为的影响最为强烈，犯罪地公众对于了解案件办案情况的需求也最为迫切，犯罪地检察机关管辖有利于社会公众参与诉讼、监督诉讼。四是犯罪地检察机关管辖也有助于办案机关全面进行司法统计，便于准确反映当地犯罪情况，有针对性地展开犯罪综合治理。

3. 审慎的指定管辖与移送管辖

以级别管辖为纬，以地域管辖为经，可以精准地确定刑事案件审查起诉的具体管辖检察机关。然而，在司法实践中，部分案件由于利益冲突、当事人身份特殊等原因，需要对法定级别和地域管辖进行个案调整。为规范这一调整过程，避免其成为规避或者突破法定管辖制度的捷径，《刑事诉讼法》设置了指定管辖和移送管辖机制。前者是指上级监察机关可以指定下级监察机关审查起诉管辖不明的案件，也可以指定下级监察机关将案件移送其他监察机关审查起诉。后者则是指上级监察机关在必要的时候，可以审查起诉下级监察机关管辖的第一审刑事案件；下级监察机关认为案情重大、复杂需要由上级监察机关审查起诉的第一审刑事案件，可以请求移送上一级监察机关管辖。关于指定管辖和移送管辖，相较于监察调查管辖，审查起诉管辖具有以下两个特点：首先，是指定管辖适用的审慎性。由于刑事案件数量众多，且处理结果直接关涉生命、自由、财产等基础权利，因此《刑事诉讼法》严格遵循程序法定原则。指定管辖作为对地域管辖的变通性调整，一旦滥用所造成的后果将非常严重。因此，司法实践中对于刑事指定管辖的适用极为严格，其适用频率较低。其次，是刑事审查起诉移送管辖仅允许下级检察机关向上级检察机关移送审查起诉，而不能反向由上级检察机关向下级检察机关移送，其主要目的是防止办案机关借此规避两审终审制的监督。

综上所述，相较于职务犯罪案件监察调查以管理权限为中心确定管辖，刑事审查起诉管辖形成了以案件为中心的管辖模式。这一模式下围绕案件的案情轻重和具体罪名确定级别管辖，以案件的发生地为中心确定地域管辖。

职务犯罪案件作为犯罪体系的组成部分，其审查起诉管辖也应当遵循刑事审查起诉管辖的一般规范。但是，由于此类犯罪的犯罪嫌疑人身份特殊，因而在此前刑事司法实践中，对于此类案件，尤其是犯罪嫌疑人级别较高职务犯罪案件的审查起诉相较于普通刑事案件，指定管辖的适用要更为普遍。以案件为中心的职务犯罪案件审查起诉管辖通过对具体个案案情的衡量，根据案情轻重以及影响范围等具体确定管辖的级别。虽然犯罪嫌疑人职务级别作为衡量案件影响力的重要因素，同监察调查以管理权限为中心的管辖确定模式具有一致性，但是由于管辖确定基准的差异，决定了职务犯罪案件监察调查与审查起诉的级别管辖、地域管辖、指定管辖和移送管辖存在一定的冲突与矛盾。作为前后相接的两个程序阶段，为保证监察调查与审查起诉的有序衔接，亟须对二者在管辖领域面临的现实问题予以全面梳理。

（三）监察管辖与检察管辖错位导致的现实困境

职务犯罪案件管辖权是监察机关与司法机关协调衔接的核心问题，① 受到理论界与实务界的普遍关注。国家监察体制改革后，针对职务犯罪案件监察管辖与刑事管辖的冲突，理论界关注的视角主要是职能管辖的角度，从此角度出发研究如何解决监察调查与刑事侦查互涉案件的横向冲突，重点讨论监察调查管辖案件罪名范围确定、监察调查与刑事侦查管辖竞合案件的管辖权确定等问题，对于因监察调查与审查起诉管辖差异所导致的纵向冲突则缺乏必要的关注。然而，就实践价值而言，相较于数量较少的因主体互涉或者事实互涉而引发的监察调查与刑事侦查互涉案件，监察调查与审查起诉管辖的纵向衔接却是所有职务犯罪案件刑事追诉过程中必然面临的挑战。监察管辖和刑事诉讼管辖两种完全不同的管辖逻辑，使管辖的衔接成为“调诉衔接”中一个非常重要且必须解决的难题。② 根据前文对于我国监察调查与审查起诉管辖制度的梳理与总结，不难发现，当前监察调查与审查起诉管辖冲突表现在地域、级别、指定等管辖领域的各个层面。《监察法》与《刑事诉讼法》分别确立的以管理权限为中心的监察调查管辖机制和以案件为中心的

① 江国华、龚雄艳：《职务犯罪监察管辖冲突及其解决机制》，载《江汉学术》2021 年第 5 期。
② 王乐龙：《职务犯罪“调诉衔接”问题研究》，载《临沂大学学报》2020 年第 3 期。

审查起诉管辖机制，在监察调查阶段和审查起诉阶段都有其合理性支撑。然而，在衔接过程中，这种局部合理性却面临整体冲突。这种冲突会导致同一职务犯罪案件监察调查与审查起诉在级别和地域管辖上出现分离，难以实现一一对应的衔接关系，危及职务犯罪案件监察调查与审查起诉衔接机制的高效有序。

1. 职务犯罪案件监察调查与审查起诉衔接机制中的级别管辖冲突

对于职务犯罪案件而言，被调查人的级别高低与案情的重大与否之间并不存在直接关联，实践中既有“小官巨贪”，亦有“高官微腐”，由此导致《监察法》所确定的以管理权限为基础的级别管辖与《刑事诉讼法》所确定的以案件为基准的级别管辖之间存在直接冲突。根据管理权限所确定的监察调查管辖案件，在进入刑事诉讼程序后，会因为级别不匹配面临难以有效对接的问题。例如，按照管理权限所确定的监察调查管辖，必然会有部分案件由国家监察委员会和省级监察委员会管辖，此类案件进入刑事诉讼程序后，就会与最高人民检察院和省级人民检察院基本不管辖一审刑事案件审查起诉的规定相冲突。对于大量由市级监察委员会管辖的监察调查案件，在进入刑事诉讼程序之后，大部分并不满足涉嫌危害国家安全和恐怖主义犯罪，以及可能判处无期徒刑和死刑的由市级人民检察院管辖第一审刑事案件的标准。对于上诉案件，在监察调查与审查起诉衔接过程中，都面临级别降级的现实障碍。与之相对的是，对于部分“小官巨贪”案件，虽然按照管理权限属于县级监察委员会管辖，但由于其案情重大，属于可能判处无期徒刑、死刑的情形，那么进入刑事诉讼程序之后，就面临升级审查起诉的问题。例如，广州市花都区梯面镇农村会计管理服务中心工作人员兼镇人民政府财政所会计蓝某强，虽然按照干部管理权限，其案件仅为县级监察委员会调查管辖的案件，然而由于其涉嫌侵吞财政公款共计 7745 万余元，数额特别巨大，可能判处无期徒刑、死刑，因而此案最终由广州市人民检察院审查起诉，广州市中级人民法院审理。职务犯罪案件监察调查与审查起诉级别管辖的标准差异，不仅会影响衔接过程的高效规范，而且如果不在衔接过程中理顺审查起诉管辖，还会传导影响审判管辖，导致《刑事诉讼法》所设置的四级司法机关的职权划分和资源配置面临冲击。

2. 职务犯罪案件监察调查与审查起诉衔接机制中的地域管辖冲突

由于职务犯罪案件的发生与被调查人所履行公权力之间存在极为密切的联系，所以被调查人的工作地与犯罪地通常是重合的。然而，由于我国党政组织体制的原因，按照党政一体的基本组织模式，党的机关和政府机关高度整合在一起，同级党的机关一般对应同级政府机关，但在党政公务人员管理体制中，也存在干部管理权限与工作地点不一致的情况。这种公务人员管理权限和工作地点不一致的情况主要包括两类：一是在上级垂直管理机关中工作的公务人员。比较典型的有海关、金融、国税等机关，这些机关的办公地点可能在地方，但是组织关系上接受上级机关的垂直领导，干部管理权限一般在上级机关组织部门。二是高校、国有企业等企事单位中，驻地方的部属高校、省属高校、大型央企的地方工作人员等，其管理权限一般在教育部或者省教育厅、国资委等，与其实际工作地点也存在分离。由此导致职务犯罪案件监察调查地域管辖与《刑事诉讼法》按照犯罪地为主、犯罪嫌疑人居住地为辅的地域管辖之间存在冲突。这一冲突不仅会因空间距离影响职务犯罪案件监察调查与审查起诉的规范衔接，同时还会因犯罪地与调查地分离，影响监察机关及时有效地收集固定证据，也会因案件集中于上级机关所在地，而导致其办案压力畸重，对于后续检察机关的办案资源优化配置带来严峻挑战。

3. 职务犯罪案件监察调查与审查起诉衔接机制中的指定管辖冲突

指定管辖作为法定管辖的个案调整机制，在职务犯罪案件追诉中发挥着重要价值，在职务犯罪案件监察调查实践中，指定管辖能够防止权势干扰，有利于加大办案力度；能够排除人情障碍，有利于体现公平公正；能够克服舆情负面影响，有利于得到社会理解与支持；能够平衡办案资源，有利于缓解基层监察力量不足的难题。① 由于职务犯罪案件被调查人的公职人员身份，为避免因其身份特殊影响案件公正处理，各级监察委员会按照干部管理权限和属地管辖相结合的原则开展调查工作，实行分级分工负责，并且实际工作

① 李海峰、杨玉华：《监察一体化模式下指定管辖的意蕴与规制》，载《廉政文化研究》2020年第4期。

中出于排除案外干扰、减少调查阻力等因素的考量，上级监察机关常常会将一些被调查人级别较高的职务犯罪案件指定异地监察机关立案调查，① 由此决定了监察调查中对于指定管辖的适用较为频繁。与之相对的是，基于程序法定原则，审查起诉管辖中对于指定管辖的适用则更为严格审慎。由于无论是《监察法》还是《刑事诉讼法》，都对于指定管辖的具体适用条件以及指定对象确定规则等进行了明确规范，导致监察调查与审查起诉中对于指定管辖的适用具有极强的随机性，缺乏规范性。由此就可能出现在监察调查阶段被指定管辖的案件，进入刑事诉讼程序后被认为不需要指定管辖；或者在监察调查阶段未被指定管辖的案件，进入刑事诉讼程序后被认为需要指定管辖。上述任何一种情形的出现，不仅会影响个案监察调查与审查起诉的有序衔接，拖延程序效率，还会对监察机关和检察机关，乃至审判机关的管辖体系造成冲击。此外，即使是监察机关和检察机关都认为需要指定管辖的案件，还有可能存在因指定规则不一致所导致的监察调查与审查起诉管辖冲突。

4. 职务犯罪案件监察调查与审查起诉衔接机制中的移送管辖冲突

职务犯罪案件监察调查与审查起诉移送管辖冲突表现为两个层面：一是由于《监察法》和《刑事诉讼法》对于移送管辖的适用条件规定得都较为原则，明确性不足，这导致监察机关与检察机关对于具体个案是否需要移送管辖有可能存在分歧，由此引发监察调查与审查起诉级别管辖衔接出现冲突。二是由于《监察法》所确定移送管辖既可以由下至上移送，也可以由上至下移送，而《刑事诉讼法》仅规定了由下至上的移送管辖。这意味着，对于由上至下移送管辖的监察调查案件，在与审查起诉衔接过程中，面临是否需要重新确定级别管辖的现实难题。

二、职务犯罪案件监察调查管辖与审查起诉衔接机制中的管辖协调路径

作为职务犯罪案件监察调查与审查起诉衔接程序对接的首要关口，具体管辖的匹配意义重大，然而当前《监察法》与《刑事诉讼法》在监察调查与

① 张辉：《职务犯罪调查与刑事诉讼衔接机制探析》，载《辽宁警察学院学报》2019 年第 1 期。

审查起诉方面的规范差异，导致职务犯罪案件监察调查与审查起诉管辖的对接面临重重挑战。《监察法》以人为根据的管辖划分理念与《刑事诉讼法》以案为根据的管辖划分理念是由其不同的价值追求所决定的，① 而且职务犯罪仅是监察调查和审查起诉体系的组成部分，因而期望通过彻底重构其中一方的管辖制度以消除衔接障碍的路径并无可行性。对此，无论是监察领域，还是刑事诉讼领域，都对于职务犯罪案件监察调查与审查起诉衔接机制中的管辖问题进行了特别规定。例如，虽然《刑事诉讼法》《人民检察院刑事诉讼规则》等均明确公安机关侦查终结的案件直接移送同级检察机关审查起诉，但对监察机关调查终结的案件则没有移送同级检察机关审查起诉之规定。这为监察机关与检察机关之间就职务犯罪案件级别管辖的协调预留了合法性空间。再如，《监察法实施条例》明确规定，监察机关办理职务犯罪案件，在案件管辖、证据审查、案件移送、涉案财物处置等方面应当与人民法院、检察机关加强协调配合，对于人民法院、检察机关提出的退回补充调查、排除非法证据、调取同步录音录像、要求调查人员出庭等意见依法办理。由此，确定了在办案机关之间通过协调配合解决管辖冲突的基本路径。

无论是监察管辖，还是刑事诉讼管辖，在一般管辖中均采取的是先确定级别，再确定地域的顺序，以级别管辖为纬线，以地域管辖为经线，确定管辖主体坐标；并且在法定管辖之外，都可以通过指定管辖和移送管辖对具体个案的地域管辖和级别管辖予以调整。这决定了职务犯罪案件监察调查与审查起诉管辖衔接具有可行性基础。根据当前监察领域和刑事诉讼领域相关规范，结合职务犯罪案件监察调查与审查起诉管辖衔接实践经验，化解监察调查与审查起诉管辖的矛盾冲突应当坚持以提前介入为先导、协商沟通为基础、灵活指定为保障、综合考量为目标的基本原则体系。首先，在职务犯罪案件监察调查阶段，监察机关和检察机关可以通过提前介入机制，预先对案件后续刑事审查起诉管辖问题提前商讨案件管辖衔接的协调方案，尤其是对于存在指定管辖、移送管辖的案件，应当在指定和移送后，及时告知有关联的检察机关。其次，对于职务犯罪案件监察调查与审查起诉衔接过程中出现的管

① 袁相亭、刘方权：《监察与司法的管辖衔接机制研究》，载《交大法学》2019 年第 4 期。

辖冲突，监察机关和检察机关应当遵循互相配合原则，以职务犯罪案件的追诉为引领，通过有效的沟通协商确定可行的管辖协调方案，不能以管辖冲突为由消极推诿，敷衍塞责。再次，针对职务犯罪案件被调查人、犯罪嫌疑人的特殊身份，应当灵活使用指定管辖机制，以避免案外因素影响案件办理。但要注意的是，在指定过程中，监察机关应当就具体指定管辖方案同检察机关进行有效协商，保证指定的规范一致。最后，职务犯罪案件监察调查与审查起诉管辖衔接除要考虑监察机关和检察机关的办案便利之外，还要综合考量案件后续审判管辖，避免后续刑事诉讼程序中再次面临管辖冲突，提高职务犯罪案件追诉程序的顺畅度。根据上述原则，对于职务犯罪案件监察调查与审查起诉管辖衔接在级别、地域、指定和移送环节存在的矛盾冲突，都需要确定相应的衔接机制。

（一）职务犯罪案件监察调查与审查起诉级别管辖衔接

级别管辖作为监察调查与审查起诉管辖确定的首要环节，也是当前职务犯罪案件监察调查与审查起诉在管辖方面的冲突最为高发的环节。《监察法》所确立的以管理权限为基准的级别管辖与《刑事诉讼法》所确定以案件为基准的级别管辖之间存在天然冲突。就职务犯罪案件基本规律而言，被调查人级别高低与案件严重程度之间并无必然关联。对于由此导致的管辖冲突，在无法对监察调查管辖与审查起诉管辖进行重构的前提下，其解决路径包括内部协调和预先移送两种。

所谓内部协调，是指监察机关或者检察机关，在职务犯罪案件监察调查与审查起诉衔接机制中，针对级别管辖差异，在组织体系内部进行级别调整，以兼容监察调查级别管辖与审查起诉级别管辖。对于职务犯罪案件移送审查起诉过程中的内部协调，其合法性依据在于《监察法》和《刑事诉讼法》对于职务犯罪案件“同级移送”的立法豁免，没有明确要求监察机关将职务犯罪案件直接移送同级检察机关审查起诉。实际工作中，为解决上述的级别冲突问题，一般采取“监察委员会交办”或者“检察院交办”两种方式。例如，某些省区的相关规范性文件中就分别规定了上级监察委员会向下级监察委员会交办移送审查起诉的案件前，函告同级检察机关，由同级检察机关和同级法院先行沟通管辖事宜；以及上级监察委员会向同级检察机关移送案件，由同级检察机关和同级法院共同确定案件管辖，监察委员会可以提出管辖建议。也就是说，案件可以在移送审查起诉前，在监察委员会内部调整，将案件移交给适当级别的监察委员会；也可以在移送审查起诉后，由检察机关和法院共同确定，将案件移交给适当级别的检察机关。应该说，两种解决方式并无优劣之分，但监察机关向检察机关移送案件不是单向度的程序，在后续的审查起诉过程中可能涉及调取证据材料、退回补充调查等工作。在“监察委员会交办”的情况下，上述工作可以由承办检察机关与同级监察委员会直接对接，而在“检察交办”的情况下，则必须经过上级检察机关的中转。由于上级监察委员会所办的案件除需判无期徒刑以上刑罚外的，多数需要通过同级检察机关移交下级检察机关审查起诉，而检察机关与监察委员会上下级之间却又不能直接沟通衔接。比如，下级检察机关在审查起诉中对于案件的证据、事实、罪名认定和适用法律等有不同意见或需要变更，或者需查看调查活动的录像资料，或者决定退回补充侦查，都需要事先报上级检察机关，由上级检察机关与监察委员会沟通协商后，方能改变、落实或退回补充侦查，①“检察交办”的方式可能造成司法资源的浪费，不利于办案效率的提高，“监察委员会交办”是更适宜的选择。②

所谓预先移送，就是指监察机关在立案调查职务犯罪案件时，就预先对案件后续移送审查起诉进行预判，在综合评估案件的罪名、案情轻重、案件影响范围等因素的基础上，提前对应性地作出移送管辖，在有效配置监察调查资源的同时，为后续移送审查起诉奠定基础。根据当前监察调查实践，为优化配置调查资源，将上级监察机关管辖的案情简单轻微的案件移送至下级监察机关已是办案常态。对此，可以在移送管辖过程中，将审查起诉管辖作为重要参考因素，从而预先对后续监察调查与审查起诉衔接过程中面临的级别管辖冲突予以化解。

关于内部协调与预先移送，前者的优势在于可以普遍适用，并且不受案件调查过程中案情变化的影响，但其劣势在于内部协调同样需要经历级别传

---

① 林森、金琳：《检察机关办理监察委移送案件难点问题探究——以检察机关与监察委办案衔接为视角》，载《时代法学》2020 年第 5 期。

② 刘擎、张啸远：《监察法与刑事诉讼法衔接管见》，载《中国检察官》2019 年第 17 期。

递，影响程序效率；后者的优势则在于程序效率较高，有助于一次性解决级别、地域等管辖冲突，但其劣势在于无法应对案件调查过程中因案情变化导致的级别管辖调整。因此，在后续的制度完善中，可以将内部协调作为一般性机制，将提前移送作为补充性机制，对于案情简单明确的案件，优先适用提前移送，对于案情复杂的案件，则优先适用内部协调。

（二）职务犯罪案件监察调查与审查起诉地域管辖衔接

职务犯罪案件监察调查地域管辖机制所导致的管辖机关与犯罪地分离问题，不仅影响监察调查本身的顺利进行，还对职务犯罪案件监察调查与审查起诉衔接机制带来直接挑战。对此，根据监察调查实践经验，目前实践中比较通行的解决方法是以“分级管理为原则、辅助以协商解决”的方式，即拥有干部管理权限的主管机关纪检组拥有法定管辖权，如果地方监察委员会发现那些在本地工作、管理权限在上级机关的干部涉嫌违法犯罪，则应主动和该干部主管机关进行协商以解决管辖问题，一般上级主管机关倾向于将案件交给地方监察委员会负责调查，但是如果上级主管机关纪检组要求由其调查处理，则上级主管机关纪检监察部门拥有优先管辖权。[①] 据此，相关解释性规范中对于《监察法》确定的以管理权限为基准的监察调查地域管辖机制进行了相应的调整和完善。例如，在《监察法实施条例》中，对于职务犯罪案件监察调查的地域管辖在坚持管理权限基准的同时，引入了属地管辖作为重要的补充，以此解决人地分离所导致的调查困难。《监察法实施条例》第45条规定，监察机关开展监督、调查、处置，按照管理权限与属地管辖相结合的原则，实行分级负责制，明确将属地管辖作为与管理权限并重的管辖确定基准因素予以引入。针对实践中管理权限与工作地分离的被调查人，《监察法实施条例》第49条进一步规定，工作单位在地方、管理权限在主管部门的公职人员涉嫌职务违法和职务犯罪，一般由驻在主管部门、有管辖权的监察机构、监察专员管辖；经协商，监察机构、监察专员可以按规定移交其工作单位所在地的地方监察委员会调查，或者与地方监察委员会联合调查。地方监察委员会在工作中发现的上述公职人员有关问题线索，应当向驻在主管部

① 叶青、王小光：《监察委员会案件管辖模式研究》，载《北方法学》2019年第4期。

门、有管辖权的监察机构、监察专员通报，并协商确定管辖。前款规定单位的其他公职人员涉嫌职务违法和职务犯罪，可以由地方监察委员会管辖；驻在主管部门的监察机构、监察专员自行立案调查的，应当及时通报地方监察委员会。地方监察委员会调查前两款规定案件，应当将立案、留置、移送司法机关、撤销案件等重要情况向驻在主管部门的监察机构、监察专员通报。由此，明确了属地管辖在具体监察调查办案中的适用空间，解决了根据管理权限所确定管辖监察机关与工作地监察机关之间的衔接问题，由此为职务犯罪案件监察调查与审查起诉地域管辖冲突的解决提供了有效支撑。作为以公权力为基础产生的犯罪类型，职务犯罪案件在绝大多数情况下犯罪地与被调查人工作地是重合的，一旦工作地被作为监察地域管辖确定下来，就可以与后续审查起诉强调犯罪地管辖之间进行有效对接，从而降低职务犯罪案件监察调查与审查起诉地域管辖冲突发生的可能性。此外，对于无法通过工作地管辖解决的地域管辖冲突，同前文对于监察调查与审查起诉级别管辖冲突相同，也可以通过内部协调与预先移送相结合的模式予以化解。

（三）职务犯罪案件监察调查与审查起诉指定管辖衔接

作为重要的程序公正保障机制，指定管辖制度在职务犯罪案件追诉中扮演着不可替代的重要角色，因此就基本指导原则而言，应当加强监察委员会与检察机关、法院的案件对接，充分利用好指定管辖制度，提高案件的办理效率。[①] 然而，由于指定管辖的实体条件与程序流程缺乏统一明确的规范，因而当前职务犯罪案件监察调查与审查起诉指定管辖存在是否进行指定管辖以及具体如何指定管辖两个层面的矛盾冲突。对于上述两个层面的冲突，要做好以下两个方面的工作：一方面，要加强监察机关与检察机关个案层面的互相配合，通过提前协商、内部协调等机制，对于指定管辖适用冲突进行协调。监察机关办理的职务犯罪案件移送起诉，需要指定起诉、审判管辖的，应当与同级检察机关协商有关程序事宜。需要由同级检察机关的上级监察机关指定管辖的，应当商请同级检察机关办理指定管辖事宜。监察机关一般应当在移送起诉20日前，将商请指定管辖函送交同级检察机关。商请指定管辖

① 卞建林：《配合与制约：监察调查与刑事诉讼的衔接》，载《法商研究》2019年第1期。

函应当附案件基本情况，对于被调查人已被其他机关立案侦查的犯罪需要并案审查起诉的，一并进行说明。另一方面，更重要的是，监察机关与检察机关可以针对职务犯罪案件指定管辖制定统一的实施细则，对于指定管辖适用的实体要件和程序规范进行明确，为监察机关与检察机关的办案实践提供指引，同时也提高利害关系人对于指定管辖适用的可预期性。

（四）职务犯罪案件监察调查与审查起诉移送管辖衔接

移送管辖作为上下级办案机关的管辖权调整机制，有助于解决法定管辖灵活性不足的难题，然而当前监察调查上下互通的移送管辖与审查起诉只能由下至上的单向通道之间存在直接冲突。对此，要注意以下两个方面：一方面，应当承认上级监察机关将案件移送至下级监察机关的现实合理性，这是对以管理权限为中心的级别管辖机制的有效调整。但根据刑事诉讼移送管辖的实践经验，应当对职务犯罪案件监察调查由上至下的移送管辖进行有效规制，向下移送管辖需要经上级监察机关的批准。设区的市级监察委员会将同级党委管理的公职人员涉嫌职务违法或者职务犯罪案件指定下级监察委员会管辖的，应当报省级监察委员会批准；省级监察委员会将同级党委管理的公职人员涉嫌职务违法或者职务犯罪案件指定下级监察委员会管辖的，应当向国家监察委员会备案。被指定的下级监察机关未经指定管辖的监察机关批准，不得将案件再行指定管辖。发现新的职务违法或者职务犯罪线索，以及其他重要情况、重大问题，应当及时向指定管辖的监察机关请示报告。另一方面，对于审查起诉只能由下至上移送的规定不能突破，防止由此冲击刑事级别管辖的监督功能。要兼顾上述两个要求，需要监察机关与检察机关按照互相配合原则，加强沟通协商，无论是监察机关，还是检察机关，在进行移送管辖后要及时告知对方，并合理确定协调机制，确保级别管辖在监察调查与审查起诉中的双重合法。

此外，需要注意的是，职务犯罪案件监察调查与审查起诉管辖冲突虽然主要集中于监察调查管辖与审查起诉管辖的纵向冲突，但对于因主体和事实互涉而导致监察机关与侦查机关管辖存在横向冲突的案件，其在监察调查与审查起诉衔接过程中仍然可能产生管辖衔接冲突。由于监察调查与刑事侦查的具体办案机关差异，使其具体进度和衔接流程都有所差异，在与审查起诉过程中，难免存在矛盾。对此，根据《监察法》所确定的监察主导原则解决调查阶段的横向管辖冲突之后，仍可以沿用这一原则解决监察调查与审查起诉的纵向管辖冲突。对于涉嫌行贿犯罪、介绍贿赂犯罪或者共同职务犯罪等关联案件的涉案人员，移送起诉时一般应当随主案确定管辖。主案与关联案件由不同监察机关立案调查的，调查关联案件的监察机关在移送起诉前，应当报告或者通报调查主案的监察机关，由其统一协调案件管辖事宜。因特殊原因，关联案件不宜随主案确定管辖的，调查主案的监察机关应当及时通报和协调有关事项。

第二节　职务犯罪案件监察调查与审查起诉衔接机制的具体流程

职务犯罪案件监察调查与审查起诉衔接机制作为职务犯罪案件追诉程序的重要节点，承载着案件由监察调查程序转入刑事司法程序的制度使命。随着办案主体和程序阶段的变更，职务犯罪案件要实现由监察案件向刑事诉讼案件的切换，除需要理顺程序属性、权力基础等宏观层面的变化之外，还要解决衔接过程中案卷材料移交、涉案财物交接等一系列微观层面的具体问题。因此，为保证职务犯罪案件监察调查与审查起诉衔接机制能够得以规范有序运转，应当分别从监察机关案件移送流程和检察机关案件接收流程两个角度出发，解决案件流转衔接过程中的具体程序难题。虽然《监察法》与《刑事诉讼法》都确认了职务犯罪案件追诉流程由监察调查和审查起诉两部分共同组成，二者之间具有不可分割的密切关联，然而由于监察调查领域和审查起诉领域在案件办理的内部具体分工、案卷内容格式以及具体办案流程等方面都存在差异，因而需要通过衔接机制实现在监察调查程序与审查起诉程序之间案件流转的无缝对接。根据当前监察机关与检察机关的办案实践，就衔接程序阶段而言，职务犯罪案件监察调查与审查起诉衔接机制涉及监察机关的调查部门的调查完毕和案件审理部门的案件审理两个环节，以及检察机关的案件管理部门的接收审查和移送至捕诉部门的环节；就衔接机制的具体内容而言，包括案卷材料和涉案财物等物品的交接等。职务犯罪案件监察调查与审查起诉衔接机制的具体衔接流程直接关系到具体个案的规范有序办理，应当在平衡犯罪追诉与权利保障的基础上，构建详尽完备、科学合理的职务犯罪案件监察调查与审查起诉衔接机制的具体流程体系。根据《监察法》第45条第1款第4项的规定，对涉嫌职务犯罪的，监察机关经调查认为犯罪事实清楚，证据确实、充分的，制作起诉意见书，连同案卷材料、证据一并移送检察机关依法审查、提起公诉。根据这一规定，职务犯罪案件监察调查与审查起诉衔接机制的基本流程已总体明确，但由于缺乏具体细节性规范，职务犯罪案件监察调查与审查起诉衔接机制的具体流程体系仍有待于进一步丰富完善。

一、职务犯罪案件监察调查终结与案件审理

由于职务犯罪案件监察调查完毕后会移送审查起诉，启动刑事诉讼程序，不仅会对被调查人的权利状态产生巨大影响，同时也会耗费巨大的办案资源，一旦出现偏差，对于监察权威和被调查人的权利保障都会带来不利影响。因此，在监察程序内部专门设置了调查完毕和案件审理两个环节，通过调查部门与案件审理部门的内部分工制衡，对拟移送审查起诉案件的合法性与客观性进行自我审查，以此提高监察调查质量，保障被调查人合法权益。当前监察调查实践中，职务犯罪案件调查完毕移送审查起诉的基本流程为监察案件经过调查阶段，调查部门收集到与案件相关的证据材料，认为案件事实清楚、证据确实充分，需要追究刑事责任，应移送案件审理部门审查，案件审理部门经过集体审议作出决定，并报监察机关主要负责人审批，由监察机关领导集体决定是否移送检察机关起诉。① 根据这一流程，职务犯罪案件是否可以移送审查起诉要经历调查部门与案件审理部门的双重审查，以此保证所移送案件的合法性与客观性。由于《监察法》中对于职务犯罪案件调查完毕和案件审理的规定相对原则，监察机关如何通过这两个阶段的规范运行推进职务犯罪案件监察调查移送审查起诉仍有待于进一步展开探讨。

---

① 叶青：《监察机关调查犯罪程序的流转与衔接》，载《华东政法大学学报》2018年第3期。

（一）职务犯罪案件监察调查完毕

根据监察机关的内部的职能划分，职务犯罪案件的调查由调查部门负责进行，[①] 由调查部门具体履行监察调查权限，负责收集固定证据、控制被调查人。当调查部门认为相关调查工作基本完成、案件事实查明、证据收集完毕之后，职务犯罪案件监察调查即进入调查完毕阶段。需要注意的是，调查完毕在监察调查程序中并非简单的状态描述，而是一个相对独立的程序阶段。这一阶段不仅是此前调查实施阶段的终结，同时要对完成调查后案件的后续程序走向作出决定，是职务犯罪案件追诉程序的重要程序节点，同时也是职务犯罪案件监察调查与审查起诉衔接机制的启动节点。根据监督执法相关细则，结合监察调查实践经验，职务犯罪案件监察调查完毕的基本流程是通过集体讨论形成调查报告和起诉建议书，并移送本机关的案件审理部门；其基本内容是对涉嫌职务犯罪部分按照刑事诉讼标准单独立卷。

1. 调查完毕的基本流程

根据《监察机关监督执法工作规定》，职务犯罪案件监察调查是以调查组的主体形式进行，通过实施监察调查措施、收集固定证据，查明被调查人所涉嫌职务犯罪相关情况之后，由于调查完毕后得出的结论对于案件后续程序走向具有决定性作用，为保证决定结果的公正，调查组应当通过集体讨论，在对案件调查情况进行全面深入分析的基础上，综合已经收集固定的证据材料，严格按照《监察法》、《刑事诉讼法》和《刑法》等相关法律法规，作出调查完毕结论。为保证调查完毕结论的内容完整、形式规范，职务犯罪案件调查组在调查完毕阶段要形成调查报告。经调查，调查组认为立案调查已经结束，犯罪事实清楚，证据确实、充分，需要追究刑事责任的，则可以作出移送案件审理部门的决定。对于认定涉嫌职务犯罪，需要移送案件审理部门移送审查起诉的案件，还要起草起诉建议书，并且将涉嫌职务犯罪案件部分单独立卷，形成符合刑事诉讼要求的案卷材料。

2. 调查完毕的具体内容

为保证监察调查阶段所获取证据材料和调查过程的固定与流转，职务犯

---

① 李晓明、芮国强主编：《国家监察学原理》，法律出版社2019年版，第277页。

罪案件监察调查完毕阶段，针对需要移送案件审理部门的案件，应当形成三份法定文书材料，分别是调查报告、起诉建议书和职务犯罪案件案卷。首先，就调查报告而言，这是所有监察调查完毕后的必要材料，无论是职务违法，还是职务犯罪。在调查完毕后，调查组的调查报告都应当列明被调查人基本情况、问题线索来源及调查依据、调查过程，涉嫌的主要职务违法或者职务犯罪事实、被调查人的态度和认识、处置建议及法律依据，并由调查组组长以及有关人员签名。这一报告既是对调查过程的总结与固定，同时也是后续职务犯罪案件追诉重要的材料依据。其次，就起诉建议书而言，对于调查组集体讨论后认定构成职务犯罪、需要移送案件审理部门的，需要起草起诉建议书。起诉建议书的主要内容包括被调查人基本情况，调查简况，采取留置措施的时间，涉嫌职务犯罪事实以及证据，被调查人从重、从轻、减轻处罚等情节，提出对被调查人移送起诉的理由和法律依据，采取强制措施的建议，并注明移送案卷数及涉案财物等内容。围绕起诉建议书，调查组应当形成被调查人到案经过及量刑情节方面的材料，包括案件来源、到案经过、自动投案、如实供述、立功等量刑情节、认罪悔罪态度、退赃、避免和减少损害结果发生等方面的情况说明和相关材料。被检举揭发的问题已被立案、查破，被检举揭发人已被采取调查措施或者刑事强制措施、起诉或者审判的，还应当附有关法律文书。最后，就职务犯罪案卷单独立卷而言，监察实践中普遍存在被调查人同时涉嫌职务违法和职务犯罪的情形，这导致监察调查案卷内容同时包含职务违法与职务犯罪的材料和文书。由于后续职务违法与职务犯罪的程序走向存在监察处置和移送审查起诉的分离，为保证移送审查起诉案卷的内容完整、范围精准，就需要对监察调查案卷材料进行分流。对于涉及职务犯罪部分的证据材料和文书手续等，应当按照刑事诉讼的形式规范进行整理，单独形成职务犯罪案件监察调查案卷，并与起诉建议书、同步录音录像资料和涉案财物报告等材料一并移送案件审理部门。

（二）职务犯罪案件监察案件审理

审理程序作为监察调查程序不可或缺的组成部分，[①] 对于提高职务犯罪

① 叶青、程衍：《关于独立监察程序的若干问题思考》，载《法学论坛》2019 年第 1 期。

案件监察调查的合法性与客观性意义重大，是调查处理职务犯罪案件的必经环节。[①] 尤其是对于职务犯罪案件，为应对检察侦查转属后所面临的现实办案压力，通过专门的案件审理环节，可以有效化解调查部门展开调查实践初期经验、资源不足的现实困境，提高监察调查质量，规范监察调查活动。具体到职务犯罪案件监察调查与审查起诉衔接机制而言，虽然并非直接的监察调查主体，案件审理部门却在职务犯罪案件监察调查向审查起诉推进过程中扮演关键角色。案件审理对于规范职务犯罪案件移送审查起诉的价值体现为对调查过程的监督制约和对被调查人的权利保障两个方面。就案件审理对调查过程的监督制约而言，作为一种内部监督制约机制，案件审理部门对于调查部门移送的涉嫌职务犯罪案件进行全面审查，既可以发现调查过程中存在的违法违规问题，确保所移送案件的合法性，又可以查明案件调查过程中存在的遗漏和偏差，确保所移送案件的调查质量。案件审理部门要把好案件移送"出口"，严格按照检察机关和审判机关的标准和要求，对调查部门移送的案件审理报告进行全面审核，不让一个不合格的案件"随随便便"移送出去。[②] 就案件审理对被调查人的权利保障而言：一方面，案件审理部门对于调查完毕案件的审查是对调查过程的复盘与监督，可以及时纠正监察调查存在的偏差错误，保证无辜的被调查人及时解脱；另一方面，通过在审理过程中采取谈话等方式听取被调查人的意见，有助于保障被调查人的知情权和程序参与权。

根据监察调查办案流程，调查部门调查完毕的案件并不能直接移送审查起诉，只有经由案件审理部门审查之后，认为符合移送审查起诉条件的，经由监察机关集体讨论决定，方能由其移送检察机关。为保证职务犯罪案件移送前的案件审理规范有序，其具体流程包括审理前审查，具体审查，补充、重新调查，作出审理决定以及移送检察机关等环节。

第一，审理前审查环节是指案件审理部门收到调查部门调查完毕移送审理的案件后，应当审核所移送材料是否齐全、手续是否完备，重点审核相关

① 李晓明、芮国强主编：《国家监察学原理》，法律出版社 2019 年版，第 541 页。

② 陶治国：《促进执纪执法贯通有效衔接司法》，载《中国纪检监察报》2019 年 9 月 5 日，第 6 版。

案卷材料是否符合职务犯罪案件立卷要求，是否在调查报告中单独表述已查明的涉嫌犯罪问题，是否形成起诉建议书。经审核符合移送条件的，应当予以受理；不符合移送条件的，经审批可以暂缓受理或者不予受理，并要求调查部门补充完善材料。

第二，具体审理环节是指对于符合接收标准的案件，案件审理部门受理案件后，应当成立由二人以上组成的审理组，全面审理案卷材料。为保证审理过程的合法高效，审理工作应当坚持民主集中制原则，经集体审议形成审理意见。审理工作应当在受理之日起一个月内完成，重大复杂案件经批准可以适当延长。在审理过程中，为保证审理的深入全面，保障被调查人的意见表达权，案件审理部门根据案件审理情况，经审批可以与被调查人谈话，核对其涉嫌违法犯罪的事实，听取其辩解意见，了解有关情况，告知在审理阶段的权利义务。与被调查人谈话时，案件审理人员不得少于二人。具有下列情形之一的，则应当与被调查人谈话：（1）对被调查人采取留置措施的；（2）可能存在以非法方法收集证据情形的；（3）被调查人对涉嫌违法犯罪的事实材料签署不同意见或者拒不签署意见的；（4）被调查人要求向案件审理人员当面陈述的。为保证案件审理的规范统一，案件审理部门对于受理的案件，应当以《监察法》《公职人员政务处分法》《刑法》《刑事诉讼法》等法律法规为准绳，对案件事实证据、性质认定、程序手续、涉案财物等进行全面审理，做到事实清楚、证据确凿、定性准确、处理恰当、程序合法、手续完备。案件审理部门应当强化监督制约职能，对案件严格审核把关，坚持实事求是、独立审理，依法提出审理意见。坚持调查与审理相分离的原则，案件调查人员不得参与审理。

第三，退回补充、重新调查环节是指案件审理部门经审理认为案件主要违法犯罪事实不清、证据不足的，应当经审批将案件退回调查部门重新调查。对于部分事实不清、证据不足的，遗漏违法犯罪事实的，其他需要进一步查清案件事实的情形，经审批可以退回补充调查，由调查部门补充完善证据。为保证退回补充、重新调查适用的规范有效，案件审理部门将案件退回重新调查或者补充调查的，应当出具审核意见，写明调查事项、理由、调查方向、需补充收集的证据及其证明作用等，连同案卷材料一并送交调查部门。调查部门补充调查结束后，应当经审批将补证情况报告及相关证据材料，连同案卷材料一并移送案件审理部门；对确实无法查明的事项或者无法补充的证据，应当作出书面说明。重新调查终结后，应当重新形成调查报告，依法移送审理。重新调查完毕移送审理的，审理期限重新计算。补充调查期间不计入审理期限。

第四，作出审理决定是指案件审理部门对于职务犯罪案件审理工作结束后应当形成审理报告，载明被调查人基本情况、调查简况、涉嫌违法或者犯罪事实、被调查人态度和认识、涉案财物处置、承办部门意见、审理意见等内容，提请监察机关集体审议。经监察机关集体审议，认为对被调查人涉嫌职务犯罪需要追究刑事责任的，案件管理部门应当形成起诉意见书，作为审理报告附件。起诉意见书应当忠实于事实真相，载明被调查人基本情况，调查简况，采取留置措施的时间，依法查明的犯罪事实和证据，从重、从轻、减轻处罚等情节，涉案财物情况，涉嫌罪名和法律依据，采取强制措施的建议，以及其他需要说明的情况。对于监察机关经调查，对没有证据证明被调查人存在违法犯罪行为的，应当依法撤销案件。监察机关应当向被调查人宣布撤销案件的决定，由被调查人在撤销案件决定书上签名、捺指印，立即解除留置措施，并通知其所在单位。撤销案件后又发现新的事实或者证据，认为被调查人有违法犯罪事实需要追究法律责任的，应当重新立案调查。对于不移送决定的内部控制需要进一步强化，避免自由裁量空间过大，出现应当移送而不移送的情形。①

第五，移送检察机关是指监察机关案件审理部门对于经监察机关集体审议决定移送审查起诉的，根据管辖规范，移送有管辖权的检察机关审查起诉。监察机关案件审理部门决定对涉嫌职务犯罪的被调查人移送起诉的，应当出具移送函和起诉意见书，连同案卷材料、证据等，一并移送监察机关。监察机关案件审理部门负责与检察机关审查起诉的衔接工作，调查、案件监督管理等部门应当予以协助。为保证移送衔接的高效有序，监察机关一般应当在正式移送起诉十日前，向拟移送的检察机关采取书面通知等方式预告移送事

① 叶青：《监察机关调查犯罪程序的流转与衔接》，载《华东政法大学学报》2018 年第 3 期。

宜。其中，对于已采取留置措施的案件，发现被调查人因身体等原因存在不适宜羁押等可能影响刑事强制措施执行情形的，应当通报检察机关。对于未采取留置措施的案件，可以根据案件具体情况，向检察机关提出对被调查人采取刑事强制措施的建议。

（三）职务犯罪案件监察调查移送范围界定

由于监察调查同时覆盖职务违法与职务犯罪，且被调查人经常存在违纪违法与职务犯罪并存的问题，职务犯罪监察调查与审查起诉同时承担着职务违法处置与职务犯罪移送审查起诉分流的使命。无论是监察调查完毕，还是案件审理，精准界分移送审查起诉范围都是监察机关面临的重要任务。这种界分既包括职务违法行为与职务犯罪行为的实体定性划分，也包括案件证据材料、文书手续的程序分流。关于职务违法与职务犯罪的实体分类，主要由刑法、行政法等实体法律部门负责，在此不予展开讨论，这里将重点关注和讨论职务犯罪案件监察调查与审查起诉衔接机制中的职务犯罪与职务违法的程序分流问题。职务违法犯罪全覆盖的调查模式有助于整合反腐败资源，强化反腐败力度，但也难免导致职务违法与职务犯罪调查过程混同所带来的调查结果定性难题。通过对职务犯罪案件监察调查移送范围界定的探讨不仅有助于保障案件移送符合刑事诉讼的管辖范围，同时也有助于监察调查的程序走向精准分流。

对于同一被调查人而言，职务违法与职务犯罪之间往往具有极为密切的关联性，二者之间互相交织，因而在调查过程中，一并展开调查不仅有助于提高调查效率，节约调查资源，更重要的是可以保证调查的有效性，避免因多头调查导致出现调查盲区。然而在一体调查模式下，同一调查主体对于职务违法和职务犯罪的调查取证等活动必然发生混同。当调查完毕需要移送案件审理时，由于职务违法和职务犯罪的程序流向以及材料形式要求存在差异，就面临如何精准区分职务违法与职务犯罪的现实挑战。其中，最为重要的就是证据材料的筛选。根据证据裁判原则，职务犯罪案件后续刑事追诉必须建立在确实、充分的证据基础上，这就要求监察机关应当将调查阶段所获取的有关职务犯罪的证据材料全部移送检察机关，以保证职务犯罪案件的有效追诉。然而，由于职务违法与职务犯罪在证据材料基础方面的交叉性，导致存在大量证据材料同时用于证明职务违法和职务犯罪的情形。基于证据材料的不可替代性，尤其是对于不可再生的实物类证据，如何同时满足职务违法处置证明与职务犯罪刑事证明的要求就成为职务犯罪案件移送审查起诉过程中需要解决的难题之一。对此，当前监察实践中采取的是在案件审理阶段，进行所谓“先处后移”，即首先对案件所涉及违纪违法部门作出处置决定之后，再将案件移送检察机关审查起诉，通过接续使用的模式解决违法处置与犯罪追诉对于证据材料的需求竞合。然而，在这一模式下，还有两个问题需要特别注意：一是无论是违法处置，还是犯罪追诉，都需要留档备存，证据的接续使用会存在由何种程序最终保存证据材料的难题，对此需要监察机关与刑事司法机关在协商的基础上作出妥善安排，防止因衔接不畅导致证据灭失变质。二是对于职务犯罪证据范围的精准确定仍有待于监察机关与检察机关的个案配合，通过检察机关提前介入以及监察机关补充移送等方式解决衔接机制中存在的证据移送偏差缺漏问题。

此外，还要注意的是，为保证监察调查的合法性，《监察法》规定监察机关采取讯问、搜查、扣押等监察调查措施时，都要进行全程录音录像。然而，对于录音录像材料是否需要在移送审查起诉时全面移送检察机关，目前规定尚不明确，虽然《监察法实施条例》中规定对于监察调查过程中形成的录音录像资料由监察机关留存备查，最高人民法院《关于适用〈中华人民共和国刑事诉讼法〉的解释》和《人民检察院刑事诉讼规则》中对于监察调查期间的录音录像资料的规定也是必要时由办案机关调取，① 但是对于监察调查阶段形成录音录像资料的移送还有两个现实问题需要解决：一是录音录像调查的目的是否限定于证明调查过程的合法性，录音录像中记载的信息与案卷笔录中记载的信息存在矛盾冲突时，以何者为准。二是监察调查期间，尤其是监察讯问过程中形成的录音录像资料应当注意区分其内容是对职务违法部分讯问，还是对职务犯罪部分讯问。后续刑事诉讼中，检察机关和审判机关商请调取录音录像资料时，是否可以调查职务违法调查相关部分的录音录

---

① 《人民检察院刑事诉讼规则》第263条第2款规定，对于监察机关移送起诉的案件，认为需要调取有关录音、录像的，可以商请监察机关调取。

像资料。

（四）职务犯罪案件涉案财物的移送衔接

作为贪利性犯罪，涉案财物数量众多是职务犯罪案件的重要特征之一，为避免涉案财物在监察调查与审查起诉衔接过程中因办案主体变更和程序转换而产生衔接失范，影响职务犯罪追诉和被调查人合法权益，需要对监察调查与审查起诉衔接过程中的涉案财物移送衔接特别予以关注。对此，应当正确界定涉案财物的性质，尤其要注意涉案财物与违法犯罪行为之间的牵连性，区分职务违法所得和职务犯罪所得，以此判断涉案财物的走向。对于职务违法部分，应当转入职务违法处置程序；对于职务犯罪部分，则需要转入刑事诉讼程序，在审判阶段作出最终处理决定。关于涉案财物的具体移送衔接流程，根据《国家监察委员会移送最高人民检察院职务犯罪案件证据收集审查基本要求与案件材料移送清单》的相关规定，对查封、扣押的被调查人的财物及其孳息或者冻结的财产，作为证据使用的，应当随案移送且单证相符。而对一般涉案款物则未做硬性要求。在办案实践中，监察机关一般是将同一案件的违纪违法和涉罪钱款一并先行暂扣在财政专户上；涉罪款物由监察机关案管部门妥善保管，向检察机关移送审查起诉时，随案移送。①

二、职务犯罪案件检察接收审查

国家监察体制改革创造了检察机关审查起诉直接对接监察调查的程序架构，② 由于案件在监察调查与审查起诉衔接过程中经历了不同属性程序之间的并轨，为保证监察机关所移送案件符合检察机关受理的要求，除要在监察程序内部设置专门的调查完毕和案件审理机制作为过滤机制之外，审查起诉程序内部也需要构建专门的接收审查环节，作为与监察机关就职务犯罪案件进行个案交接的机制保障。通过检察机关的接收审查，可以及时发现监察机关移送案件是否存在管辖对接偏差、案卷材料不符合刑事诉讼规范等问题，

---

① 龚举文：《监察调查程序与刑事诉讼程序衔接应注意的问题》，载《中国纪检监察报》2019年12月11日，第8版。

② 谢小剑、李鹏云：《以审判为中心改革中监察案件的办理》，载《江西社会科学》2020年第12期。

并及时予以纠正补充。然而，相较于普通刑事案件立案、侦查、审查起诉、审判、执行的程序阶段划分，职务犯罪案件审查起诉实践中面临的首要挑战就是此类案件是否需要进行独立的刑事立案。对于这个问题，当前理论界和实务界存在不同观点，由此相伴而生的内在问题实质上是如何认识检察机关对职务犯罪案件的接收审查的性质，如何实现对监察机关移送审查起诉案件的有效审查筛选，以确保职务犯罪案件审查起诉的高效有序推进。因此，对于职务犯罪案件检察接收审查的研究需要重点解决程序设置层面的是否立案的问题，以及实体内容层面的审查主体、内容和标准问题。

（一）职务犯罪案件刑事立案必要性辨析

按照刑事诉讼法理，立案作为刑事诉讼程序启动的初始阶段，是刑事案件诉讼程序的必经环节，无论是公诉案件，还是自诉案件，都需要以立案开启程序。尤其是在公诉案件中，立案即宣告刑事案件成立，由此确立犯罪嫌疑人，并开启侦查程序，是为强制侦查提供合法依据。① 然而，国家监察体制改革后，由于监察调查取代了刑事侦查，重塑了职务犯罪案件追诉程序，使原本由立案、侦查、审查起诉、审判、执行构成的职务犯罪案件刑事诉讼程序缺失了侦查阶段，由此相伴而生的则是对于监察机关移送审查起诉的案件是否需要设置专门的刑事立案程序，以此作为职务犯罪案件监察调查与审查起诉衔接机制的程序载体，发挥启动刑事诉讼程序的功能。由于立案程序存在与否直接影响职务犯罪案件监察调查与审查起诉衔接机制的程序设置和时间节点计算，因此早在《监察法》出台、《刑事诉讼法》修正前，就有学者对监察机关办理的职务犯罪案件移送检察机关审查起诉时是否还要先行立案进行过讨论。② 实践中也针对这一问题展开了探索，在国家监察体制改革试点阶段，作为试点地区的北京、浙江、山西三地对于监察调查完毕移送审查起诉的案件是否需要进行刑事立案形成了两种操作模式：一是所谓的收案登记模式。在这一模式下，对于监察机关调查终结后移送的案件，检察机关案管部门收入案件，同时在检察机关统一业务应用系统中进行登记，案件即

① 《监察体制改革中的职务犯罪调查制度完善》，载《政治与法律》2018 年第 1 期。
② 龙宗智：《监察与司法协调衔接的法规范分析》，载《政治与法律》2018 年第 1 期。

进入刑事诉讼，即可随之决定刑事强制措施，开展其他刑事诉讼活动，没有设置刑事立案的程序。山西省检察机关在试点初期采用这种做法，全国推广试点后，大部分省份采用了这种做法。二是立案审查模式。在这一模式下，检察机关收到监察机关移送的案件后，应首先决定是否立案，立案后案件方进入刑事诉讼程序。北京市、浙江省检察机关先行试点过程中探索监察机关移送案件的刑事立案制度，全国推广后两省市仍坚持该项制度，并被部分省份借鉴采用。①

对于试点阶段关于监察机关移送审查起诉案件是否需要刑事立案的实践分歧，后续的《监察法》制定和《刑事诉讼法》修正都没有明确解决这一问题。《监察法》第45条第1款第4项规定，对涉嫌职务犯罪的，监察机关经调查认为犯罪事实清楚，证据确实、充分的，制作起诉意见书，连同案卷材料、证据一并移送人民检察院依法审查、提起公诉。《刑事诉讼法》第170条第1款规定："人民检察院对于监察机关移送起诉的案件，依照本法和监察法的有关规定进行审查……"上述两条内容中对于监察机关移送审查起诉案件是否需要进行刑事立案的问题均未涉及。虽然中央纪委法规室和国家监察委员会法规室编写的《〈中华人民共和国监察法〉释义》对《监察法》第45条第1款第4项如此解读："对监察机关移送的案件，应由检察机关作为公诉机关直接依法审查、提起公诉……不需要检察机关再进行立案。"②《国家监察委员会与最高人民检察院办理职务犯罪案件工作衔接办法》第21条也明确规定，对国家监察委员会移送的案件，最高人民检察院案件管理部门认为具备受理条件的，应及时进行登记，并立即将案卷材料移送公诉部门办理。但是，由于其规范效力不足，无法与立案制度作为刑事诉讼基本制度的立法地位相匹配。

因此，理论界普遍认为职务犯罪案件由监察调查转入审查起诉后，需要进行刑事立案，方能启动刑事诉讼程序。③在审查起诉之前，检察机关必须

---

① 楼丽：《监察机关移送案件刑事立案相关问题研究》，载《法治研究》2020年第6期。

② 中央纪委法规室、国家监察委员会法规室编写：《〈中华人民共和国监察法〉释义》，中国方正出版社2018年版，第207页。

③ 程雷：《刑事诉讼法与监察法的衔接难题与破解之道》，载《中国法学》2019年第2期。

依职权对监察机关移送之“监察案件”予以转化，按照管辖范围进行刑事立案，唯有如此，审查起诉方有依据，职务犯罪案件的刑事诉讼程序才能依次进行。[①] 因为按照刑事诉讼法理，立案是宣告案件正式启动的重要节点，其意义在于为强制侦查或调查措施提供合法的依据，一旦立案就意味着正式开启了调查或侦查程序。[②] 规定刑事立案是启动刑事诉讼必经程序的理论基础，是刑事诉讼阶段理论。在我国刑事诉讼中，立案是一个与侦查、审查起诉、审判以及执行阶段并列的独立诉讼阶段。在这种诉讼阶段论下，立案是刑事诉讼的开始和必经阶段。[③] 虽然保留独立的立案程序在世界范围内并不常见，然而由于我国刑事诉讼程序对于侦查活动规制力度不足，因而立案程序的存在对于我国刑事诉讼而言具有不可或缺的重要价值。具体而言：首先，立案具有限制强制措施或强制侦查手段随意发动的功能。其次，立案程序是开启当事人权利保障的序幕。最后，立案具有确立诉讼客体、推进诉讼进程的意义。正是在监察与刑事诉讼两法衔接机制中立案的缺位，才导致了监察案件可以自由进出刑事诉讼程序，来回穿梭于监察与司法程序之间。[④] 基于上述理由，涉嫌职务犯罪的监察案件仍然应以刑事立案程序作为适用《刑事诉讼法》的前提，[⑤] 检察机关受理案件是对监察立案的肯定，检察机关对监察调查机关立案调查终结的案件不再立案，而是通过对移送起诉案件的受理将监察案件转化为刑事案件。[⑥] 以此发挥检察机关刑事立案既是监察调查程序进入刑事诉讼程序的“启动器”，同时又是“过滤器”的双重功能。[⑦] 然而，毕竟监察机关移送审查起诉案件经调查后已经达到犯罪事实清楚、证据确实充

---

① 陈卫东：《职务犯罪监察调查程序若干问题研究》，载《政治与法律》2018 年第 1 期。

② 王秀梅、黄玲林：《监察法与刑事诉讼法衔接若干问题研究》，载《法学论坛》2019 年第 2 期。

③ 姚莉：《监察案件的立案转化与“法法衔接”》，载《法商研究》2019 年第 1 期。

④ 董坤：《法规范视野下监察与司法程序衔接机制——以〈刑事诉讼法〉第 170 条切入》，载《国家检察官学院学报》2019 年第 6 期。

⑤ 姚莉：《监察案件的立案转化与“法法衔接”》，载《法商研究》2019 年第 1 期。

⑥ 朱福惠：《检察机关对监察机关移送起诉案件的合法性审查——〈人民检察院刑事诉讼规则〉解读》，载《武汉大学学报（哲学社会科学版）》2020 年第 5 期。

⑦ 李勇：《〈监察法〉与〈刑事诉讼法〉衔接问题研究——“程序二元、证据一体”理论模型之提出》，载《证据科学》2018 年第 5 期。

分的标准，不同于传统刑事立案的案件基础，职务犯罪案件的刑事立案需要特别处理。

对此，主要存在以下三种观点：第一种观点认为，可以构建形式立案机制作为监察机关移送审查起诉职务犯罪案件的特别立案机制。之所以要构建“形式立案”机制，有以下两个方面的原因：一方面，能够明确检察机关对监察机关移送的案件不再做实质性的过滤审查，仅是对移送的案卷材料是否齐备做形式审查。另一方面，确保案件受理程序能够承担立案的部分功能，特别是明确受案具有刑事诉讼起点的性质。[①] 只有刑事诉讼程序被开启后，监察机关的移送行为才具备刑事诉讼上的意义，而程序开启的关键即在于“立案”这个程序行为。[②] 第二种观点认为，可以构建监察立案与刑事立案的二元制及可合并制度，对国家工作人员已涉嫌职务犯罪的案件，以及对于非国家工作人员涉嫌犯罪而应由监察委员会管辖的案件，适用刑事立案程序。同时，经过初核，已确认职务犯罪嫌疑、需要追究刑事责任的，可以直接予以刑事立案。在这种情况下，监察立案与刑事立案一步完成。[③] 第三种观点从改造监察立案的视角出发。监察机关将涉嫌职务违法立案和涉嫌职务犯罪立案加以区分：认为监察对象涉嫌职务违法，需要追究违法责任的，以涉嫌职务违法立案；认为监察对象“有犯罪事实，需要追究刑事责任”的，以涉嫌职务犯罪立案。[④]

上述三种观点虽然对于职务犯罪案件刑事立案具体模式的构想有所差异，但是其均承认由于职务犯罪案件业已经历监察调查、刑事立案在职务犯罪案件追诉程序中具有必要性，并不能简单援引普通刑事案件立案程序的价值功能作为基础。具体而言：首先，关于刑事立案的程序启动功能。虽然相关论述中均将只有立案方能启动刑事诉讼程序作为逻辑起点，但是对于这一命题本身的可靠性缺乏深入分析。一方面，就效力而言，立案程序的程序启动功

① 董坤：《法规范视野下监察与司法程序衔接机制——以〈刑事诉讼法〉第170条切入》，载《国家检察官学院学报》2019年第6期。

② 陈卫东：《职务犯罪监察调查程序若干问题研究》，载《政治与法律》2018年第1期。

③ 龙宗智：《监察与司法协调衔接的法规范分析》，载《政治与法律》2018年第1期。

④ 朱孝清：《刑事诉讼法与监察法衔接中的若干争议问题》，载《中国刑事法杂志》2021年第1期。

能并非法定功能，《刑事诉讼法》并未正式予以确认，只是理论共识而非立法规范，以此论证未经立案即启动职务犯罪案件刑事诉讼程序合法性不足，难以成立。另一方面，就理论层面而言，对于立案程序的存续是否有必要，理论界讨论已久，很多观点都认为立案程序的存在不仅发挥不了侦查控制功能，还会导致实践中出现侦查机关“不破不立”、消极立案的问题，因此主张废除立案程序、引入令状机制控制刑事侦查的观点并不鲜见。其次，关于立案的案件过滤功能。不同于报案、控告、举报、扭送等渠道所获取的案件线索，监察机关移送审查起诉的职务犯罪案件，经历了监察调查与案件审理双重审查，已经达到犯罪事实清楚、证据确实充分的标准，这一标准远高于刑事立案有犯罪事实、需要追究刑事责任的立案标准，由此决定职务犯罪案件刑事立案的过滤功能没有作用空间。传统的刑事立案具有过滤不合格案件、程序分流的功能，但对于监察机关来说，如此高的案件移送标准，再进行立案前的审查不仅影响了程序衔接的效率，而且也不能实际发挥立案程序对案件进行过滤分流的功能。[①] 再次，关于刑事立案程序的权力制约功能。根据《刑事诉讼法》第109条的规定：“公安机关或者人民检察院发现犯罪事实或者犯罪嫌疑人，应当按照管辖范围，立案侦查。”除自诉案件之外，立案的程序启动功能是以侦查为目标展开的。立案的功能在于规制侦查活动，然而在职务犯罪案件中，随着监察调查取代刑事侦查，这一目标本身已经不存在，皮之不存，毛将焉附，支撑立案程序存在的首要程序价值已经无法成立。最后，关于刑事立案的权利保障功能。不同于刑事案件立案前后由普通民众向犯罪嫌疑人的身份转换会带来权利保障的降级，根据《监察法》与《刑事诉讼法》中对于被调查人与犯罪嫌疑人权利配置的规范，由被调查人向犯罪嫌疑人的身份转换并不会对其权利保障带来限制，甚至会因获得法律帮助权而得以拓展。

综上所述，对于监察机关移送审查起诉的职务犯罪案件，检察机关进行刑事立案的必要性并不充分。与此同时，在已有监察立案作为程序控制过滤

① 董坤：《法规范视野下监察与司法程序衔接机制——以〈刑事诉讼法〉第170条切入》，载《国家检察官学院学报》2019年第6期。

机制的前提下，再行设置刑事立案，不仅会导致程序冗余，拖累程序效率，更会导致新的立法冲突。例如，如果以立案为节点，确定《刑事诉讼法》的效力，就会与证据获取以及非法证据排除规则之间产生冲突，割裂了监察调查与刑事追诉之间的关联，使职务犯罪案件追诉碎片化。如此，对于监察调查期间获取的证据在刑事诉讼程序中的运用产生消极影响，也不利于监察机关与检察机关良性主体关系的构建。因此，对于监察机关移送审查起诉的刑事案件，检察机关无须进行专门的刑事立案，但这并不意味着职务犯罪案件监察调查与审查起诉衔接机制就完全没有程序规制和保障。为保证职务犯罪案件监察调查与审查起诉衔接机制的规范有序，检察机关应当构建相应的案件受理机制，并在受理过程中对所接收案件进行必要的形式审查，以规范衔接过程，保证移送案件符合刑事诉讼的要求。由此，既避免了同一案件重复立案所导致的程序浪费，又避免了毫无审查所导致的程序失控，而且符合当前职务犯罪案件监察调查与审查起诉衔接机制的主流实践模式。

（二）职务犯罪案件检察受理机制

虽然针对监察机关移送审查起诉的职务犯罪案件设置专门刑事立案程序并无必要性，但由于监察调查与审查起诉的属性差异和规范分离，决定了职务犯罪案件由监察调查向审查起诉的移送衔接过程中，对于案件移送的内容与形式都有可能存在分歧与差异。对此，有必要通过制度化的程序审查机制确保监察机关所移送案件内容完整，形式规范，符合刑事诉讼案件受理标准。需要明确的是，职务犯罪案件检察受理机制的设置，主要有以下两方面的意义：一方面，是保证职务犯罪案件接收过程中的权责明确，防止因责任主体不明确，导致受理过程中的分工混乱和互相推诿。另一方面，更重要的是，职务犯罪案件检察受理机制还要发挥审查过滤功能。根据互相制约原则，对监察机关所移送案件进行必要的审查，保证其符合刑事诉讼程序对于案件移送的内容和形式要求，避免管辖冲突以及内容缺失等对职务犯罪案件办理合法性和有效性的不利影响。

1. 职务犯罪案件检察受理的程序流程

对于监察机关移送审查起诉的职务犯罪案件，检察机关整体作为接收机关，为实现权责明确，需要具体确定负责受理的部门，以及具体受理的程序流程，方能将立法规定的监察调查与审查起诉衔接办案模式落实到具体个案办理中。职务犯罪案件检察受理的程序流程的首要内容是明确具体受理主体。新一轮检察机关内设机构改革之后，针对职务犯罪案件审查起诉，涉及的检察办案部门包括案件管理部门和职务犯罪批捕公诉部门。其中，案件管理部门作为检察机关内设案件统一归口管理部门，是刑事案件进入检察机关的直接受理部门，无论是侦查机关移送的刑事案件，还是监察机关移送的职务犯罪案件，都是首先由案件管理部门进行受理，[①] 再根据检察机关的内部办案职能分工，移送至相对应的批捕公诉部门。具体到职务犯罪案件，根据相关规范和实践操作流程，对于调查完毕，经案件审理认定符合移送审查起诉条件的案件，由监察机关的案件管理部门制作应当出具移送函和起诉意见书，连同案卷材料、证据等，一并移送检察机关，由案件管理部门统一负责接收。[②] 案件管理部门认为具备受理条件的，应当及时进行登记，并立即将案卷材料和案件受理登记表移送职务犯罪批捕公诉部门办理。经审查，认为案卷材料不齐备的，应当及时要求移送案件的监察机关补送相关材料。对于案卷装订不符合要求的，应当要求移送案件的监察机关重新装订后移送。案件管理部门作为职务犯罪案件检察受理的直接责任主体，实现了案件衔接过程中的检察对外统一，便于监察机关案件管理部门明确对接，对于职务犯罪案件监察调查与审查起诉衔接机制发挥着不可替代的重要角色。然而，由于监察机关的案件审理部门和检察机关的案件管理部门并非直接办案部门，对于监察调查的细节过程和审查起诉的具体要求了解程度有限，决定了二者作为衔接部门，只能发挥形式性传导功能，对于案件衔接过程中涉及的具体案情问题则无法进行有效处理，只能在将相关信息传达至调查部门和批捕公诉部

① 《人民检察院刑事诉讼规则》第156条规定，下列案件，由人民检察院负责案件管理的部门统一受理：（1）公安机关提请批准逮捕、移送起诉、提请批准延长侦查羁押期限、要求复议、提请复核、申请复查、移送申请强制医疗、移送申请没收违法所得的案件；（2）监察机关移送起诉、提请没收违法所得、对不起诉决定提请复议的案件；（3）下级人民检察院提出或者提请抗诉、报请指定管辖、报请核准追诉、报请核准缺席审判或者提请死刑复核监督的案件；（4）人民法院通知出席第二审法庭或者再审法庭的案件；（5）其他依照规定由负责案件管理的部门受理的案件。

② 柏屹颖、张峰：《监察体制改革中的职务犯罪案件公诉实务研究》，载《湖南警察学院学报》2017年第4期。

门进行处理后，待其反馈后再向对方传达。这一衔接流程虽然能保证规范性，但是对效率性影响巨大。由于职务犯罪案件办案涉及信息材料众多，监察机关与检察机关沟通衔接事项众多，为兼顾程序规范和效率，未来职务犯罪案件检察审查可以变更为初次受理由案件管理部门统一归口，但是具体审查和后续沟通由职务犯罪批捕公诉部门负责，从而实现职务犯罪案件监察调查与审查起诉衔接机制的专业高效，规范有序。

2. 职务犯罪案件检察受理的实体标准

虽然《监察法》强调监察机关职务犯罪监察调查取证要符合刑事诉讼标准，并且对于调查完毕，决定移送审查起诉的案件，按照刑事诉讼标准单独立卷，但由于监察调查的目标导向和法律依据都与刑事侦查存在差异，为保证监察机关所移送职务犯罪案件能够满足刑事诉讼要求，检察机关案件管理部门在接收案卷材料后，需要展开相应的审查活动，判断是否符合受理标准。由于这一审查不仅影响个案办理，还涉及监察机关与检察机关的主体关系，因而需要对其性质属性和具体内容标准进行深入探讨。就职务犯罪案件检察机关受理审查的性质属性而言，根据监察机关与检察机关互相配合、互相制约的主体关系，这一审查应当是平等基础上的形式审查制约，而非实体审查监督。检察机关案件管理部门对于监察机关移送审查起诉的案件进行审查的目标定位应当是保证职务犯罪案件的有效追诉。一方面，通过对监察机关移送案卷材料的内容完整性和形式规范性进行审查，并及时通知监察机关查漏补缺，调整完善，以发挥检察审查起诉对监察调查的制约功能，保证职务犯罪追诉程序合法。另一方面，通过对监察机关移送案卷材料的形式审查，在协助监察机关提高个案移送质量的同时，整体提升调查能力，以强化检察机关与监察机关的互相配合。需要特别注意的是，检察机关的受理审查并非对监察机关的单向监督，这决定了检察机关的审查活动只是对案卷材料完整性和规范性的形式审查，而不是对案件内容的实质判断。这既是由案件管理部门并非直接批捕公诉部门的职能定位所决定，也符合检察审查起诉受理审查的基本模式。

检察受理审查的形式审查定位，决定了对于职务犯罪案件，检察机关案件管理部门作为审查主体，对于监察机关所移送案件的审查范围和标准都具有决定性影响。首先，关于审查的范围，应当聚焦于案卷材料的形式完整性。具体而言，案件管理部门在接收监察机关移送的案件后，主要审查如下内容：第一，依据移送的法律文书载明的内容确定案件是否属于本院管辖；第二，案卷材料是否齐备、规范，符合有关规定的要求；第三，移送的款项或者物品与移送清单是否相符；第四，被调查人是否在案以及采取留置措施的情况；第五，是否在规定的期限内移送案件。其审查依据主要是监察机关移送的起诉意见书中所记载的信息材料是否已经完整移送，案卷材料是否有遗漏缺失。其次，关于审查的标准，应当聚焦于案卷材料的形式合规性，主要审查判断管辖是否符合《监察法》与《刑事诉讼法》的规定、案卷材料的装订是否符合规范、证据材料是否采取有效保管措施等外在内容，对于具体案件的事实认定和法律适用，不进行实质性审查，更不得以案件事实认定与法律适用有不同判断为由拒绝受理，或要求监察机关调整修改。

第三节 职务犯罪案件检察机关提前介入监察调查

为实现“整合反腐败资源力量”的改革目标，我国绝大多数职务犯罪案件的查办由检察自侦模式转换为监察调查模式，这一转变不仅实现了职务犯罪调查主体的变更，更重要的是既往职务犯罪侦诉一体的追诉格局被彻底改变，形成了监察调查与检察审查起诉异体衔接的职务犯罪案件追诉新局面，从而彻底扭转了此前检察机关垄断职务犯罪案件侦查与审查起诉所面临的自侦自诉缺乏监督的正当性困局，提高了职务犯罪追诉的法治性和效率性。但是，由此也不可避免地产生了监察机关调查取证与检察机关证据审查尺度不一、监察调查内容与检察审查需要不匹配、留置措施与刑事强制措施适用标准存在差异等现实难题。相较于过往刑事诉讼程序框架内检察机关刑事侦查与审查起诉衔接机制的便捷性，在当下监察调查与刑事追诉异质程序框架下，监察机关与检察机关的异体衔接能否高效有序对于案件办理的规范性与效率性意义重大。为解决这一问题，检察提前介入这一在此前刑事侦查审查起诉衔接机制中发挥积极作用的机关协作和程序交叉机制被引入职务犯罪案件监察调查领域。[①] 此后，随着《人民检察院刑事诉讼规则》的合法性确认，[②] 检察机关提前介入监察调查成为监察与刑事诉讼衔接领域研究的热点问题，[③] 并且被纳入新时代检察机关法律监督工作体系，受到理论界与实务界的广泛关注。但需要注意的是，由于监察调查程序同刑事追诉程序在程序属性上存在本质差别，这决定了不能简单比照类推同属刑事诉讼程序的检察机关提前介入刑事侦查相关理论基础和实践经验，需要在机构属性和程序属性异质的基础上，阐释检察机关提前介入职务犯罪案件监察调查的正当性，界定其角色定位，进而分析后续实践完善路径。

一、检察机关提前介入职务犯罪案件监察调查的正当性辨析

作为一项缺乏明确立法授权的实践操作机制，检察机关提前介入机制此前能够在刑事司法实践中保持生命力，得到侦查机关的认可与支持。一方面，得益于其能够为侦查机关提供关于调查取证和强制措施适用等方面的具体意见和建议，侦查机关借此可以获取现实利益，加之检察机关作为诉讼流程后续环节的主导机关，其审查起诉权对于侦查机关具有天然影响力。另一方面，《宪法》所确定的法律监督机关和《刑事诉讼法》所确定的诉讼监督机关的角色定位，使检察机关在理论层面获取了对侦查机关侦查活动进行“介入式”监督的理论正当性。

然而，国家监察机关所行使的职务犯罪调查权作为国家监察权的重要组成部分，同原本由检察机关行使的职务犯罪侦查权存在本质差异，[④] 监察机关调查权不同于刑事侦查权。[⑤] 权力基础的异质性决定了监察调查程序同犯

---

① 《国家监察委员会与最高人民检察院办理职务犯罪案件工作衔接办法》第12条规定，国家监察委员会办理的重大、疑难、复杂案件在进入案件审理阶段后，可以书面商请最高人民检察院派员介入。《监察机关监督执法工作规定》中也明确了检察提前介入职务犯罪监察调查的合法性。

② 《人民检察院刑事诉讼规则》第256条第2款规定，经监察机关商请，人民检察院可以派员介入监察机关办理的职务犯罪案件。

③ 董坤：《检察提前介入监察：历史流变中的法理探寻与机制构建》，载《政治与法律》2021年第9期；周新：《论检察机关提前介入职务犯罪案件调查活动》，载《法学》2021年第9期；左卫民、刘帅：《监察案件提前介入：基于356份调查问卷的实证研究》，载《法学评论》2021年第5期。

④ 林艺芳：《国家监察法应科学界定腐败犯罪调查权》，载《红旗文稿》2017年第15期。

⑤ 卞建林：《监察机关办案程序初探》，载《法律科学》2017年第6期。

罪侦查程序的属性截然不同，由此决定对于检察机关提前介入职务犯罪案件监察调查正当性的理论基础需要予以特别分析。此外，由于国家监察机关不属于刑事司法机关，监察调查活动亦非刑事司法活动，调查程序也非刑事诉讼程序。[①] 因此，检察机关提前介入职务犯罪案件监察调查的实践必要性同样需要予以特别分析。

（一）检察机关提前介入与监察独立原则的冲突与协调

1. 检察机关提前介入与监察机关独立行使职权原则的关系

《宪法》第127条第1款规定，监察委员会依照法律规定独立行使监察权，不受行政机关、社会团体和个人的干涉。这一规定确定了我国的监察独立原则。根据这一原则，监察机关依法独立行使监督、调查和处置等职权。具体到职务犯罪案件调查领域，监察独立原则赋予了监察机关独立自主展开调查活动，并形成调查结论、确定处置方式的权力，监察调查权具有独立性。检察机关的提前介入，势必改变监察调查领域的公权力一元主体格局，介入行为难免会对调查权运行产生影响，自然会产生检察权干预监察调查权独立运行的质疑。要回应这一质疑，就要对提前介入与监察独立原则的关系进行剖析。

首先，监察独立并非完全、彻底独立，而是根据介入主体的属性而有所区别。就介入主体属性而言，《宪法》和《监察法》对于监察独立原则中排除干预主体范围的限定是行政机关、社会团体和个人，检察机关作为司法机关，不属于法定的排除主体范畴。其次，就检察机关提前介入的具体内容而言，其介入行为并不会影响监察机关独立行使调查权。一方面，根据此前检察机关提前介入刑事侦查的实践经验，检察机关在提前介入监察调查的本质定位是协助和参谋，功能是提供意见和建议，并不直接参与案件的调查活动和决策形成。另一方面，《国家监察委员会与最高人民检察院办理职务犯罪案件工作衔接办法》中也明确规定是否提请检察机关提前介入由监察机关决定，并且检察机关在提前介入活动中仅能就证据标准、事实认定、案件定性及法律适用提出书面意见，是否采纳，需要监察机关审核后决定。在整个提

---

① 陈卫东：《职务犯罪监察调查程序若干问题研究》，载《政治与法律》2018年第1期。

前介入过程中，监察机关始终处于主导地位。因此，检察机关提前介入监察调查与监察独立原则之间并非对立关系，是可以兼容的。

2. 检察机关提前介入监察调查与检察法律监督关系

根据《宪法》对于检察机关法律监督机关和对监察委员国家监督机关的定位，我国当前形成了检察法律监督和监察国家监督的二元监督体系。[①] 据此，有观点认为在具体监督范围上，检察机关的法律监督应当包括国家监察机关的调查行为。[②] 按照这一逻辑，检察机关的法律监督可以作为提前介入监察调查的合法性基础。然而，就国家监督与法律监督之间的相互关系而言，二者同属于《宪法》所确定的监督类型，相互之间是平行关系。更重要的是，根据国家监察体制改革构建集中统一、权威高效的中国特色国家监察体制的改革初衷，为确保监察机关的监督权威性，不应当将其纳入检察监督的范畴。就监督范围而言，监察监督覆盖所有公职人员，是党纪国法监督的统一体，而检察监督仅限于对国家权力行使的监督，无法对监察机关进行全面覆盖。此外，根据《宪法》和《监察法》的规定，监察机关应当受到党的监督、人大监督、民主监督、社会监督、舆论监督等，[③] 无须担心其权力因缺乏监督而失控。就监察调查与刑事诉讼的法律关系而言，《刑事诉讼法》对于检察机关在刑事司法实践中的监督进一步限缩为诉讼监督，而监察调查不属于刑事诉讼的范畴，自然不属于诉讼监督的作用范围。而且，从检察机关提前介入监察调查的实践形态来看，检察机关提前介入监察调查是一种平等基础上的互相配合活动，强调的是检察机关与监察机关之间的协作互动，显然与监督所具有的上下位阶差异截然不同。因此，“法律监督论”不是检察机关提前介入监察调查的法理依据，[④] 不能以检察监督作为检察机关提前介入监察调查的正当性基础。

---

① 袁博：《监察制度改革背景下检察机关的未来面向》，载《法学》2017 年第 8 期。

② 江国华、彭超：《国家监察立法的六个基本问题》，载《江汉论坛》2017 年第 2 期；汪海燕：《监察制度与〈刑事诉讼法〉的衔接》，载《政法论坛》2017 年第 6 期。

③ 中央纪委法规室、国家监察委员会法规室编写：《〈中华人民共和国监察法〉释义》，中国方正出版社 2018 年版，第 67 页。

④ 董坤：《检察提前介入监察：历史流变中的法理探寻与机制构建》，载《政治与法律》2021 年第 9 期。

（二）检察机关提前介入监察调查与互相配合、互相制约原则的关系

在当前立法框架内，检察机关提前介入职务犯罪案件监察调查所依据的合法性基础是《宪法》第127条第2款所确定的监察机关与审判机关、检察机关、执法部门互相配合原则。关于这一原则，《监察法》第4条第2款和第3款进一步规定，监察机关办理职务违法和职务犯罪案件，应当与审判机关、检察机关、执法部门互相配合、互相制约。监察机关在工作中需要协助的，有关机关和单位应当根据监察机关的要求依法予以协助。这一规定赋予了监察机关请求检察机关在调查阶段提供意见与建议，以及检察机关提前介入职务犯罪案件监察调查提供协助的合法性空间。

互相配合原则，是指各公权力行使主体之间为履行法定职责应当互相支持，有效协作，而不能互相掣肘。监察机关与检察机关在职务犯罪行为追诉中存在价值追求的一致性，决定了互相配合原则在职务犯罪案件监察调查与审查起诉衔接机制中应当受到高度重视。监察机关作为事实调查者，检察机关作为具体追诉者，都承担着打击职务犯罪行为的法定职责。通过检察机关提前介入监察调查可以对实现这一职责发挥积极的促进价值，因此基于贯彻落实《宪法》和《监察法》以及《刑事诉讼法》所确立的互相配合原则的目的，检察机关作为追诉机关提前介入事实查明环节，具有立法层面的正当性与合法性。

具体而言，检察机关应监察机关的商请参与案件调查，提供建议，共同协作实现查明职务案件事实、正确适用法律的法定职责，这不仅是检察机关单向为监察机关调查工作提供便利和协助，而且是一个互惠互利的过程。监察机关可以借此提高调查质量和调查效率，避免调查结果在后续审查起诉阶段被否定性评价。检察机关则可以借此提前了解案情，并根据公诉需要补充和充实证据基础，还可以提前对移送审查起诉后是否需要采取强制措施提前进行审查，提高审查起诉效率。互相配合原则对配合双方所预设的平等身份结构也符合监察机关与检察机关在职务犯罪案件办理中的平等地位。

需要注意的是，互相配合原则并非意味着检察机关与监察机关可以据此联合办案或者共同办案。在提前介入过程中，要注意以下两个方面：一方面，要恪守监察调查与审查起诉不同的程序属性，明晰监察权与检察权在不同阶

段的独立性与主导性。另一方面，不能混淆监察机关与检察机关在案件办理过程中的具体分工，否则就会丧失事实调查与审查起诉异体设置的积极价值，重回侦诉一体的老路。

（三）检察机关提前介入监察调查的实践必要性

形成检察机关提前介入职务犯罪案件调查机制的主要驱动力来自实践运行的需要和创新。正是因为监察机关和检察机关在职务犯罪案件办理过程中所面临的现实挑战和需求推进了这一机制的形成与发展。因此，其实践正当性的分析是检察机关提前介入监察调查正当性的关键内容。

1. 法定职能的衔接协作要求

虽然监察机关职务犯罪案件监察调查与检察机关审查起诉在权力基础、程序属性等方面都存在本质差异，但由于职务犯罪案件监察调查与刑事追诉之间具有不可分割的关联性，决定了监察调查与审查起诉之间的衔接关系，形成了新型“调查——公诉”模式。① 监察机关与检察机关的监察调查与审查起诉职能，不仅存在办案流程上的前后相继，而且在具体内容上存在承继关系。无论是监察机关的调查活动，还是检察机关的审查起诉活动，在作用对象上存在高度一致性，都是围绕职务犯罪行为的调查和证明展开的，而且监察机关的调查结果会成为检察机关后续审查起诉和支持公诉的基础。二者追诉职务犯罪行为职责目标上的一致性，决定了检察机关提前介入职务犯罪案件监察调查具有现实需求基础。此外，根据《监察法》的规定，检察机关与监察机关的职能衔接还涉及从宽情节的认定，以及逃匿死亡案件的财产没收、互涉案件管辖协助等。正是因为监察机关与检察机关在职务犯罪案件办理过程中存在如此紧密的联系，因而在具体办案实践中构建一种前置性信息沟通与意见交流机制就显得顺理成章，而检察机关提前介入监察调查机制的出现恰逢其时，能够有效满足这一现实需求。

2. 办案优势与现实需求的有效对接

自 1949 年《中央人民政府最高人民检察署暂行组织条例》确立检察机

① 李奋飞：《“调查——公诉”模式研究》，载《法学杂志》2018 年第 6 期。

关对职务犯罪案件行使侦查权,[①] 至2016年国家监察体制改革试点启动，职务犯罪案件调查职能转由监察机关行使，其间数十年的职务犯罪案件侦查实践，使检察机关积累了丰富的实践经验。虽然随着职权的转移和部门、人员的转属，检察机关侦查职务犯罪案件的职权和资源已经基本转移至监察机关，但这并不意味着此前所积累的经验就此荡然无存。对于国家监察机关这一新组建的反腐败机构，检察机关所积累的职务犯罪查办经验恰恰可以用来作为展开职务犯罪案件监察调查的有益参考。

此外，检察机关作为专门的审查起诉机关，对于案件所涉及证据标准、事实认定、案件定性及法律适用等具有较高的把握和判断能力，这恰恰可以满足监察机关调查职务犯罪案件所面临的对刑事司法程序规范和标准要求把握较难的现实困难。同时，监察机关监察调查环节对案件事实查证的全面准确与否以及所收集固定证据是否符合刑事审判标准，对于检察机关履行公诉职责具有极为重要的影响作用。检察机关提前介入监察调查，既可以防止因时过境迁而导致事实证据无法查明和收集，也可以避免因调查程序违法而致使证据失效，影响后续支持公诉。因此，通过检察机关提前介入监察调查机制可以有效整合检察机关的法治性优势和监察机关的权威性优势，提高职务犯罪案件办案质量。

二、检察机关提前介入监察调查的角色定位分析

按照《监察法》和《刑事诉讼法》的相关规定，检察机关作为刑事司法机关，在监察调查环节并无明确的法定职责和职权，检察机关提前介入监察调查机制突破了监察机关专司监察调查、检察机关负责审查起诉的法定分工，跨越了监察调查程序与刑事诉讼程序的边界，将检察机关对于职务犯罪案件办理的影响范围从刑事司法拓展到监察调查。这使立法以案件办理阶段为标准确定的检察机关与监察机关角色分工模式需要重新予以检视。

（一）二元目标驱动下检察机关提前介入监察调查的角色冲突

任何公权力的设定与运行都是围绕相应预设目标展开的。具体到职务犯

① 张智辉:《检察侦查权的回顾、反思与重构》，载《国家检察官学院学报》2018年第3期。

罪案件追诉这一特定领域内，监察调查权的运行目标直接指向案件事实的调查，检察公诉权的目标则指向对案件事实与证据的审查及提起公诉。这决定了监察机关在监察调查环节致力于对涉嫌职务犯罪行为的被调查人涉案事实的查明及相关证据的收集与固定，检察机关在审查起诉环节则致力于对此前监察调查所查明事实和收集、固定证据的客观性与合法性进行审查判断，并决定是否正式提起公诉。如果严格按办案流程阶段划分办案，那么监察机关与检察机关不同的目标设定可以对应实现阶段划分所预设的制约与完善价值。然而，在检察机关提前介入监察调查这一特定情形下，原本泾渭分明的监察调查与审查起诉目标定位产生了交集。如果以办案阶段为指导，那么任何办案机关在监察调查环节都应当以事实查明和证据收集固定为中心展开；如果以检察机关的职能定位为指导，那么检察机关的所有审前活动都应当以对案件调查合法性和客观性的审查判断为中心展开。这种权力运行目标指向上的分离，决定了检察机关提前介入监察调查的角色定位存在二元悖反的矛盾和冲突。

从历史经验来看，检察机关提前介入案件事实调查环节的角色冲突在刑事案件办理过程中长期存在。对于检察机关，通常将提前介入与检察引导侦查相结合，除了实现公诉准备目的外，还将提前介入作为自身发挥诉讼监督功能，引导侦查机关合法高效展开侦查活动的制度载体，甚至被视为构建大陆法系式检察领导侦查的实践预演，而这恰恰是以公安机关为代表的侦查机关所不能接受的。对于侦查机关而言，在侦查阶段允许检察机关的介入，其基本价值出发点是为获得来自检察机关的协助而非指导，更不是监督与领导。这种冲突不仅表现在立法和政策制定与推行中的互相博弈，[①] 导致提前介入

① 例如，2011 年《刑事诉讼法》修正过程中，全国人民代表大会公开征集意见的《刑事诉讼法修正案（草案）》第 44 条规定，增加 1 条，作为第 113 条：对于公安机关立案侦查的故意杀人等重大案件，人民检察院可以对侦查取证活动提出意见和建议。但是，在此后正式通过的《刑事诉讼法（修正案）》中，这一规定被删除。再如，2017 年 3 月 29 日，最高人民检察院召开全国电视电话会议，要求各级检察机关因地制宜，全面开展对公安派出所刑事侦查活动的监督工作，根据会议部署，该工作于当年年底前要实现全面铺开。然而，2017 年 5 月 31 日，湖南省公安厅法制总队下发了《关于暂缓推行在公安派出所派驻检察室（检察官）的通知》，明确要求下属各市州法制支队、执法监察大队暂缓在派出所派驻检察室（检察官）。

无法获得立法的制度保障与规范；更使检察机关提前介入侦查在实践中缺乏规范性和统一性，其介入效果往往取决于个案所涉特定侦查机关与检察机关的关系与态度。故此，检察机关提前介入监察调查制度一直以来在各取所需所产生驱动与互相对抗所导致冲突的共同作用下勉强运行。

由于检察机关的诉讼监督不能作用于监察机关职务犯罪调查阶段，因而在普通公诉案件检察提前介入中诉讼监督、公诉准备和协助侦查三项角色定位之间的冲突在职务犯罪案件中被简化为公诉准备与协助调查的二元博弈。虽然诉讼监督这一导致提前介入双方矛盾最尖锐的诱因被排除，但是协助调查与公诉准备这两项因目标驱动不一致所导致的角色定位分离，同样会对检察机关在职务犯罪案件中提前介入监察调查产生重大影响。

若在制度设计中，完全坚持检察机关公诉准备的角色定位，那么最直接的影响就是会导致监察机关因缺乏现实利益而丧失在监察调查阶段引入检察介入的驱动力，检察机关提前介入监察调查机制将难以获得实践生命力。更重要的是，检察机关完全以准备公诉为介入出发点，那么将导致其介入行为偏离监察调查阶段对案件正确定性和查明案件事实、收集固定证据的核心任务，而转向对已有证据事实的合法性审查。这种喧宾夺主的介入不仅不利于案件的调查，更会影响监察机关对检察介入的接受度，危及两个机关之间的互相配合。

若在制度设计中，完全坚持检察机关协助调查的角色定位，那么最直接的影响就是检察机关因完全处于被动地位而丧失参与监察调查的积极性。更重要的是，如果检察机关在调查环节完全以协助者身份参与，那么对于由其协助所收集、固定的证据及对案件定性的判断结论可能导致后续审查起诉环节失去实际意义，致使立法对审查起诉阶段所预设的过滤审查价值无法实现，监察机关与检察机关互相制约原则也很难发挥实际作用。

（二）追诉目标统筹下检察机关提前介入监察调查角色定位的平衡

由于在提前介入过程中追求目标不同，导致检察机关在提前介入中存在公诉准备和协助调查两种存在矛盾与冲突的角色定位。为确保检察机关和监察机关参与提前介入的积极性，应当对二者各有所需的公诉准备和协助调查予以兼顾，实现二者的有效平衡。《国家监察委员会与最高人民检察院办理职务犯罪案件工作衔接办法》中关于检察机关提前介入监察调查的具体职责设定坚持了这一理念。其中，有关检察机制可以对证据标准、事实认定、案件定性及法律适用提出书面意见的规定可以视为协助调查的表现，有关检察机关可以对是否需要采取强制措施进行审查可以视为公诉准备的表现。但二者之间并非割裂孤立关系，而是可以共同聚焦于职务犯罪追诉这一目标统领下，这也是检察机关公诉准备和协助调查职能互相兼容的根基所在。虽然在阶段分工上，监察机关与检察机关分别承担职务犯罪的调查和审查起诉，具体诉讼行为的价值追求有所不同，但是从惩罚职务犯罪整体来看，二者同属于追诉方。虽然程序属性有所不同，但是监察机关和检察机关共同承担着完成案件事实调查、将案件移送审判的追诉任务，监察调查和审查起诉都是为了追求职务犯罪案件国家求刑权的实现。因此，在共同目标统筹下，公诉准备对事实的查明和证据的补充完善同样有利于监察机关全面调查案件事实；协助调查对案件定性的判断和调查取证方向的明确同样最终有利于夯实检察机关公诉准备的事实和证据基础。

借鉴检察机关在普通犯罪案件中提前介入侦查的成熟经验，结合监察调查工作的特殊需要，可以将检察机关提前介入监察调查的角色定位概括为兼顾协助调查和公诉准备的意见提供者。在介入过程中，检察机关可以对监察机关监察调查过程中存在争议的法律和证据问题提供建议，对于介入过程中发现的监察机关事实调查、法律适用和证据收集固定尚需要继续完善补充之处提供意见，对于案件移送审查起诉后较短期间内需要决定的刑事强制措施适用进行预先审查。根据检察机关提前介入监察调查的立法空间和实践需要，其介入活动应当按照“围绕公诉职能，依法提供建议，尊重监察主导，恪守参与角色”的基本原则展开。

1. 围绕公诉职能，协调提前介入与审查起诉关系

根据《监察法》的规定，监察机关的监察调查活动覆盖范围包括职务违法和职务犯罪，其中前者调查完毕后会转入监察处置环节，而后者则需要移交检察机关审查起诉。无论是基于程序衔接内容的一致性，还是检察机关办案优势的限定性，都决定了应当将检察机关提前介入的范围限定在涉嫌职务犯罪的案件。但是，实践中有两种情形需要特别注意：一是被调查人同时涉

嫌职务违法和职务犯罪的案件，检察机关的介入行为应当针对涉嫌职务犯罪部分，不能对职务违法的调查处置提出意见和建议。二是对于被调查人行为的罪与非罪、违法与犯罪的认定存在争议的案件，监察机关可以在案件审理阶段提请检察机关提前介入，提供法律适用建议。

在这一过程中，检察机关需要处理好提前介入与审查起诉的关系。提前介入是和审查起诉不能相互替代的两个不同的阶段，必须防止以提前介入意见代替审查起诉意见的情况出现。[①] 尤其是要处理好提前介入与审查起诉的关系。提前介入的指导方针的协助，是对证据与法律适用完善的发展过程；而审查起诉的指导方针的审查，是对既有证据和法律适用意见合法性、客观性审查的回溯过程。二者虽然在指向目标和所涉内容上具有重叠性，但是在权力行使规律和价值指向上存在区别，前者强调互相配合，后者强调互相制约。如果在介入阶段，按照审查起诉方式开展工作，那么将导致因介入局限于既有证据材料，失去拓展证据材料范围的发展空间，无法实现协助调查的介入初衷。如果在审查起诉阶段，以介入意见代替审查起诉过程，将导致审查起诉所应当具有的程序过滤功能被虚置，程序分化与职能分工所预设的制约价值将难以实现。

2. 检察机关提前介入监察调查的内容应当明确为依法提供意见和建议

检察机关提前介入监察调查的主要目的是发挥其在法律适用和证据收集、固定方面的专业优势，因此其介入行为的内容也应当建立在发挥自身优势的基础上。针对当前监察调查实践，检察机关提前介入监察调查应当根据所掌握的刑事法律知识和经验，从后续刑事追诉的标准和要求出发，对监察机关的调查过程和结果提出建设性建议和完善性意见，从而协助监察机关更加高效规范地展开调查活动，确保调查的全面、准确、合法，为后续处置和刑事追诉奠定坚实的事实和证据基础。检察机关提前介入监察调查过程中，应当量力而行。在机构人员转属的背景下，检察机关应当根据自身已有的办案资源和能力，适度参与，不能大包大揽，否则不仅不利于发挥监察机关作为反

① 陈国庆：《刑事诉讼法修改与刑事检察工作的新发展》，载《国家检察官学院学报》2019 年第 1 期。

腐败专责机关的资源整合优势，更会给检察机关带来无法承担的办案压力。

就监察机关而言，对检察机关的提前介入应当保持积极配合的态度，为检察机关的参与提供便利条件和必要保障，以提高检察机关参与的效率。另外，监察机关也应当保持监察调查的独立性，不能对检察机关的参与产生依赖，放弃案件调查的主导权，对检察机关提前介入监察调查所提出的意见和建议不加辨析地全盘接受。更不能将检察机关提前介入监察调查作为规避办案责任、应付后续审查起诉的捷径，最终对案件调查的事实认定和法律适用决定主体依然应当是监察机关自身，责任承担自然也应当以监察机关为主体。

3. 检察机关提前介入监察调查过程中应当尊重监察机关的调查主导权

监察机关作为行使国家监察权的专责机关，将此前纪检监察、检察机关等反腐资源进行整合，[①] 以凝聚合力，强化对职务犯罪的打击力度，由此决定了监察机关行使调查权具有高度的权威性和独立性。检察机关作为提供建议和意见的协助者提前介入监察调查环节，应当高度重视介入行为的谦抑性，不能影响监察机关的主导地位。这要求检察机关要做好以下两个方面的工作：一方面，按照监察机关提请介入的范围提供意见和建议，不能超出范围对监察机关的调查行为进行评价；另一方面，对于所提出的意见和建议，是否采纳由监察机关决定，检察机关不得干涉，更不得利用自身在后续审查起诉环节的公诉权，对监察机关不采纳提前介入意见和建议的行为进行威胁和报复。

监察机关对检察机关提供的意见和建议，也应当理性认识，既尊重其专业性，虚心予以接纳，也要提高自身的辨识和分析判断能力，而不能不加辨别地一律盲从。虽然检察机关拥有职务犯罪案件审查起诉的实践优势和职务犯罪侦查的历史经验，但是在新的职务犯罪案件办理格局下，监察调查与审查起诉分属不同程序范畴，并且在指导思想和具体规范层面都存在诸多差异。这决定了检察机关在提前介入阶段所提供的意见和建议都是从刑事追诉的角度出发进行考量的结果，而监察机关除了要考虑案件调查的后续刑事追诉之外，还负责对案件成因的分析以及未来预防体系的构建等。相较检察机关的刑事追诉一元价值决策机制，监察机关工作的目的是实现腐败治理的多元价值。

---

① 施鹏鹏：《国家监察委员会的侦查权及其限制》，载《中国法律评论》2017 年第 2 期。

因此，检察机关提供的意见和建议只能作为作出最终决策的参考性因素，监察机关还要综合考量通过案件调查所需要实现的监督、处置等相关职权内容。

4. 检察机关提前介入监察调查的行为应当限定在协助辅助限度之内

监察调查是由具体的调查行为所构成的，《监察法》给监察机关配置了谈话、讯问、查询等调查措施，以保障监察机关调查职权的有效行使。检察机关应当坚持《监察法》和《刑事诉讼法》的职能分工，不得违背分工负责原则，直接参与案件调查活动或者采取调查措施。分工的目的不仅是确保职务犯罪案件办理的高效有序，同样也是利用权力的分工实现不同机关之间的互相制约，防止权力过度集中，影响人权保障。具体而言，检察机关应当严格遵循《监察法》对于监察调查职权归属的规范，不能直接参与案件调查的具体取证活动和决定活动。这意味着，检察机关可以就调查取证和法律适用等向监察机关提供意见和建议，但是具体的调查取证活动和案件办案决策等直接办案行为都应当由监察机关自行实施，不能将提前介入演变成联合办案。这不仅会混淆检察机关与监察机关的职能分工，并且将导致后续审查起诉程序所具有的审查和过滤功能被虚置。

对于监察机关而言，也应当理性对待检察机关在提前介入过程中发挥作用的范围，不能将案件调查过程中所面临的事实认定和法律适用难题完全寄希望于检察机关，不能片面地认为一旦提请检察机关提前介入监察调查就可以万事大吉，更不能因检察机关提出的建议无法满足自身需求就认为检察机关消极对待，没有认真履行协助职责。

三、检察机关提前介入职务犯罪案件监察调查的实践现状反思与完善路径

习近平总书记在主持中共中央政治局第十一次集体学习时强调，在新的起点上持续深化党的纪律检查体制和国家监察体制改革，促进执纪执法贯通，有效衔接司法。检察机关在职务犯罪案件监察调查中的提前介入作为《监察法》与《刑事诉讼法》“法法衔接”的组成部分，被视为监察机关与检察机关互相配合原则的重要内容。无论是国家监察委员会与最高人民检察院制定的《国家监察委员会与最高人民检察院办理职务犯罪案件工作衔接办法》，

还是中央纪委、国家监察委员会的《监察机关监督执法工作规定》中都将提前介入纳入检察机关与监察机关协作机制体系中。但是，由于当前监察调查和刑事司法领域的基础法——《监察法》与《刑事诉讼法》中都未对检察机关在监察调查环节提前介入的合法性予以明确，当前检察机关提前介入监察调查仍属于探索阶段，存在诸多实践难题，[①] 需要在总结实践经验的基础上予以进一步完善和优化。

（一）当前检察机关提前介入监察调查的现状反思

1. 检察机关提前介入适用率过高

当前监察调查实践中，基于监察机关与检察机关查办职务犯罪案件的职责牵连性和人员转属所形成的天然亲密性，检察机关提前介入监察调查的实践适用率极高。根据相关报道，部分地区甚至出现职务犯罪案件检察机关提前介入的全覆盖。[②] 检察机关提前介入监察调查的普遍适用，反映了监察机关对于确保职务犯罪案件调查合法性的重视，是在措施使用、证据标准上主动对接以审判为中心的刑事诉讼制度改革的体现。然而，检察机关提前介入监察调查作为一种需要相应司法资源成本保障并且存在一定制度风险的衔接配合机制，其实践适用率并非越高越好。当前监察调查实践中，检察机关提前介入监察调查适用率过高，超过必要限度，导致检察机关提前介入监察调查的机制功能定位异化，影响检察机关与监察机关法定职责与角色定位的实现，损及监察调查程序与刑事司法程序的有序衔接。

具体而言，检察机关提前介入监察调查在职务犯罪领域过度适用可能造成的制度风险表现为以下几个方面：

一是导致检察机关与监察机关职能分工混淆。根据《监察法》与《刑事诉讼法》，我国当前形成了监察机关负责监察调查、检察机关负责审查起诉的职务犯罪追诉模式。在这一模式下，监察机关作为反腐败专责机关，负责对职务犯罪行为进行事实调查，收集、固定证据；检察机关作为法律监督机

---

① 陈国庆：《刑事诉讼法修改与刑事检察工作的新发展》，载《国家检察官学院学报》2019 年第 1 期。

② 例如，贵州省全省检察机关 2018 年职务犯罪检察提前介入率达到 91.08%，浙江省苍南县检察机关 2017 ~ 2018 年职务犯罪提前介入率高达 100%。

关，负责对监察机关移送审查起诉的案件进行审查，决定是否提起公诉。二者之间以移送审查起诉为界限，形成了互相配合、互相制约的法定职责分工和权力配置体系。检察机关提前介入监察调查的过度适用则会影响检察机关与监察机关按照法定职能分工所形成的职务犯罪追诉“生态”。

一方面，可能导致监察机关与检察机关职能混同，角色定位失序，最终有可能因程序制约功能被架空，存在“联合办案”的风险。根据相关研究，当前检察机关提前介入监察调查普遍存在重配合、轻制约的倾向。① 如果在所有职务犯罪案件中都适用提前介入机制，将会使检察机关成为监察调查阶段实质上的参与主体，监察调查结论成为监察机关与检察机关共同协作的结果。这不仅无法实现监察机关独立主导监察调查的国家监察体制改革目标，更会导致检察机关因参与监察调查，在后续审查起诉阶段不愿自我否定，致使审查起诉程序所应当发挥的过滤功能被虚置。检察机关与监察机关专注配合，忽视制约，形成实质上的“联合办案”，这不仅不利于保证办案质量，更会对被调查人的权利保障造成不利影响。

另一方面，可能导致监察机关与检察机关职权行使的独立性被侵蚀，致使二者关系异化。在缺乏进一步明确立法阐释的情况下，检察机关介入职务犯罪案件调查后实质上成为了融合程序与实体、办案与监督等功能的“多面手”角色。② 监察程序与刑事司法程序属性不同，程序运行机制自然存在差异。为保证监察机关与检察机关能够行使法定职权，《监察法》和《刑事诉讼法》分别明确了监察机关和检察机关依法独立行使职权原则。检察机关提前介入监察调查的普遍适用，不仅导致监察机关与检察机关对于是否启动提前介入，以及是否实施提前介入的自主决定权被剥夺。而且在介入过程中，为协调关系、统一意见，难免会需要妥协，有可能出现监察机关利用自身权威性，在提前介入阶段要求检察机关作出相应意见，进而成为影响检察机关审查起诉意见的“抓手”，影响检察机关独立行使审查起诉权。也有可能出现检察机关利用审查起诉决定权，在提前介入环节干预监察机关自主行使调

---

① 左卫民、刘帅：《监察案件提前介入：基于356份调查问卷的实证研究》，载《法学评论》2021年第5期。

② 周新：《论检察机关提前介入职务犯罪案件调查活动》，载《法学》2021年第9期。

查权，要求监察机关改变调查结论。这两种情形的出现，不仅会影响个案结论的合法性与准确性，更会影响检察机关与监察机关之间的主体关系，损及对职务犯罪的高效有序追诉。

二是检察机关提前介入监察调查过度适用将拖累监察调查效率，并且可能导致检察机关不堪重负。为避免监察调查拖延导致线索失效、证据灭失和被调查人逃脱隐匿，效率性就成为监察调查权行使的基本要求。然而，检察机关的提前介入行为难免会对监察机关的调查效率产生负面影响。按照现行介入流程，检察机关需要在监察机关案件审理阶段介入，对于需要补证的，由审理部门按程序报批后，交由调查部门进行补证。程序间的转换和回流必然会耗费大量的时间成本，必然会影响监察调查效率提升。而且检察机关提前介入监察调查的普遍适用对于监察机关的自身发展也会造成消极影响，容易产生依赖心理，不利于培养一支敢于独立行使调查职权、准确作出调查结论的监察调查队伍。

由于在是否提前介入问题上监察机关拥有绝对主导权，[①] 检察机关处于被动地位，导致在办案资源配置上难免顾此失彼。对于检察机关而言，当前员额制改革及职务犯罪侦查队伍转属后所形成的案多人少的矛盾愈加突出，本已捉襟见肘的办案力量如果大量投入职务犯罪提前介入，将对检察机关正常办案秩序造成影响。如果检察机关将有限办案资源集中于职务犯罪提前介入，势必影响其聚焦审查起诉主业，而且案件覆盖式的介入模式也不利于将有限的办案资源集中于重大疑难案件，影响介入实效。

2. 检察机关提前介入监察调查的具体细则不明

虽然《国家监察委员会与最高人民检察院办理职务犯罪案件工作衔接办法》与《监察机关监督执法工作规定》中都对检察机关提前介入监察调查的介入阶段、介入组织形式以及介入内容和介入基本流程等都作出了原则性规定，但根据实践反馈，由于相关实施细则不明确，导致实践中检察机关的具体介入活动仍缺乏统一性和规范性。具体而言，表现为以下几个方面：

一是提前介入的阶段限制过严，不利于提前介入功能发挥。按照《国家

① 周新：《论检察机关提前介入职务犯罪案件调查活动》，载《法学》2021年第9期。

监察委员会与最高人民检察院办理职务犯罪案件工作衔接办法》，只有在案件进入监察审理阶段方可启动提前介入。这虽然有利于避免过早介入影响调查部门独立行使调查权，但由于审理阶段通常证据收集、固定工作已经全部完成，此时再提出证据补充或者完善建议，很可能因时过境迁丧失时效性，致使检察机关提前介入的协助调查功能难以充分发挥。

二是监察调查管辖与刑事诉讼管辖冲突导致提前介入的检察机关难以确定。当前职务犯罪案件监察调查管辖是按照干部管理体制确定的，而审查起诉管辖则是根据刑事管辖制度确定的，二者在地域管辖和级别管辖上难免存在冲突与矛盾。例如，对于地方大型国有企业领导干部和部属高校领导干部涉嫌职务犯罪的，按照干部组织管理体系，可能需要国资委监察部门或者教育部监察部门进行监察调查，而按照刑事诉讼管辖制度，此类案件通常需要由犯罪地的基层或者市级人民检察院审查起诉。这种情形下，提前介入小组的组成就面临是以监察机关调查管辖为重心，还是以检察机关刑事诉讼管辖为重心的现实难题，实践中亟须予以明确。

三是提前介入小组人员与后续审查起诉承办人选之间关系不明确。为保证检察机关提前介入监察调查的效果，《国家监察委员会与最高人民检察院办理职务犯罪案件工作衔接办法》要求检察机关组成由检察官带队的提前介入工作小组，但是关于小组组成人员与后续案件承办人之间是否应当同一则没有明确。实践中有的检察机关为避免先入为主，影响审查起诉中立性，会要求提前介入人员与后续审查起诉人员互不交叉；有的检察机关则为了提高效率，则规定应当由同一主体完成提前介入和审查起诉两项职责。两种模式各有利弊，前者强调正当性，后者强调效率性，人员构成决定了检察机关提前介入监察调查的价值出发点和行为基础，对于检察机关提前介入监察调查的实践形态具有极强的形塑作用。因此，为保证检察机关提前介入监察调查机制运行能够符合其角色定位，必须对提前介入工作小组人员构成予以明确，否则将导致提前介入实践丧失应有的规范性和统一性。

四是提前介入后形成书面意见出具主体身份不明。实践中，提前介入书面意见的出具主体，有的是以检察机关名义出具，有的是以工作小组名义形成，有的是以检察官名义形成，尚未形成统一模式。出具名义不仅关系到书面意见本身的规范性和效力，更关系到这一意见的性质。检察机关作为刑事司法主体介入监察调查环节，其行为不仅受到刑事诉讼法的规范，还应当遵守《监察法》的规定。对于提前介入工作小组在介入过程中所形成的书面意见，无论是刑事诉讼法，还是《监察法》都并未明确其性质与效力。按照协助调查和准备公诉的基本定位，无论是在监察调查环节，还是在审查起诉环节，这一意见都不具有强制力，因此，如果以检察机关名义出具，可能会对监察机关是否采纳带来压力，对检察机关后续审查起诉也会造成束缚，如果以工作小组或者检察官名义出具，则会影响建议的规范性与权威性。因此，应当在明晰书面意见性质的基础上确定出具主体身份，确保书面意见的规范适用。

3. 检察机关提前介入监察调查缺乏程序控制，被调查人权利保障不足

无论是《国家监察委员会与最高人民检察院办理职务犯罪案件工作衔接办法》，还是《监察机关监督执法工作规定》，都将检察机关提前介入监察调查机制作为监察机关与检察机关工作衔接机制的组成部分，无论是程序的启动，还是程序的推进以及程序结果实现，都具有鲜明的封闭性，未对监察机关和检察机关之外的主体设置认可的知情参与渠道，也未对程序可能影响对象配置任何异议和权利救济途径予以规定。这虽然有利于提高提前介入的效率，保守调查秘密，但是难免使提前介入机制在缺乏程序控制和制约的情形下运行，一旦出现违法介入情形，很难得到有效处置，权利受到侵害的被调查人、犯罪嫌疑人、被告人也缺乏有效的救济机制。程序控制机制和被调查人权利救济机制的缺失使当前检察机关提前介入监察调查机制的运行面临违法风险和权利保障不足的弊端，不仅损及提前介入的合法性与正当性，甚至将危及反腐败斗争整体法治性与权威性。

（二）程序完善视角下检察机关提前介入监察调查机制的具体完善措施

1. 提前介入案件遴选机制

《国家监察委员会与最高人民检察院办理职务犯罪案件工作衔接办法》中对于检察机关提前介入监察调查的案件范围规定为“重大、疑难、复杂案件”，这一表述明确了检察机关并非对于所有的案件都需要进行提前介入，但是对于具体介入范围却并未明确限定。无论是重大，还是疑难，以及复杂，

都是具有较强主观描述性的弹性标准，缺乏进行定量判断的客观标准。提前介入案件范围界定的模糊性，一方面是基于当前尚处于探索阶段，需要为制度完善提供必要自由空间，另一方面也是受制于实践中个案案情的复杂性，很难对案件是否需要检察机关提前介入的必要性进行完全精准的客观量化。可以预判的是，为保证制度活力，制定完全客观精准的提前介入案件范围标准几乎是不可能的。针对实体标准问题解决路径无法实现的现状，则应当通过构建遴选程序的方式，通过程序所具有的规范功能限定提前介入案件范围。具体而言，检察机关提前介入监察调查的案件遴选机制主要包括监察机关的启动环节和检察机关的决定环节。

首先，明晰介入标准，尤其应当注意并非所有重大、疑难、复杂案件都需要检察机关提前介入。只有案件审理部门认为在证据标准、事实认定、案件定性及法律适用等方面存在难以自行把握、需要检察机关提供意见的案件，方能启动检察机关提前介入监察调查机制。在启动程序上，为保证检察机关提前介入监察调查的必要性，对于监察机关案件审理部门认为需要商请检察机关提前介入的案件，应当由监察机关负责人审查是否同意。对于具有重大的社会影响或者关系国家安全、外交等特别重大职务犯罪案件，是否引入检察机关提前介入需要具体办案机关层报国家监察委员会决定。

其次，对于监察机关商请检察机关提前介入监察调查的案件，检察机关应当进行必要的审查，认为确属自身介入范围的案件应当积极介入，对于认为不属于证据标准、事实认定、案件定性及法律适用问题，自身无法提供建议的，则应当及时向提出商请的监察机关说明理由，对于一般性法律标准或者规则适用问题，可以直接予以回复，无须采取检察机关提前介入监察调查的方式予以解决。

2. 完善介入具体流程

（1）将提前介入阶段前移至监察调查阶段

《国家监察委员会与最高人民检察院办理职务犯罪案件工作衔接办法》规定，只能在案件进入审理环节方能由监察机关案件审理部门商请检察机关提前介入，在调查环节，遇有重大、疑难、复杂问题时，监察机关调查部门只能沟通审理部门提前介入。对介入阶段限制过严，将导致监察机关提前介入监察调查所具有的协助功能无法得到充分发挥。尤其是对于在调查阶段调查部门对于所调查行为在违法犯罪定性方面存在争议的案件，检察机关提前介入监察调查可以有效避免因定性错误或者迟延，影响调查方向和调查策略的确定。此外，对于效率性要求极高的监察调查活动而言，在调查实施阶段就提出证据补充和完善意见，也可以有效避免证据灭失。因此，应当规定，监察机关调查部门在监察调查过程中，认为在证据标准以及法律适用等方面存在疑问的，应当协调审理部门介入，审理部门介入后，认为需要检察机关提前介入监察调查的，可以商请检察机关在监察调查阶段提前介入。

（2）明确提前介入检察机关应当为后续审查起诉检察机关

监察机关确定提前介入的检察机关时，应当按照《刑事诉讼法》关于地域管辖和级别管辖规定，将案件交由未来负责审查起诉的检察机关。当然，这一模式下，可能出现提前介入检察机关与负责调查监察机关相隔遥远的问题，可能增加检察机关提前介入监察调查的成本，因此未来的治本之策是调整优化监察调查管辖模式，重点解决垂直管理机关公职人员职务犯罪调查属地管辖问题，实现监察管辖与刑事诉讼管辖的协调。

（3）提前介入小组应当包含案件审查起诉承办检察官

按照《国家监察委员会与最高人民检察院办理职务犯罪案件工作衔接办法》，提前介入小组分别承担协助调查和审查强制措施的职责。在当前检察机关推行捕诉合一改革的背景下，为提高效率，避免重复审查所导致的司法资源浪费，应当明确提前介入小组中通常应当包含后续负责该案审查起诉的检察官。为避免办案人员同一情形下提前介入成为审查起诉的预演，以及审查起诉被提前介入所架空，应当规定提前介入小组除未来负责该案审查起诉检察官外，还应当包含其他检察官，对于监察机关未采纳提前介入意见的，原介入检察官应当回避该案的审查起诉，检察机关应当另行确定该案的承办检察官。

（4）书面意见应当以介入工作小组名义出具

按照《国家监察委员会与最高人民检察院办理职务犯罪案件工作衔接办法》的规定，检察机关所出具书面意见仅具有参考作用，是否采纳由监察机关确定，如果以检察机关的名义出具，一旦不被监察机关采纳，将可能损及检察机关的权威性和公信力。此外，作为后续审查起诉主体，书面意见如果以检察机关名义出具，有可能对监察机关调查独立性造成一定限制，而且也将可能成为审查起诉阶段的包袱，导致案件承办人不敢或者不愿推翻此前的书面意见。而以检察官名义出具，则在规范性与权威性方面存在不足，无法体现检察机关提前介入监察调查作为衔接机制在监察调查环节所具有的重要影响力。因此，在兼顾规范性与灵活性的基础上，应当以提前介入小组的名义出具提前介入书面意见，检察机关不加盖公章。

3. 赋予被调查人救济权

监察机关与检察机关作为职务犯罪追诉权力主体，调查权与检察权的行使必然会对作为程序相对方的被调查人、犯罪嫌疑人和被告人产生影响。虽然在提前介入过程中，按照既有规定，检察机关仅提供意见，并不直接实施调查活动，但由于这一过程具有强烈的封闭性，为避免介入过程中出现违法行为，影响被调查人、犯罪嫌疑人、被告人权利保障，应当规定，提前介入过程中相关文书和材料都应当纳入案卷中，并随案移送，自审查起诉之日起允许辩护人查阅、摘抄、复制。在庭审过程中，应当对提前介入阶段所形成的证据材料进行明确说明，供被告人及其辩护人质证。对于在提前介入过程中存在违反提前介入相关规范情形的，应当赋予被调查人、犯罪嫌疑人、被告人异议权，在监察调查阶段可以向监察机关提出申诉，在审查起诉和审判阶段可以向检察机关和审判机关申诉。经审查，检察机关和监察机关在提前介入阶段确实存在非法取证等情形的，应当依法将相关证据予以排除，并追究相应法律责任。

第三章

职务犯罪案件监察调查与审查起诉证据衔接

证据是链接法律事实与客观真实的媒介。[①] 基于职务犯罪追诉与犯罪行为之间的时序关系，无论是监察调查认定，还是刑事证明，都属于对已然发生的职务犯罪行为的再现。在此过程中，为保证事实认定结果的客观公正，无论是监察机关监察调查结论的形成，还是检察机关的审查起诉结论，抑或审判机关的最终定罪量刑，都需要建立在确实充分的证据基础之上。监察证据移送并在刑事诉讼中使用，既是监察程序与刑事诉讼程序协调衔接的重要环节，也是监察权与检察权、审判权配合制约的重要载体，还是构建以审判为中心的刑事诉讼新格局的重要内容。[②] 职务犯罪案件的监察调查与审查起诉虽然在程序属性上存在差异，然而就职务犯罪案件办理流程而言，监察调查作为专门的调查取证阶段，在这一阶段监察机关所实施的调查取证行为，以及所获取的证据材料，无疑是后续审查起诉和审判的基础所在。监察程序中收集固定的证据能否在后续刑事司法程序中成功运用是监察程序与刑事司法程序有机衔接之关键。[③] 因此，职务犯罪案件监察调查与审查起诉证据衔接不仅关系证据在监察机关与检察机关之间的有效流转，更关系案件最终的责任确定能否客观公正。作为《监察法》与《刑事诉讼法》“法法衔接”最为关键和疑难的问题，[④] 证据材料的衔接成为职务犯罪案件监察调查与审查

① 夏伟、刘艳红：《程序正义视野下监察证据规则的审查》，载《南京师大学报（社会科学版）》2019年第1期。

② 兰跃军：《论监察证据在刑事诉讼中使用》，载《证据科学》2018年第6期。

③ 孟穗、冯靖：《监察调查与刑事诉讼的衔接问题研究》，载《河北法学》2019年第4期。

④ 姚莉：《〈监察法〉第33条之法教义学解释——以法法衔接为中心》，载《法学》2021年第1期。

起诉衔接机制研究中需要重点关注的问题之一，自国家监察体制改革以来受到理论界与实务界的广泛关注。

根据《监察法》第 33 条第 1 款的规定，职务犯罪案件监察调查证据并未采取 2012 年《刑事诉讼法》第 52 条确定的行政证据转化使用模式，而是采取了直接使用模式。这一模式突破了刑事证据取证主体与取证程序的藩篱，提高了证据使用效率，避免了二次转化过程中的证据损耗和变质；但与此同时，也带来了由于取证主体和取证措施差异所产生的证据性质和形式差异的内在冲突。这就要求在职务犯罪案件监察调查与审查起诉衔接机制中，不仅要实现证据材料在监察机关与检察机关之间的物理空间转移，还要实现在监察程序与刑事诉讼程序之间的场域转换。证据衔接所涉及的并非纯技术层面的对接与协调，其实质在于司法价值层面上的衡平与融贯。[①] 对此，职务犯罪案件监察调查与审查起诉证据衔接，需实现以下两方面的目标：一方面，要实现衔接过程中的顺畅高效，确保监察调查所获取证据能够完整全面地进入刑事诉讼程序，获得在刑事诉讼中运用的证据资格，满足审查起诉和审判认定事实对证据材料的“质”“量”双重需求。另一方面，要通过职务犯罪案件监察调查与审查起诉衔接机制的制约过滤功能，对监察调查获取证据进行必要审查，在确保其符合刑事诉讼办案需求、保证追诉质量的同时，强化证据获取和运用中的权利保障。根据《监察法》和《刑事诉讼法》所确定的“调查——公诉”职务犯罪追诉模式，在证据材料移送的过程中，监察调查程序则演变成了实质意义上的刑事诉讼前置程序。该前置程序不仅关涉刑事诉讼阶段，也最终传导至刑事审判阶段，如果无法经受住审判阶段的检验，监察调查成效则大打折扣，反腐效率也会遭受拖累。[②] 职务犯罪案件监察调查与审查起诉衔接机制作为监察证据进入刑事司法领域的端口，在互相制约原则的支撑下，对监察机关移送证据材料进行必要审查，不仅保证后续刑事诉讼程序证据材料的形式规范，并且可以传导至监察调查环节，提高监察调

---

① 施鹏鹏、马志文：《论刑事诉讼法与国家监察体制的衔接》，载《浙江工商大学学报》2020 年第 2 期。

② 李海峰：《非法证据排除规则在监察程序中的价值预期与合理运用》，载《法治研究》2020 年第 6 期。

查的规范性。当前，《监察法》与《刑事诉讼法》共同确立了监察机关办理和移送审查起诉的案件，其证据资格、证明力与证明标准应当与审查起诉、刑事审判的要求相一致，以非法方法收集的证据应当依法排除，不得作为案件处置依据的证据衔接体系。这是监察法治体系与刑事法治衔接协调的关键问题之一。职务犯罪案件监察调查与审查起诉证据衔接机制的完善有效地契合了监察机关职务犯罪调查权的法律属性，符合司法改革的价值取向，反映建立以审判为中心的刑事诉讼制度改革的基本要求，有利于防止“侦查中心主义”或者“监察中心主义”对反腐败法治体系和法治能力现代化建设可能带来的影响，避免监察证据转化或重复取证中的证据损耗和法治资源浪费，为建立“集中统一、权威高效”的国家监察体制奠定证据制度基础。[①]

第一节　职务犯罪案件监察证据概述

如果说证据是诉讼的灵魂，那么监察证据就是贯穿职务犯罪案件诉讼的灵魂。[②] 证据作为发现事实、查明真相的信息基础，在监察领域内具有不可替代的重要价值。监察机关作为反腐败专责机关，在履职过程中，无论是一般监督还是处置职务违法，乃至调查职务犯罪，都会对监察对象产生深远影响，因而监察机关的监察行为都应当建立在坚实的事实基础之上，而证据作为形成法律事实的核心支撑，自然应当予以高度关注。由于监督、调查和处置等职能履行在事实查明方面各有侧重，尤其是职务犯罪调查所获取证据还需要进入刑事司法程序，用于诉讼证明，因而监察领域的刑事证据问题相较于刑事司法领域的证据问题更为复杂。《监察法》对于监察证据的证据资格、证据种类、取证规则以及证据排除等问题进行了规范，但受制于法条数量有限，在具体细则方面仍有较大完善空间。由于此前关于证

① 徐汉明、李少波：《〈监察法〉与〈刑事诉讼法〉实施衔接路径探究》，载《法学杂志》2019年第5期。

② 董坤：《监察与司法衔接中的证据问题研究》，载《西南民族大学学报（人文社会科学版）》2021年第7期。

据问题的研究主要集中于刑事司法领域，监察证据缺乏充足的理论储备，为避免因领域差异导致的概念歧义，故此在对职务犯罪案件监察调查与审查起诉证据衔接相关问题讨论之前，有必要对监察证据的内涵外延、价值功能以及特征原则等基础理论问题予以探讨，为后续衔接机制完善的相关研究提供统一理论平台。

一、职务犯罪监察证据基础理论

证据作为证明事实的基础，长期以来受到法学界的高度关注，无论是刑事诉讼，还是民事和行政诉讼，都对证据的相关理论进行了深入研究，用于指导立法完善与实践适用。监察证据以监察权为权力基础，以监察机关为组织载体，以监察职责为作用空间，作为政治机关打造的法治产品,[①] 监察证据具有鲜明的法律属性，监察证据基础理论体系的构建可以结合刑事司法领域证据理论相关内容，结合监察领域特定权力属性和法律规范，以及监察实践规律和需求予以展开。职务犯罪监察证据作为监察证据的一种类型，在违法犯罪全覆盖的调查模式下，既具有监察证据的一般共性，又具有犯罪证据的特性，在对监察证据本身缺乏系统研究的现状下，有必要在明晰监察证据内涵外延的基础上展开讨论。

（一）监察证据的内涵与外延

1. 监察证据的概念界定

监察证据作为证据的子概念，其内涵界定需要建立在证据本身概念确定的基础之上。当前法学界关于证据的概念界定主要存在“事实说”和“材料说”两种不同观点。其中前者强调证据应当具有客观性，只有符合客观事实的，方能成为证据；后者认为证据需要查证属实证据与事实之间存在的矛盾与冲突，选择用材料这一中性概念化解证据的客观性与证据审查之间的对立关系。根据对《刑事诉讼法》和《民事诉讼法》的考察，由于“材料说”更符合诉讼过程中对证据的审查运用规律，因而获得了立法

---

① 左卫民、莫皓：《政治机关如何打造法治产品——以监察证据为切入点》，载《四川大学学报（哲学社会科学版）》2019 年第 2 期。

的普遍认可。[①]《监察法》中对于监察证据并没有进行明确规范，然而根据中央纪委法规室和国家监察委员会法规室编写的《〈中华人民共和国监察法〉释义》，选择用“事实说”界定监察证据的概念，认为监察证据“是指以法律规定形式表现出来的，能够证明监察机关所调查事项的真实情况的一切事实”。[②]这一界定体现了监察机关对于证据客观性的高度重视，但是笔者认为，根据《监察法》第33条第2款和第45条第1款第4项的规定，监察证据的运用也需要经过审查方能成为证明事实的依据，因而亦存在事实设定与后续审查之间的冲突，因此对于监察证据的定性仍以采“材料说”更为妥当。如此，既有利于弥合“事实说”所面临的内在矛盾，也有利于监察证据，尤其是职务犯罪案件监察证据在监察调查与刑事诉讼之间的有效流转。此外，对于前述概念界定中监察证据证明目的的界定也存在一定偏差，其将监察证据限定于调查环节是不适宜的，监察证据不仅是监察调查的目标指向，更是监察监督和处置的事实基础，因此对于监察证据的证明目的应当指向监察监督、调查、处置的全覆盖。

综上所述，监察证据应当是指《监察法》所规定用于证明监察事项的材料。具体而言，这一概念的内涵包含以下几方面。

（1）监察证据的形式是由《监察法》明确规定的。《监察法》第33条第1款对证据的种类进行了规定，需要注意的是，这一款规定的仅是可以在刑事诉讼中使用的监察证据，在监督和处置中所使用的证据类型并不包含在内，根据证据产出机制，应当以监察措施的范围界定监察证据的范围。《监察法》所规定的15种监察措施，除人身自由控制类监察措施之外的12种监察措施都会形成相应的证据类型。监察证据形式种类，由《监察法》明确规定。一方面，规范了监察证据的种类范围，形成了明确的证据体系，并且得到立法的效力支撑，有助于提升监察证据的权威性；另一方面，也对监察证据的范

① 《刑事诉讼法》2012年修正时，就将证据的概念由“证明案件真实情况的一切事实，都是证据”修改为“可以用于证明案件事实的材料，都是证据”，经历了由“事实说”向“材料说”的嬗变。

② 中央纪委法规室、国家监察委员会法规室编写：《〈中华人民共和国监察法〉释义》，中国方正出版社2018年版，第123页。

围进行了有效限定，消除了非法定证据进入监察领域的空间，提升了监察证据的科学性与客观性，为相关主体的证据收集、审查和运用提供了明确的法律指引。

（2）监察证据的目的是证明监察行为所需的事实基础。按照《监察法》的规定，监察机关具体履行监督、调查、处置三项职权，而监察证据对于这三项职权的履行都发挥着不可替代的重要作用。对于监督职责而言，虽然这一职责重点是通过抓早抓小和防微杜渐将可能发生的职务违法犯罪扼杀在萌芽状态，强调对尚未发生行为的预防，同证据的已然发生事实证明属性存在一定冲突。但要注意的是，监察机关在采取一般监督措施时，基于监督资源有效配置和精准发力的考量，其监督行为都会针对有职务违法犯罪苗头和倾向的对象展开。为保证监督措施有的放矢、收到实效，就需要相应的证据作为基础，以此判断监督的迫切程度，以合理配置监督力量，采取适当监督措施。对于监察调查措施而言，证据是这一职权履行的核心内容，监察调查启动需要建立在一定的线索信息基础之上，监察调查活动的核心任务是收集、固定证据，调查结论的形成以及后续程序走向确定都需要建立在确实、充分的证据基础之上，以此确保监察调查的有效性与规范性。对于处置职权而言，由于处置结果对于被处置人会产生极为重大的影响，为保证处置结论的客观公正，更是需要建立在扎实的证据基础之上。

（3）监察证据的运用需要经过法定程序审查判断。监察证据从获取到最终作为认定案件事实的基础，需要经历收集、固定、审查、运用等流程，在此过程中需要对证据的客观性、关联性、合法性进行全面甄别，去伪存真。尤其是用于证明职务犯罪的监察证据，在调查完毕后，还需要移送司法机关接受审查起诉和审判阶段的证据审查，方能成为定罪量刑依据。即使是监督和处置证据，也需要监察机关在作为认定事实基础之前，进行全面审查，方能予以运用。

2. 监察证据的外延分类

《监察法》所确定监察措施体系能够形成种类多元、形式多样的监察证据类型，加之与监察证据有关的具体监察职责多元，因而监察证据体系所包含具体证据类型多样，通过类型划分，有助于厘清监察证据体系架构，确定相关立法和实践的完善和发展方向。

（1）根据证据的法定形式

每一种监察措施都会产生相应形式的证据，由于不同的监察措施所产生的证据形式可能存在交叉，综合而言，监察措施所形成证据形式具体包括：①物证，是指与被调查案件相关联，可以用于证明案件情况和被调查人情况的实物，如赃款赃物。②书证，是指能够以其内容证明案件事实的文字、图案等资料，如行贿人转账凭证、攻守同盟间的书信往来。③证人证言，是指监察机关通过询问了解案件情况的人，要求其就了解的案件情况所作的陈述。④被调查人供述和辩解，是指被调查人就案件情况向监察机关所作的陈述，既包括承认自己有罪之人作出的有罪供述，也包括声称自己无罪或者罪轻的辩解。⑤视听资料，是指载有与案件相关内容的录像、录音材料等，如通过技术侦查所获取的录音、录像资料。⑥电子数据，是指与案件事实有关的电子邮件、网上聊天记录、电子签名、访问记录等电子形式的证据。⑦勘验、检查笔录，是指监察机关通过对现场、物品、人身进行勘验和检查所形成的笔录。⑧鉴定意见，是指监察机关指派或者聘请专业人士对案件所涉专业问题形成的意见。⑨谈话笔录，是指根据对与被谈话人谈话过程和内容所形成的笔录。

根据证据形式对监察证据分类，主要原因是不同证据形式所对应的立法规范和实践流程各不相同，通过分门别类有助于深入研究不同形式证据的法理基础、立法细则和实践操作方案，提升监察证据规范的可操作性和科学性。

（2）根据证据的证明目的性质

根据监察证据所证明目的的性质，可以将监察证据划分为职务违法证据和职务犯罪证据两类，其中前者是指用于证明监察监督、监察处置以及监察违法调查的证据，后者是指用于证明职务犯罪监察调查的证据。这一分类的主要原因是职务违法与职务犯罪对于证据的实体内容和程序要件的要求存在一定差异，二者区分可以分别按照监察监督和职务违法调查、处置以及职务犯罪调查的不同要求分别研究其理论基础和规范细则。但需要注意的是，由于实践中被调查对象的行为往往同时涉及职务违法与职务犯罪，监督、调查和处置职权通常需要交叉适用，因而职务违法证据与职务犯罪证据之间并非截然对立的关系，同一监察措施可能同时产出职务违法证据和职务犯罪证据，同一证据也可能同时用于监察监督、职务违法调查和处置以及职务犯罪调查，因而在立法规范和实践操作中不能机械割裂，而是应当综合证明目的、行为性质以及证据属性，合理处理职务违法证据和职务犯罪证据的联系与区别。

但需要注意的是，虽然职务违法证据与职务犯罪证据存在一定的实践交叉性，但是根据《监察法》的规定，部分监察措施在职务违法和职务犯罪方面有特定限制，需要特别予以注意。例如，根据《监察法》的规定，监察讯问仅能适用于职务犯罪调查，监察谈话只能适用于监察监督和职务违法调查，那么由此所获取的证据是否仅能适用于监察调查措施所对应的事项则存在一定争议。基于证据稀缺、信息最大化以及节约监察资源的考量，应当赋予监察机关和检察机关、审判机关等证据运用机关自由裁量权，根据案情和法律精神，确定具体证据在相关事项中的证据资格。

职务犯罪作为性质最严重的腐败行为，所造成后果最严重，最为社会公众所痛恨，对国家公职人员廉洁性的影响也最恶劣，因而虽然在案件数量上在职务违法犯罪案件所占比例并不高，但一直以来被社会高度关注。国家监察体制改革将原本由检察机关行使的职务犯罪侦查权，整合为国家监察机关的职务犯罪调查权，以监察调查程序取代了刑事侦查程序，重构了职务犯罪追诉机制。在加强职务违法犯罪调查权威性、效率性的同时，也带来职务犯罪监察调查与刑事诉讼程序两种不同性质的程序如何有效衔接这一新的挑战。监察证据对于强化监察调查与刑事诉讼程序衔接机制构建具有以下两个方面的重要意义。

首先，监察证据在刑事诉讼中的运用避免了监察证据转化或者重复取证中的证据损耗和资源浪费。① 由于证据的收集、固定具有很强的时效性，在监察调查阶段的及时取证，还可以避免证据灭失，最大限度保留案件相关信息。

其次，更重要的是，监察证据是实现监察程序与刑事诉讼程序改革发展方向协调的重要保障。国家监察体制改革与党的十八届三中全会以来新一轮

① 谢登科：《监察证据在刑事诉讼中的使用——兼论〈监察法〉第 33 条的理解与适用》，载《中共中央党校学报》2018 年第 5 期。

司法改革之间存在密切的互动关系。处理好监察程序与刑事诉讼程序的衔接，关键是协调好国家监察体制改革与以审判为中心的刑事诉讼制度改革的关系。[①] 审判中心主义意味着“审判案件以庭审为中心，事实证据调查在法庭，定罪量刑辩论在法庭，全面落实直接言词原则与严格执行非法证据排除”。[②] 监察证据作为职务犯罪案件后续审判的事实认定与法律适用的基础，既是检察机关支持公诉的事实依托，也是法院开庭的审理对象，更是刑事裁判定罪量刑的核心依据。因此，只有在监察调查阶段合法全面地收集、固定证据，实现职务犯罪案件的调查结论的证据确实、充分，方能为后续案件刑事诉讼的以审判为中心奠定坚实基础。此外，由于监察调查所获取证据在后续刑事诉讼中要接受刑事司法机关的审查，因而《监察法》规定，监察机关要依据刑事证据要求来收集运用证据。这也会使审判中心主义要求扩张至监察案件中，并增强审判机关和检察机关对监察机关的制约作用。[③]

（二）监察证据的特征

监察证据作为法定证据种类，一方面其具有法定证据基本属性，需要满足客观性、关联性、合法性的基本要求，另一方面由于监察证据相较于诉讼证据，在证据形式、证明对象等方面存在显著区别，因而需要对其特征予以阐释。

1. 证据种类多样性

监察证据种类的多样性既表现为监察证据的法定形式数量多，还表现为监察证据由于证据使用目标指向不同，使监察证据突破了诉讼证明的窠臼，作用空间拓展至监督、处置等环节，不仅用于证明职务犯罪行为，也用于证明职务违法行为，这使得以证据作为事实认定与法律适用基础的理念贯彻到监察全领域。

具体来看，根据当前权威表述，将监察证据种类界定为物证、书证、证人证言、被调查人供述和辩解、鉴定意见、勘验检查笔录、视听资料、电子

---

① 陈邦达：《监察程序与刑事诉讼程序如何衔接》，载《学习时报》2018 年 9 月 17 日，第 3 版。

② 姜涛、蒋国强：《庭审中心主义视域下的检察制度改革》，载《河北法学》2016 年第 1 期。

③ 高通：《监察程序中非法证据的法解释学分析》，载《证据科学》2018 年第 4 期。

数据等7类，共8种。[①] 然而，根据监察措施与监察证据之间的产出对应关系，在上述证据种类之外，谈话笔录、被害人陈述等也应当纳入监察证据的范畴。

监察证据种类的多样性决定了监察证据体系的构建应当具有充足的涵盖性，能够兼容职务犯罪证据与职务违法证据，能够满足监督、调查、处置不同职权行使对于证据的具体要求，能够为监察机关针对不同类型证据收集、固定、审查和运用提供明确的法律指引与实践细则。

2. 证明目的复合性

传统诉讼证据仅用于诉讼案件的事实证明，而由于监察取证程序的二元性，使其既针对职务违法之监察，又要“服务”于职务犯罪后续的审查起诉与审判程序。[②] 监察职能的多元化决定了监察证据证明目的的复合性。有以下两个方面的原因。

一方面，是因为监察机关作为反腐败专责机关，统一行使国家反腐败职权，无论是对腐败违法犯罪行为的调查职责履行，还是履行监督、处置职权进行事实认定和法律适用都离不开监察证据的支撑。

另一方面，是由监察权行使的现实需求所决定的。由于监察机关职能覆盖一般监督、违法犯罪调查和违法处置，而实践中违法与犯罪往往同时存于同一对象，还有部分行为性质在违纪、违法以及犯罪之间存在争议。这导致监察机关履职过程中，一般监督、违法调查与处置、职务犯罪调查会出现交叉混合的情况。一些案件可能以违纪调查始，而以违法处置或犯罪处置终；也可能以犯罪调查始，而以违纪处置或违法处置终。在案件调查过程中，也会经常出现不同性质的调查取证活动交叉转换的情况，相应地，其取证活动的性质与证据审查使用活动的性质也在不断变化。监察调查的办案方式使职务违法调查与职务犯罪调查的界限模糊，亦难判断监察调查何时进入职务犯

---

① 中央纪委法规室、国家监察委员会法规室编写：《〈中华人民共和国监察法〉释义》，中国方正出版社2018年版，第123页。

② 陈卫东、聂友伦：《职务犯罪监察证据若干问题研究——以〈监察法〉第33条为中心》，载《中国人民大学学报》2018年第4期。

罪调查之阶段。[①] 因此，同一监察证据可能在不同环节分别用于证明不同事项，可能同时成为一般监督与监察处置的事实依据，并且还可能在未来的刑事诉讼中成为定罪量刑的依据。

针对监察证据证明目的的复合性，需要在构建监察证据体系时充分考量证明事项性质变化所带来的挑战，尤其是要注意犯罪证明在实体和程序方面严格的要求，为避免因证明目的变化影响证据资格，就需要整体提升监察证据的取证合法性标准，提高证据对于不同证明事项的适应性。但同时，基于效率因素考量，应当对用于监察监督和处置证据的证明标准等与职务犯罪证明标准进行差异化配置，以优化取证资源配置。

（三）监察证据的获取

《监察法》分别通过第 18 条[②]、第 33 条[③]、第 40 条[④]、第 45 条第 1 款第 4 项[⑤]等法条对监察证据的收集、固定、审查和运用等进行了规范，并且在监察措施部分，对于适用监察措施取证所应当遵循的程序规范进行了明确的规定。通过上述规定，已经初步构建起监察证据法律规范体系，为监察证据实践提供了较为明确的指引。但受制于法条数量有限，实践经验储备不足，当前监察证据收集、固定、审查、运用规则体系仍需要进一步细化完善。

---

① 陈卫东：《职务犯罪监察调查程序若干问题研究》，载《政治与法律》2018 年第 1 期。

② 《监察法》第 18 条规定，监察机关行使监督、调查职权，有权依法向有关单位和个人了解情况，收集、调取证据。有关单位和个人应当如实提供。监察机关及其工作人员对监督、调查过程中知悉的国家秘密、商业秘密、个人隐私，应当保密。任何单位和个人不得伪造、隐匿或者毁灭证据。

③ 《监察法》第 33 条规定，监察机关依照本法规定收集的物证、书证、证人证言、被调查人供述和辩解、视听资料、电子数据等证据材料，在刑事诉讼中可以作为证据使用。监察机关在收集、固定、审查、运用证据时，应当与刑事审判关于证据的要求和标准相一致。以非法方法收集的证据应当依法予以排除，不得作为案件处置的依据。

④ 《监察法》第 40 条规定，监察机关对职务违法和职务犯罪案件，应当进行调查，收集被调查人有无违法犯罪以及情节轻重的证据，查明违法犯罪事实，形成相互印证、完整稳定的证据链。严禁以威胁、引诱、欺骗及其他非法方式收集证据，严禁侮辱、打骂、虐待、体罚或者变相体罚被调查人和涉案人员。

⑤ 根据《监察法》第 45 条的规定，对涉嫌职务犯罪的，监察机关经调查认为犯罪事实清楚，证据确实、充分的，制作起诉意见书，连同案卷材料、证据一并移送人民检察院依法审查、提起公诉。监察机关经调查，对没有证据证明被调查人存在违法犯罪行为的，应当撤销案件，并通知被调查人所在单位。

此处需要介绍一下监察证据收集、固定的基本规则。作为后续审查、运用的基础，监察证据收集、固定不仅是监察调查职权的核心内容，也是监督、处置职权行使的重要依托，在此过程中所收集、固定的职务犯罪证据还是后续刑事诉讼程序事实认定、法律适用的基础。正因为对监察权行使影响如此深远，所以立法对监察证据的取证合法性要求极为严格，以此保证证据的客观性，提高取证的效率性。

（1）合法规则

监察取证活动作为监察机关履行监察职权的法定行为，必须符合《监察法》关于监察措施适用的实体标准和程序规范，无论是收集、固定证据的过程，还是对所收集、固定证据的保管、移送都要按照《监察法》的规定进行，从而确保取证过程的合法性，以及所获取证据种类形式符合立法的要求。其中要特别注意的是，由于职务犯罪案件监察调查取证活动取代了此前检察机关职务犯罪案件侦查取证，成为职务犯罪追诉证据主要来源，为保证监察调查环节所获取证据能够在后续刑事审查起诉和审判阶段得到认可，发挥作用，就要求从源头入手，在监察证据收集、固定环节，就要参照《刑事诉讼法》关于相对应证据形式的取证规范进行，同时符合《监察法》与《刑事诉讼法》的要求。

根据监察证据收集、固定现实的运行需要，监察取证合法性规则具体表现为以下几个方面：一是必须依照法定程序收集证据。例如，讯问被调查人，应由两名以上的监察机关工作人员进行；搜查时出示搜查证；证人笔录必须交本人核对。二是收集证据必须客观、全面，不能只收集一方面的证据。三是严禁以非法方法收集证据。主要是指严禁刑讯逼供，严禁以威胁、引诱、欺骗方式来获取证据。四是要保证一切与案件有关或者了解案件情况的人有客观充分提供证据的条件。五是除特殊情况外，可以吸收与案件有关或者了解案情的公民协助调查，这是指收集证据工作要依靠人民群众。

（2）效率规则

证据作为再现案件事实的信息基础，其存续具有较强的时效性，一旦错过有效取证时机，实物类证据可能由于现场破坏、外界污染、物品灭失变质等原因而难以再次获取，或者丧失证明力；言词类证据则有可能随着时过境迁、记忆消退而无法获取或者发生偏差。因此，对于监察机关而言，其取证活动必须具有效率性，应当对证据及时进行收集、固定，并妥善保管。具体而言，监察证据收集、固定规则的设置要重点注意以下三项内容。

一是分类设置标准流程。根据监察证据的具体证明目的确定取证规范体系。正如前文所述，监察机关履行监督、调查和处置职责对于证据的要求各有侧重，职务犯罪监察调查对合法性要求尤为突出，职务违法监察调查和监察处置则对效率性要求更为突出。因此，监察机关应当根据取证行为所指向证据类型，分别调整具体取证流程，以做到取证资源优化配置，正确处理取证过程中的轻重缓急。

二是及时取证。无论是对于言词证据，还是实物证据，都要求监察机关在掌握相关线索之后及时展开证据收集、固定活动，不得迟延，因消极证据导致证据灭失、影响事实查明的，应当追究责任人的相关责任。

三是提升证据收集、固定能力。监察机关整合了纪检机关办案人员、行政监察机关调查人员以及检察机关职务犯罪侦查人员，业已形成了职务违法与职务犯罪办案队伍，但由于监察业务要求新，不同来源办案人员在办案能力方面都存在一定欠缺，亟待提升，尤其在证据收集、固定领域，对取证人员的专业素养和技术装备配置要求极高，这就要求监察机关应当通过多种措施提升工作人员证据收集、固定能力，加强取证所需技术装备配置。

（3）协助规则

职务犯罪案件往往具有牵涉面广、隐蔽性强的特点，取证难度较高，仅凭监察机关独立取证面临的挑战较大，因而需要调动其他相关主体的配合与协助，以促进监察证据收集、固定的全面高效。监察取证协助规则一方面表现为监察取证阶段的协助，另一方面表现为后续补充调查和补充侦查的协助。

一是监察取证阶段的协助，根据《监察法》第 18 条的规定，任何单位和个人，对于监察机关调取其提供所掌握证据材料的要求，都有义务及时提供协助和配合，在此过程中，不得毁灭、隐匿和伪造证据。这既是监察机关作为国家监察机关所具有的权威性的体现，也是由于所有单位和个人都是监察机关打击腐败、促进廉洁的受益主体，是所有社会成员都积极参与到反腐败斗争中的重要体现。

二是后续补充调查和补充侦查的协助。这主要是针对职务犯罪证据的收集、固定，根据《监察法》第 47 条第 3 款的规定，人民检察院经审查，认为需要补充核实的，应当退回监察机关补充调查，必要时可以自行补充侦查。根据这一规定，在审查起诉环节，发现需要补充取证的，就需要检察机关与监察机关互相协助配合，对于监察机关补充调查取证更为适宜的，监察机关应当积极取证，不得消极对待，协助检察机关充实证据，为后续支持公诉奠定事实基础。对于检察机关自行补充侦查更为适宜的，检察机关也要主动担当，不得动辄退回监察机关，不仅浪费监察资源，也会拖累诉讼效率。

（四）职务犯罪监察调查证据基本特征

作为监察证据的重要组成部分，职务犯罪监察调查证据由于其调查获取与审查运用分别位于监察调查和刑事诉讼程序中，受到《监察法》与《刑事诉讼法》的双重规制，以职务犯罪案件中监察调查与审查起诉的衔接为节点，分属监察证据与刑事证据。相较于证据收集运用统一于监察领域的职务违法监察调查证据，职务犯罪监察调查证据由于作用范围覆盖监察调查与刑事诉讼，决定了其获取和使用都具有一定的特殊性。首先，职务犯罪监察调查证据的取证规范具有双重性。虽然监察机关的调查取证活动应当依据《监察法》展开，然而由于《监察法》本身对于取证措施规定得较为原则，且此类证据后续要经历刑事诉讼程序的审查运用，因此《监察法》在规定监察机关调查取证基本规范的同时，明确规定监察机关在收集、固定、审查、运用证据时，应当与刑事审判关于证据的要求和标准相一致。由此，确立了职务犯罪监察调查证据的获取需要同时满足《监察法》与《刑事诉讼法》两部法律的要求。为保证在后续刑事诉讼中能够发挥证明作用，服务于事实认定与法律适用，就需要监察机关对于职务犯罪证据进行“源头治理”，以监察取证规范与刑事取证规范的双重标准为导向，实现职务犯罪监察调查证据的客观性与合法性。其次，职务犯罪监察调查证据的证据使用具有延续性。不同于职务违法监察调查证据只在监察领域内部使用，职务犯罪监察调查证据在作为监察机关决定是否将案件移送审查起诉的事实基础之外，还是检察机关审查起诉以及人民法院审判职务犯罪案件的事实基础所在。由此，决定了职务犯罪监察调查证据的使用空间覆盖职务犯罪案件追诉全程，无论是监察调查结论的形成，还是审查起诉结果的确定，以及最终刑事责任的决定，都需要建立在职务犯罪监察调查证据的基础之上。对于职务犯罪监察调查证据而言，使用上的延续性使这一类证据在监察调查与刑事诉讼两个不同领域都扮演着重要角色。就证明对象而言，无论是监察调查，还是刑事诉讼，都以职务犯罪案件为中心展开；就证据性质而言，基于所处程序空间的差异，这类证据在监察调查领域属于监察证据，而在刑事诉讼领域则作为刑事证据发挥作用。这意味着，为保证职务犯罪监察调查证据在职务犯罪追诉全程都能够充分发挥作用，就需要职务犯罪案件监察调查与审查起诉证据衔接机制能够有效沟通监察证据体系与刑事证据体系，推进监察证明与刑事证明的有效贯通。

二、职务犯罪案件监察调查与审查起诉证据衔接的立法现状

基于证据在职务犯罪追诉事实认定中的基础性地位，《监察法》对于职务犯罪证据的获取以及移送等进行了较为全面的规范，但由于缺乏细则性解释规范，导致其可操作性受限。与此同时，《刑事诉讼法》对于监察证据的证据资格以及审查运用等都并未进行直接规定，在刑事诉讼相关司法解释的修改过程中，针对这一问题，在最高人民法院《关于适用〈中华人民共和国刑事诉讼法〉的解释》等司法解释中对于监察调查证据的审查运用进行了规范。由此，形成了当前职务犯罪案件监察调查与审查起诉证据衔接的规范现状，以及监察规范与刑事诉讼规范失衡的局面，监察领域基础立法完备，但缺乏细节规范，刑事领域细则解释完备，但缺乏基础立法。具体而言，职务犯罪案件监察调查与审查起诉证据衔接在监察领域侧重证据资格的跨程序确认，刑事领域则侧重对证据审查标准的界定，对于证据材料在监察机关与检察机关之间的有效流转则缺乏应有的关注。因此，对于职务犯罪案件监察调查与审查起诉证据衔接规范的考察，要关注监察领域和刑事诉讼领域对监察证据的立法规范，此外还要从程序衔接的视角出发，关注证据移送接收过程中的规范保障。

（一）监察领域规范

收集、固定证据作为职务犯罪案件监察调查的重要内容之一，受到《监察法》的高度关注，不仅通过授权性规定确立了职务犯罪监察证据在刑事诉

讼中的证据资格，还通过对于监察权限的程序性规范，明确了监察证据的具体种类和监察调查取证的具体程序，在此基础上设定了移送审查起诉案件的监察调查证明标准，从而形成了包含证据资格、证据种类、取证规范以及证明标准的职务犯罪监察证据规范体系。其中，与职务犯罪案件监察调查与审查起诉衔接机制直接相关的内容主要包括以下几个方面。

首先，关于监察调查获取证据在职务犯罪刑事诉讼中的具体审查运用。《监察法》第 33 条第 1 款规定："监察机关依照本法规定收集的物证、书证、证人证言、被调查人供述和辩解、视听资料、电子数据等证据材料，在刑事诉讼中可以作为证据使用。"由此，明确了监察调查获取的职务犯罪证据能够并且应当移送至刑事诉讼程序，作为证明职务犯罪案件的证据基础，这一规定赋予了监察机关调查获取的证据在刑事诉讼程序中的证据资格，同时也明确了监察机关调查取证证明职务犯罪的取证义务，并且通过立法的延伸效应，规定了检察机关和人民法院对于监察调查获取证据的使用义务。在此基础上，该条第 3 款进一步规定："以非法方法收集的证据应当依法予以排除，不得作为案件处置的依据。"这一规定不仅确立了监察领域内的非法证据排除规则，而且对于职务犯罪案件而言，通过这一规定与《刑事诉讼法》所确立的非法证据排除规则相衔接，共同构成了覆盖职务犯罪追诉全程的非法证据排除体系，形成了全覆盖、无死角的职务犯罪案件非法证据排除体系。

其次，关于监察调查取证的程序规范。《监察法》第 33 条第 2 款规定："监察机关在收集、固定、审查、运用证据时，应当与刑事审判关于证据的要求和标准相一致。"这一标准设定一方面解决了因监察调查与刑事诉讼法律渊源不同所可能导致的取证标准差异问题，另一方面也通过刑事证据标准体系的引入解决了监察证据立法供给不足的困境，为后续监察证据在刑事诉讼程序中的有效衔接和审查运用奠定基础。此外，《监察法》第 40 条第 2 款规定："严禁以威胁、引诱、欺骗及其他非法方式收集证据，严禁侮辱、打骂、虐待、体罚或者变相体罚被调查人和涉案人员。"这一规定既是对监察取证合法性的严格要求，同时也从证据获取源头保证监察证据能够得到刑事诉讼程序的认可。在此基础上，《监察法》第 18 ~ 49 条关于监察权限和监察程序的规范，则从行为层面具体设置了监察机关调查取证的程序规范。这既是监察机关调查取证的行为指引，同时也是对监察证据进行合法性审查的参考标准。由于《监察法》中对于讯问、搜查、扣押等监察措施的规范内容同刑事侦查中对应侦查措施的规范内容高度相似，保障了监察调查阶段获取证据的客观性、关联性与合法性都与刑事证据保持一致。

最后，关于监察调查移送审查起诉的证明标准。监察机关将调查完毕职务犯罪案件移送至检察机关，虽非对案件最终责任结果的确定，但对于被调查人的身份和权利义务都会产生重大影响，并且移送结果还直接影响检察机关和审判机关的办案活动，并关涉监察机关的公信力与权威性。因此，《监察法》第40条第1款规定，监察机关对职务违法和职务犯罪案件，应当进行调查、收集被调查人有无违法犯罪以及情节轻重的证据，查明违法犯罪事实，形成相互印证、完整稳定的证据链。对于如何判断是否达到将案件移送检察机关的证明标准，按照《监察法》第45条第1款第4项的规定，对涉嫌职务犯罪的，监察机关经调查认为犯罪事实清楚，证据确实、充分的，制作起诉意见书，连同案卷材料、证据一并移送人民检察院依法审查、提起公诉。以此，确立了犯罪事实清楚，证据确实、充分的移送审查起诉证明标准。这一标准同《刑事诉讼法》第162条第1款规定的公安机关侦查完毕移送审查起诉的证明标准是一致的。① 虽然作为主客观相结合的标准，因认定主体的不同，在具体个案判断中会存在分歧，但是证明标准的一致还是保证了监察机关移送案件与公安机关移送案件的整体一致。

综上所述，为保证监察调查所获取证据材料能够在刑事诉讼程序中得到认可并发挥证明作用，《监察法》采取了与刑事证据对标的立法模式，最大限度实现监察证据与刑事证据的内在一致和形式统一，以实现监察调查与审查起诉衔接过程中证据材料的有效对接。然而，由于《监察法》本身对于监察证据规定较为原则，加之缺乏解释细则，导致职务犯罪案件监察调查证据具体移送规范体系尚不成熟，存在较大的完善空间，这一方面有待于《监察法》及相关细则性规范的丰富，另一方面也需要《监察法》与《刑事诉讼

① 《刑事诉讼法》第162条第1款规定，公安机关侦查终结的案件，应当做到犯罪事实清楚，证据确实、充分，并且写出起诉意见书，连同案卷材料、证据一并移送同级人民检察院审查决定；同时将案件移送情况告知犯罪嫌疑人及其辩护律师。

法》的协同立法，对于证据衔接机制进行全面系统的规范。

（二）刑事诉讼领域规范

《监察法》的制定对于职务犯罪案件刑事诉讼程序产生重大影响，“调查公诉”模式取代了此前检察机关“自侦自诉”模式，因此 2018 年新一轮《刑事诉讼法》修正的重要主题之一就是应对国家监察体制改革所导致的刑事诉讼程序调整。然而，在立法修改过程中，对于监察证据在刑事诉讼程序中的衔接与使用却并未予以明确规定，只是在第 170 条第 1 款规定：“人民检察院对于监察机关移送起诉的案件，依照本法和监察法的有关规定进行审查……”根据这一规定，可以解释为检察机关对于职务犯罪案件的证据审查标准，应当同时适用《监察法》和《刑事诉讼法》。在基础立法规范不明确的情形下，针对司法实践中对于监察证据审查运用的现实需求，《刑事诉讼法》相关司法解释中对于监察证据的衔接与使用进行了规范。具体而言，《刑事诉讼法》相关司法解释中对于监察证据的规范主要集中在以下几个方面。

首先，确认了监察证据在刑事诉讼中的证据资格。虽然《监察法》第 33 条第 1 款规定了监察证据可以在刑事诉讼中作为证据使用，但是《刑事诉讼法》中并未对此进行对应性规范。为此，《人民检察院刑事诉讼规则》第 65 条规定，监察机关依照法律规定收集的物证、书证、证人证言、被调查人供述和辩解、视听资料、电子数据等证据材料，在刑事诉讼中可以作为证据使用。最高人民法院《关于适用〈中华人民共和国刑事诉讼法〉的解释》第 76 条第 1 款同样规定，监察机关依法收集的证据材料，在刑事诉讼中可以作为证据使用。上述规定确认了监察证据在职务犯罪案件刑事诉讼程序中的证据资格。其中，需要特别注意的是，相较于《刑事诉讼法》第 50 条所规定的证据形式，《人民检察院刑事诉讼规则》第 65 条明确了被调查人供述和辩解这一证据形式，解决了监察证据进入刑事诉讼程序的种类名称差异所导致的规范冲突。

其次，明确了监察证据在刑事诉讼中的审查依据。最高人民法院《关于适用〈中华人民共和国刑事诉讼法〉的解释》第 76 条第 2 款规定，对监察证据的审查判断，适用刑事审判关于证据的要求和标准。这一规定对应了

《监察法》第 33 条第 2 款关于监察调查取证的标准设定，实现了监察领域与刑事诉讼领域的审查标准统一。但需要注意的是，由于《监察法》对于监察权限的具体程序规范，同《刑事诉讼法》中关于侦查措施的具体规范存在一定差异，如何协调因立法规范差异所导致的标准不统一的问题仍有待于未来立法的进一步明确与完善。对于经审查未能达到刑事诉讼标准的，《人民检察院刑事诉讼规则》第 340 条规定："人民检察院对监察机关或者公安机关移送的案件进行审查后，在人民法院作出生效判决之前，认为需要补充提供证据材料的，可以书面要求监察机关或者公安机关提供。"

最后，规范了监察非法证据排除的程序规范。作为监察证据在刑事司法领域审查运用过程中最受关注的问题，监察非法证据在刑事诉讼领域的排除规则在相关司法解释中得以明确。《人民检察院刑事诉讼规则》第 73 条和第 74 条对于监察证据的非法证据证明，以及排除后的程序补救等进行了规范。[①]《人民检察院刑事诉讼规则》第 341 条集中规定："人民检察院在审查起诉中发现有应当排除的非法证据，应当依法排除，同时可以要求监察机关或者公安机关另行指派调查人员或者侦查人员重新取证。必要时，人民检察院也可以自行调查取证。"

综上所述，刑事诉讼领域对于职务犯罪监察证据衔接与审查运用的立法现状的首要特征就是缺乏基础法的明确规范，依赖司法解释的确认与规范，导致其效力位阶不足。此外，当前相关规范内容集中于在刑事诉讼程序中如何对监察证据进行审查运用，缺乏对监察调查与审查起诉衔接过程中如何对监察机关移送证据材料予以接收和审查的规定，影响了检察机关对于监察证据材料接收的规范性，也不利于同监察机关构建有效的证据衔接沟通协调机

---

① 《人民检察院刑事诉讼规则》第 73 条规定，人民检察院经审查认定存在非法取证行为的，对该证据应当予以排除，其他证据不能证明犯罪嫌疑人实施犯罪行为的，应当不批准或者决定逮捕。已经移送起诉的，可以依法将案件退回监察机关补充调查或者退回公安机关补充侦查，或者作出不起诉决定。被排除的非法证据应当随案移送，并写明为依法排除的非法证据。对于侦查人员的非法取证行为，尚未构成犯罪的，应当依法向其所在机关提出纠正意见。对于需要补正或者作出合理解释的，应当提出明确要求。对于非法取证行为涉嫌犯罪需要追究刑事责任的，应当依法立案侦查。

《人民检察院刑事诉讼规则》第 74 条规定，人民检察院认为可能存在以刑讯逼供等非法方法收集证据情形的，可以书面要求监察机关或者公安机关对证据收集的合法性作出说明。说明应当加盖单位公章，并由调查人员或者侦查人员签名。

制。因此，为保障职务犯罪案件刑事诉讼的有效展开，基于监察调查证据在案件诉讼证明中的基础地位，应当在《刑事诉讼法》中予以明确规范，提高证据衔接的权威性，并对相关司法解释中的细则性解释予以统一和完善。

三、职务犯罪案件监察调查与审查起诉证据衔接的功能与价值

职务犯罪案件监察调查与审查起诉证据衔接的直接目标是实现监察调查证据在监察机关与检察机关之间的流转，确保监察调查获取的证据材料能够完整转入刑事诉讼程序，成为刑事诉讼事实认定与法律适用的证据基础。然而，由于监察调查与审查起诉的程序属性存在差异，导致衔接过程中监察调查证据面临由监察证据向刑事证据转换的挑战，需要以监察证据理论与刑事证据理论的深度融合为支撑。因此，职务犯罪案件监察调查与审查起诉证据衔接对于职务犯罪案件的个案追诉实践、证据制度整体优化以及理论体系深度融合都发挥着重要作用，具有实践、立法和理论层面的多重价值。

（一）职务犯罪案件监察调查与审查起诉证据衔接的功能辨析

证据材料衔接作为职务犯罪案件监察调查与审查起诉衔接机制的重要组成部分，基于证据在案件事实认定与法律适用中的基础地位，无论是对于监察机关而言，还是对于检察机关、审判机关而言，证据材料的有效衔接无疑是案件办理的重要保障。由于监察调查程序独立于刑事诉讼程序，因此职务犯罪案件监察调查与审查起诉证据衔接实现的不仅是证据材料在不同办案机关之间的流转，还要完成证据属性的变迁转换，以及监察证据制度与刑事证据制度的整体融合。

首先，职务犯罪案件监察调查与审查起诉证据衔接实现了证据材料的有效对接。监察机关作为职务犯罪案件调查主体，通过《监察法》所赋予的监察权限获取职务犯罪案件证据材料是其法定职责。因此，在反腐败专责机关的使命驱动下，监察机关为查办职务犯罪案件，必然会在监察调查过程中收集固定大量证据材料。由于检察机关职务犯罪侦查权及侦查部门的转属，刑事诉讼程序内部已无专门的证据收集固定环节，检察机关的审查起诉和人民法院的审判活动，都需要建立在监察机关移送的证据材料基础之上。对于监察机关而言，调查阶段获取的证据材料只有移送至刑事诉讼程序方能发挥证

明犯罪的作用；对于检察机关而言，只有接收来自监察机关的证据材料才能展开审查起诉活动。职务犯罪案件监察调查与审查起诉证据材料衔接就成为职务犯罪案件追诉程序转换的关键内容，既是对监察机关调查活动的价值认可，也是检察机关办案活动的基础所在。虽然根据有关规定，监察机关的调查活动可以划分为职务违法调查与职务犯罪调查两项内容，然而由于实践中职务违法与职务犯罪之间往往具有共生关系，导致监察机关与检察机关在证据衔接过程中，对于证据材料范围的确定面临挑战。此外，由于《监察法》所规定的监察权限和监察证据种类同刑事侦查措施和刑事证据种类之间存在差异，这导致在衔接过程中，如何实现证据材料的形式统一和种类对应同样需要予以重视。此外，为避免证据材料在衔接过程因变质灭失而影响案件证明，监察机关与检察机关应当构建完善的证据衔接保管交接机制，确保证据材料的客观性、完整性。

其次，职务犯罪案件监察调查与审查起诉证据衔接实现了证据性质的转换变迁。职务犯罪案件中监察调查与刑事诉讼共同构成了职务犯罪追诉程序，经过职务犯罪案件监察调查与审查起诉衔接机制后，案件的程序属性由监察程序变更为刑事诉讼程序，与之相对应的是监察调查程序中所获取的证据材料，在进入刑事诉讼程序之后就成为刑事证据。通过职务犯罪案件监察调查与审查起诉证据衔接，不仅实现了监察证据材料的物理空间转移，更重要的是其性质属性的变化。这一变化有以下两个方面的意义：一方面，为监察证据材料在刑事诉讼中的审查运用提供了保障，使刑事司法机关可以有效运用监察证据材料证明案件事实。另一方面，这一变化过程也对监察证据与刑事证据的衔接带来挑战。由于监察证据的种类形式，以及取证规范、证明标准等都与刑事程序存在差异，因而如何在衔接过程中实现证据属性的有效变迁需要监察证据理论和刑事证据理论的协同。

最后，职务犯罪案件监察调查与审查起诉证据衔接推进了证据制度的内在协调。证据作为事实认定的基础，在监察程序和刑事诉讼程序中都扮演着不可替代的重要角色。以相关证据立法和实践为基础，监察领域和刑事诉讼领域都构建了证据制度体系，对于证据的收集、固定和运用进行了全面的规范。虽然监察证据制度在构建过程中大量借鉴了刑事证据制度相关内容，但由于权力基础和程序属性的差异，监察证据制度同刑事证据制度还是存在一定的差异。然而，由于职务犯罪案件追诉建立在监察程序与刑事诉讼程序协同作用的基础之上，这意味着监察证据需要同时在监察证据制度和刑事证据制度场域内进行收集、固定和审查、运用。通过职务犯罪案件监察调查与审查起诉证据衔接的实践推进与反馈，可以推进监察证据制度与刑事证据制度的完善与调整，从而实现监察证据在监察程序与刑事诉讼程序中的有序流转。

（二）职务犯罪案件监察调查与审查起诉证据衔接的价值演绎

通过职务犯罪案件监察调查与审查起诉证据衔接机制的构建与完善，不仅可以保证个案办理过程中监察机关与检察机关之间证据材料的移送与接收，实现监察调查取证的预设功能，充实职务犯罪案件刑事诉讼程序的事实基础，还可以通过对监察证据在衔接过程中的审查运用，发挥对监察机关和检察机关办案活动的制约功能。

首先，职务犯罪案件监察调查与审查起诉证据衔接是对监察调查活动的认可与价值实现。对于监察机关而言，作为反腐败专责机关，调查追诉职务犯罪是其重要职责之一。不同于职务违法行为可以直接在监察领域内闭环处置，确定责任结果，根据未经人民法院判决不得确定有罪原则，监察机关调查完毕的案件，只有经过审查起诉和审判之后，方能最终确定责任结果。这意味着，监察调查所获取证据材料作为监察机关作出移送审查起诉决定的事实基础，只有移送至刑事诉讼程序，用于案件事实证明，方能最终实现监察机关打击职务犯罪的预设目标。因此，对于监察机关而言，职务犯罪案件监察调查与审查起诉证据衔接是对其调查取证活动和结果的认可，通过证据衔接，可以使监察机关在监察调查期间的取证活动中真正发挥价值，实现追诉职务犯罪的目标设定。

其次，职务犯罪案件监察调查与审查起诉证据衔接是刑事诉讼事实认定的证据基础。随着监察调查取代刑事侦查成为职务犯罪案件事实调查环节，刑事诉讼程序内已经不存在专门的职务犯罪案件取证阶段。检察机关的审查起诉和法院的案件审理，都需要建立在监察机关调查所获取证据材料的基础之上。这意味着，职务犯罪案件监察调查与审查起诉证据衔接成为职务犯罪案件刑事证明的主要证据来源，对于案件最终事实认定发挥着不可替代的重要价值。因此，对于检察机关和法院而言，只有通过该衔接机制获得来自监察机关移送的证据材料方可以展开职务犯罪案件审查起诉和审判活动，否则案件事实认定将成为“无源之水，无本之木”。

最后，职务犯罪案件监察调查与审查起诉证据衔接是对职务犯罪办案过程的有效制约。证据作为监察调查取证活动的结果载体，负载着监察调查活动的诸多信息，通过对证据材料的审查判断，不仅可以再现案件事实，还可以对证据获取过程进行有效复盘。检察机关对于监察机关所移送证据材料的审查，不仅是对监察调查实体结论的检视，也是对监察调查取证过程的有效制约。通过衔接过程中的形式审查和后续的非法证据排除，检察机关可以对监察机关的调查取证活动进行有效制约，及时发现和纠正调查取证活动中的违法违规情形，同时可以倒逼监察调查取证合法性、规范性的整体提升。

第二节 职务犯罪案件监察调查与审查起诉证据衔接面临的挑战

职务犯罪案件监察调查与审查起诉证据衔接机制对于案件信息的程序贯通具有不可替代的重要价值，监察法领域和刑事诉讼法领域都对职务犯罪案件监察调查与审查起诉证据衔接进行了必要的规范，对于监察证据在刑事诉讼程序中的证据资格、移送证明标准和非法证据排除等内容进行了规范。然而，受制于当前立法规范原则，对于监察调查与审查起诉证据材料具体移送和接收缺乏系统、完善的规范指引，导致当前职务犯罪案件追诉实践中，监察调查与审查起诉的证据衔接面临一系列挑战。

一、职务犯罪案件监察调查证据的刑事证据资格存在争议

由于职务犯罪监察证据是由监察机关依照《监察法》采取监察调查措施在监察调查程序中收集、固定而成，与刑事证据由侦查机关依照《刑事诉讼法》采取侦查措施在侦查程序中收集、固定而成之间存在全方位的差异。由

于监察机关的调查程序实质上已构成刑事诉讼的前置程序,[①] 职务犯罪案件刑事诉讼必须依赖监察调查所获取的证据材料，由此产生了职务犯罪案件监察调查与审查起诉证据衔接面临的首要挑战，即监察机关调查获取的证据材料是否可以在该案的刑事诉讼阶段作为刑事证据使用。对于这一问题，自国家监察体制改革之初就引发了理论界和实务界的高度关注。就历史经验而言，刑事诉讼领域外获取的证据材料是否可以在刑事诉讼领域内使用并非新问题，行政执法领域获取的证据材料以及国家监察体制改革前纪检监察机关办案获取的证据材料能否在刑事诉讼中使用早已广受关注。对于此类证据，在2012年《刑事诉讼法》修正前，主要采取的是由侦查机关重新取证的方式予以解决，2012年《刑事诉讼法》修正过程中，针对重复取证所面临的资源耗费和证据损耗灭失等弊端，创设了行政证据分类转化模式。2012年《刑事诉讼法》规定，行政机关在行政执法和查办案件过程中收集的物证、书证、视听资料、电子数据等证据材料，在刑事诉讼中可以作为证据使用。这一规定一方面赋予了行政机关在行政执法过程中获取的实物类证据在刑事诉讼中的证据资格，另一方面则排除了行政机关在行政执法过程中获取的言词类证据在刑事诉讼中的证据资格。对于纪检监察证据，由于纪检部门与行政监察机关合署办公，则采取以行政监察机关为取证主体身份，以行政执法证据的性质予以转化使用。然而，国家监察体制改革后，监察机关作为国家监督机关，其组织属性与行政机关、司法机关平行，因而无法直接援引行政执法证据分类转化的立法规定。与此同时，监察调查作为职务犯罪案件追诉程序的必要组成部分，这一阶段所获取的证据材料已经成为此类案件刑事证据的主要来源，监察调查证据在刑事诉讼中的运用已经常态化、制度化。这意味着，采取分类转化模式已经无法适应职务犯罪案件证明的现实需求。因此，《监察法》第33条第1款明确规定，监察机关依照本法规定收集的物证、书证、证人证言、被调查人供述和辩解、视听资料、电子数据等证据材料，在刑事诉讼中可以作为证据使用。这一规定创设了监察证据在刑事诉讼领域中的直接使用模式，不再区分实物类证据与言词类证据，总括性地授权监察证据可以

① 陈邦达:《推进监察体制改革应当坚持以审判为中心》，载《法律科学》2018年第6期。

作为刑事证据使用。这是基于监察调查程序与刑事诉讼程序在职务犯罪案件追诉中的对应衔接关系所确定的，虽然证据的收集、固定与审查、运用因程序阶段划分而分离，但都是以案件事实证明为中心展开，因此二者之间存在天然的联系。然而，对于《监察法》第 33 条第 1 款规定的监察证据在刑事诉讼中的证据资格问题，由于立法规定较为原则，导致仍有部分问题有待于进一步明确。

首先，职务犯罪案件监察调查证据在刑事诉讼中证据资格确认的具体界定。虽然《监察法》第 33 条第 1 款规定，监察调查获取的证据可以在刑事诉讼中作为证据使用，但是应当明确和注意的是，获得刑事诉讼准入资格并不意味着具有当然证据效力，所有的证据还要经过刑事司法上的对证据证明能力及证明力的审查。[①] 在审查过程中，所依据的审查标准就成为判断监察调查证据是否具有刑事证据资格的关键所在。然而，虽然《监察法》第 33 条第 2 款规定，监察机关收集、固定、审查和运用证据的标准应与《刑事诉讼法》"一致"而非"遵照"，这就表明监察机关办案的直接根据并非《刑事诉讼法》。[②] 虽然最高人民法院《关于适用〈中华人民共和国刑事诉讼法〉的解释》中规定，法院对于监察证据的审查要同时适用《监察法》和《刑事诉讼法》，但是对于二者之间存在分歧的具体规范如何具体解决尚未得到明确。对此，有学者提出"程序二元，证据一体"模式。"程序二元"是就监察程序与刑事诉讼程序而言的；"证据一体"是指无论是监察调查过程中形成的证据，还是案件移送到检察机关之后补充调查形成的证据，或者是检察机关自行补充侦查形成的证据，其证据的证据能力和证明力规则都是统一的，不因职务犯罪的特殊性而另创一套独立的证据规则。[③] 但是，这一观点仍无法有效解决因《监察法》与《刑事诉讼法》规范差异所导致的证据审查标准确定难题，这对于职务犯罪案件监察调查与审查起诉证据衔接的理论研究和

---

① 姚莉：《〈监察法〉第 33 条之法教义学解释——以法法衔接为中心》，载《法学》2021 年第 1 期。

② 罗维鹏：《监察材料取得刑事证据能力的法教义学逻辑——基于"在刑事诉讼中可以作为证据使用"条款的类型化》，载《四川师范大学学报（社会科学版）》2019 年第 6 期。

③ 李勇：《〈监察法〉与〈刑事诉讼法〉衔接问题研究——"程序二元、证据一体"理论模型之提出》，载《证据科学》2018 年第 5 期。

实践适用都造成了现实挑战。

其次，职务犯罪案件监察证据在刑事诉讼程序内证据资格的具体范围问题。一方面，由于《刑事诉讼法》中并无被调查人供述和辩解这一证据种类，加之《刑事诉讼法》并未明确规定监察调查证据的证据资格问题，由于这一规范缺乏直接对应证据形式的证据类型，如何确认监察证据的刑事证据资格有待于进一步明确。另一方面，对于在监察调查中可能获取的被害人陈述、勘验检查辨认笔录等证据形式，由于《监察法》第 33 条中并未明确规定，其是否可以作为刑事证据使用也有待于明确。

最后，初步核实阶段获取的职务犯罪案件监察调查证据是否具有刑事证据资格问题。根据《监察法》的规定，监察立案前，监察机关要对案件线索进行初步核实，方能确定是否正式立案。然而，由于初步核实期间监察机关必然需要采取一定的监察调查措施，相应地也会获取部分证据材料，对于这一部分证据材料是否可以进入刑事诉讼程序，是否可以用于证明案件事实，目前存在一定争议。如有学者将初步核实程序中存在的证据进行了言词证据和实物证据的种类划分，认为初步核实程序中存在的证据能否准入刑事诉讼的分歧主要集中于言词证据，其准入界限主要以涉嫌犯罪、正式立案调查为标志。立案调查前收集的言词证据必须由检察机关重新收集，只有立案调查后收集的证据方可准入刑事诉讼。① 亦有学者认为，监察证据准入刑事诉讼只需判断其关联性和可靠性，与其所处的阶段关联不大。② 还有观点认为初步核实制度就是国家监察体制改革后经立法确认的初查。二者都是对职务犯罪案件立案前问题线索进行处理的程序，具有启动前需要经过审批手续、禁止适用强制措施等相同要求，③ 因此，这一阶段证据是否具有刑事证据资格主要由所采取的监察调查措施的性质所决定，对于采取非强制性监察调查措施获取的证据材料可以作为刑事证据使用，而采取强制性监察调查措施获取的证据材料，则不能作为刑事证据使用。这一观点的逻辑前提是将监察立案

---

① 陈光中、邵俊：《我国监察体制改革若干问题思考》，载《中国法学》2017 年第 4 期。

② 纵博：《监察体制改革中的证据制度问题探讨》，载《法学》2018 年第 2 期。

③ 李昌盛、陈俊：《监察调查初步核实制度：渊源探寻、目的重塑与改革优化》，载《广西政法管理干部学院学报》2020 年第 3 期。

等同于刑事立案，但是根据《监察法》和《刑事诉讼法》的规定，监察立案与刑事立案是存在显著差异的，无论是立案的标准还是立案的效果都截然不同。因此，有对应的观点认为，证据材料能否进入刑事司法程序并作为定案根据使用，主要是由证据本身的证据能力所决定的。证据能力的核心要求虽然是取证合法性，但这与取证存在的阶段并没有本质关系。[①] 由于初步核实在监察调查中扮演着不可或缺的重要角色，对于这一阶段获取的证据材料是否具有刑事证据资格，仍有待于进一步辨析。

二、职务犯罪案件监察调查与审查起诉证据衔接具体流程面临的挑战

根据证据裁判原则，任何一个刑事案件最终的事实认定与法律适用，都需要建立在确实充分的证据基础之上，随着取证技术和能力的提升，每一个职务犯罪案件的办理都会涉及数量众多、种类多样的证据材料。如何保证众多的证据材料能够在监察调查与审查起诉衔接过程中无遗漏、不变质，就成为职务犯罪案件监察调查与审查起诉证据衔接的重要内容。然而，由于《监察法》与《刑事诉讼法》对于职务犯罪证据收集、固定和审查、运用的规定并不完全一致，且对衔接过程缺乏系统规范，导致当前职务犯罪案件监察调查与审查起诉证据衔接具体流程面临一系列挑战。

（一）证据种类形式差异

由于刑事证据直接决定刑事诉讼事实认定与法律适用，为保证证据获取与使用的规范统一，《刑事诉讼法》除将证据作为法定概念予以规定之外，还对证据的具体种类进行了封闭式的列举确认，既限定了证据的种类数量，又限定了证据的具体形式，从而形成了外延明确的证据种类形式体系。这意味着，凡是未得到立法正式确认、纳入证据体系的证据材料，不能成为刑事证据。由于《监察法》所规定监察调查取证的取证主体、取证措施和取证对象都与刑事侦查取证存在差异，决定了监察调查获取的证据材料在向检察机

① 李勇：《〈监察法〉与〈刑事诉讼法〉衔接问题研究——“程序二元、证据一体”理论模型之提出》，载《证据科学》2018 年第 5 期。

关移送时面临的首要挑战就是证据种类形式差异所导致的衔接不畅。由于《监察法》并未直接规定职务犯罪监察证据的具体种类和形式，有学者从调查取证行为入手，认为监察证据包括八类，十二种，具体如下：（1）物证；（2）书证；（3）证人证言；（4）被害人、受害人陈述；（5）被调查人陈述、供述和辩解；（6）鉴定意见；（7）勘验、检查笔录；（8）视听资料、电子数据。这与刑事证据种类基本对应。[①] 然而，具体分析之后，二者之间还是存在被调查人陈述、供述和辩解并非刑事证据法定形式这一直接冲突，而且严格来说，《监察法》所规定的物证、书证、证人证言等都来自监察搜查、监察扣押和监察询问等取证措施，并不能和侦查搜查、扣押以及侦查询问所获取证据材料完全对应。虽然《监察法》第 33 条第 1 款通过授权的方式解决了监察证据与刑事证据种类形式不同的问题，但是如果将《监察法》第 33 条第 1 款中所列举的证据种类与《刑事诉讼法》中的法定证据种类逐一对比，便不难发现被害人陈述、勘验检查笔录和鉴定意见这三种证据类型不在《监察法》所列之中。[②] 对此，有学者主张监察调查收集的证据只受到证明能力和证明力的约束而不受证据种类限制。因此，认为《监察法》第 33 条第 1 款中的“等”字，应当作扩大理解。[③]

然而，基于刑事证据种类形式规范的严谨性，作为立法条文中少有的闭合式条款，《刑事诉讼法》并没有为证据种类拓展预留扩张空间，《刑事诉讼法》第 50 条的列举属于完全列举，既没有规定“其他情形”，也没有规定“等”，彻底杜绝了扩张解释的空间。而且，作为《监察法》制定之后的应对性调整，2018 年《刑事诉讼法》修正却并未将其纳入法定的证据类型之中，这使研究者以及实务部门对于被调查人的供述和辩解这一证据形式问题产生疑问。职务犯罪尤其是贿赂犯罪案件在证明上具有不同于普通刑事犯罪的特点，不仅表现为物证、书证等可利用的实物证据较少，而且贿赂犯罪属于

---

① 兰跃军：《论监察证据在刑事诉讼中使用》，载《证据科学》2018 年第 6 期。

② 姚莉：《〈监察法〉第 33 条之法教义学解释——以法法衔接为中心》，载《法学》2021 年第 1 期。

③ 谢登科：《监察证据在刑事诉讼中的使用——兼论〈监察法〉第 33 条的理解与适用》，载《中共中央党校学报》2018 年第 5 期。

"无被害人犯罪"，导致此类犯罪线索发现和收集、固定证据困难，也决定了办案机关对口供、证人证言等言词证据具有较强的依赖性，强调人证之间的相互印证性。[1] 而在职务犯罪案件监察调查与审查起诉衔接机制中，恰恰被调查人供述和辩解，以及被害人陈述两种证据形式，在《监察法》和《刑事诉讼法》内面临合法性障碍，这显然会对职务犯罪案件监察调查与审查起诉证据衔接实践带来严峻挑战。证据的形式如不包含反映与案件有关的事实，那就徒具形式，什么都不能证明；反之，如果事实材料不依附于一定的证据形式，就无法存在并进入诉讼轨道成为裁判的依据。[2] 作为形式与内容的综合体，职务犯罪案件监察调查证据在转入刑事诉讼程序的过程中，不仅面临内在信息的客观性、关联性审查，还需要进行协调外在形式的合法性审查，因此如何解决监察调查获取的证据材料在证据种类形式上与刑事证据制度之间的差异就成为监察机关和检察机关共同关注的重要议题。

（二）证据移送具体范围有待于明确

基于党的纪律检查机关与国家监察机关合署办公的组织设置模式，加之职务违法与职务犯罪监察调查全覆盖的职权配置模式，形成了违纪违法犯罪调查一并进行的纪检监察调查工作模式。这一模式有助于凝聚合力，强化调查力度，避免因权力分散、多头管辖导致调查盲区，实现了对公职人员廉政情况的全覆盖监督。然而，由于存在大量同时涉嫌违纪违法犯罪的被调查对象，导致针对同一监察对象在监察调查活动过程中，会形成包含违纪证据、违法证据和犯罪证据在内的监察证据材料，并且这些证据材料在证明对象上还存在交叉重叠。由于违纪、违法和犯罪的责任确定程序流向不同，导致如何确定需要移送审查起诉的职务犯罪监察调查证据范围面临现实挑战。调查的核心在于获取与案件事实相关的证据，并以之作为职务违法处置或追究职务犯罪刑事责任的实体依据，[3] 然而由于职务违法对应监察处置，职务犯罪则对应刑事诉讼，因此在程序分流的过程中，是否需要进行证据分流则存在

---

① 韩旭：《监察委员会调查收集的证据材料在刑事诉讼中使用问题》，载《湖南科技大学学报（社会科学版）》2018 年第 2 期。

② 张建伟：《刑事诉讼法通义》，北京大学出版社 2016 年版，第 241 页。

③ 卞建林：《监察机关办案程序初探》，载《法律科学》2017 年第 6 期。

争议。基于违纪、违法与犯罪事实之间的内在关联性，为全面查明案件事实，有观点认为纪检监察机关在谈话函询、初步核实、审查调查和审理全过程中所获取的全部谈话、函询和讯问材料，均应作为案卷材料全部随案移送。全部证据随案移送，既有利于实现纪检监察机关办案程序公开化也有利于保持纪检监察机关违纪、违法、犯罪处置程序的同一性，有利于保障被调查人及其辩护人刑事辩护的有效性。[①] 但是，就实践操作而言，由于《监察法》相关实施细则均明确对于构成职务犯罪的案件，需要在监察调查完毕后单独立卷，那么在立卷过程中必然需要对证据材料进行筛选，并且对于实物类证据，载体的唯一性决定了原始证据只有一份，如何解决违纪违法处置与犯罪追诉对于证据材料原物原件的需求竞合同样有待于明确。

此外，根据《监察法》的规定，为保证监察调查措施实施的合法性，监察机关进行讯问、搜查、扣押等监察取证措施时，需要进行录音录像。相较于《刑事诉讼法》仅规定对重大案件讯问过程进行录音录像，监察调查录音录像覆盖范围进一步拓展，由此必然会在案件监察调查过程中形成大量录音录像资料。对于监察调查过程中形成的录音录像资料是否需要移送至检察机关，虽然目前实践操作和立法规范中均采取监察机关留存备查的处理模式，但是随着对录音录像资料属性界定研究的深入，是否需要将录音录像资料移送，以及在后续刑事诉讼中检察机关和审判机关调取录音录像资料的具体衔接机制值得关注。这不仅关系到案件事实认定，同样也直接影响被调查人、犯罪嫌疑人和被告人的合法权益。

（三）移送的证据标准有待于统一

虽然《监察法》与《刑事诉讼法》设定了职务犯罪案件监察调查与审查起诉衔接机制的基本程序走向，然而在具体个案中，并不意味着监察机关调查完毕的所有案件和所有证据材料都可以据此无障碍地转入刑事诉讼程序。为保证刑事追诉启动的权威性，《监察法》对于可以移送审查起诉的案件设定了证明标准，以此规范监察机关的移送决定。与此同时，《刑事诉讼法》

---

① 赵冠男：《论职务犯罪监察调查程序中刑事证据规则的构建》，载《湘潭大学学报（哲学社会科学版）》2020 年第 5 期。

相关司法解释对于具体证据材料衔接过程中的形式规范性设定了审查机制，然而由于目前《刑事诉讼法》对于职务犯罪案件监察调查移送案件证据材料的具体审查标准和案件整体证明标准都缺乏明确规范，导致衔接实践中对于证据材料的审查和案件证明标准的认定都缺乏统一标准。

1. 证据的移送标准

根据监察机关内部工作流程，在案件调查完毕和审理阶段，案件调查部门和案件审理部门都会对案件相关证据材料进行筛查，尤其是对于将移送审查起诉的案件，还需要将相关证据材料单独立卷。与之相对的是，检察机关对于监察机关移送的证据材料也要进行形式审查，主要是看每一项证据是否符合刑事证据的形式要求，如笔录类证据是否有签字确认、鉴定类证据是否附有鉴定人的资质情况和联系方式等。检察机关接收监察机关移送的实物证据时，应当对证据保管链条的完整性进行审查，对于证据保管链条出现断裂，或者证据在保管期间没有保持实质上的原始状态，并且监察机关不能补正或者作出合理解释的，应当拒绝接收，或者依法予以排除。[①] 然而，由于《监察法》和《刑事诉讼法》相关司法解释对于证据材料审查标准并未进行统一明确规范，导致审查过程具有较强的主观性，不利于对证据材料的有效筛查，甚至有可能影响监察机关与检察机关之间的主体关系。尤其是对于检察机关在监察调查与审查起诉衔接过程中对于证据材料审查的具体标准设定，同时影响监察机关的监察调查目标实现和刑事追诉的有效展开，关系到监察证据向刑事证据转化是否能够有序进行。

2. 案件的证明标准

为保证移送审查起诉案件能够满足刑事审查起诉的要求，《监察法》第45条规定，监察机关对涉嫌职务犯罪的案件移送审查起诉，应达到“犯罪事实清楚，证据确实、充分”的程度，形成相互印证、完整稳定的证据链。这一标准同《刑事诉讼法》第162条规定的侦查终结移送审查起诉的标准高度相似，都强调犯罪事实清楚，证据确实、充分。然而，由于这一标准兼具主客观属性，虽然标准本身具有客观性，但由于需要认定主体进行主观判断，

① 兰跃军：《论监察证据在刑事诉讼中使用》，载《证据科学》2018年第6期。

因而具有一定的主观性。由于监察机关与检察机关，无论是在权力基础上还是在价值定位上都具有一定的差异性，尤其是作为反腐败专责机关的职能定位，使监察机关同作为公诉机关的检察机关对于职务犯罪案件追诉的目标导向并不完全一致。由此，导致在具体个案处理中，对于特定案件调查是否达到犯罪事实清楚，证据确实、充分的标准，监察机关与检察机关可能认定不一。为避免因监察机关移送审查起诉证明标准与检察机关接收案件证明标准不统一所可能导致的矛盾冲突，有必要构建统一的职务犯罪案件监察调查与审查起诉的证明标准，分别由《监察法》和《刑事诉讼法》进行统一规定。

三、监察调查非法证据排除在刑事诉讼程序中衔接机制不健全

现代法治对于程序正当的要求决定了取证行为必须建立在合法基础之上，然而受制于证据获取急迫性和取证对象对抗性的双重压力，办案人难免会出现通过采取暴力、威胁、引诱等方式获取证据的可能性，这种可能性在封闭单向的犯罪侦查和调查环节，很容易演化成为刑讯逼供等非法取证行为，不仅会对被取证人人身安全和人格尊严造成严重侵害，而且由于违背被取证人意志，容易迫使其提供虚假的供述，从而影响侦查和调查结果的客观性，造成冤假错案。因而，从法治文明和客观公正角度出发，我国一直以来对以刑讯逼供为代表的非法取证行为坚决反对，甚至在《刑法》中设置了刑讯逼供罪专门予以惩戒。然而，受制于追责困难、惩戒力度不足等原因，非法取证行为长时间内并未得到有效遏制。为彻底解决这一痼疾，2012 年《刑事诉讼法》修正正式确立了非法证据排除规则。作为一种程序性制裁机制，非法证据排除规则彻底消除了办案人员非法取证的利益驱动，对于遏制非法证据产生了实质性效果，被证明是治理非法证据的最有效措施。在监察领域，尤其是在监察调查环节，调查的封闭单向性和调查事项的对抗性，都与刑事侦查具有很强的相似性，根据刑事侦查此前受非法取证困扰的前车之鉴，《监察法》在立法之初，就确立了监察调查环节非法证据排除规则，以此保障监察调查的法治性和客观性。在以审判为中心的刑事诉讼制度下，证据是形成判决结果的关键，尤其是证据的合法性问题，是第一位的考量要素，决定着监

察调查收集的证据能否在刑事诉讼程序中作为认定被告人有罪的证据。[1] 然而，由于监察调查与刑事侦查存在属性差异，且监察证据证明目标更为多元，因而监察领域非法证据排除规则的理论基础和具体规范方面的特殊性问题仍需要特别予以探究。

证据作为程序的灵魂，在规则指引下排除非法证据是维系监察程序得以正常运转的有效途径，[2] 作为刑事诉讼领域内得到实践考验证明确实具有实效的程序性制裁机制，非法证据排除规则对于遏制非法取证具有不可替代的重要价值。然而，需要注意的是：一方面，非法证据排除规则难免会导致因证据被排除而使犯罪人被放纵的结果，势必影响惩罚犯罪的力度；另一方面，非法证据排除规则还会对案件事实查明机关带来巨大挑战，甚至会影响其办案积极性，导致侦查不作为，因而必须清醒地认识到，监察领域确定非法证据排除规则在获得制度红利的同时，也需要付出相应的成本与代价。在此前提下，《监察法》依然将非法证据排除规则明确纳入立法内容，是因为非法证据排除规则在维护监察法治、规范监察实践、对接刑事诉讼等方面具有不可替代的积极价值。

首先，监察非法证据排除规则的确立有助于维护监察法治。改革监察体制、设置国家监察权、组建国家监察机关以及构建高效权威的反腐败体系等都是在宪法和法律的基础上完成的，这决定了法治性是监察权行使的基本准则。具体到监察证据领域，法治原则就要求监察证据的收集、固定、审查、运用都要严格依法进行，有效保障监察对象的合法权益，不得采取违法手段获取证据。而根据与监察取证运行规律具有相似性的刑事取证的历史经验来看，只有确立非法证据排除规则方能从根本上消除办案人员非法取证的利益驱动，从而有效提升办案过程的法治文明水平。监察机关承载着国家治理能力现代化建设的重大历史使命，取证活动作为其与公民直接发生互动的实践环节，在此过程中一旦出现违法取证活动，无疑会对其社会公信力和权威性

---

① 卞建林、陶加培：《论监察法与刑事诉讼法衔接中录音录像制度》，载《中国刑事法杂志》2019 年第 3 期。

② 李海峰：《非法证据排除规则在监察程序中的价值预期与合理运用》，载《法治研究》2020 年第 6 期。

造成严重负面影响。因此，只有通过确立非法证据排除规则规范监察机关取证活动，杜绝刑讯逼供等非法取证行为，方能营造监察机关坚守法治、保障权利的正面形象。

其次，监察非法证据排除规则的确立有助于规范监察实践。监察机关及其工作人员身处反腐败斗争一线，在查处职务违法犯罪行为过程中，无论是基于外来的考核压力，还是内在职业成就感的驱动，都容易导致其产生强烈的取证积极性。在此过程中，难免会出现非法取证的倾向，而如果这种倾向不能得到制度化预防和遏制，就很容易演变成普遍性的非法取证活动。如此，不仅会严重损及被取证对象的合法权益，更会因此产出大量虚假伪造证据，造成冤假错案，而且一旦出现非法取证，后续再采取补救措施既会导致办案资源浪费，还有可能因时过境迁而丧失查明案件事实的可能性。因此，基于提高职务违法犯罪案件调查、处置质量，提升调查、处置效率的考量，需要通过非法证据排除规则对监察机关的取证行为进行严格规范。通过非法证据排除规则，一方面可以有效约束监察工作人员的具体取证行为，形成依法办案的价值观，另一方面可以形成倒逼机制，促使监察工作人员主动提升取证专业能力，整体提升监察监督、调查和处置能力。

最后，监察非法证据排除规则的确立有助于对接刑事司法。根据《监察法》和《刑事诉讼法》的规定，监察机关对于涉嫌职务犯罪的案件，调查结束后认为构成犯罪的，监察机关需要将案件移送检察机关审查起诉，进行刑事诉讼程序。由于职务犯罪案件在后续刑事诉讼程序中并没有事实调查环节，因而最终据以定罪量刑的证据绝大多数都是监察机关所移送的证据材料。这意味着，监察调查所获取证据，除了要接受监察机关案件审理部门的审理之外，还要接受审查起诉和审判环节检察机关、被告人及其辩护人、法院的审查、质证。检察机关和法院作为刑事司法机关，在职务犯罪案件办理过程中，都会按照《刑事诉讼法》的证据规则对证据进行审查判断。非法证据排除规则作为刑事诉讼重要的证据审查机制，自然要作用于监察机关所移送的证据。因此，为避免在后续刑事诉讼程序中检察机关和审判机关对证据作出否定性评价，就需要在调查环节构建非法证据排除规则，预先对取证活动进行约束，在案件移送之前进行自我审查，以此保证监察调查与刑事司法衔接的高效有序，避免因证据合法性问题反复退回补充调查。

作为遏制非法取证、强化权利保障的重要程序性制裁机制，非法证据排除规则自2010年5月31日最高人民法院、最高人民检察院、公安部、国家安全部、司法部联合发布的《关于办理死刑案件审查判断证据若干问题的规定》以及《关于办理刑事案件排除非法证据若干问题的规定》中首次正式明确以来，随着2012年《刑事诉讼法》正式纳入立法，对于提高我国刑事诉讼法治化水平发挥了不可替代的作用。国家监察体制改革作为国家治理体系和治理能力现代化建设的重要成果，自启动之初就秉持法治精神和理念，并将其贯穿于监察立法的各个环节。非法证据排除作为权力运行、法治化提升保障机制，其积极价值业已得到刑事诉讼的实践证明，因而在监察调查取代刑事侦查的同时，《监察法》将非法证据排除规则引入职务违法犯罪调查领域，规定以非法方法收集的证据应当依法予以排除，不得作为案件处置的依据。这一规则的确立在提升监察调查法治化水平的同时，也为监察证据在监察领域和刑事司法领域就非法证据排除问题贯通适用奠定了立法基础。然而，由于对这一规定的表述和解释存在分歧，以及监察调查程序独立于刑事诉讼程序所导致的证据属性差异，都使职务犯罪案件监察调查非法证据排除在实践适用中面临一系列挑战。

（一）监察调查非法证据的判断标准不明确

证据合法性的评价对象是证据取得与证据使用活动，法律关于证据取得与使用的具体规范构成了证据合法性的规范标准。[①]《监察法》是监察机关调查职务犯罪的依据，但检察机关审查起诉和法院审判案件依据的则是《刑事诉讼法》，虽然两部法律在移送起诉案件的规定和标准上具有一致性，但是职务犯罪案件的特殊性决定了监察机关的调查和收集证据具有与《刑事诉讼法》不完全相同的程序和条件。[②] 这种不同体现为《监察法》对取证合法性

---

① 刘昂：《〈监察法〉实施中的证据合法性问题研究》，载《证据科学》2018年第4期。

② 朱福惠：《论检察机关对监察机关职务犯罪调查的制约》，载《法学评论》2018年第3期。

规范设置的标准超过与《刑事诉讼法》所规定的取证合法性标准存在差异。[①]而合法性作为非法证据判断的首要标准，监察证据与刑事证据在这一问题上的差异性，决定了非法证据排除的判断标准在监察领域和刑事诉讼领域必然存在一定差异。

（二）监察调查非法证据排除的范围不明确

就字面解释而言，只要是在刑事诉讼中，只要在取证的主体、方式和程序等方面存在任何不符合法律规定情形的，就属于非法证据的范畴。然而，由于证据排除会带来影响事实查明、放纵犯罪等负面效应，因而并不是所有违反法律规定的证据全部都要一概排除，而是在对发现真相与遏制违法作出权衡后，对那些通过严重违反法定程序并严重侵犯公民权利手段获取的证据进行排除。[②] 例如，《刑事诉讼法》第 56 条第 1 款对于证据排除范围规定为："采用刑讯逼供等非法方法收集的犯罪嫌疑人、被告人供述和采用暴力、威胁等非法方法收集的证人证言、被害人陈述，应当予以排除。收集物证、书证不符合法定程序，可能严重影响司法公正的，应当予以补正或者作出合理解释；不能补正或者作出合理解释的，对该证据应当予以排除。"根据这一规定，对于言词类的证据，存在刑讯逼供等情形的被告人供述和暴力、威胁等情形的证人证言、被害人陈述应予以排除。对于实物证据，则只有存在不符合法定程序，且严重影响司法公正，而且不能补正或合理解释的才予以排除。由此可见，《刑事诉讼法》是以证据种类和权力违法程度来认定非法证据是否需要排除的。

与之相对应的是，《监察法》规定以非法方法收集的证据应当依法予以排除，不得作为案件处置的依据，仅以权力违法程度来认定非法证据。通过对这一规定进行字面解释，可以说监察证据的排除范围要远远广于刑事证据，因为这一规定不区分言词证据与实物证据，且未规定补正与合理解释的救济途径，只要构成非法证据，则一律予以排除。然而，中央纪委法规室和国家监察委员会法规室编写的《〈中华人民共和国监察法〉释义》中却采取了另

① 刘昂：《〈监察法〉实施中的证据合法性问题研究》，载《证据科学》2018 年第 4 期。

② 高通：《监察程序中非法证据的法解释学分析》，载《证据科学》2018 年第 4 期。

外一种解释路径，认为无论是言词证据，还是实物证据，只有对可能严重影响处置结果合法公正的，相关调查人员无法予以补正或作出合理解释的，方予以排除，[①] 这显然相较《刑事诉讼法》规定的范围有所收紧。对于一概予以排除的言词类证据，监察机关依然应当在严重影响公正处置，并不能补正或合理解释的情形下方能排除。这意味着，是否区分实物证据和言词证据，以及是否对排除设置影响程度与合理解释作为前置条件是监察非法证据排除与刑事非法证据排除最大分野所在。

（三）监察调查非法证据排除的衔接流程不明确

由于监察机关掌握了证据材料移送的选择主动权，因此对于在监察调查阶段已经被认定为非法证据而予以排除的证据材料是否需要移交检察机关，就成为职务犯罪案件监察调查与审查起诉证据衔接中一个亟待解决的现实问题。非法证据的认定聚焦于证据获取的合法性，并非对证据客观性的判断，因此部分被排除的证据往往对于全面认识案件事实具有不可忽视的重要价值。此外，基于证据材料之间的关联性，被排除的非法证据以及其所附载的案件调查过程信息，对于检察机关判断关联证据的客观性和合法性都具有不可替代的重要价值。对于被调查人、犯罪嫌疑人和被告人而言，被排除的证据不仅可以用以证明监察调查过程中存在的非法取证问题，还有可能成为支持其辩护理由的依据，对于其证明辩护主张意义重大。因此，对于检察机关而言，自然希望监察机关能够将包括被排除的非法证据在内的所有证据材料予以移送。然而，对于监察机关而言，将被排除的非法证据材料予以移送，将会产生“家丑外扬”的不利影响，损及监察机关的权威性和公信力。而且，需要注意的是，在全卷移送模式下，移送至检察机关的非法证据，将有可能再次被移送至审判机关，由此可能导致法官通过阅卷先入为主，“污染”法官对案件的事实认定。因此，对于被监察机关排除的非法证据是否应当移送，以及如何移送仍有待于进一步明确。

① 中央纪委法规室、国家监察委员会法规室编写：《〈中华人民共和国监察法〉释义》，中国方正出版社2018年版，第170页。

第三节 职务犯罪案件监察调查与审查起诉证据衔接机制的完善

实现监察调查与刑事诉讼衔接的重点在于证据的转化，其制度路径为“建立监察委员会与司法机关的协调衔接机制”。换言之，就是通过该机制达成监察案件向刑事案件的转化，从而使监察委员会调查涉嫌职务犯罪案件时所收集的证据能够顺利进入刑事诉讼程序中。① 职务犯罪案件监察调查与审查起诉证据衔接机制的基本理念是以保证监察调查证据的完整有效移交为主，以对监察调查证据的形式过滤为辅；其基本目标是充实职务犯罪案件刑事追诉的事实基础，保证职务犯罪案件刑事诉讼准确认定事实与适用法律，促进职务犯罪案件追诉过程正当合法，实现最终责任追究的客观公正。对于职务犯罪案件监察调查与审查起诉证据衔接机制的完善，应当在兼顾监察法理与刑事诉讼法理的基础上，融合监察证据制度与刑事证据制度，针对监察证据在刑事诉讼中的证据资格确认，监察证据在职务犯罪案件监察调查与审查起诉衔接机制中的移送接收流程完善，以及监察调查非法证据排除衔接优化等重点问题予以全面分析和探讨。以此为驱动，在解决职务犯罪案件监察调查与审查起诉证据衔接机制所面临的现实挑战的同时，推进监察证据制度和刑事诉讼证据制度的整体优化。

一、明确职务犯罪案件监察证据在刑事诉讼中的证据资格

关于监察证据的审查、运用，当前理论界和实务界共同关注的重点问题集中于监察证据在刑事诉讼程序中的审查、运用。监察证据移送并在刑事诉讼中使用，既是监察程序与刑事诉讼程序协调衔接的重要环节，也是监察权与检察权、审判权配合制约的重要载体，还是构建以审判为中心的刑事诉讼

---

① 陈卫东、聂友伦：《职务犯罪监察证据若干问题研究——以〈监察法〉第33条为中心》，载《中国人民大学学报》2018年第4期。

新格局的重要内容。[①] 而解决这一问题的核心所在则是对监察证据在刑事司法中证据资格的确认与规范。对于刑事诉讼程序外产生证据能否作为刑事证据使用并非一个新问题，此前刑事诉讼理论和实务界都对此展开过讨论，2012 年《刑事诉讼法》修正通过确定行政证据转化为刑事诉讼证据的规定确定了解决这一问题的基本路径。然而，由于国家监察机关在机构属性上并不属于行政机关，因而对这一问题需要特别予以讨论。

（一）监察证据在刑事诉讼中的运用同行政证据运用的区别

国家监察体制改革之前，党的纪律检查机关承担着对党员违反党纪行为的调查和处置职能；行政监察机关作为各级政府内设行使监察职权的机关，承担着对行政机关工作人员违法行为的调查和处置职能。在实践运行中，党的纪律检查机关与行政监察机关实行“合署办公”，党的纪律检查机关收集的证据材料就等同于监察机关收集，统称为“纪检监察证据”。此类证据在国家监察体制改革之前，被统一解释为行政证据的范畴，并依据这一规定获得了在刑事诉讼中的证据资格。然而，国家监察体制改革之后，取消了行政监察机关，新成立的国家监察机关作为国家监察权的行使主体，在性质属性上自成体系，监察机关不再属于行政机关，监察机关调查收集的证据也不是行政执法证据，[②] 因而也就无法再通过《刑事诉讼法》所确定的行政证据转化为刑事证据的路径解决其证据资格问题。

针对这一问题，《监察法》采取了直接赋予监察调查所获取证据在刑事诉讼中证据资格的方式予以解决。《监察法》第 33 条第 1 款明确规定：“监察机关依照本法规定收集的物证、书证、证人证言、被调查人供述和辩解、视听资料、电子数据等证据材料，在刑事诉讼中可以作为证据使用。”相较于行政证据的转化使用，监察证据在刑事司法中证据资格的获取更为直接，而且相较于行政证据的转化仅限于实物证据，监察证据中的言词证据也在刑事诉讼中具有证据资格。由此可见，监察证据在刑事诉讼中证据资格效力更

① 兰跃军：《论监察证据在刑事诉讼中使用》，载《证据科学》2018 年第 6 期。

② 张中：《论监察案件的证据标准——以刑事诉讼证据为参照》，载《比较法研究》2019 年第 1 期。

高，覆盖面更广。

之所以立法对监察证据采取了区别于行政证据需要转化的证据资格获取路径，主要是基于以下两方面的原因：一是为了体现监察权威，强化监察机关惩治腐败的强制力，保障高效权威的反腐败体系的有效运行，避免程序转化所可能产生的资源浪费和证据损耗。二是相较于行政执法，《监察法》对监察机关的取证活动制定了更为严格的程序规范，甚至部分证据的收集、固定标准要严于《刑事诉讼法》对于侦查机关取证程序的要求。

（二）监察证据在刑事诉讼中证据资格的覆盖范围

《监察法》直接赋予监察证据在刑事诉讼中的证据资格，而且根据立法规定，这一授权覆盖了物证、书证、证人证言、被调查人供述和辩解、视听资料、电子数据等主要监察证据类型，这对于提高监察调查与刑事证据衔接效率具有重要的促进作用。然而，要注意的是，立法表述中并未对所有监察证据类型全面覆盖，如监察勘验检查笔录等证据类型并未被纳入直接获取刑事证据资格的范围。对于这一问题，目前学界主流观点认为，应当从合理解释立法中在列举证据种类之后所规定的“等”字切入，对于法条中的“等证据”应当理解为等外等，[①] 即除立法所明确表述的证据类型之外的其他监察证据类型，只要符合《监察法》和《刑事诉讼法》的相关规定，都可以进入刑事诉讼程序，成为诉讼证据。

但需要注意的是，由于监察证据证明目的的多元性，部分监察措施所获取证据存在明确的指向性，这意味着监察证据移送需要区分涉嫌职务违法和涉嫌职务犯罪的证据材料。可以在刑事诉讼中使用的监察证据只能是监察机关依法收集的涉嫌职务犯罪的证据材料，不包括那些仅涉嫌职务违法的证据材料。[②] 例如，对于谈话措施，《监察法》明确规定这一措施仅适用于职务违法，那么由此形成的谈话笔录则仅能适用于对职务违法的监督和处置，不能直接在刑事诉讼程序中使用。

---

① 谢登科：《监察证据在刑事诉讼中的使用——兼论〈监察法〉第 33 条的理解与适用》，载《中共中央党校学报》2018 年第 5 期。

② 兰跃军：《论监察证据在刑事诉讼中使用》，载《证据科学》2018 年第 6 期。

（三）证据资格标准的统一

《监察法》对于监察证据，仅赋予其可以在刑事诉讼中作为证据使用的资格，但并不意味着监察证据在刑事诉讼中都可以直接作为定案依据，而是应当经过检察机关审查起诉和法院审判活动的审查方能成为定罪量刑依据。[①]中央纪委法规室和国家监察委员会法规室编写的《〈中华人民共和国监察法〉释义》中明确指出，“这里的‘可以作为证据使用’，是指这些证据具有进入刑事诉讼的资格，不需要刑事侦查机关再次履行取证手续”。需要指出的是，这些证据能否作为定案的根据，还需要根据《刑事诉讼法》的其他规定进行审查判断。如果经审查属于应当排除的或者不真实的，不能作为定案的根据。[②] 这意味着，监察证据在刑事诉讼中的审查、运用，不仅要满足《监察法》的规定，并且若要作为判定被调查人有罪的根据，除了要符合《刑事诉讼法》规定的证据种类外，其自身还必须满足刑事证据的规格，即具备刑事证据的形式要件。[③] 这意味着，监察机关在进行职务犯罪调查取证时，不仅要按照《监察法》规定开展证据收集、固定，与此同时还要遵循《刑事诉讼法》的相关规定，而由于《刑事诉讼法》中对监察证据的证据资格和审查判断标准并未作出规定，理论上检察机关和审判机关应当将监察证据同其他刑事证据同等对待，仅按照《刑事诉讼法》相关规范予以审查运用。这虽然解决了监察证据在刑事诉讼程序中的入门资格问题，但是《监察法》与《刑事诉讼法》就具体证据取证规范标准不统一所产生的证据合法性判断空白却并未得到解决。监察证据在客观性和关联性的审查判断上与刑事证据并无本质区别，但合法性的判断标准则存在差异。[④] 尤其是对于《监察法》合法性标准严于《刑事诉讼法》的证据，如果出现符合《刑事诉讼法》标准，却不符

---

① 李勇：《〈监察法〉与〈刑事诉讼法〉衔接问题研究——“程序二元、证据一体”理论模型之提出》，载《证据科学》2018年第5期。

② 中央纪委法规室、国家监察委员会法规室编写：《〈中华人民共和国监察法〉释义》，中国方正出版社2018年版，第168页。

③ 张中：《论监察案件的证据标准——以刑事诉讼证据为参照》，载《比较法研究》2019年第1期。

④ 谢登科：《监察证据在刑事诉讼中的使用——兼论〈监察法〉第33条的理解与适用》，载《中共中央党校学报》2018年第5期。

合《监察法》标准的情形时，意味着该证据在监察领域这一前置环节不具有证据资格，而在刑事诉讼这一后置环节却有证据资格，显然会导致实践适用困难。

针对这一问题，有学者提出“程序二元，证据一体”理论，认为监察程序与刑事诉讼程序是二元独立的，监察机关办案不直接适用《刑事诉讼法》的程序规定；但在证据问题上，监察机关调查行为所搜集的证据，都要符合《刑事诉讼法》的要求，证据是一体的，《监察法》规定不够全面的，实行“未尽事宜参照《刑事诉讼法》”；《监察法》规定比《刑事诉讼法》更严格的，实行“就高不就低”。[①] 这一理论一定程度上统一了监察证据与刑事证据的证据资格标准，但这一理论目前仅在《监察法》中获得立法支撑，刑事诉讼部分的证据审查标准尚未得到立法的明确规范。因此，要彻底解决监察证据在刑事诉讼中的证据资格审查判断标准统一问题，需要注意以下两点：一方面，需要《刑事诉讼法》对监察证据予以特别规范，尤其是要明确监察证据合法性标准高于刑事诉讼标准时应当依据何种标准予以审查运用。另一方面，《监察法》在后续的立法完善中，也应当更加明确地构建监察取证标准体系，尤其是对于职务犯罪监察调查证据收集、固定标准应当更加全面地借鉴引入刑事证据取证规范体系，以实现监察证据与刑事证据的无缝衔接。

二、职务犯罪案件监察调查与审查起诉证据衔接流程

（一）确认监察调查证据材料在刑事诉讼中的种类形式合法性

由于《刑事诉讼法》对于证据种类形式采取了闭合式立法模式，为保证审慎确定证据种类形式所蕴含的立法初衷能够得以实现，同时兼顾监察调查证据转入刑事诉讼程序之后的合法性，《刑事诉讼法》应当基于职务犯罪案件监察调查程序与刑事诉讼程序之间不可分割的内在关联，采取将监察调查证据形式种类予以明确规范的方式，将其纳入刑事证据体系。一方面，要将被调查人的供述与辩解等监察领域特有的证据形式在刑事诉讼立法中进行明

① 李勇：《〈监察法〉与〈刑事诉讼法〉衔接问题研究——“程序二元、证据一体”理论模型之提出》，载《证据科学》2018 年第 5 期。

确规范。另一方面，要赋予具有同质性的监察调查措施获取证据形式与刑事侦查获取证据形式同等的合法性，明确监察询问获取的证人证言和监察搜查、扣押获取的物证、书证等，等同于侦查询问获取的证人证言以及侦查搜查、扣押获取的物证、书证。通过证据形式种类在监察调查和刑事诉讼领域的精准对接，不仅可以避免监察机关与检察机关证据材料衔接过程中因名称术语不同而影响衔接效率，还可以将《监察法》所确定的监察证据取证标准同刑事审判标准看齐的规定予以落实。

针对《监察法》第 33 条第 1 款存在的对监察证据形式外延规定不周延问题，为避免扩张解释可能面临的冲突与分歧，在未来的立法完善和解释细则制定过程中，应当对该条内容予以补充和细化，将被害人陈述以及勘验、检查、辨认、监察调查实验笔录等证据形式予以明确规范，正式赋予其在刑事诉讼程序中作为证据使用的合法性。同时，《刑事诉讼法》作为关联法，也应当采取正面规范的方式，对职务犯罪监察调查证据种类形式的具体范围进行明确，在赋予其合法性的同时，还可以对职务违法证据和职务犯罪证据进行外在形式层面的划分，有助于在监察调查与审查起诉衔接过程中对证据材料的有效筛选和审查。

（二）明确具体移送接收的证据材料范围

对于同时包含违纪违法犯罪调查内容的案件，监察机关虽然在监察调查过程中进行一并调查，提高调查效率，强化调查力度，然而由于违纪违法犯罪的程序流向和实体责任形式都存在显著差异，为避免证据混用影响事实认定和法律适用，要注意以下几点：首先，应当明确监察调查所获取证据材料根据证明对象的不同，划分为职务违法证据和职务犯罪证据，如此既可以避免违法处置与犯罪追诉不同程序流向可能导致的争抢证据，同时也可以准确判断取证的合法性，尤其是对于《监察法》限定使用范围的监察调查措施，避免职务犯罪专属监察调查措施被错误适用于职务违法调查。其次，应当从全面查明案件事实的视角出发，协调监察调查获取证据材料的使用，对于同时适用于职务违法处置和职务犯罪追诉的证据材料，应当根据《监察法》所确立的先处后移理念，优先进行职务违法处置，待职务违法处置结束后，将证据材料一并移送检察机关用于职务犯罪追诉。在此过程中，监察机关在处置和移送环节都要做好证据的保管工作，防止证据材料灭失变质。对于监察机关处置的卷宗归档等事项，可以采取对证据材料制作复印件、复制品或者录音录像、拍照等方式予以解决。最后，对于同时用于职务违法与职务犯罪证明的证据材料，无论是监察机关，还是刑事司法机关，对于其他办案机关紧急情况下对证据材料的调取和使用，应当给予必要协助，确保证据材料在职务违法犯罪案件办理过程中充分发挥证明作用。为避免职务犯罪案件监察调查与审查起诉衔接机制中涉案证据材料被遗漏和隐匿，应当赋予被调查人、犯罪嫌疑人、被告人异议权，确保相关证据材料移送的完整全面。

此外，对于监察调查期间形成的录音录像资料，目前相关立法和实践操作中均采取留存备查的处理模式，并不随案移送。全国人民代表大会常务委员会、法制工作委员会对最高人民法院、最高人民检察院、公安部、国家安全部、司法部、全国人大常委会法制工作委员会《关于实施刑事诉讼法若干问题的规定》第 19 条解释称："用于证明讯问合法性的录音录像不作为证明案件实体事实的证据，也就不必要每个案件都随案移送。"① 《监察法》第 41 条第 2 款规定："调查人员进行讯问以及搜查、查封、扣押等重要取证工作，应当对全过程进行录音录像，留存备查。"《〈中华人民共和国检察法〉释义》对《监察法》第 41 条第 2 款规定的录音录像制度的解释称："监察机关对调查过程的录音录像不随案移送检察机关。检察机关认为需要调取与指控犯罪有关并且需要对证据合法性进行审查的录音录像，可以同监察机关沟通协商后予以调取。"② 但是，针对职务犯罪案件大量依赖言词类证据，且录音录像在职务犯罪监察调查过程中适用范围和频率的拓展，应当根据录音录像资料具体的证明对象和目的确定是否移送。调取的目的不应简单被局限于合法性证明，而是可以拓展至证据印证，将监察调查过程中的录音录像资料由纯粹过程证据延伸为诉讼证据。③ 录音录像要根据其证明对象的不同区分证据属

---

① 全国人民代表大会常务委员会法制工作委员会刑法室编著、王尚新主编：《关于实施刑事诉讼法若干问题的规定解读》，中国法制出版社 2013 年版，第 99 页。

② 中央纪委法规室、国家监察委员会法规室编写：《〈中华人民共和国监察法〉释义》，中国方正出版社 2018 年版，第 194 页。

③ 卞建林、陶加培：《论监察法与刑事诉讼法衔接中录音录像制度》，载《中国刑事法杂志》2019 年第 3 期。

性。如果录音录像是用来证明讯问过程的合法性，即为证明取证程序合法的材料，可称为过程性证据、辅助证据；如果录音录像是以犯罪嫌疑人、被告人陈述的内容来证明案件中涉及的定罪量刑事实的，则为证明实体性事实的材料，可称为实质证据。我国的立法和司法较一致地认为讯问录音录像的证据属性主要是一种证明取证过程的材料，主要功能是证明讯问取供的合法性。[①] 具体到监察证据领域，对于监察证据，尤其是言词类证据获取过程中，录音录像资料不仅可以用于证明取证合法性，还可以作为案件信息载体，固定相关言词类证据和部分实物类证据所附载信息，对于此类情形下的录音录像资料，从充分证明案件事实的角度出发，应当在监察调查与审查起诉衔接过程中将其随案移送，用于后续刑事诉讼。《人民检察院刑事诉讼规则》第263条第2款规定："对于监察机关移送起诉的案件，认为需要调取有关录音、录像的，可以商请监察机关调取。"被调查人、犯罪嫌疑人、被告人认为录音录像资料中所记载信息可以用于案件证明，也可以向办案机关提出申请，要求将相关资料随案移送。

（三）统一监察移送审查起诉案件证据证明标准

监察机关在职务犯罪调查中收集的证据直接关系到司法机关在刑事诉讼中对案件事实的查明和刑事责任的认定。[②] 因此，为保证监察调查与审查起诉衔接过程中所移送证据材料在宏观层面符合案件整体证明标准，微观层面具体材料符合形式规范。对此，既需要《监察法》与《刑事诉讼法》对于证明标准规范的实质统一，也需要《监察法》与《刑事诉讼法》对于证据材料形式规范的标准一致。

首先，检察机关在接收监察机关移送审查起诉的案件时，在对证据材料进行形式审查过程中，应当融合《监察法》与《刑事诉讼法》的相关规定，对于《监察法》有明确规范的，根据调查取证的规范与行为之间的一致性，将《监察法》作为形式审查的标准。对于《监察法》没有明确规定的，则可

---

① 董坤：《监察与司法衔接中的证据问题研究》，载《西南民族大学学报（人文社会科学版）》2021年第7期。

② 谢登科：《监察证据在刑事诉讼中的使用——兼论〈监察法〉第33条的理解与适用》，载《中共中央党校学报》2018年第5期。

以援引《刑事诉讼法》，监察机关调查取得的证据材料，应当符合《刑事诉讼法》对证据的形式要件和实质要件的要求。[①] 由于监察调查与审查起诉衔接过程中检察机关对于证据材料的审查主要是形式审查，对此应当明确可作为证据在刑事诉讼中使用的监察证据在证据形式上应与刑事证据相同或相互对应。[②] 在此过程中，对于《监察法》与《刑事诉讼法》因具体表述不一致所产生的规范差异，应当辩证对待。例如，从法体系的协调性与一致性的层面看，被调查人的供述和辩解与侦查中收集的犯罪嫌疑人的供述和辩解并无实质性差别，其在证据的审查判断过程中可以按照犯罪嫌疑人、被告人的供述和辩解对待。[③]

其次，对于《监察法》所设定监察调查完毕移送审查起诉所需达到的犯罪事实清楚、证据确实充分的证明标准，既是监察机关审理案件决定是否移送审查起诉的证明标准，也是检察机关接收职务犯罪案件的证明标准。作为一项主客观相结合的证明标准，为避免因监察机关与检察机关主体不一致导致判断结果差异，影响衔接过程中对于案件的认定，要做好以下两个方面的工作：一方面，要对犯罪事实清楚、证据确实充分的客观内容进行细化解释，确定具有可操作性的判断指引。对于达到这一证明标准所需证据“质”和“量”的具体要求进行明确规范，使监察机关和检察机关能够在统一标准体系下进行判断。另一方面，要对这一证明标准的主观判断进行有效规范，对于监察机关而言，应当树立审慎移送的判断理念，高度重视移送审查起诉对于被调查人以及监察机关本身权威性所可能产生的不利影响，从严把握犯罪事实清楚、证据确实充分的移送审查起诉证明标准。对于检察机关，则应当立足于职务犯罪案件监察调查与审查起诉衔接机制的形式审查定位，从宽把握案件接收阶段的证明标准，尊重监察机关的判断，待后续审查起诉阶段再进行实质性证据审查，判断是否确实达到刑事诉讼领域内的犯罪事实清楚、

---

① 张中：《论监察案件的证据标准——以刑事诉讼证据为参照》，载《比较法研究》2019 年第 1 期。

② 邓联荣、高通：《赋予监察证据以刑事证据资格研究——以〈监察法〉第 33 条第 1 款为中心》，载《湘潭大学学报（哲学社会科学版）》2021 年第 1 期。

③ 董坤：《监察与司法衔接中的证据问题研究》，载《西南民族大学学报（人文社会科学版）》2021 年第 7 期。

证据确实充分，作出是否提起公诉的决定。

三、监察调查与审查起诉非法证据排除衔接

（一）确定非法证据的判断标准

监察非法证据虽然与刑事非法证据具有密切联系，但二者之间也存在明显区别，监察非法证据排除规则独立于刑事非法证据规则而存在。监察非法证据排除规则的设定必须要充分考虑我国监察实践，并在打击腐败与防范权力滥用间达到平衡。① 具体而言，关于监察非法证据排除标准的确定应当首先建立在对排除证据分类的基础上。对于用于职务犯罪证明的证据，由于此类证据在调查完毕后需要移送刑事司法机关用于刑事证明，因而基于衔接规范统一的考虑，应当构建与刑事诉讼非法证据排除标准统一的非法证据排除标准，最终统一监察取证与刑事取证标准体系。《监察法》与《刑事诉讼法》关于证据的要求和标准的规定就深度融为一体，共同构筑起监察证据合法性审查的规范标准。② 这一标准应当是在对《监察法》与《刑事诉讼法》关于职务犯罪证据收集、规定相关规范进行全面协调的基础上形成。一方面，根据《监察法》第 33 条第 2 款的规定，监察机关在收集、固定、审查、运用证据时，应当与刑事审判关于证据的要求和标准相一致。虽然监察调查不直接适用《刑事诉讼法》，但其取证规则仍然要受到《刑事诉讼法》的统摄。③ 刑事审判关于证据的要求和标准有严格、细致的规定，监察机关收集的证据材料在刑事诉讼中作为证据使用，必须要与其相衔接、相一致。④ 另一方面，证据问题的讨论不应当脱离形成、收集、运用证据的法律程序，⑤ 基于监察调查程序的独立性，《监察法》中的调查取证规范应当成为法院证据审查活

---

① 高通：《监察程序中非法证据的法解释学分析》，载《证据科学》2018 年第 4 期。

② 申世涛：《程序正义视野下监察证据的几个问题：文献梳理及展望》，载《社会科学家》2021 年第 1 期。

③ 汪海燕：《审判中心与监察体制改革——以证据制度为视角》，载《新疆社会科学》2018 年第 3 期。

④ 中央纪委法规室、国家监察委员会法规室编写：《〈中华人民共和国监察法〉释义》，中国方正出版社 2018 年版，第 169 页。

⑤ ［英］威廉·特文宁：《反思证据》，吴洪淇等译，中国人民大学出版社 2015 年版，第 231 页。

动的审查基准。[①] 尤其是对于《刑事诉讼法》没有规定，或者《刑事诉讼法》规定标准低于《监察法》的取证措施，在对通过该措施获取的证据材料进行审查的过程中，应当将《监察法》规定作为审查判断证据合法性的依据，以此彰显监察调查的法治性。

（二）排除证据的范围界定

职务犯罪监察证据是否排除，在监察调查阶段由监察机关审查决定，在审查起诉阶段和审判阶段则由检察机关和审判机关按照《刑事诉讼法》决定。这意味着，如果监察证据的排除范围宽于刑事诉讼，则可能出现部分在刑事诉讼中可以使用的证据被提前排除，不利于案件证明；如果监察排除范围窄于刑事诉讼，则可能出现监察移送的证据被刑事司法机关认定为非法证据，予以排除。因此，从有效对接监察调查与刑事司法、避免证据排除标准冲突导致实践困局出现的角度来看，未来应当构建统一的职务犯罪非法证据排除范围标准。根据当前实践现状，结合《监察法》证据标准向刑事诉讼看齐的立法规范，应当借鉴刑事诉讼非法证据排除范围规范，在监察领域区分言词证据与实物证据，并构建言词证据宽于实物证据的排除范围配置，引入刑事诉讼排除范围标准。这一点在《监察法实施条例》中得以体现，该条例明确规定，对于调查人员采用暴力、威胁以及非法限制人身自由等非法方法收集的被调查人供述、证人证言、被害人陈述，应当依法予以排除。前款所称暴力的方法，是指采用殴打、违法使用戒具等方法或者变相肉刑的恶劣手段，使人遭受难以忍受的痛苦而违背意愿作出供述、证言、陈述；威胁的方法，是指采用以暴力或者严重损害本人及其近亲属合法权益等进行威胁的方法，使人遭受难以忍受的痛苦而违背意愿作出供述、证言、陈述。收集物证、书证不符合法定程序，可能严重影响案件公正处理的，应当予以补正或者作出合理解释；不能补正或者作出合理解释的，对该证据应当予以排除。由此，实现了实物证据与言词证据的排除标准分离，与刑事诉讼非法证据排除标准接轨。

---

① 艾明：《监察调查证据在刑事诉讼中使用的规范分析》，载《暨南学报（哲学社会科学版）》2019 年第 10 期。

此外，要注意的是，非法证据排除规则是以牺牲一定实体真相为代价，但在不同的程序中对实体真相和人权保障的要求水平是不一样的，过于严格的非法证据排除规则虽然有利于实现法治化要求，但却可能有损打击腐败的目的。例如，职务犯罪调查领域由于关涉被调查人人身权利、财产权利等基本权利，需要更关注人权保障和防范冤假错案问题；职务违法调查则更关注效率，而且处置措施与人身、财产等基本权利无关，其对程序正当性方面的关注则可适当降低；至于一般监察监督则缺乏强制性，其对程序正当性和防范案件错误方面的要求可能并不很高。因此，在排除范围上应当对监察监督证据、职务违法证据和职务犯罪证据进行区别对待。对于监察证据，无论是实物证据，还是言词证据，只要不存在刑讯逼供等严重侵犯人权的取证措施，原则上不应当排除；对于职务违法证据，无论是实物证据，还是言词证据，只要不严重影响处置公正，且能够补正或合理解释的，通常也不应当予以排除；对于职务犯罪证据，言词证据存在刑讯逼供、暴力、威胁等非法取证行为的，一律予以排除，实物证据严重影响司法公正，且不能补正或合理解释的，方予以排除。

（三）明确监察调查与审查起诉非法证据排除衔接

《人民检察院刑事诉讼规则》第 73 条第 1 款规定："人民检察院经审查认定存在非法取证行为的，对该证据应当予以排除，其他证据不能证明犯罪嫌疑人实施犯罪行为的，应当不批准或者决定逮捕。已经移送起诉的，可以依法将案件退回监察机关补充调查或者退回公安机关补充侦查，或者作出不起诉决定。被排除的非法证据应当随案移送，并写明为依法排除的非法证据。"被排除的证据材料也要随案移送，目的不是追责，而是帮助检察机关更加全面地了解监察调查过程，有针对性地展开审查起诉和支持公诉工作，及时针对监察调查期间的非法取证活动进行有效应对，避免因信息掌握不全而在后续庭审中陷入被动，也有助于及时采取补救和应对措施，有效追诉职务犯罪。此外，将被排除的证据随案移送也有助于后续刑事诉讼中犯罪嫌疑人、被告人及其辩护人充分行使辩护权。

第四章

职务犯罪案件监察调查与审查起诉强制措施衔接

职务犯罪案件刑事追诉的最终目标是确定被追诉人的刑事责任，无论是追诉机关的追诉活动，还是审判机关的审理活动，以及被追诉方的辩护活动，都是以被追诉人为中心展开的。虽然2018年《刑事诉讼法》修正时增设了刑事缺席审判程序，但是在绝大多数案件中，被追诉人在案依然是职务犯罪案件追诉程序得以推进的根基所在。然而，基于趋利避害的本性，为规避刑事责任追究所可能带来的人身自由、财产乃至生命权的剥夺与限制，部分被追诉人就会选择实施逃匿或者毁灭、隐匿、伪造证据等干扰追诉程序正常进行的行为，部分被追诉人还会在追诉过程中继续犯罪，甚至会实施报复被害人、证人、社会公众等严重危害社会公共安全的行为。对此，为保证追诉程序顺利进行，维护社会公共安全，《刑事诉讼法》设置了强制措施体系，通过在诉讼过程中控制或者剥夺犯罪嫌疑人、被告人的人身自由的方式保证追诉程序顺利进行。国家监察体制改革后，监察调查取代刑事侦查，成为职务犯罪案件刑事追诉程序的重要组成部分，虽然程序属性发生变迁，但是在监察调查期间被调查人实施影响调查顺利进行行为的风险并未因此消失，这意味着职务犯罪案件监察调查期间，监察调查机关也存在对被调查人采取人身自由控制措施的现实需求。梳理《监察法》相关规定，监察调查措施体系中涉及被调查人人身自由控制的措施主要包括限制出境和留置两项。由于职务犯罪案件监察调查与审查起诉衔接过程中，需要进行“人”“案”同转，这就意味着若要实现被调查人在程序衔接过程中的有效控制，避免因程序衔接空窗期导致被调查人脱管失控的话，就需要监察调查人身自由控制措施与刑事诉讼强制措施之间进行无缝对接。2018 年《刑事诉讼法》修正，针对被采取留置措施的被调查人，规定在移送审查起诉后，检察机关应当先行拘留，在法定期限内决定适用强制措施的种类。这为监察调查与审查起诉衔接过程中的被追诉对象人身自由控制措施对接提供了法律依据。然而，由于监察调查措施中人身自由控制措施尚不健全，导致刑事强制措施与监察调查人身自由控制措施之间在程序种类上难以有效对应，且衔接机制的细节性规范不足，影响监察调查与审查起诉衔接期间被调查人在不同人身自由控制措施体系中的有序流转，容易导致因衔接空白产生人身自由控制盲区，也容易因衔接不畅，导致被追诉人的人身自由被侵犯。因此，基于保障追诉职务犯罪和保护被追诉人合法权益的双重价值目标，需要对监察调查与审查起诉衔接过程中被追诉人人身自由控制措施衔接进行深入研究。

第一节　监察强制措施与刑事强制措施衔接概述

不同于刑事强制措施体系理论研究全面、立法规范完备以及实践经验丰富的情况，监察调查领域内的人身自由控制措施尚处于初创阶段，理论储备、立法规范和实践经验均有所欠缺。为实现在职务犯罪案件监察调查与审查起诉衔接机制中，在被调查人、犯罪嫌疑人身份转换过程中的人身自由控制规范有效，需要监察调查人身自由控制措施体系与刑事强制措施体系之间理论关联互洽，立法衔接紧密，实践精准对接。然而，由于当前《监察法》中并未单独规定监察强制措施体系，而是将留置、限制出境等具有人身自由控制作用的措施一并规定在监察调查措施体系中，这导致监察强制措施这一概念本身是否成立，以及留置、限制出境等措施与刑事强制措施之间的衔接关系如何进行理论定性、立法衔接和实践对接等都有待于进一步明确。因此，在探讨职务犯罪案件监察调查与审查起诉衔接过程中被调查人、犯罪嫌疑人人身自由控制措施之间的衔接关系之前，有必要对监察强制措施这一概念本身进行辨析，界定其内涵外延、价值属性和理念原则。

一、监察强制措施概念辨析

强制措施这一概念此前在刑事诉讼领域的理论研究中分别在不同层面使用，具有多重含义。例如，强制措施这一概念，既有狭义上仅针对犯罪嫌疑人、被告人的人身自由控制措施的界定，也有在广义上针对犯罪嫌疑人、被告人的人身自由、财产和隐私控制措施的界定。其中，前者主要是针对我国《刑事诉讼法》规定的实然状态的描述，其外延包括拘传、取保候审、拘留、监视居住和逮捕；后者则是在理论层面针对世界范围内刑事诉讼普遍规律的描述，其外延范围除拘留、逮捕、保释等人身自由控制措施之外，还包括搜查、扣押、冻结以及监听监控等侦查措施。此外，对于强制措施这一概念，域外刑事诉讼中强调这一概念在使用过程中与司法审查之间的关系，侦查机关使用强制措施必须经过法官的审查、颁发令状后方可实施。而在我国，对于强制措施的使用则仅强调逮捕需要经过检察机关的审查，对于其他强制措施，办案机关均可自行决定使用。由此，导致我国刑事诉讼领域中对于强制措施的概念界定具有以下两个重要的特征：一是以人身自由控制为中心展开，不包含财产权和隐私权限制措施。二是不强调强制措施与司法审查之间的必然联系，其规范目标主要是为办案机关运用强制措施提供行为指引。当前，监察调查强制措施这个概念本身是否存在是存疑的，虽然根据适用对象和适用效果，监察权限内存在限制出境和留置两种以人身自由控制为内容的监察措施，然而由于限制出境、通缉与刑事强制措施之间缺乏对应性，而留置措施本身的性质属性又并不明确，导致监察领域并未形成明确的监察调查强制措施体系。对此，有必要根据《监察法》中有关留置和限制出境的实然规定和理论层面的应然定位，探讨监察强制措施概念是否可以证成。

（一）监察强制措施的概念证成

在刑事案件审前阶段对被追诉对象的人身自由进行控制虽然在法理层面看似有违无罪推定原则，然而当前世界各国刑事诉讼中为保障刑事诉讼顺利进行，却普遍认可审前羁押以及羁押替代性措施的合法性。为平衡无罪推定原则与人身自由控制现实需求之间的冲突，刑事强制措施体系应运而生。虽然我国的刑事强制措施在刑事强制措施的具体内涵外延以及适用程序上同域外刑事强制措施存在一定差异，但是我国《刑事诉讼法》中同样构建了由拘传、取保候审、监视居住、拘留和逮捕五种具体强制措施共同组成的刑事强制措施体系。然而，国家监察体制改革后，刑事强制措施适用需求最强烈，同时风险也最高的职务犯罪案件刑事侦查被监察调查所取代，然而程序属性的变迁却并未彻底改变程序内容，监察调查同样需要以定罪量刑为目标收集固定职务犯罪证据和控制职务犯罪被追诉人，这意味着在监察调查期间控制被调查人的人身自由以保障监察调查顺利进行的现实需求基础依然存在。对此，《监察法》第22条和第30条分别规定了留置措施和限制出境措施，通过将被调查人完全剥夺人身自由和限制其离境的方式控制其人身自由。就适用效果而言，无论是留置，还是限制出境，都是在未定罪的前提下，对于存在法定情形的被调查人采取适度的人身自由控制措施，防止其潜逃或者实施其他影响监察调查顺利进行的活动。然而，由于留置和限制出境无论是措施类型还是具体内容都与刑事强制措施之间存在显著差异，导致这两种措施是否可以直接被界定为监察强制措施并不明确，需要予以深入分析。

首先，就留置措施而言，作为“两规”“两指”法治化升级的产物，因其严厉的适用后果，自国家监察体制改革之初就受到社会各界的广泛关注。相较于讯问、搜查、扣押等监察措施，无论是术语选择，还是措施内容，都与《刑事诉讼法》中对于侦查措施的规定高度同质，留置措施相较于适用效果类似的刑事强制措施，[①] 无论是措施称谓，还是措施内容，都存在显著差异，在监察调查措施体系中具有鲜明的独特性。之所以呈现这一差异，是因为《监察法》是以国家监察体制改革前在纪检检查权和行政监察权运行中行之有效的“两规”为基础，对之加以法治化的改造而进行的立法建构，而并未对作为刑事诉讼程序重要组成内容的强制措施行为体系的基本价值加以充分考虑，其结果是仅配置了留置一项强制措施。这一立法配置，

① 虽然留置措施的制度模板存在逮捕和监视居住两种不同观点，但是究其本质而言，留置措施在职务犯罪案件监察调查中发挥着不可替代的强制性功能。参见郭华：《监察委员会留置措施的立法思考与建议》，载《法治研究》2017年第6期。

造成了监察调查在理论层面与实践层面的双重困境。[①] 由此，不仅导致在理论层面上留置措施的性质属性界定面临挑战，更重要的是，虽然总体而言职务犯罪案件被调查人的人身危险性相对较弱，但是其潜逃或者伪造、毁灭、隐匿证据的能力更强，相较于刑事强制措施的类型多样，强制力度梯级配置，留置措施种类单一且效力极端，在羁押与不干预之间毫无过渡，显然难以满足职务犯罪案件监察调查的现实需求。由于《监察法》直接将留置措施规定在监察调查措施体系中，且留置措施的适用条件设置具有鲜明的调查取证导向，加之其制度沿革的特殊性，都使留置措施与刑事强制措施之间的对应性并不显著。由于留置措施作为监察调查措施中人身自由控制类措施的核心内容，其性质属性界定结果对于监察调查强制措施这一概念是否成立具有决定性作用，为此需要从制度沿革和措施内容两个方面分别而予以探讨。

一方面，就制度沿革而言，习近平总书记在党的十九大报告中指出，用留置取代"两规"措施，由此明确了留置与"两规"之间的承继关系，这意味着：第一，留置措施所发挥的实践效果应当涵盖"两规"措施原有的措施效果，能够在一定时间内将被调查人控制在一定的空间内；第二，留置措施是对"两规"措施的法治化升级，通过正式纳入立法的方式解决"两规"措施法律依据缺失的形式合法性危机，与此同时通过对适用的实体要件和程序规范的明确，解决"两规"措施实施细则不明的合理性缺陷。虽然就法律渊源而言，"两规"措施并不属于刑事强制措施范畴，然而就此前职务犯罪案件查办流程而言，这一措施与刑事强制措施之间存在不可分割的密切联系。纪委调查阶段的"两规"与刑事侦查阶段的拘留、逮捕等措施之间往往前后相接，密不可分，因此在国家监察体制改革整合反腐败资源的整体背景下，留置措施所适用的监察调查阶段同时包含了此前职务犯罪查办的纪委调查与检察侦查两个阶段，因而从措施整合的角度来看，并不能因"两规"措施不属于刑事强制措施就断然判定留置措施并非刑事强制措施。此外，就制度沿

① 魏昌东：《〈监察法〉监察强制措施体系的结构性缺失与重构》，载《南京师大学报（社会科学版）》2020 年第 1 期。

革而言，除“两规”措施和“两指”措施之外，作为职务犯罪监察调查程序整合的重要对象，刑事侦查中所包含的拘传、取保候审、监视居住、拘留、逮捕等措施同样应当作为承继对象，被整合进入监察调查程序中。虽然当前对于留置措施与刑事强制措施之间的具体对应关系存在分歧，但是对于留置与刑事强制措施之间的承继对应关系是毋庸置疑的。

另一方面，就措施内容而言，《监察法》对于留置措施的内容界定为对符合适用条件的被调查人“将其留置在特定场所”，并且这一状态可以持续“不得超过三个月。在特殊情况下，可以延长一次，延长时间不得超过三个月”。虽然《监察法》所确定的“特定场所”在监察调查实践中存在多种形态，包括监察机关专门的办案点，也可能是看守所内的特定监区，但是就适用效果而言，都是将被留置人在一定期限内完全剥夺人身自由，以保障监察调查的顺利进行。与之相同的是，刑事强制措施虽然在具体适用条件和场所等方面与留置措施存在一定差异，但是其控制被追诉对象人身自由，保障追诉活动顺利进行的措施内容是完全一致的。因此，虽然留置措施的制度属性和规范内容都与刑事强制措施存在一定差异，但是在追诉职务犯罪这一特定的语境下，留置措施的内在价值目标和外在功能作用，都与刑事强制措施具有高度的相似性。为兼容监察调查与刑事诉讼不同的程序属性，结合留置措施与刑事强制措施的相似性，可以将留置措施界定为一种监察调查强制措施，由此也证明了监察调查强制措施这一概念的正当性。

其次，就限制出境措施而言，《监察法》第 30 条规定：“监察机关为防止被调查人及相关人员逃匿境外，经省级以上监察机关批准，可以对被调查人及相关人员采取限制出境措施，由公安机关依法执行……”根据这一规定，限制出境措施的适用目标被明确限定为防止被调查人和相关人员潜逃境外，其适用效果是将被限制出境人的人身自由范围限定在国境之内，在此范围内不限制其人身自由。这一措施的设置主要是根据此前大量职务犯罪行为人潜逃境外、逃避追诉的历史经验，针对职务犯罪被追诉人较强的经济基础和社会资源专门作出的应对举措。虽然就人身自由限制严格程度而言，限制出境相较于刑事强制措施更为宽松，但是就内在规律而言，同刑事强制措施之间仍存在高度的相似性。一方面，不同于留置措施适用目标的复杂性，

《监察法》将限制出境的适用目标明确限定为防止潜逃境外，这与刑事强制措施所秉持的防止犯罪嫌疑人、被告人逃匿的目标设定是完全一致的。另一方面，限制出境措施对于被调查人的人身自由控制遵循了必要性原则，最大限度减轻对被采取措施对象人身自由的限制程度，平衡犯罪追诉与权利保障，与刑事强制措施具有高度的一致性。因此，虽然无法在刑事强制措施体系中确定直接的对应措施，但就学理层面而言，限制出境措施也应当被界定为一种强制措施，根据其所处程序空间，这一措施也属于监察调查强制措施的范畴。

综上所述，虽然《监察法》并未专门设定监察调查强制措施体系，但是留置与限制出境的立法规范标志着监察调查强制措施得到立法确认，可以作为理论研究的独立对象。职务犯罪案件监察调查作为犯罪追诉的必要组成部分，所面临的来自被调查人的危险和障碍是客观存在的，这意味着在监察调查过程中，对被调查人的人身自由进行必要的控制是一种“刚需”。为避免对被调查人人身自由的控制失控，影响职务犯罪有效追诉，侵犯被调查人的人身自由权，就需要通过构建强制措施体系作为制度载体，对职务犯罪监察调查人身自由控制措施进行体系配置和立法规范。据此，监察调查强制措施这一概念除作为理论研究术语之外，还应当推进其正式进入立法、规范实践。这是因为，根据刑事强制措施的既有经验，对于强制措施的立法确认，主要有以下两种方式：一方面，只有通过设置专门立法单元的方式，方能为监察调查强制措施的发展提供立法空间，随着监察调查的日渐成熟，为满足被调查人人身自由控制现实需求，未来监察调查强制措施的类型必然日趋丰富，通过统一的立法规范可以形成配置合理、覆盖全面的人身自由控制措施体系，并且规范监察调查实践中监察调查强制措施的适用，保障职务犯罪追诉的高效有序进行。另一方面，强制措施体系的立法确认不仅是对监察机关的授权，同时也是对其权力行使的有效规范。通过明确监察调查强制措施适用的实体和程序规范，可以有效保障被追诉人的人身自由，避免因权力滥用导致其人身自由权被侵犯。监察强制措施的核心内容是对被调查人人身自由的合法控制，包括合法与控制双重内涵，以被调查人的人身自由为作用对象，强调人身自由权限制与保障的平衡。

根据《监察法》中关于留置和限制出境的规范内容，结合刑事强制措施的法理基础，监察调查强制措施可以被界定为监察机关在监察调查期间，针对符合法定适用条件的被调查人和相关人员，按照法定程序在一定期限内控制其人身自由，以保障监察调查顺利进行的强制性措施。根据这一界定：首先，监察调查强制措施的适用主体是监察机关，其他机关无权适用，但为保证措施适用的强制性，监察机关可以商请公安机关在执行过程中提供协助。其次，监察调查强制措施的适用对象是被调查人和相关人员，这一点与刑事强制措施存在一定差异，这主要是因为职务犯罪案件的证明对于言词类证据依赖度较高，为避免因行贿人等关联主体逃匿，影响案件追诉，可以在调查期间对其采取必要的强制性措施。再次，监察调查强制措施的适用必须严格依法进行。无论是适用实体条件，还是适用程序规范，都必须严格遵循《监察法》的相关规定。最后，监察调查强制措施的适用目标限定为保障监察调查的顺利进行。对被调查人和相关人员的人身自由控制，仅为防止其实施逃匿、自伤自残、隐匿毁灭伪造证据、干扰证人作证、打击报复被害人、证人以及继续实施新的犯罪等行为，不得将监察调查强制措施作为惩罚性措施使用，应当坚守未经人民法院依法判决不得确定有罪原则，不得将监察调查强制措施作为追究责任和强制取证的手段。

当前《监察法》中，涉及人身自由控制的监察措施包含留置、限制出境和通缉三种。其中，通缉作为抓捕归案方式，并不属于强制措施的范畴，据此可以认定《监察法》既有监察调查强制措施包含留置和限制出境两类。其中，前者属于羁押性的人身自由剥夺措施，而后者则属于非羁押性的人身自由控制措施。相较于刑事强制措施，监察调查强制措施无论是种类数量，还是对人身自由控制强度的梯级配置，都存在明显不足，基于刑事犯罪追诉规律的一致性，监察机关职务犯罪调查过程中对于强制措施的适用需求，与刑事侦查中对于刑事强制措施的需求并无本质差异，因此如何实现监察调查强制措施满足职务犯罪监察调查现实需求，丰富监察调查强制措施体系，科学配置监察调查强制措施种类，将成为后续监察调查强制措施研究的核心命题。

（二）职务犯罪监察调查强制措施与审查起诉强制措施衔接的特殊性

作为追诉对象和最终刑事责任的直接承担者，被追诉人在职务犯罪案件追诉程序中扮演着不可或缺的重要角色，既是调查、审查起诉和审判活动的作用对象，也是案件事实认定与法律适用重要的信息来源，因此在职务犯罪案件监察调查与审查起诉衔接机制中，如何实现被调查人向犯罪嫌疑人转换过程中的安全有序就成为职务犯罪案件监察调查与审查起诉衔接机制的重要内容之一。相较于刑事司法领域内强制措施衔接的法律渊源统一和执行机制统一，监察调查强制措施与刑事强制措施无论是措施种类体系，还是具体执行机制，都存在显著差异。因此，无论是对于监察机关，还是检察机关，在职务犯罪案件监察调查与审查起诉过程中，都需要在尊重监察调查强制措施与刑事强制措施属性差异的基础上，实现两种不同属性强制措施的无缝衔接，避免因衔接盲区而导致被追诉人脱管失控，影响职务犯罪案件有效追诉。

首先，职务犯罪案件监察调查强制措施与刑事强制措施的衔接是两种不同属性强制措施之间的转换。虽然就法理层面而言，监察调查强制措施与刑事强制措施都是在未定罪的前提下，对职务犯罪案件被追诉人采取相应的人身自由控制措施，以保障追诉程序的顺利进行，然而，由于监察调查程序与刑事诉讼程序存在属性差异，因此在衔接过程中，对被追诉人的人身自由控制措施发生了属性转换。这一转换不仅会在实践层面引发具体措施类型和适用细则的变化，还会在理论层面带来法理基础的变更。例如，对于刑事强制措施，尤其是逮捕等羁押性强制措施，其适用需要接受司法审查属于基本原则，而监察调查强制措施则并无这一要求。由此，决定了对于监察机关决定适用留置措施的被调查人，在移送审查起诉后必须经过先行拘留，由检察机关进行审查之后方能决定是否需要逮捕。与之相对应的是，在侦查阶段被逮捕的犯罪嫌疑人转入审查起诉程序后，则无须进行再次司法审查，检察机关可以直接延续逮捕羁押的状态。

其次，职务犯罪案件监察调查强制措施与刑事强制措施衔接需要联结不同种类的具体强制措施。由于《监察法》所确定监察调查强制措施仅有留置和限制出境两种，而《刑事诉讼法》所确定刑事强制措施则包含拘传、拘留等共计五种，而且监察调查强制措施与刑事强制措施之间也并未形成明确的直接对应关系。由此，决定了不同于刑事侦查与审查起诉之间可以在强制措施上一以贯之、直接延续，在职务犯罪案件监察调查与审查起诉衔接机制中对接强制措施必须进行不同种类强制措施之间的对应。一方面，要解决既有监察调查强制措施与刑事强制措施之间的衔接关系。目前，《监察法》和《刑事诉讼法》对于留置措施与刑事强制措施之间的衔接进行了明确规范，确立了以先行拘留为过渡，以留置与逮捕、取保候审和监视居住之间对应为内容的衔接关系。但是，对于限制出境，由于《刑事诉讼法》中并无直接对应的强制措施类型，且并未规定相对应的衔接对象措施，导致这一措施在监察调查与审查起诉衔接过程中面临无规可循、无法延续的尴尬境地。另一方面，要解决未采取强制措施与采取强制措施之间的有效衔接问题。这既包括对于已被采取监察调查强制措施的被调查人在进入审查起诉后，检察机关是否可以完全不采取任何强制措施，以及未被采取监察调查强制措施的被调查人，检察机关如何在衔接过程中对其采取强制措施。上述两个问题在当前立法中均无明确规范，有待于进一步明确。由于不同类型监察强制措施和刑事强制措施的人身自由控制程度并不相同，如何实现具体监察调查强制措施与刑事强制措施之间的有序对接，确保对被追诉人人身自由控制的有效必要，就成为职务犯罪案件监察调查与审查起诉衔接过程中强制措施衔接的首要实践挑战。

再次，职务犯罪案件监察调查强制措施与刑事强制措施衔接并非所有职务犯罪案件监察调查与审查起诉衔接的必要组成部分。作为保障性措施，无论是监察调查强制措施，还是刑事强制措施，其适用都需要遵循必要原则，只有满足法定适用条件，方可依法限制被追诉人的人身自由。这意味着，无论是在监察调查阶段，还是在审查起诉阶段，都存在无须适用强制措施的可能。对于此类案件，由于并不存在适用强制措施的必要性，因而在衔接过程中无须进行强制措施之间的衔接。但需要注意的是，被追诉人作为追诉对象，无论是否对其适用强制措施，监察机关与检察机关在监察调查与审查起诉衔接过程中，都要做好被追诉人的衔接，对于未被采取强制措施的被追诉人，也应当将其住址、联系方式等进行移送，确保检察机关能够在案件程序转换后，及时掌握职务犯罪案件犯罪嫌疑人的基本信息，确保其不脱管、不失控。

最后，职务犯罪案件监察调查强制措施与刑事强制措施衔接与被追诉人权利义务配置转换之间存在联动关系。对于被追诉人而言，监察调查与审查起诉衔接过程中强制措施种类的变化，不仅会影响其人身自由受限状态，改变其羁押场所，同时还会对其权利义务配置产生直接影响。例如，对于被采取留置措施的被调查人，一旦转化为逮捕措施，那么其将享有监察调查阶段未予配置的会见辩护律师、约见值班律师等权利。因此，对于职务犯罪案件监察调查与审查起诉衔接过程中的强制措施转换，在强调无缝对接、避免盲区的同时，也要强化转换过程中的权利保障，避免权利义务调整滞后，侵犯被追诉人的合法权益。

二、监察强制措施与刑事强制措施衔接的既有规范梳理

由于强制措施直接影响犯罪追诉与权利保障，因而无论是监察法领域，还是刑事诉讼法领域，在相关立法和司法解释中，都将监察调查强制措施，尤其是留置措施，与刑事强制措施之间的衔接进行了规范。以 2018 年《刑事诉讼法》修正所确立的先行拘留为载体的留置与刑事强制措施衔接规范为主导，以《人民检察院刑事诉讼规则》和《监察法实施条例》相关内容为支撑，初步确立了职务犯罪案件监察调查与审查起诉强制措施衔接机制。这一机制的确立为职务犯罪案件监察留置措施与审查起诉刑事强制措施的衔接提供了明确的法律指引，但由于留置措施并非监察调查强制措施的全部，并且当前理论界对于《刑事诉讼法》所规定先行拘留措施的性质定位存在分歧。为实现职务犯罪案件监察调查与审查起诉强制措施衔接的实践规范和立法完善，有必要对当前既有相关规范进行全面梳理。

针对监察调查对于人身自由控制措施的需求，《监察法》设置了留置措施和限制出境措施，然而对于案件调查完毕移送审查起诉时这两种措施如何与刑事强制措施进行衔接并未予以规范。对此，为解决监察调查与刑事诉讼强制措施衔接于法无据的困境，2018 年《刑事诉讼法》修正过程中，对于留置措施与刑事诉讼强制措施的衔接进行了立法规范，该法第 170 条第 2 款规定："对于监察机关移送起诉的已采取留置措施的案件，人民检察院应当对犯罪嫌疑人先行拘留，留置措施自动解除。人民检察院应当在拘留后的十日以内作出是否逮捕、取保候审或者监视居住的决定。在特殊情况下，决定的

时间可以延长一日至四日。人民检察院决定采取强制措施的期间不计入审查起诉期限。”这是当前留置措施与刑事强制措施衔接的核心规范，据此确立了以先行拘留为载体的留置与刑事强制措施衔接机制。根据这一规定，先行拘留是职务犯罪案件监察调查与审查起诉衔接过程中留置措施唯一的衔接路径，凡是监察机关移送审查起诉时被采取留置措施的被调查人，检察机关在接收后，都必须直接对其适用先行拘留，在先行拘留期间，再根据刑事强制措施适用规范，确定相应的强制措施类型。

以这一规定为基础，《人民检察院刑事诉讼规则》和《监察法实施条例》分别进行了细化解释，对留置措施与刑事强制措施衔接的实际操作进行了较为全面的规范。作为强制措施衔接的起点，《监察法实施条例》第 102 条第 4 款规定：“案件依法移送人民检察院审查起诉的，留置措施自犯罪嫌疑人被执行拘留时自动解除，不再办理解除法律手续。”这一规定不仅设定了留置措施的解除时间节点，采取自动解除模式避免因解除不及时而导致留置与先行拘留的适用冲突，更重要的是，这一规定明确了被留置人向犯罪嫌疑人身份转换的时间节点，明确了被羁押的职务犯罪被追诉人权利义务配置变化的时间界限。为保证监察调查与审查起诉衔接过程中，强制措施能够得到有效连续，避免因程序转换而导致追诉对象失控，强化监察机关与检察机关在强制措施适用中的互相配合，《监察法实施条例》第 189 条第 1 款规定：“调查组对被调查人涉嫌职务犯罪拟依法移送人民检察院审查起诉的，应当起草《起诉建议书》。《起诉建议书》应当载明被调查人基本情况，调查简况，认罪认罚情况，采取留置措施的时间，涉嫌职务犯罪事实以及证据，对被调查人从重、从轻、减轻或者免除处罚等情节，提出对被调查人移送起诉的理由和法律依据，采取强制措施的建议，并注明移送案卷数及涉案财物等内容。”由于强制措施的适用直接影响被追诉人的人身自由，关系到案件办理的顺利进行和社会公共安全，因此为保证监察调查与审查起诉衔接过程中涉及强制措施适用相关信息的完整移送，《监察法实施条例》第 220 条规定：“监察机关一般应当在正式移送起诉十日前，向拟移送的人民检察院采取书面通知等方式预告移送事宜。对于已采取留置措施的案件，发现被调查人因身体等原因存在不适宜羁押等可能影响刑事强制措施执行情形的，应当通报人民检察院。对于未采取留置措施的案件，可以根据案件具体情况，向人民检察院提出对被调查人采取刑事强制措施的建议。”检察机关作为职务犯罪案件监察调查与审查起诉强制措施衔接的接收方，针对刑事诉讼法所确立的先行拘留与强制措施确定的两步式强制措施确定机制，《人民检察院刑事诉讼规则》第142条规定：“对于监察机关移送起诉的已采取留置措施的案件，人民检察院应当在受理案件后，及时对犯罪嫌疑人作出拘留决定，交公安机关执行。执行拘留后，留置措施自动解除。”根据刑事强制措施与留置措施对于被羁押人权利义务配置的不同，对于被采取先行拘留措施的犯罪嫌疑人，应当在执行拘留时告知其有权委托辩护人。对于已经被采取先行拘留措施的犯罪嫌疑人，其后续的强制措施流向仅包括逮捕、取保候审或者监视居住。

上述规定解决了监察调查与审查起诉衔接实践中留置措施与刑事强制措施之间衔接的立法规范不明确的现实难题，为规范监察机关与检察机关办案活动，保障被调查人、犯罪嫌疑人合法权益提供了明确的法律依据。然而，由于留置措施仅是监察调查强制措施体系的组成部分之一，并不能完全涵盖监察调查强制措施，加之《刑事诉讼法》对于先行拘留之后的强制措施转换选择范围进行了封闭式规范，且对未被采取监察调查强制措施的被调查人向犯罪嫌疑人转化过程中强制措施适用缺乏规范，导致当前职务犯罪案件监察调查与审查起诉强制措施衔接立法规范仍存在明显不足，有待于进一步予以完善。首先，对于被采取限制出境措施的被调查人，由于《刑事诉讼法》中并无直接对应的刑事强制措施，其在由监察调查转入审查起诉程序后，监察机关所适用的限制出境措施如何解除，检察机关如何衔接程序转换后的强制措施变更，尚有待于立法的明确。其次，对于被先行拘留的犯罪嫌疑人，先行拘留期间，检察机关经评估后如认为其无须采取刑事强制措施，是否可以不转为逮捕、取保候审、监视居住，而直接解除强制措施。最后，对于未被采取留置措施的被调查人，监察机关与检察机关如何进行被追诉人的办案控制和移交接收并不明确，监察机关与检察机关各自的职责职权有待于进一步规范。

三、监察强制措施与刑事强制措施衔接的基本原则

职务犯罪案件监察调查与审查起诉强制措施衔接作为案件程序转换的重要内容，对于职务犯罪案件的有效追诉和权利保障的影响不可忽视。对于监察机关与检察机关而言，强制措施的衔接既是对被追诉对象人身自由控制权的交接，同时也是权利保障职责的交接。对于被调查人与犯罪嫌疑人而言，强制措施的衔接既是其人身自由限制具体措施类型的转变，同时也是其人身自由被限制期间权利义务配置的调整。由于强制措施直接关涉被追诉人的基本权利，加之监察调查强制措施与刑事强制措施的具体类型和内容都存在显著差异，因此保障职务犯罪案件监察调查与审查起诉强制措施衔接的规范有序，强化衔接期间被追诉人的权利保障，针对当前监察领域与刑事诉讼领域立法尚有待于丰富完善的现状，有必要对职务犯罪案件监察调查与审查起诉强制措施衔接的基本原则体系进行探讨，以此引领立法完善与实践操作。

（一）监察调查与审查起诉强制措施衔接法定原则

法定原则，又可称为合法性原则或者法律保留原则，包括形式和实质两个层面的含义，其内容强调公权力行使过程要依据法律规定的程序进行，并且这一程序本身是正当的法治程序。① 法定原则作为刑事强制措施的基本原则业已成为共识，其内在机理是通过明确立法规范的方式，规范办案机关的强制措施适用行为，提高强制措施适用的可预期性，进而维护被采取强制措施对象的合法权益。由于监察调查强制措施同样遵循未定罪前提下限制被追诉人人身自由保障追诉的基本规律，由此可以推定法定原则同样是监察调查强制措施的基本原则。职务犯罪案件监察调查与审查起诉强制措施衔接作为两种不同属性强制措施的联结机制，为保证措施交替期间监察机关与检察机关对于被追诉对象人身自由控制权规范行使，应当将法定原则作为其首要原则。由于职务犯罪案件监察调查与审查起诉同时涉及《监察法》与《刑事诉讼法》，因而其法定原则不仅需要《监察法》与《刑事诉讼法》分别对监察调查和审查起诉环节的强制措施适用进行规范，还要对衔接过程进行统一规

① 陈卫东：《程序正义之路》（第2卷），法律出版社2005年版，第72页。

定，防止出现立法空白和立法冲突影响办案机关依法履职。此外，从“良法之治”的实质法定原则角度出发，还应当对监察调查与审查起诉强制措施衔接规范的正当性进行优化，兼顾强化追诉与保障权利。具体而言，职务犯罪案件监察调查与审查起诉强制措施衔接法定原则包含以下两个方面的内容。

首先，职务犯罪案件监察调查与审查起诉强制措施衔接必须循法而行。《监察法》与《刑事诉讼法》不仅要分别规定案件程序衔接过程中监察调查强制措施的解除与刑事强制措施的适用，还要对解除与接续适用之间的衔接过程进行规范。尤其是对于留置与先行拘留衔接过程中，被羁押人在不同羁押场所之间移送的流程与责任主体，被限制出境人的限制解除与对应刑事强制措施的衔接等，亟须在立法中予以明确。此外，对于被追诉人在强制措施衔接过程中的权利义务配置，立法也应当予以明确，明确其知情权，并且在衔接过程中赋予其就强制措施适用向检察机关提交证据材料、表达意见理由的参与权，在此基础上，还应当赋予其异议救济权。通过衔接规范的完善丰富，既可以保障办案机关有法可循，提高强制措施衔接的安全性与效率性，同时还可以强化权力行使的规范性，提高被追诉人的主体性。

其次，职务犯罪案件监察调查与审查起诉衔接机制必须做到权责一致。监察机关与检察机关作为强制措施的适用决定主体，掌握了对被追诉人人身自由限制的支配权。为避免这一权力被滥用，就需要对衔接过程中存在的违法行为进行责任追究。通过实体责任追究和程序性制裁，规制监察调查与审查起诉衔接过程中存在的权力滥用，避免因权力滥用而导致放纵犯罪、危害公共安全和冤枉无辜，侵犯被追诉人人身自由权。

职务犯罪案件监察调查与审查起诉强制措施衔接法定原则，既是对监察机关与检察机关的授权原则，也是限权原则，其核心目标是通过明确的规范，规制职务犯罪案件监察调查与审查起诉强制措施衔接过程，提高衔接过程的正当性与可预期性，避免履职不作为和权力滥用，强化权利保障。法定原则不仅是立法原则，还是执法和司法原则，这一原则的实现既需要立法机关推进立法完善，还需要监察机关与检察机关在监察调查与审查起诉强制措施衔接过程中严格依法履职，规范强制措施解除与适用之间的衔接。

（二）监察调查与审查起诉强制措施衔接互相配合互相制约原则

就职务犯罪案件追诉而言，监察调查强制措施与刑事强制措施之间的衔接最直接的目标是实现对被追诉人人身自由控制的全程性，避免因程序转换而导致被追诉人失控，影响职务犯罪追诉顺利进行。监察机关与检察机关作为衔接前后强制措施的适用决定主体，为实现这一目标，避免强制措施的重叠竞合与管控盲区，需要强化二者之间的互相配合，在适用对象交接、适用信息移送等方面提供必要的协作，以此保证强制措施衔接的规范有序。《刑事诉讼法》所确立的以先行拘留无差别地对接留置措施就充分体现了对监察机关与检察机关强制措施衔接配合关系的重视程度。检察机关对于监察机关移送案件中凡是被采取留置措施的被调查人，不进行任何审查与鉴别，一概全部予以先行拘留，最大限度地实现了无缝衔接。然而，由于强制措施的适用是在未定罪前提下对被追诉人人身自由的限制，具有天然的侵权性，一旦滥用将会对被追诉人的合法权益造成严重不利影响。因此在刑事诉讼领域内，有观点认为在某种程度上，刑事诉讼的历史也就是对强制措施不断加以合理限制的历史，其标志了一国的诉讼文明程度。[①] 在此过程中，通过权力之间的监督制约关系对强制措施适用进行规范的做法扮演着不可替代的重要角色。由于监察调查强制措施与审查起诉过程中刑事强制措施的适用都具有内部决定的特征，缺乏外部监督制约，因而通过程序衔接对强制措施适用进行制约就成为监察调查与审查起诉强制措施衔接的重要内容之一。

首先，职务犯罪案件监察调查与审查起诉强制措施衔接能够制约监察机关留置措施适用的合法性，发挥事后制约功能。由于留置措施转入审查起诉程序后，虽有先行拘留作为过渡缓冲，但是在先行拘留结束后还面临具体确定对应刑事强制措施的问题。虽然从程序阶段划分的角度来说，案件进入审查起诉阶段后就不属于监察领域，检察机关对于案件的处分也与监察调查机关之间并无直接关联，但是对于作为反腐败专责机关的监察机关而言，基于职务犯罪追诉程序的整体性，检察机关的逮捕决定权对监察机关适用留置措施仍能产生制约作用。如果检察机关对于监察机关适用留置措施的案件，在

① 孙长永：《比较法视野中的刑事强制措施》，载《法学研究》2005 年第 1 期。

先行拘留结束后决定不予逮捕，在一定程度上说明其认为监察机关的留置决定可能不些不妥。[①] 此外，检察机关在强制措施衔接过程中所进行的身体检查、讯问等活动，同样会对监察机关留置阶段可能存在的违法违规情形进行有效制约。

其次，职务犯罪案件监察调查与审查起诉强制措施衔接能够制约检察机关强制措施适用的合法性。检察机关作为监察机关移送职务犯罪案件的承接主体，随着程序的转换，在审查起诉阶段成为案件办理的主导者，但这并不意味着其对于强制措施的适用就此毫无约束。一方面，根据《刑事诉讼法》的规定，监察机关采取留置措施，不仅要求检察机关必须采取先行拘留作为衔接过渡，还限定了先行拘留之后的强制措施选择范围，只能从逮捕、取保候审和监视居住中三选其一。另一方面，根据《监察法》和《监察法实施条例》的规定，监察机关会在案件移送过程中，向检察机关提出适用刑事强制措施的建议，这一建议虽不具有强制效力，但是基于检察机关与监察机关之间互相配合互相制约的主体关系，加之检察机关在审查起诉之初，对于强制措施适用主要建立在监察机关移送的证据基础之上，因此这一适用建议难免会对检察机关的强制措施适用产生影响。

（三）监察调查与审查起诉强制措施衔接权利保障原则

无论是监察调查强制措施，还是刑事强制措施，其适用过程都包含办案机关的主动适用与被追诉人的被动受限两个方面，然而当前相关立法主要是从办案机关的视角出发，为如何实现对被追诉人人身自由控制的顺畅衔接提供规范指引。被追诉人作为人身自由受限的直接承受主体，其利益诉求并未得到应有的关注。强制措施的构建目标并非控制被追诉对象的人身自由，而是实现对人身自由控制过程的有效规范，约束办案机关的控制权，保障被追诉对象的人身自由权。职务犯罪案件监察调查与审查起诉强制措施衔接的核心内容是对被追诉对象人身自由控制的程序间衔接，在此过程中，既要通过法定原则对办案机关的控制权交接行为进行规制，同时也需要通过权利保障原则对被追诉人的合法权益予以充分保障。职务犯罪案件监察调查与审查起

---

① 何静：《监察留置措施的内部约束与外部制约》，载《湖湘论坛》2021 年第 1 期。

诉强制措施衔接中的权利保障原则，重点强调在监察调查强制措施与刑事强制措施衔接过程中保障被追诉人的人身自由权。其保障的权利范围既包括及时解除强制措施、防止超期羁押和滥用强制措施的人身自由恢复权，也包括保障人身自由被控制期间的合法权益，维护饮食、休息、人格尊严等权利，还包括对于监察机关与检察机关及其工作人员在强制措施衔接过程中违法违规侵权行为的申诉控告救济权利。由于强制措施（尤其是羁押类的强制措施）对于被追诉人的权利限制极为严苛，一旦出现侵权行为，所造成的后果也极为严重，因此这一领域的权利保障对于职务犯罪案件追诉程序整体权利保障水平具有标志性意义。基于不同的法律渊源，监察调查强制措施与刑事强制措施对于被追诉人的权利义务配置有所差异，因而监察调查与审查起诉强制措施衔接权利保障除要分别保障监察调查阶段和审查起诉阶段被采取强制措施对象的法定权利外，还要构建有效的权利义务变更保障机制。

首先，应当分别强化监察调查案件移送和审查起诉案件接收阶段被采取强制措施的被追诉人的权利保障。无论是监察机关，还是检察机关，都应当保障被采取强制措施的被追诉人的知情权、意见表达权和救济权，及时告知其强制措施转换的时间、内容以及转换后的权利义务。监察机关应当及时告知被调查人其监察调查强制措施解除的时间节点；检察机关则应当及时告知犯罪嫌疑人其刑事强制措施的具体类型，以及在此期间其权利义务配置。对于被追诉人就强制措施适用中存在的违法侵权控告申诉，检察机关和监察机关都应当听取，并按照违法侵权类型分别予以处理。

其次，应当重点强化监察调查与审查起诉强制措施衔接过程中被追诉人的权利保障，尤其是对于监察调查强制措施的及时解除与刑事强制措施的规范衔接应当进行全面规范。对于被采取留置措施的被追诉人，应当及时将其由留置场所换押至看守所，并告知其有权聘请辩护人，针对实践中存在的以案件可能退回补充调查为由，限制犯罪嫌疑人与辩护人会见通信的情形，要明确予以禁止。对于被采取限制出境措施的被追诉人，应当及时予以解除，不得将其适用效力引入刑事诉讼程序。

第二节 监察调查强制措施与刑事强制措施衔接面临的挑战

不同于刑事侦查与审查起诉强制措施衔接同属刑事强制措施体系、措施种类和内容可以无缝对接的情况，由于监察调查强制措施的措施种类和适用规范都与刑事强制措施存在显著差异，这决定了职务犯罪案件监察调查与审查起诉强制措施衔接面临的挑战更为严峻。加之基于立法在规则、概念体系建构以及程序衔接方面所存在的供给不足，衍生出监察调查强制措施体系缺失以及留置措施属性定位偏差等问题，① 这使监察调查与审查起诉强制措施衔接还需要面临以衔接倒推监察调查强制措施体系完善的使命。根据当前职务犯罪案件监察调查与审查起诉强制措施衔接的实践现状，以当前既有立法内容为基础，结合刑事诉讼强制措施衔接历史经验，当前监察调查与审查起诉强制措施衔接存在监察调查强制措施体系与刑事强制措施体系的整体失衡和留置、限制出境等措施衔接的具体冲突等困境。强制措施的适用关乎案件有效追诉与权利保障，对于职务犯罪案件追诉程序的整体法治化水平提升具有重大影响，分析当前监察调查与审查起诉强制措施衔接所面临的挑战，不仅有助于优化监察调查强制措施与刑事强制措施的衔接流程，更可以为监察调查强制措施体系和刑事强制措施体系的完善提供参考。

一、监察调查强制措施体系与刑事强制措施体系对应度不足

根据对《监察法》的梳理，当前职务犯罪监察调查强制措施体系包含留置与限制出境两种具体措施类型，其中前者的功能是通过将被留置人留置在特定场所，完全剥夺其人身自由，以保障监察调查顺利进行。后者则是通过限制被调查人出境以保证其在调查期间位于境内，防止其潜逃境外，影响后

① 魏昌东：《〈监察法〉监察强制措施体系的结构性缺失与重构》，载《南京师大学报（社会科学版）》2020 年第 1 期。

续调查和追诉。这两种措施一种属于羁押性强制措施，另一种属于非羁押性强制措施，对于被采取措施人的人身自由的限制程度存在差异。但由于二者对于人身自由的控制程度分居完全剥夺人身自由和境内完全不限制人身自由两端，在二者之间的人身自由限制程度空间中缺乏过渡性措施，并未形成轻重衔接、比例合理的人身自由控制程度体系。这不仅导致监察调查强制措施绝对种类数量相较刑事强制措施单薄，同时也使监察机关的强制措施适用缺乏精确性，无法根据被调查人危及调查顺利进行的可能性合理分层匹配相对应的人身自由控制措施。由于缺乏拘传、逮捕等应急性人身自由控制措施，缺乏取保候审，无法发挥强制措施的强制性和保障性；由于监视居住等非羁押替代性人身自由控制措施，难以应对被调查人不适宜羁押的情形，有违权利保障，也不利于有效控制被调查人的人身自由，难以满足保障监察调查顺利进行的现实需求。更重要的是，由于刑事强制措施与监察调查强制措施虽然在适用对象上具有连续性，然而在体系内容上却存在显著差距。相较于监察调查强制措施，刑事强制措施不仅种类数量多，并且具体措施之间针对犯罪嫌疑人、被告人的人身自由控制形成了由轻到重、完整覆盖的体系配置。这使职务犯罪案件监察调查与审查起诉衔接机制中，围绕被追诉人的人身自由控制，监察调查强制措施与刑事强制措施之间无论是形式上的措施种类数量，还是实质上的人身自由控制程度比例之间都无法实现有效对接。化解监察调查强制措施与刑事强制措施之间的错位，不仅直接影响职务犯罪案件监察调查与审查起诉强制措施衔接的实践运行的规范有序，同时还关系到监察调查强制措施与刑事强制措施本身的体系优化。为此，有必要对当前监察调查强制措施与刑事强制措施错位的具体表现进行梳理。

（一）监察调查强制措施与刑事强制措施体系体例不一致

虽然前文在学理层面论证了职务犯罪案件监察调查强制措施的独立性，然而就现行立法层面而言，不同于《刑事诉讼法》中将不同种类强制措施集中统一立法，设置相对独立的强制措施体系，《监察法》采取的是将留置与限制出境规范于监察权限体系中，同讯问、搜查等监察调查措施进行混合规范。这一立法体例，不仅限制了监察调查强制措施的体系配置，导致强制到案手段缺失，强制候审的比例性失调，人文关怀不足等实践困境，[①] 更会因混同调查取证措施与调查强制措施而影响监察调查措施的有效规制。由于强制措施的适用是在尚未定罪的前提下剥夺和限制被追诉人的人身自由，具有较高的侵权风险，因而加强对于强制措施适用的规范业已成为刑事诉讼的普遍规律。为实现这一目标，大部分国家刑事诉讼法中均采取将强制措施与侦查措施分立的做法，构建相对独立的强制措施立法体系。通过强制措施体系的独立化构建，将其与强调犯罪追诉的侦查取证措施相分离，能够在对强制措施行为进行有效规范的同时，亦不影响其他非侵权性或弱侵权性侦查行为的取证效果。[②] 虽然当前《刑事诉讼法》采取的是独立刑事强制措施的立法体例，然而《监察法》并未采取这一模式，这就导致监察调查强制措施与刑事强制措施的基本立法体系就存在直接冲突。这一冲突表面上是立法体例布局的形式冲突，其内在实质反映的是《监察法》与《刑事诉讼法》对于强制措施的目标定位存在分歧。这导致职务犯罪案件监察调查与审查起诉强制措施衔接在基本立法布局层面就面临直接冲突，只有全面理顺监察调查强制措施与刑事强制措施的立法基本体例方能实现强制措施衔接的规范有序。

（二）监察调查强制措施与刑事强制措施种类数量有差异

虽然监察调查与审查起诉分属监察调查程序与刑事诉讼程序两种不同属性的程序，法律渊源的差异性决定了二者不可能在术语使用以及具体措施内容上完全一致，但是基于人身自由控制程度的连贯性，为满足同一案件追诉过程中不同程序更替前后强制措施衔接的精准有效的要求，理想层面下，监察调查强制措施的具体种类应当与刑事强制措施的具体种类保持一致，每一种具体的强制措施，在监察调查与审查起诉衔接前后都能够确定其对应的强制措施。然而，目前《监察法》与《刑事诉讼法》分别确定的监察调查强制措施与刑事强制措施在措施数量上存在显著差异，其中《监察法》仅规定了留置和限制出境两种措施，而《刑事诉讼法》则规定了拘传、取保候审、监

---

① 魏昌东：《〈监察法〉监察强制措施体系的结构性缺失与重构》，载《南京师大学报（社会科学版）》2020 年第 1 期。

② 魏昌东：《〈监察法〉监察强制措施体系的结构性缺失与重构》，载《南京师大学报（社会科学版）》2020 年第 1 期。

视居住、拘留、逮捕等五种强制措施。二者数量上的差异，反映的是对人身自由控制程序区分精准度的差异，相较而言《刑事诉讼法》对于人身自由的控制区分显然更为精确和复杂。由此，导致在职务犯罪案件监察调查与审查起诉衔接过程中，监察调查强制措施与刑事强制措施之间难以精准进行同类措施对接，这不仅影响对被追诉人的有效控制，也会对被追诉人权利保障带来不利影响。强制措施的种类分化代表的是对被追诉人人身自由控制精确度的提升，反映的是最大限度避免对被追诉人人身自由过度限制的立法理念。当前监察调查强制措施种类数量稀少的立法现状，不仅对监察调查环节的强制措施适用带来挑战，在监察调查与审查起诉衔接过程中，也会因两种不同强制措施种类数量的差异影响具体措施间的有效对接，对于监察机关和检察机关的职务犯罪追诉实践带来挑战。

（三）监察调查强制措施与刑事强制措施适用对象不相同

根据《监察法》的规定，限制出境作为人身自由控制措施，不仅可以适用于被调查人，还可以适用于“相关人员”。对于“相关人员”的范围《监察法》和《监察法实施条例》都未予以明确规范。根据监察实践，主要包含职务犯罪案件的证人、未被立案调查的行贿人等与案件监察调查存在关联的主体。与之相对的是，在刑事诉讼领域内，强制措施只能适用于犯罪嫌疑人、被告人，唯一的例外是，对单位犯罪的单位代表人可以适用拘传。适用对象的差异导致职务犯罪案件监察调查与审查起诉强制措施衔接过程中面临适用对象不统一的问题，尤其是对于被采取限制出境措施的“相关人员”，进入审查起诉阶段后，对其适用强制措施则面临合法性不足的困境。对于这一难题，要注意以下两方面：一方面，就监察调查现实需要而言，作为一种高度依赖言词类证据的犯罪证明，职务犯罪案件的调查追诉需要相关人员提供证人证言，为避免其出境后难以获取固定证据，有必要对其人身自由进行适度的限制。另一方面，对于强制措施的适用对象进行严格规制，避免与未经人民法院依法判决不得确定有罪原则相冲突，对犯罪嫌疑人、被告人之外的主体适用强制措施，既无法理支撑，也无合法空间，更会带来巨大的实践风险。为平衡这一冲突，存在两种解决路径：一是调整监察调查强制措施和刑事强制措施，或者消除对被追诉人之外主体适用监察调查强制措施的空间，或者在刑事强制措施体系中引入适宜犯罪嫌疑人、被告人之外主体适用的强制措施。二是以案件移送审查起诉为时间节点，在尊重《监察法》与《刑事诉讼法》现行规定的基础上，规定对于被追诉人之外主体的强制措施在进入审查起诉后一律应当予以解除，以此兼顾监察调查现实需要与刑事诉讼程序法定。对于上述两种方案，后者可以作为过渡性措施予以实施，但是在后续监察调查强制措施的整体构建与完善过程中，基于追诉犯罪与权利保障平衡的价值导向，应当对监察调查强制措施的适用范围予以严格限制，限定为被调查人，以此实现职务犯罪案件监察调查与审查起诉强制措施的适用对象范围统一。

（四）监察调查强制措施与刑事强制措施内容对应不匹配

根据对《监察法》与《刑事诉讼法》关于强制措施规范的梳理，当前监察调查强制措施与刑事强制措施不仅种类数量有差异，具体强制措施的内容方面同样存在不匹配的问题。以仅有的留置和限制出境两种监察调查强制措施为例，对于留置措施对应的刑事强制措施存在逮捕、指定居所监视居住等不同观点，虽然当前主流观点将留置与逮捕相对应，但细究其适用条件和程序，都与逮捕存在显著差异；限制出境更是根本没有直接对应的刑事强制措施。措施内容的不匹配导致监察调查强制措施与刑事强制措施的衔接面临措施类型的对接选择困难和具体案件适用条件判定困难的双重困境。一方面，由于衔接前后强制措施内容立法规范不一致，导致无法在衔接过程中将既有的监察强制措施与刑事强制措施之间进行直接对应。另一方面，即使是确定对应措施后，在个案层面也面临着因具体适用条件不一致所导致的衔接前后具体强制措施适用标准不统一的困境。

监察调查强制措施与刑事强制措施作为监察调查与审查起诉强制措施衔接的制度基础，受制于立法规范的差异，导致当前职务犯罪追诉实践中强制措施的衔接面临多重挑战，对此不仅要围绕职务犯罪案件监察调查与审查起诉衔接过程充实完善以先行拘留为代表的具体衔接机制，还应当从强制措施整体优化的视角出发，通过对职务犯罪案件监察调查强制措施与刑事强制措施的整合统筹，构建符合案件追诉现实需要与有效保障被追诉人合法权益双重价值目标的强制措施体系。

二、留置措施适用条件与刑事强制措施适用条件的冲突

根据《监察法》和《刑事诉讼法》的规定，留置措施不仅是监察调查强制措施的核心组成部分，同时也是监察调查与审查起诉强制措施衔接的主要关注对象，衔接留置措施与刑事强制措施的先行拘留措施是当前监察调查与审查起诉强制措施衔接的唯一制度载体。由于留置措施的适用会长时间完全剥夺被调查人的人身自由，因此即使后续监察调查强制措施日趋丰富之后，基于这一措施适用效果的严厉性，也必然会继续被视为监察调查与审查起诉强制措施衔接的重要内容。然而，虽然《刑事诉讼法》修正构建了以先行拘留为载体的留置措施与刑事强制措施衔接机制，但由于留置措施本身适用条件同刑事强制措施，尤其是逮捕之间存在差异，导致二者表面适用效果相似，内在功能定位存在重大分歧。

（一）留置措施适用涉案条件同逮捕罪责条件存在差异

留置措施的适用会对被调查人的人身自由进行长时间的剥夺，为平衡打击职务犯罪与被调查人权利保障，《监察法》对于留置措施可以适用的案件范围进行了较为严格的限定，只有被调查人涉嫌贪污贿赂、失职渎职等严重职务违法或者职务犯罪的，方能对其适用留置措施。覆盖严重职务违法与职务犯罪的涉案范围是由监察调查统摄职务违法犯罪调查所决定的，具有政策导向上的合理性。然而，这一适用范围设定在理论层面引发一定争议，并且导致实践适用中出现了法律冲突。

首先，在理论层面，既有研究成果普遍认为将严重职务违法和无差别地将所有职务犯罪行为纳入留置措施适用范围违背了比例原则。① 比例原则又称为过度禁止原则，② 作为规范公权力行使、避免权力滥用影响公民合法权益的普适性指导原则，其具体内涵可进一步细化为适当性原则、必要性原则和均衡性原则三项子原则。将严重职务违法和无差别地将职务犯罪纳入留置措施适用范围背离了其中的均衡性原则。均衡性原则要求对被调查人权利限

① 于宏、李綦通：《监察留置：功能、构造与规范》，载《山东警察学院学报》2019 年第 5 期。
② 于改之、吕小红：《比例原则的刑法适用及其展开》，载《现代法学》2018 年第 4 期。

制所造成的损害应当轻于达成目的所获得的利益，目的与手段之间存在比例性。根据当前监察处置流向，对于严重职务违法的，应当给予政务处分，对于涉嫌职务犯罪的，应当移送审查起诉，而根据《监察法》对于政务处分的界定，其责任承担形式包括警告、记过、记大过、降级、撤职、开除等，并不存在可能限制或者剥夺人身自由的措施类型。对于移送审查起诉的涉嫌职务犯罪案件，且无论可能存在不起诉或者宣告无罪的情形，即使是定罪量刑，按照当前的刑罚体系，也包含仅适用附加刑等不限制和剥夺人身自由的情形。对于此类案件，如果适用留置措施就会出现责任追究结果与责任追究过程限制措施严厉程度倒挂的可能性。这不仅会对仅涉嫌职务违法和轻微职务犯罪被调查人的人身自由造成过度限制，而且也会造成监察调查资源的严重浪费。因此，从平衡调查追责结果与调查过程限制的角度出发，将职务违法调查和轻微职务犯罪调查纳入留置措施适用范围是不妥当的。

其次，在实践层面，留置措施适用于严重职务违法和无差别地将所有职务犯罪行为纳入留置措施适用范围导致《监察法》所规定留置措施刑期折抵机制适用的可操作性受到影响。职务违法被调查人将无法获取羁押刑期折抵的“法律利益”。① 基于留置措施未定罪前提下剥夺人身自由所与生俱来的“非正当性”，为了对被留置人的权利限制进行一定程度的修复，《监察法》规定了留置措施刑期折抵机制。《监察法》第 44 条第 3 款规定：“被留置人员涉嫌犯罪移送司法机关后，被依法判处管制、拘役和有期徒刑的，留置一日折抵管制二日，折抵拘役、有期徒刑一日。”通过在后续刑罚执行中折抵被留置期间可以最大限度实现对职务违法犯罪行为人责任承担的平等性，可以对被留置人未定罪羁押进行一定的“补偿”。然而，根据《监察法》的规定，留置措施刑期折抵的责任范围仅限于管制、拘役和有期徒刑，排除先天不具有折抵可能性的无期徒刑和死刑，剩余的单处附加刑和职务违法政务处分措施则被排除在折抵范围之外。这会导致职务违法犯罪行为越轻微，责任后果越宽缓，反而在刑期折抵上处于不利地位。究其原因，主要在于政务处

---

① 刘艳红：《程序自然法作为规则自洽的必要条件——〈监察法〉留置权运作的法治化路径》，载《华东政法大学学报》2018 年第 3 期。

分和单处附加刑等责任形式不涉及人身自由限制，因而不具有刑期折抵的可操作性。这不仅导致被调查人之间因责任轻重不同而出现刑期折抵反向歧视，更重要的是会导致《监察法》所确定的留置措施的刑期折抵机制面临法律冲突，无法形成通常的解释闭环。

与之相对的是，作为与留置措施适用效果和功能定位高度相似的逮捕措施，其适用的罪刑条件的设定则为“可能判处徒刑以上刑罚的犯罪嫌疑人、被告人”。这一条件设定，有以下两个方面的优点：一方面，其符合比例原则，均衡了审前羁押与刑事责任之间的比例关系，避免出现侦查过程权利限制与审判结果严厉程度倒挂的情形；另一方面，也保证了羁押刑期折抵机制具有可操作性，遵循了宽严相济刑事政策的基本要求。由此可见，《监察法》对于留置措施适用条件的设定有完善和调整的必要性。

（二）留置措施适用证据事实条件同逮捕适用证据事实条件差异悬殊

留置措施作为一种长时间的人身自由剥夺措施，一旦适用出现偏差，不仅影响被留置人的权利保障，还会损及监察机关调查活动的正当性和权威性，因而《监察法》在限制留置措施适用案件范围的基础上，通过证据条件的设置进一步规范其实践运用。《监察法》对于留置措施适用的证据条件设定为：符合监察机关已经掌握其部分违法犯罪事实及证据，仍有重要问题需要进一步调查。这一表述可以进一步划分为当前既有证据基础和后续调查空间两项条件，其中前者强调针对被留置人所涉及部分违法犯罪行为已经获取了一定的事实和证据，后者强调被留置人依然存在需要继续调查的必要性，且继续调查的违法犯罪事项属于重要问题的范畴。相较于逮捕措施仅要求“有证据证明有犯罪事实”的证据事实条件，留置措施适用的证据事实条件显然更为严苛，不仅要求有证据证明案件事实，并且对于后续监察调查空间进行了严格要求。这一证据事实标准，反映了《监察法》对于留置措施的功能定位为获取证据、查明问题事实。[①]

然而，虽然将留置措施的功能设定为推进案件事实调查的取证措施符合

① 魏昌东：《〈监察法〉监察强制措施体系的结构性缺失与重构》，载《南京师大学报（社会科学版）》2020 年第 1 期。

《监察法》将留置措施设定为监察调查措施的立法编排，却和当前相关理论研究中普遍将留置措施界定为保障监察调查顺利进行的强制性措施形成强烈反差。而且在中央纪委法规室和国家监察委员会法规室编写的《〈中华人民共和国监察法〉释义》中也将留置措施的适用目标设定为保障监察调查顺利进行的保障性措施，强调留置措施的适用是为了避免如果不将被调查人留置，将严重影响监察机关对违法犯罪事实的进一步调查，有可能造成事实调查不清、证据收集不足，使犯罪分子逃脱法律的惩治。[①] 由此可见，无论是在理论研究，还是在法律解释层面，都与《监察法》通过使用证据事实条件所确定的监察调查取证措施的功能定位相冲突。留置措施适用证据事实条件设定是由立法对这一措施的属性界定直接决定的，因而应当从对留置措施的属性定位出发，解决当前留置措施适用证据事实条件所面临的理论争议。

此外，留置措施适用的证据事实条件在立法表述方面存在模糊性，导致解释适用过程中存在歧义。首先，对于“部分违法犯罪事实及证据”中“部分”的限制范围存在仅限于违法犯罪事实还是覆盖违法犯罪事实与证据两种解释路径。如果采用前一种解释，则意味着只限定获取事实的部分性，对于该部分事实的证明标准则未予规范，采用后一种解释，则意味着适用留置措施需要查明部分事实的同时，只要获取这部分事实所对应的部分证据即可。相较于逮捕措施有证据证明的证据条件所确定的证明标准，无论哪一种解释都较为模糊，缺乏可操作性。其次，在“仍有重要问题需要进一步调查”的法条表述中，“重要问题”同样属于不确定性法律概念，会产生涉及的重要问题是指定性问题还是量罚问题，是本案的问题还是关联案件的问题等裁量空间。[②] 仍有重要问题需要进一步调查是留置措施适用条件同逮捕适用条件差异的关键所在，也是判定留置措施性质属性的关键所在，然而对于重要问题这一描述性表述的判断却成为实践中留置措施适用条件中最难以把握的，重要与否的判断标准和比较对象都并不明确，影响了解释适用的明确性和规范性。最后，留置措施适用证据事实条件的设定导致其实践适用受到严重限

---

① 中央纪委法规室、国家监察委员会法规室编写：《〈中华人民共和国监察法〉释义》，中国方正出版社 2018 年版，第 35 页。

② 徐继敏、张洪亮：《论监察留置裁量及其有效规制》，载《法学论坛》2019 年第 4 期。

制，尤其是对于所谓继续调查空间的限制，导致这一措施的预设功能受到严格限缩。留置措施的适用效果是被留置人人身自由被剥夺，从而最大限度地避免出现影响监察调查顺利进行的情形。然而，如果严格按照立法所规定的仍有重要问题需要进一步调查的证据事实条件，那么对于违法犯罪已经基本查明，但存在逃匿、继续犯罪等现实人身危险性的被调查人，如果严格按照《监察法》所设定的证据事实条件，是无法对其适用留置措施的。这导致实践中留置措施的适用无法有效覆盖监察调查全程，会导致大量案件在基本案件事实调查完毕后到移送审查起诉之间存在被调查人人身自由控制空白的阶段，存在严重安全隐患。这不仅不利于监察机关职务违法与职务犯罪调查的顺利展开，对于职务违法与职务犯罪追责和社会安全保障也会造成严重挑战。而且，由于在案件基本事实调查完毕和正式移送审查起诉之间必然存在实间间隔，这决定了几乎不存在《刑事诉讼法》所规定的留置措施与刑事强制措施衔接的适用空间。

（三）留置措施适用的危险性条件同逮捕措施适用的社会危险性条件差异显著

留置措施的适用不仅会对被调查人的人身自由造成长时间剥夺的效果，同时也需要以大量调查资源的消耗为保障，因而对这一措施的适用《监察法》在设定涉案条件和证据事实条件的基础上进一步确定了危险性条件，构成留置措施适用条件限缩体系的最后一环。《监察法》预设了职务违法与职务犯罪监察调查中需要剥夺被调查人人身自由的具体情形，包括：涉及案情重大、复杂的；可能逃跑、自杀的；可能串供或者伪造、隐匿、毁灭证据的；可能有其他妨碍调查行为的共四种情形。这四种情形中，第一种强调案情的严重性，第二种和第三种强调危及调查顺利进行的紧迫性，第四种属于兜底性条款。与之相对的是，《刑事诉讼法》对于逮捕措施所设定的危险性条件具体情形的数量比《监察法》多，包括：可能实施新的犯罪的；有危害国家安全、公共安全或者社会秩序的现实危险的；可能毁灭、伪造证据，干扰证人作证或者串供的；可能对被害人、举报人、控告人实施打击报复的；企图自杀或者逃跑的共五种情形。虽然数量多，但是在功能设定上所有危险性条件均指向危及侦查顺利进行这一目标，不仅不涉及案情严重性评价，也没有兜底性条款。

以此为参照，就立法技术而言，留置措施的社会危险性条件设定存在以下两方面的不足：一方面，在立法明确性方面存在欠缺。留置措施的适用有可能导致被调查人人身自由长时间剥夺，因而其适用必须格外审慎，为最大限度避免因适用解释偏差影响留置措施适用的规范性，其条件设定就需要明确清晰。然而，留置措施适用危险性条件的第 1 项和第 4 项都存在明确性不足的问题，第 1 项中所表述的案情重大、复杂，既不像《刑事诉讼法》对于强制逮捕所设定的可能判处 10 年以上有期徒刑一样有明确的判断标准，容易导致适用混乱，而且存在内部解释冲突，由于在涉案条件上将严重职务违法和职务犯罪共同纳入留置措施的适用范围，那么根据违法与犯罪的社会危害性配置，无论违法情节如何严重，其严重程度均低于职务犯罪。这意味着，如果严格按照违法犯罪一体评估的解释路径，那么只有职务犯罪中属于案情重大、复杂的方能适用留置措施，这从根本上排除了职务违法适用留置措施的可能性，同涉案条件设定形成了内部矛盾。如果采取违法和犯罪分别评估的解释路径，那么就会造成严重职务违法与轻微职务犯罪的社会危害性在留置措施的适用评价上的反向配置，背离了比例原则的要求。另一方面，留置措施危险性条件在立法周延性方面存在不足。根据此前《刑事诉讼法》对于长期侦查实践的经验总结，犯罪行为人在案件监察调查阶段所可能采取的危及监察调查顺利进行的行为包括实施新的犯罪，继续危害国家安全、公共安全或者社会秩序，毁灭、伪造证据，干扰证人作证或者串供，对被害人、举报人、控告人实施打击报复，自杀或者逃跑等。《监察法》所设定可能危及监察调查顺利进行的行为类型仅包括逃跑、自杀，串供或者伪造、隐匿、毁灭证据等情形，虽然有兜底性条款予以补充，但是对于实施新的犯罪行为完全不予规范，仍有可能导致留置措施的适用对于被调查人继续实施危害社会行为缺乏必要的重视和关注。

此外，留置措施适用危险性条件中对于案情重大、复杂的规定，意味着对于此类案件中是否需要采取留置措施，其评价依据不再是对尚未发生的危险性的预判，而是对已然实施行为危害性的判断。这导致留置措施不再是一种预防性措施，甚至也不能视为一种监察调查措施，而是具备了惩罚措施的属性。这不仅有违未经人民法院审判不得确定有罪原则，而且也与留置措施适用证据事实条件所设定的仍有重要问题需要进一步调查的监察调查措施功能设定存在冲突。与之相对的是，虽然2012年《刑事诉讼法》修正增加了可能判处10年有期徒刑以上刑罚的强制适用逮捕措施，但不同于《监察法》对案情严重性采取模糊描述，《刑事诉讼法》对案情严重性采取的是明确界定的表述，其合理性来自长期刑事侦查实践中所形成的对于犯罪嫌疑人人身危险性的概率性预估。而且，对于这一逮捕措施适用的条件设定，刑事诉讼法学界在相关研究中已经对其正当性提出疑问，因而并不能以此作为论证《监察法》相关规范合理性的依据。

综上所述，通过对《监察法》对于留置措施适用条件立法规范的解释，虽然当前已然初步构建了以涉案条件、证据事实条件和危险性条件为基础的适用规范体系，实现了留置措施适用的“有法可依”，但由于对留置措施属性的理论界定和监察调查实践需求等问题的定位和反馈仍存在诸多不协调和不匹配之处，因而需要从留置措施属性定位的辨析和调查阶段人身自由控制措施体系优化的层面进行探讨，全面优化留置措施适用条件体系。在此基础上，形成同刑事强制措施基础理论上相兼容、立法规范上相协调和实际操作上相统一的留置措施。

三、先行拘留属性定位不明

作为2018年《刑事诉讼法》修正的重要内容“完善与《监察法》衔接”的组成部分，立法创设了先行拘留制度，作为留置措施与刑事强制措施衔接的制度载体。《刑事诉讼法》第170条第2款规定：“对于监察机关移送起诉的已采取留置措施的案件，人民检察院应当对犯罪嫌疑人先行拘留，留置措施自动解除。人民检察院应当在拘留后的十日以内作出是否逮捕、取保候审或者监视居住的决定。在特殊情况下，决定的时间可以延长一日至四日。人民检察院决定采取强制措施的期间不计入审查起诉期限。”根据这一规定，凡是监察机关采取留置措施的被调查人，在进入刑事诉讼程序后自动转入拘留状态，直至检察机关作出逮捕、取保候审、监视居住的决定，先行拘留的适用属于法定强制适用，无须检察机关的审查决定，《刑事诉讼法》设定的唯一适用条件就是犯罪嫌疑人在被移送审查起诉时处于被留置状态。先行拘留的设置解决了留置措施与刑事强制措施衔接于法无据的困境，对于规范职务犯罪案件监察调查与审查起诉强制措施衔接意义重大。然而，由于此前对于先行拘留措施缺乏相应的学理研究与实践探索，导致对其性质定位并未达成共识。由于先行拘留在留置措施与刑事强制措施之间发挥着承前启后的关键作用，其性质定位不明必然会对监察调查与审查起诉强制措施衔接造成不利影响。

就概念而言，先行拘留并非一个新概念，《刑事诉讼法》中针对已被采取取保候审、监视居住措施的犯罪嫌疑人、被告人，违反取保候审、监视居住规定，需要予以逮捕的，可以对犯罪嫌疑人、被告人先行拘留。公安机关对于现行犯或者重大嫌疑分子符合法定条件的，也可以先行拘留。但是，《刑事诉讼法》第 170 条第 2 款的先行拘留与《刑事诉讼法》强制措施一章中第 82 条和侦查一章中第 115 条规定的公安机关对于现行犯或者重大嫌疑分子可以先行拘留的规定是否一致，理论界普遍认为此处的先行拘留与《刑事诉讼法》第 170 条第 2 款确定的留置衔接先行拘留并不相同，二者之间存在显著差异。公安、司法机关采取先行拘留措施权力的特点是紧急性、临时性、裁量性、预防性。[①] 2018 年《刑事诉讼法》修正设置先行拘留的目的是创设一个连接留置措施和逮捕等刑事强制措施的过渡性措施，[②] 因此对于先行拘留的性质定位必须同职务犯罪案件追诉程序的特定的程序语境相结合。相较于刑事侦查与审查起诉强制措施衔接的统一立法渊源，国家监察体制改革后，职务犯罪案件监察调查与审查起诉强制措施衔接面临不同立法规范的协调问题。针对这一问题，早在国家监察体制改革试点阶段，围绕留置措施与刑事强制措施的衔接，先后探索形成了以下三种模式：一是检察机关强制措施适用提前介入模式。该模式为：监察机关采取留置措施的案件，调查终结决定移送检察机关审查起诉的，应当在留置期限届满 10 日前通知检察机关提前介入，检察机关利用这 10 日进行“初查”，并在留置措施届满前决定对犯罪嫌

① 高童非：《监检衔接中先行拘留措施的法教义学反思》，载《地方立法研究》2020 年第 2 期。
② 高童非：《监检衔接中先行拘留措施的法教义学反思》，载《地方立法研究》2020 年第 2 期。

疑人采取强制措施。二是检察机关强制措施适用事前审批模式。该模式为：对监察机关采取留置措施的案件，在移送审查起诉前，先向检察机关申请采取强制措施。以提请逮捕为例。在检察机关批准采取强制措施后，再移送审查起诉。三是先行拘留模式。该模式为：对监察机关移送的采取留置措施的案件，在受案后经对移送审查起诉意见书进行审查，于受案的当日或次日对犯罪嫌疑人采取先行拘留措施，然后在此期间决定是否采取逮捕或其它强制措施。① 在后续的《刑事诉讼法》修正过程中，基于监察调查程序与刑事诉讼程序分立的指导理念，为避免程序混淆，采取了先行拘留模式。这一模式避免了刑事强制措施在监察调查程序中的提前启动，厘清了《监察法》与《刑事诉讼法》的效力空间，有助于明晰监察机关与检察机关在强制措施衔接过程中的权责分工。然而，由于先行拘留本身与刑事强制措施既有的法理基础存在冲突，导致对这一措施的正当性以及其与刑事强制措施之间的关系界定存在一定争议与分歧。

首先，当前刑事诉讼法学界对于先行拘留措施本身的合法性与正当性存疑。有观点认为，对被监察机关留置的犯罪嫌疑人采取先行拘留条款的法理合理性问题相当突出，甚至直接相悖于刑事诉讼的基本法理，立法者事实上是将先行拘留作为该类案件留置措施与强制措施的衔接机制，并由此创设出了一种几乎完全不同于一般刑事诉讼法理的“先行拘留”。② 更有观点认为，先行拘留过渡衔接模式在合理性、合法性和权利保障等方面存在全方位的缺陷与不足。③ 根据《刑事诉讼法》的规定，先行拘留以监察调查与审查起诉衔接时留置措施的适用为充要条件，不存在检察机关评估剥夺人身自由必要性的裁量空间，与刑事强制措施必要性原则和比例原则存在冲突。而且，将先行拘留与监察机关留置权之间进行直接绑定，也不利于正确界定监察调查权与审查起诉权的关系。因此，对于先行拘留正当性存在争议的困境，有必

① 董坤：《法规范视野下监察与司法程序衔接机制——以〈刑事诉讼法〉第170条切入》，载《国家检察官学院学报》2019年第6期。

② 左卫民：《如何打造具有法理合理性的刑事诉讼法——审思2018年刑事诉讼法修正案》，载《比较法研究》2019年第3期。

③ 孟祥金：《监察留置与刑事强制措施的衔接与完善——兼评新〈刑事诉讼法〉第一百七十条》，载《重庆理工大学学报（社会科学）》2020年第9期。

要通过合理界定其性质属性予以解释，通过将留置措施适用条件与刑事拘留危险性要件之间关联的紧密性予以阐释，论证二者之间联动的正当性和必要性。

其次，当前刑事诉讼法学界对于先行拘留同其他刑事强制措施之间的关系界定存在分歧。作为《刑事诉讼法》修正新增设的一种拘留类型，先行拘留与刑事拘留之间的关系界定尚未达成统一认识。有观点认为，先行拘留是留置措施与刑事强制措施之间的过渡性措施，具有剥夺人身自由临时性、强制性的特点，而逮捕、取保候审或监视居住才是对接留置措施的最终替代性措施。① 有观点认为，对监察机关移送审查起诉案件的刑事强制措施审查决定程序与审查起诉程序是相对独立的两个诉讼阶段，前者的工作重点是程序性审查，后者的工作重点是实体性审查。如此划分的目的是避免出现对监察机关移送审查起诉案件的刑事强制措施的审查流于形式，使其成为后续审查起诉程序的依附的情况，真正履行相应的审查职责。② 有学者指出，先行拘留措施在监察机关所管辖的职务犯罪案件中的设立，标志着法律在此类案件的监察调查和审查起诉之间创设了独立的强制措施审查和决定程序，而在先行拘留期间，检察机关唯一的工作就是审查决定是否适用强制措施以及适用何种强制措施，并未被授权开展审查起诉工作。③ 也有学者持不同观点：先行拘留不是独立的诉讼阶段，而是被包含在审查起诉阶段中。④ 先行拘留不是审查起诉之外的“独立阶段”“特别程序”，而是审查起诉阶段中的一个特殊环节。⑤ 还有观点认为，监检衔接中的先行拘留措施虽然形式上属于刑事强制措施，但其实并不如此。由于其效力源于监察机关的审查，因而此种先

---

① 董坤：《法规范视野下监察与司法程序衔接机制——以〈刑事诉讼法〉第170条切入》，载《国家检察官学院学报》2019年第6期。

② 曹坚：《监察调查与刑事强制措施的衔接转化》，载《上海法治报》2019年6月5日，第B6版。

③ 左卫民：《一种新程序：审思检监衔接中的强制措施决定机制》，载《当代法学》2019年第3期。

④ 董坤：《法规范视野下监察与司法程序衔接机制——以〈刑事诉讼法〉第170条切入》，载《国家检察官学院学报》2019年第6期。

⑤ 董坤：《法规范视野下监察与司法程序衔接机制——以〈刑事诉讼法〉第170条切入》，载《国家检察官学院学报》2019年第6期。

行拘留是一项监察强制措施与刑事强制措施相混合的强制措施。[①] 对于先行拘留与刑事强制措施的关系界定之所以存在上述不同观点，核心原因还是在于对先行拘留的性质定位存在分歧。如果将先行拘留纳入刑事强制措施体系，则面临与既有法理基础相冲突的挑战；如果将其作为独立措施类型予以规范，则面临理论基础缺失的弊端。

先行拘留措施性质定位不明确，不仅影响这一措施的理论界定，更会对其立法完善和实践适用带来挑战。例如，由于先行拘留的适用直接以适用留置措施为要件，不存在检察机关的裁量，因而一旦案件之后被认定为错案，需要对被错误羁押的当事人进行国家赔偿，对于先行拘留的期间，应当由哪一机关承担赔偿责任，亦属于容易引发矛盾的问题。[②] 又例如，留置措施是否可以衔接在先行拘留后不适用强制措施并不明确，对于留置的被调查人转入刑事诉讼经先行拘留后可否最终不采取任何强制措施呢？至少从条文文义上看目前只有逮捕、取保候审、监视居住三选其一的选项，并无不采取任何强制措施的可能。因此，为实现先行拘留的理论自洽和实践规范，亟须解决其性质定位等问题，以实现留置措施与刑事强制措施的有序衔接。

四、监察调查强制措施与刑事强制措施衔接流程有待完善

虽然《刑事诉讼法》修正时通过先行拘留实现了留置措施与刑事强制措施之间制度层面的对接，然而由于强制措施的直接作用对象为被追诉人，受制于时空环境影响，无法做到衔接节点上的瞬间转换，因此在设计衔接制度的同时，还需要以科学可行的具体流程作为实践操作指南。然而，由于目前监察领域和刑事诉讼领域对于监察调查强制措施与刑事强制措施衔接的细则性规范缺失，导致职务犯罪案件监察调查与审查起诉强制措施衔接实践面临规范供给不足的问题。

首先，职务犯罪案件监察调查与审查起诉强制措施衔接时间节点不明确。根据《刑事诉讼法》的规定，对于监察调查强制措施与刑事强制措施衔接的

① 高童非：《监检衔接中先行拘留措施的法教义学反思》，载《地方立法研究》2020 年第 2 期。

② 王一超：《论〈监察法〉与〈刑事诉讼法〉适用中的程序衔接》，载《法治研究》2018 年第 6 期。

时间节点是以两个机关的交接作为程序分界，这一界限也是模糊和难以确定的，因为将调查终结移送审查起诉作为监察程序的终点，并不意味着它就是刑事程序的起点。[①] 无论是羁押性的强制措施，还是非羁押性的强制措施，都面临羁押对象场所转换和控制对象交接的现实需求，尽管《刑事诉讼法》确定了案件移送审查起诉后留置措施解除，转入先行拘留，但是由于被追诉人留置阶段和拘留阶段所处羁押场所不同，决定了移送审查起诉与先行拘留之间总存在一定的时间空当。[②] 为解决这一空当的强制措施适用空白，有观点认为监察委员会移交留置案件日期并非就是检察机关受理日期，受理案件的时间应当以检察机关实际决定采取刑事强制措施并由公安机关执行之日起计算。此后，犯罪嫌疑人才处于刑事诉讼程序中，检察机关才能合法地对其予以讯问等，在采取强制措施之前，都是留置阶段。[③] 但这一观点并没有彻底解决强制措施的衔接问题，因为监察与司法程序衔接中缺乏了立案节点的标识，一些强制措施的认定和控制就存在一定的困难。[④] 当无法精准界定监察调查与审查起诉的衔接时间节点时，强制措施衔接的时间节点自然难以精准确定。需要特别注意的是，当前立法关注视角主要集中于留置措施与刑事强制措施之间的衔接流程，对于非羁押被调查人与刑事强制措施的衔接关注不足，为避免因程序转换导致人员失控，监察机关与检察机关就未被羁押被调查人的相关资料信息的交接时间节点也有待于进一步明确，以廓清监察机关与检察机关的职责分工。

其次，职务犯罪案件监察调查与审查起诉强制措施衔接职责分工不明确。无论是监察调查强制措施，还是刑事强制措施，其适用都是相对应公权力履职的过程。因此，对于监察机关和检察机关而言，监察调查与审查起诉强制措施的衔接，既是对被追诉人人身自由控制权的转移，也是合法有效适用强制措施职责的转移。由于强制措施适用直接影响犯罪追诉与权利保障，为避

① 高童非：《监检衔接中先行拘留措施的法教义学反思》，载《地方立法研究》2020 年第 2 期。

② 谢小剑：《监察调查与刑事诉讼程序衔接的法教义学分析》，载《法学》2019 年第 9 期。

③ 孟祥金：《监察留置与刑事强制措施的衔接与完善——兼评新〈刑事诉讼法〉第一百七十条》，载《重庆理工大学学报（社会科学）》2020 年第 9 期。

④ 董坤：《法规范视野下监察与司法程序衔接机制——以〈刑事诉讼法〉第 170 条切入》，载《国家检察官学院学报》2019 年第 6 期。

免因职责盲区和重叠导致办案机关之间的矛盾冲突，就需要对监察调查与审查起诉强制措施衔接中的监察机关与检察机关的职责进行精确划分。一方面，对于留置与先行拘留的衔接，由于《监察法》对留置场所和《刑事诉讼法》对羁押场所的要求并不一样，前者只要求“特定场所”，而后者必须是看守所，两者适用不同的看管方式。因此，如果被调查人留置在“特定场所”则必须立即送看守所羁押，如果是在看守所特定区域留置，也应当立即转移至看守所非留置看守区域。[①] 在移送过程中，监察机关与检察机关的职责分工在当前立法规范中并不明确，如何保障移送过程的安全有序同样缺乏明确规范，监察机关与检察机关如何协调以及公安机关协助配合的相关规定同样不明确。例如，先行拘留的执行主体是公安机关，还是检察机关，先行拘留后的通知家属以及委托辩护人是否与刑事诉讼先行拘留及采取强制措施之日起的规定相一致等问题并无立法明确规定。再如，《人民检察院刑事诉讼规则》第145条规定：“人民检察院应当自收到移送起诉的案卷材料之日起三日以内告知犯罪嫌疑人有权委托辩护人。对已经采取留置措施的，应当在执行拘留时告知。”按照该规定，一般情况下，检察机关应在收到移送起诉的案卷材料后三日内告知其有权委托辩护人，并允许律师会见。但是，对于已采取留置措施的犯罪嫌疑人，由于先行拘留由公安机关执行，在犯罪嫌疑人押解到看守所前，检察机关无法告知辩护权，因此，《人民检察院刑事诉讼规则》规定应当在“执行拘留时”告知。[②] 另一方面，对于未被采取留置措施的被调查人，在移送审查起诉后，监察机关与检察机关如何进行追诉对象交接由于立法规范空白，导致具体流程缺乏统一规定，主要依赖监察机关与检察机关的自行沟通。为避免因办案机关转换所导致追诉对象失控脱管，尤其是针对当前监察调查强制措施缺乏非羁押性人身自由控制措施的立法现状，为保障取保候审、监视居住等非羁押性刑事强制措施的有效及时适用，应当对监察机关与检察机关的追诉对象交接分工进行合理划分。

---

① 谢小剑：《监察调查与刑事诉讼程序衔接的法教义学分析》，载《法学》2019年第9期。

② 郭竹梅：《完善监察机关移送案件强制措施衔接机制》，载《检察日报》2020年1月20日，第3版。

第三节　监察强制措施与刑事强制措施衔接完善路径研究

监察委员会与司法机关之间实现合理有效的协调衔接并非易事。因为监察委员会的设立完全是一种“体制创新”，它与司法的衔接是过去未曾遇到的新课题。强制措施的转接作为职务犯罪案件监察调查与审查起诉衔接机制所面临具体挑战中的重要一环,[①] 强制措施由于直接关涉犯罪追诉与权利保障，并影响社会公共安全，因而对其理论基础、立法规范和实践操作都应当予以重点关注。监察机关调查职务犯罪案件，不可避免地需要对涉案人员采取限制或者剥夺人身自由的措施。[②] 未经人民法院依法判决不得确定有罪原则，决定了监察调查完毕的职务犯罪案件只有进入刑事诉讼程序，历经审查起诉和审判后方能最终定罪量刑，确定刑事责任。这意味着，强制措施衔接虽然并非所有职务犯罪案件追诉程序衔接的必要组成部分，但是作为职务犯罪案件监察调查与审查起诉衔接机制的重要组成部分，其完善与否将直接影响职务犯罪案件刑事追诉的法治化水平，关系到国家监察体制改革与刑事诉讼程序能否深度融合兼容。因此，针对当前职务犯罪案件监察调查与审查起诉强制措施衔接所面临的理论、立法和实践挑战，应当以监察调查强制措施与刑事强制措施的整体优化为基础，理顺两种不同类型强制措施的内在联系，形成科学规范的强制措施衔接流程。

一、拓展监察调查强制措施体系，形成与刑事强制措施体系的有效对应

“每一社会均须有保护本身不受犯罪分子危害的手段。社会必须有权逮捕、搜查、监禁那些不法分子。只要这种权力运用适当，这些手段都是自由的保卫者。但是这种权力也可能被滥用。而假如它被人滥用，那么任何暴政

---

① 龙宗智：《监察与司法协调衔接的法规范分析》，载《政治与法律》2018 年第 1 期。

② 翟薇：《论我国监察调查制度与刑事诉讼制度的衔接与一致性》，载《人民司法》2020 年第 31 期。

都要甘拜下风。”[①] 留置措施作为一种以剥夺人身自由为内容的监察调查保障措施，其适用必须兼顾惩罚职务违法犯罪与保障被调查人合法权益。根据《监察法》的规定，适用留置措施可以剥夺人身自由的期限长达3个月，经延长后最长可达6个月，显然会对被留置人造成严重的权利限制。因此，留置措施的适用应当严格进行规范业已成为共识。然而，当前《监察法》对于留置措施无差别适用于所有职务犯罪案件，乃至覆盖到严重职务违法行为，导致这一措施面临适用范围过于宽泛的质疑。职务犯罪的类型和具体案情不一样，对强制措施的需求也不一样，[②] 然而在实践中，受制于留置措施适用效果的严厉性和适用程序的严苛性，监察机关不得不在彻底剥夺被调查人人身自由和完全放任之间择一为之。在留置则过于严苛、放任则完全失控的两难境地下，监察机关无论做何种选择，都可能面临损及权利保障或违法犯罪打击的后果。之所以形成这一局面，主要是由于在当前《监察法》所确立的监察措施中，能够发挥人身自由控制功能的措施仅有通缉、限制出境和留置三种具体措施。而这些措施中，通缉与限制出境的人身自由控制力度非常薄弱，无法有效覆盖剥夺人身自由与人身自由不受限之间的空白。与之相对的是，《刑事诉讼法》配置了由拘传、拘留、取保候审、监视居住和逮捕五种措施共同组成的覆盖人身自由限制程度由宽到严、由短到长的梯级强制措施体系。通过多种强制措施完整覆盖犯罪嫌疑人、被告人人身自由限制程度，从而保证可以对逮捕这一权利限制程度最高的措施的适用条件进行严格限制，不会陷入条件设置过高导致放任犯罪嫌疑人、被告人脱管，危及刑事诉讼顺利进行的困境。

因此，对于留置措施适用条件中存在的适用范围过于宽泛，影响刑期折抵制度可操作性，以及涉案条件与危险性条件法律规范内部解释冲突等问题，其有效解决不能停留在简单对留置措施本身的调整。否则，虽然优化了留置措施本身适用条件体系，却导致职务违法与职务犯罪监察调查得不到有效保障。因此，留置措施作为监察调查领域被调查人人身自由控制措施体系的组

① ［英］阿尔弗雷德·汤普森·丹宁：《法律的正当程序》，李克强等译，法律出版社1999年版，第109页。

② 龙宗智：《监察与司法协调衔接的法规范分析》，载《政治与法律》2018年第1期。

成部分，其适用条件的变化必然引发监察调查保障措施体系的整体变动。根据刑事强制措施既有成熟经验，对于留置措施适用条件和危险性条件的优化，应当在监察调查保障措施体系的整体完善的背景下展开。

通过刑事侦查和强制措施种类体系的对比不难发现，当前职务犯罪监察调查措施体系中的调查取证类措施已经基本实现了同侦查措施的同等配置。与之相对的是，以被调查人人身自由控制为内容的调查保障措施相较于强制措施却在种类配置上差异悬殊，无论是措施种类数量还是对人身自由限制力度配置层次性，都存在较大差距。单薄的调查保障措施体系配置不仅影响了监察实践中对被调查人人身自由的适度有效控制，更因限制力度差异极端而影响职务犯罪案件监察调查的顺利进行。

首先，监察调查保障措施单薄导致被调查人人身自由控制机制乏力，难以有效发挥保障监察调查顺利进行的功能。监察调查保障措施以控制被调查人人身自由为主要内容，并不直接指向案件事实调查，不具有收集、固定证据的功能，然而其功能发挥情况直接影响职务犯罪调查取证活动的顺利展开。通过对被调查人人身自由的适度有效控制，可以最大限度避免出现毁灭、伪造证据和逃匿、自伤自杀等影响监察调查顺利进行的情形，保障调查取证的效率性。当前职务犯罪监察调查措施体系中，人身自由控制措施仅有通缉、限制出境和留置三种，其中尤以限制出境和留置最具有代表性，然而二者对被调查人人身自由的控制力度差异悬殊，前者仅限制出境行为，对被调查人在境内的人身自由不具有任何限制性；而后者长时间完全剥夺被调查人的人身自由，虽然控制力极强，但适用的实体条件和程序规范的要求都极为严苛。这就导致在职务犯罪监察调查实践中存在对被调查人的人身控制限制极端化的困境，或者放任自流，或者完全剥夺。尤其在权利保障理念要求下，留置措施的适用受到严格限制，使大部分被调查人的人身自由都不会受到实质性控制，在监察调查期间出现干扰监察调查顺利进行行为的可能性大大升高。这不仅会影响监察调查期间的证据收集、固定，还会影响后续刑事追诉的顺利进行。

其次，保障措施单薄导致被调查人合法权益保障面临风险。正如前文所言，由于在限制出境与留置之间缺乏过渡性人身自由控制措施，在职务犯罪监察调查过程中，当被调查人存在一定影响监察调查顺利进行的危险性，但又不满足留置措施适用条件的，监察机关只能在放任自流和拔高适用留置措施之间进行选择。此时，为了保证办案效果，往往不得不强行适用留置措施，这显然会对被调查人的人身自由带来严重的侵权风险。过渡性人身自由限制措施的缺失，使监察权行使与被调查人权利保障之间缺乏必要的缓冲区间，加剧了二者之间的对立冲突，不利于监察法治水平的提升。

最后，保障措施单薄导致职务犯罪监察调查措施体系配置失衡。相较于调查取证措施的种类众多、体系完备，保障措施不仅种类有限，而且体系不够健全，存在明显的立法空白。这使职务犯罪监察调查措施体系呈现失衡状态，发达的调查取证措施与滞后的保障措施之间形成鲜明反差。然而，需注意以下两个方面：一方面，保障措施作为调查取证措施功能发挥的必要保障，其体系不健全势必影响调查取证措施的功能发挥；另一方面，保障措施作为权力行使与权利保障对抗最激烈的领域，也是职务犯罪监察调查措施体系中对被调查人权利保障最典型的参照因素，这一措施体系的发展滞后，将会对职务犯罪监察调查措施体系整体法治水平的提升造成严重不利影响。

因此，为确保留置措施适用条件调整能够得到监察调查保障措施体系的整体制度支撑，需要《监察法》借鉴《刑事诉讼法》关于强制措施的体系配置，针对不同的情形设置不同的监察强制措施，以差异性应对监察调查实践中被调查人人身危险性的多样性。刑事强制措施领域成熟的拘传、取保候审、监视居住、拘留等措施都可以纳入监察调查保障措施体系。在原有通缉和限制出境措施的基础上，通过上述人身自由控制措施的拓展，从而构建完整覆盖被调查人强制到案措施、非羁押性人身自由限制措施、羁押性人身自由剥夺措施的监察调查保障措施体系。而留置措施作为权利限制程度最高的具体措施，其具体适用条件自然应当严格限制，只有存在羁押必要的情形时，方能采取这一措施。根据这一体系配置架构的设定，随着非羁押性监察调查保障措施的丰富，留置措施适用条件和危险性条件中存在的内在冲突和不协调之处都可以通过优化调整迎刃而解。

此外，拓展职务犯罪监察调查保障措施体系有助于理顺监察调查与刑事追诉强制措施衔接关系。实现监察调查保障措施体系与刑事强制措施体系的有效对接，非羁押措施对应非羁押措施，羁押措施对接羁押措施。改变当前职务犯罪案件移送审查起诉后，对于已采取留置措施的案件，检察机关应当对犯罪嫌疑人先行拘留，而部分案件实质上按照《刑事诉讼法》规定并不符合需要采取拘留这一羁押性强制措施的适用条件的现实矛盾。通过非羁押性监察调查保障措施的增设和留置措施适用案件范围的进一步限缩，可以实现监察调查阶段保障措施与刑事追诉阶段的强制措施之间的顺畅对接。通过监察调查保障措施与刑事强制措施在被追诉对象人身自由控制措施适用条件方面达成基本一致，实现监察调查与刑事追诉衔接环节中羁押措施之间和非羁押措施之间的对应衔接，既保证对被追诉对象的有效控制，又避免人身自由控制过度，影响刑事诉讼强制措施适用的统一性。与此同时，对于监察调查强制措施体系中行之有效的措施类型，刑事强制措施体系也可以尝试予以引入，例如限制出境措施，相较于既有刑事强制措施，其人身自由限制程度更低，可以作为比取保候审更为宽松的强制措施类型予以确认，从而提升刑事强制措施体系的人身自由控制梯级配置的精准度，强化对犯罪嫌疑人、被告人的权利保障。由此，实现监察调查强制措施与刑事强制措施体系配置、种类数量以及措施内容的整体协调兼容。

对于监察调查强制措施与刑事强制措施适用对象范围的分歧，应当综合考量职务犯罪证明的现实需求，以必要性原则为指导，沿袭监察调查强制措施中限制出境可以适用于被调查人之外相关人员的规定，在将限制出境引入刑事强制措施体系的同时，确认其可以适用于证人等犯罪嫌疑人、被告人之外的相关主体。一方面，可以参照拘传适用于单位犯罪诉讼代表人的规定，强调这一突破的例外价值。另一方面，可以援引证人强制出庭的立法规定作为合法性支撑，以适用措施类型的严格限制平衡强制措施适用范围拓展所面临的理论冲突。

二、调整留置措施适用条件

虽然留置措施目前不适用《刑事诉讼法》规定的强制措施，但留置措施毕竟是国家监察体制改革初期实现“两规”法治化的第一步，其与刑事强制措施之间的割裂状态有违法制统一，未来有待整合。[①] 由于《监察法》对于留置措施的条件设定存在偏差，导致其与刑事强制措施的衔接面临来自理论、立法和实践的多层冲突，这意味着单纯就衔接阶段的具体流程进行细化是无法有效解决留置措施与刑事强制措施衔接所面临挑战的，需要从留置措施的整体优化出发，构建与刑事强制措施内在法理基础贯通，外在规范条件兼容的留置措施适用条件，回归监察调查保障措施属性定位，优化事实与危险性条件。

（一）留置措施性质属性界定辨析

不同于《刑事诉讼法》将侧重证据收集、固定的侦查措施与侧重犯罪嫌疑人、被告人人身自由控制的强制措施分立的二元立法体例，《监察法》采取了将证据收集、固定和人身自由控制措施统一纳入监察措施体系的一元立法体例。这一立法模式是职务违法犯罪监察调查全覆盖改革理念的立法落实，然而由此导致对留置措施的具体属性界定在立法规范与理论研究之间产生巨大分歧。就立法层面而言，按照当前《监察法》的立法表述，监察调查措施被设定为专门调查工作与强制措施的综合体，留置措施被作为一种监察调查手段而非强制措施对待。[②] 这一点在留置措施适用条件中的证据事实条件中体现得尤为明显，存在继续调查空间被视为留置措施得以适用的前置条件。就理论研究层面而言，留置措施作为一种人身自由剥夺措施，具有羁押性强制措施属性业已得到理论界的普遍认可。[③] 按照强制措施属性界定，为体现留置措施的预防性，[④] 则应当对其适用条件，尤其是证据事实条件进行调整，不能将存在监察调查空间作为留置措施适用的前置条件。

因此，为解决当前留置措施适用证据事实条件所面临的适用受限等挑战，就需要对留置措施的性质属性进行明晰，并在此基础上优化调整留置措施的适用证据事实条件。留置这一概念虽然长期存在于民法、行政法等领域，但

① 刘计划：《监察委员会职务犯罪调查的性质及其法治化》，载《比较法研究》2020 年第 3 期。

② 程雷：《“侦查”定义的修改与监察调查权》，载《国家检察官学院学报》2018 年第 5 期。

③ 谭世贵：《监察体制改革中的留置措施：由来、性质及完善》，载《甘肃社会科学》2018 年第 2 期。

④ 江国华、王冲：《监察委员会留置措施论析》，载《湖北社会科学》2018 年第 9 期。

是监察留置措施作为国家监察体制改革中新创设的一项监察措施，其性质属性界定并无成熟的理论沿革，需要综合承继来源、适用效果以及类比借鉴等进行全面分析。

1. 审前羁押措施的承继渊源

国家监察体制改革的基本改革路径是对既有反腐败资源的统一整合，决定了经此形成的监察措施都与此前职务违法犯罪调查和侦查措施之间存在密切的承继关系。就留置措施承继来源而言，虽然此前的改革布局中，留置措施作为“两规”措施的法治升级被特别强调，但是根据对监察调查案件范围和留置措施适用对象的梳理，留置措施取代对象包括党的纪律检查机关违法犯罪“两规”措施和行政监察“两指”措施，① 以及职务犯罪侦查的逮捕措施等三项既有职务违法和职务犯罪办案措施。根据关于“两规”措施适用相关规定和《行政监察法》和《刑事诉讼法》以及中央纪委对于“两规”“两指”和逮捕措施的相关规定，这三项措施虽然在适用对象、案件范围，以及适用规范等方面存在差异，但是在本质上都属于未定罪羁押措施，基本功能设定是在审判前对于尚处于调查侦查阶段的被调查对象和犯罪嫌疑人进行预防性人身自由限制，以保证调查和侦查的顺利进行。此类措施的性质属性都属于审前羁押措施范畴，是平衡未定罪前提下公民人身自由保障与对调查、侦查对象采取人身自由限制措施现实需要之间冲突的制度载体，具有一定的“原罪性”，其基本价值定位是保证职务违法犯罪案件的查办顺利进行与保障被调查、侦查对象的人身自由权并重。因而，无论是“两规”“两指”还是逮捕措施，其适用都以存在危及调查、侦查顺利进行的现实危险性为适用的基本前提，只要满足基本的证据事实条件，就完全以羁押必要性作为措施存续与否的判断依据，并不与案件调查、侦查事实查明程度相关联。

留置措施作为职务违法与职务犯罪查办“两规”“两指”和逮捕措施整合升级的产物，虽然在实体要件和程序规范上都进行了调整，但由于其在功能定位上的一脉相承，决定了其留置措施的性质属性仍属于未定罪羁押措施

① 郭华：《监察委员会留置措施的立法思考与建议》，载《法治研究》2017 年第 6 期。

的范畴。

一方面，留置措施的适用阶段被限定于监察调查期间。在这一阶段，无论是职务违法行为，还是职务犯罪行为，都需要后续的处置和刑事追诉确定责任结果。因此，对于留置措施而言，其适用是建立在被留置人尚未确定违法和犯罪责任结果的基础之上，承担违法犯罪责任自然不能成为留置措施适用的正当性根基。被调查人由于尚未确定是否需要承担责任，以及承担何种责任，自然应当享有普通公民基本的人身自由权，要通过留置措施剥夺其人身自由，只能建立在保障监察调查顺利进行，避免发生新的社会危险性的基础之上，而不能简单以需要进一步调查为依托，单方面剥夺被调查人人身自由。

另一方面，由于被调查人所涉案件的责任严重程度在监察调查阶段无法予以确定，因此对留置措施适用与否不能建立在对已然发生的违法犯罪行为的评价，而是应当集中于对尚未发生的危险性的预判。因此，对于留置措施适用案件事实的证据标准不能设定过高，否则将严重影响这一措施对于控制被调查人人身自由的功能预设。应当将证明的重点立足于是否存在需要采取羁押措施、剥夺被调查人的人身自由的必要性，否则将影响留置措施适用的规范性。此外，正是由于留置措施适用关注的事实基础指向尚未发生的危险性，因此其危险性条件也应当具有前瞻性，强调对可能发生危及监察调查顺利进行情形的预防，而不能是对已然发生案件事实的回溯性评价，这意味着当前适用留置措施的危险性条件对于案情重大、复杂的界定与审前羁押措施的定位之间存在冲突。

2. 适用效果的预防性

根据《监察法》的规定，留置措施的采取对于被留置人而言，最直接的影响就是需要被留置在特定场所，人身自由处于被剥夺状态。因而，就留置措施适用效果而言，留置措施是一种典型的人身自由剥夺措施，根据《监察法》关于留置措施适用期限不超过 3 个月，而且可以延长的规定，还属于一种长时间人身自由剥夺措施。相较于此前期限不明的“两规”“两指”措施，通过《监察法》的立法确认，将留置措施以国家基本法律的形式确立下来，并且对适用实体和程序规范进行明确，是用法治思维和法治方式惩治腐败的重要举措。[①] 然而，由于《监察法》将留置措施纳入调查措施体系，并且在证据事实条件设定中，将存在继续调查空间作为适用留置措施的事实基础。这表明立法者并未因为留置措施的羁押特征而赋予其强制措施属性，实则将其混同于讯问、询问等监察调查措施，以获取证据为功能定位，与世界各国对审前羁押功能定位的共识可能不太一致。[②] 依照无罪推定原则，所有处于案件事实调查阶段的被调查和侦查对象都应当被视为无罪，其基本权利应当受到平等保护。在审前剥夺其人身自由的目的只能限定在保障事实查证顺利进行，避免发生新的社会危险性。之所以对审前羁押措施的适用目的进行严格限制，主要原因在于长时间的刑事案件侦查实践证明，羁押措施的滥用是案件查办过程中侵权行为的高发领域，而将羁押作为获取证据的捷径，则被认为是导致逮捕等强制措施滥用的重要原因之一。这是因为，羁押使犯罪嫌疑人、被告人掌握在侦查机关手中，可以随时满足侦查机关获取口供的现实需要，并且通过对犯罪嫌疑人的羁押，限制其人身自由、增加其心理压力、形成心理强制，更有利于获得口供。[③]

然而，以羁押作为强制手段，提升取证效力，背离了禁止强迫自证其罪原则的规定。因此，《刑事诉讼法》对于逮捕等刑事强制措施的适用目的进行了严格限制，并且通过危险性条件将适用空间限缩在预防尚未发生的危及侦查顺利进行和产生新的社会危险性行为的发生可能性。留置措施同样可以长时间剥夺被调查人的人身自由，并且相较于侦查羁押，留置措施的强制性和威慑性更强，如果用于获取证据，显然更加有效。然而，一旦将留置措施演变为通过限制人身自由获取证据的取证措施，会导致监察机关在获取证据目标的驱动下过度适用留置措施，导致留置措施适用泛化，甚至在此过程中出现刑讯逼供、超期羁押等非法取证行为。这将不仅损及被调查人的人身自由，更会因此影响留置措施取代“两规”“两指”措施所蕴含的法治进步性

① 马俊：《监察留置法治化路径探析》，载《重庆科技学院学报（社会科学版）》2020年第1期。

② 魏昌东：《〈监察法〉监察强制措施体系的结构性缺失与重构》，载《南京师大学报（社会科学版）》2020年第1期。

③ 汪建成、冀祥德：《我国未决羁押制度的批判性重构》，载《山东公安专科学校学报》2004年第1期。

被严重削弱，危及国家监察体制改革的进步性与公信力。因此，基于禁止强迫自证其罪原则的要求，留置措施在适用效果上不能指向通过剥夺人身自由获取证据，而是应当回归预防危及监察调查顺利进行和新社会危险性的产生。一方面，《监察法》对于留置措施适用危险性条件的主体部分指向逃跑、自杀，串供，伪造、隐匿、毁灭证据等妨碍监察调查的行为，这决定了其适用效果是预防此类行为的发生。另一方面，《监察法》第33条第2款规定："监察机关在收集、固定、审查、运用证据时，应当与刑事审判关于证据的要求和标准相一致。"而一旦留置措施被作为一种强制性取证措施，则有可能违背《刑事诉讼法》第52条不得强迫任何人证实自己有罪的规定。因此，留置措施作为一种审前人身自由控制措施，应当恪守预防性的基本属性，并且应当以预防尚未发生的危及监察调查顺利进行行为作为适用条件，尤其是危险性条件的设定依据。

3. 类似措施的同质性

留置措施作为一种对既有职务违法犯罪查办人身自由控制措施整合形成的监察措施，缺乏理论基础和实践经验支撑，因而其性质界定面临前期积累不足的困境。对此，与留置措施在立法规范方面呈现相似性、渊源承继方面存在关联、适用效果方面具有同质性的逮捕措施就成为重要的比较借鉴对象。虽然对于留置措施对应的刑事强制措施模板存在刑事拘留①和逮捕措施②两种不同观点，但就措施的适用条件、适用效果和时间期限等内容来看，留置措施同逮捕措施的相似度更高。关于逮捕措施与留置措施的关系，虽然有观点认为留置措施虽然与逮捕措施比较相近，但是其性质不同，不能等同。③ 但主流观点普遍认为，留置措施与逮捕措施在性质和内容上具有高度的相似性。④ 二者都是对人身自由的剥夺，属于羁押性的措施。⑤ 刑事强制措施在功

---

① 姚建龙、张丹：《监察委员会留置措施适用疑难问题辨析》，载《法治社会》2018年第5期。

② 胡铭：《职务犯罪留置措施衔接刑事诉讼的基本逻辑》，载《北方法学》2019年第4期。

③ 杨宇冠、高童非：《监察机关留置问题研究》，载《浙江工商大学学报》2018年第5期。

④ 张翔、赖伟能：《基本权利作为国家权力配置的消极规范——以监察制度改革试点中的留置措施为例》，载《法律科学》2017年第6期。

⑤ 陈瑞华：《审前羁押的法律控制——比较法角度的分析》，载《政法论坛》2001年第4期。

能上具有保障性、预防性、保护性的特点。[①] 此外，在具体适用中，逮捕措施还具有强制性、临时性、法定性和专属性等特征。以此为参照对象，留置措施的具体特征同逮捕措施具有高度的一致性。

首先，留置措施同逮捕措施一样，具有强制性特征。虽然相较于普通犯罪，职务违法犯罪行为人的人身危险性相对较低，然而其实施自杀、逃匿、串供等危及监察调查顺利进行行为的可能性更高。这决定了留置措施的适用同样会面临其强烈对抗。为此，就要求留置措施的实施以及具体执行都具有强制性，以避免被留置人脱逃与反抗。对于逃避留置措施的被调查人，监察机关可以协同公安机关采取通缉措施进行追捕。

其次，留置措施同逮捕措施一样，具有临时性特征。《监察法》对于留置措施的适用期限规定为不得超过三个月，在特殊情况下，可以延长一次，延长时间不得超过三个月。但要注意，这一期限同逮捕期限一样，都是对羁押最长期限的限定，并不意味着所有案件中都需要按照这一期限适用留置措施，而是应当根据案件监察调查进程，实时判断是否需要继续适用留置措施，一旦需要适用留置措施的必要性消失，则应当及时解除留置措施。留置措施适用期限的非确定性是这一措施区别于惩罚性措施的重要表现之一，决定了留置措施适用的危险性条件不能同案件责任结果之间进行关联，而是应当同需要通过控制人身自由所预防的人身危险性持续状态进行关联。

再次，留置措施同逮捕措施一样，具有保障性特征。正如前文所述，留置措施作为一种审前羁押措施，其适用目标应当指向保障监察调查顺利进行，而不能作为强制获取证据，或者对被调查人进行变相惩罚的“捷径”。《监察法》所设定危险性条件集中于避免危及监察调查顺利进行的自杀、逃匿，串供，伪造、隐匿、毁灭证据等情形的发生，并且通过兜底性条款，尽可能将所有危及监察调查顺利进行的行为纳入留置措施适用范围，凸显了留置措施作为监察调查保障措施的属性特征。这同逮捕措施适用范围限定于保障刑事侦查顺利进行的属性特征具有高度一致性。

又次，留置措施同逮捕措施一样，具有法定性特征。由于留置措施的适

---

① 李忠诚：《刑事强制措施功能研究》，载《法制与社会发展》2002年第5期。

用会对被留置人造成人身自由被完全剥夺的严重权利限制，因而《监察法》对于留置措施适用的实体条件和程序规范进行了严格规定。《监察法》规定，留置措施的适用需要由监察机关领导人员集体研究决定。设区的市级以下监察机关采取留置措施，应当报上一级监察机关批准；留置措施应当在法定的留置场所执行，并且应当及时告知家属，此外还要保障被留置人在留置期间的基本权利。这都与修正前《刑事诉讼法》对于检察机关在职务犯罪案件侦查中适用逮捕措施的规定高度一致。

最后，留置措施同逮捕措施一样，具有专属性特征。根据《监察法》规定，作为反腐败专责机关，监察机关是唯一的留置措施适用决定主体，涉嫌严重职务违法犯罪的被调查人则是留置措施特定的适用对象。虽然根据监察调查实践需要，监察机关可以提请公安机关配合执行留置措施，涉嫌行贿犯罪或者共同职务犯罪的涉案人员也被纳入留置措施适用对象。但总体而言，留置措施的适用主体和适用对象具有鲜明的专属性特征，同逮捕措施只能由检察机关和法院批准决定适用，仅能适用于犯罪嫌疑人、被告人的专属性特征也具有高度一致性。

留置措施具有同逮捕措施高度一致的强制性、临时性、保障性、法定性和专属性特征，由此可见二者的性质属性之间必然存在极为密切的关联。虽然权力基础以及具体规范存在差异，但是二者同为案件事实查证领域内保障办案活动顺利进行的人身自由剥夺措施，因而在监察调查与刑事侦查不同的语境下，二者所扮演的基本角色应当是可以互相等同的。因此，可以将留置措施界定为控制被调查人人身自由的强制措施。[①] 根据刑事强制措施基本法理，此类措施的适用目的应当指向人身自由控制而非调查取证，同侦查措施之间在价值定位、指导思想、理念原则等方面都存在本质差异。基于此，侦查措施与强制措施分立就成为《刑事诉讼法》侦查阶段权力行使机制的基本立法布局，体现了对于侦查取证措施与强制措施不同理念、原则和规范的分置。而当前《监察法》采取了监察措施一元立法模式，并未区分调查取证措

① 刘艳红：《程序自然法作为规则自洽的必要条件——〈监察法〉留置权运作的法治化路径》，载《华东政法大学学报》2018 年第 3 期。

施与调查保障措施，这显然不利于突出留置措施作为强制性保障措施同其他调查取证类监察措施的差异性。

（二）以监察调查保障措施属性为基础的证据事实和危险性条件优化

1. 确立监察调查保障措施与调查取证措施分立的立法体例

与《刑事诉讼法》侦查取证措施与强制措施二元分立的立法模式不同，《监察法》采取的是取证措施、保障措施一元混同的立法模式。这一立法模式所导致的问题就是将基本功能设定不同的措施体系混同规定，会影响立法原则和实践适用指导思想的精准对应。按照刑事侦查规律，刑事侦查措施的立法规制和实践适用强调措施的效率性和程序的规范性，而刑事强制措施的立法规制和实践适用强调措施的法治性和保障性。以此为参照系，职务犯罪监察调查措施体系中调查取证措施体系与调查保障措施体系应当二元分立，并形成相对独立的理论体系，当前的一元立法模式不仅不利于对既有措施按照各自基本理念和原则有效展开，也不利于职务犯罪监察调查措施体系未来的丰富发展。

取证措施与保障措施的混同会导致留置措施的实践适用与其立法初衷产生偏差。对于监察机关而言，为履行职务犯罪监察调查职责，在监察调查过程中具有积极查明案件事实的强烈驱动，这有利于发挥调查人员的主观能动性，但也难免会导致形成强烈的打击犯罪中心主义思维，这将导致以留置措施为代表的监察调查保障措施在实践中偏离保障监察调查顺利进行的预设功能，转而成为实现监察调查取证目标的附带性、协助性措施。立法所设定的以危险性为评价标准的留置措施适用标准，会在保障取证思想驱动下，变成便利获取证据的威胁和控制措施，出现被滥用的风险，对被调查人合法权益造成侵害。如此立法设计不符合刑事诉讼理念，违背了世界各国对审前羁押功能定位的共识，有违不得强迫自证其罪原则。

因此，按照具体调查措施适用内容指向不同，职务犯罪监察调查措施体系所包含的调查取证措施和调查保障措施体系的优化配置关键在于以功能设定为基准进行相对独立的体系配置，分别构建相对独立的立法单元。在《监察法》中单独设置职务犯罪监察调查保障措施这一立法单元，与监察调查措施互相平行。通过立法体例的分离，不仅可以为后续职务犯罪监察调查措施体系发展确立严谨科学的立法框架，确保未来的措施体系发展能够条理清晰，结构科学，并且针对不同性质职务犯罪监察调查措施确定其适用原则，形成正确的留置措施适用理念，强调其功能设定的独立性，避免成为调查取证措施的附庸。在立法体系分立的基础上，对于留置措施适用条件要按照监察调查保障措施的功能定位出发，同调查取证措施进行有效切割，尤其是对于证据事实条件中强调“仍有重要问题需要进一步调查”的要求应当予以删除，否则无法体现留置措施作为监察调查保障措施所应有的独立性。

2. 重构以保障监察调查为中心的证据事实条件

留置措施作为监察调查保障措施，其适用目标应当指向通过对被调查人人身自由的剥夺，消除其危及监察调查顺利进行以及继续危害社会的可能性。然而，当前留置措施适用条件中要求存在继续调查空间的要求，对于其保障功能的实现造成严重限制。为避免出现事实已经基本查清，不满足仍有重要问题需要进一步调查的证据事实条件，但又存在逃跑、自杀、串供或者伪造、隐匿、毁灭证据等现实危险的、无法适用留置措施的实践困境，需要重构以保障监察调查顺利进行为中心的证据事实条件。这意味着，对于留置措施证据事实条件的设定需要同调查取证目的解绑，完全以职务违法犯罪监察调查的顺利进行为中心展开。

根据前文对于留置措施适用证据事实条件的分析，要完成这一重构，要做好以下两方面的工作。

首先，要合理设置留置措施的证据条件。根据留置措施侧重于未来危险性评估而非案情本身轻重的适用证明对象，应当设置较为宽松的案件证明标准，只要符合有证据证明有职务违法犯罪事实即可。具体而言，这一标准可以细化为有证据证明发生了犯罪事实、有证据证明犯罪事实是犯罪嫌疑人实施的、证明犯罪嫌疑人实施犯罪行为的证据已经查证属实三项具体要求。证据标准的宽松性，有以下两个方面的意义：一方面，可以确保监察机关可以在监察调查过程中，尤其是监察调查早期针对监察调查需要及时采取留置措施，避免因证据条件要求过于严苛，导致被调查人逃匿、自杀，证据被毁灭、隐匿等，从而影响留置措施预防危及监察调查顺利进行功能的发挥。另一方面，可以引导监察机关将判断是否需要适用留置措施的重心回归未来危险性的评估，而不是将留置措施适用与案情轻重进行过度联结，避免留置措施的性质属性在适用中出现偏差。

其次，要取消留置措施适用的事实条件，删除“仍有重要问题需要进一步调查”的规定。一方面，删除这一规定可以解决监察调查实践中案件事实已经基本查明，但尚未完全达到移送审查起诉标准，却又存在需要限制人身自由的案件无法适用留置措施的困境。通过对继续监察调查需要条件的取消，使留置措施适用同保障监察调查顺利进行之间的联结更为紧密，不区分案件调查阶段，只要存在危及监察调查顺利进行的可能性，需要剥夺被调查人人身自由就可以适用留置措施，使这一措施保障监察调查顺利进行的功能定位得以充分发挥。另一方面，删除这一规定可以促使留置措施的属性定位有效回归保障措施，作为当前留置措施被解释为调查取证措施最重要的立法依托，存在继续调查需要规定的取消将彻底解决留置措施被界定为监察调查保障措施的最大立法障碍。通过解除留置措施适用与继续调查需要之间的联系，不仅可以解决当前留置措施适用条件内部证据事实条件与危险性条件之间的内在冲突，更有助于留置措施适用与案件本身进行有效隔离，避免其在监察调查实践中被异化为强迫被调查人自证其罪的强制手段，维护留置措施的法治性与进步性。

3. 完善以保障监察调查为中心的危险性条件

《监察法》所设定留置措施适用危险性条件中的第 1 项“涉及案情重大、复杂的”，同其监察调查保障措施的属性定位之间存在直接冲突，将案情重大、复杂与否作为判断是否需要适用留置措施的评价依据，蕴含着将留置措施视为惩罚措施和取证措施的认知。因此，当确定留置措施为监察调查保障措施之后，就应当将这一与之相冲突的条件设定予以调整，以实现留置措施适用条件的理论自洽。由于案情“重大”与“复杂”在性质定位上分别代表了惩罚措施和取证措施两种不同走向，因而其调整策略也要有所区别。

首先，就案情重大这一适用情形而言，考虑到监察调查保障措施仅关注未来危险性，不考量案件本身危害性，因此理想状态是对这一情形直接予以删除。然而，通过对比发现，《刑事诉讼法》对于逮捕条件的设定，是将可能判处 10 年以上有期徒刑，以及曾经故意犯罪或者身份不明的作为强制适用逮捕的条件。这一模式虽然与强制措施的保障属性有所冲突，但实质上是建立在长期刑事司法实践中对于犯罪嫌疑人、被告人人身危险性评价规律总结的基础之上，具有一定的合理性。因此，在留置措施适用危险性条件中可以保留案情重大这一适用情形，但是应当强化对“重大”的立法规范，采取更为明确的立法表述，以责任结果作为评价指标，将可能判处十年以上有期徒刑作为案情重大的具体范围。由于职务违法犯罪的行为人绝大多数为公职人员，因而基本不存在曾经故意犯罪和身份不明的可能性，故此无须在立法中予以列明。

其次，对于案情复杂这一适用情形而言，由于案情是否复杂与被调查人本身的人身危险性之间并无直接关联，因此对于这一条件应当直接予以取消，避免留置措施成为监察机关以剥夺人身自由为强制手段，迫使被调查人自证其罪，转移自身调查案件事实、收集固定证据的法定职责的路径。

4. 确立以职务犯罪为中心的涉案条件

《监察法》将严重职务违法和职务犯罪无差别地纳入留置措施适用条件范围，导致出现违背比例原则和影响刑期折抵制度适用平等原则等弊端，因而适用条件优化的核心内容就是根据留置措施在监察调查保障措施体系中的强制力度定位，确定其适用案件范围。虽然涉案范围覆盖职务违法与职务犯罪体现了监察调查全覆盖的改革精神，但是在拓展监察调查保障措施体系的基础上，随着非羁押性保障措施的丰富，已经提供了调整留置措施适用案件范围的制度支撑。针对当前留置措施适用涉案条件所存在的具体弊端，结合监察调查与刑事追诉程序衔接需要，借鉴逮捕措施适用罪行条件规范，应当将留置措施适用条件限定为可能判处有期徒刑以上刑罚的案件。对于留置措施适用条件的限缩，除取消职务违法案件适用可能性，要求涉嫌职务犯罪之外，还应当规定根据既有证据表明未来的刑事责任追究可以达到有期徒刑以上刑罚，以此提高留置措施适用的审慎规范，并且实现职务犯罪与其他类型犯罪审前羁押折抵的公平对待。

首先，将职务违法排除在留置措施适用案件范围之外符合比例原则要求。职务违法与职务犯罪行为虽同属于监察机关的监察范畴，但违法行为与犯罪行为在法律性质上还是有着质的区别，两者在监察程序及实体处置方面均应有所差别。[①] 根据《监察法》的规定，对于涉嫌职务违法的，其责任追究形式包括：对有职务违法行为但情节较轻的公职人员，按照管理权限，直接或者委托有关机关、人员，进行谈话提醒、批评教育、责令检查，或者予以诫勉；对违法的公职人员依照法定程序作出警告、记过、记大过、降级、撤职、开除等政务处分决定。上述责任形式中均不涉及以剥夺或者限制人身自由为内容的惩罚措施。每一种强制措施，都表现为人身自由度与强制力二要素的结合，在强制措施体系内部，实际上存在一种以人身自由度和强制力为双重检验标准的逻辑性。[②] 职务犯罪行为无论是行为社会危害性，还是责任结果严厉性，都高于职务违法行为，其未来程序走向上指向刑事追诉，责任结果形式指向刑罚，同留置措施所具有的人身自由剥夺严厉程度更为匹配。因此，将职务违法行为排除在留置措施适用案件范围之外，符合监察调查过程权利限制与处置结果责任追究之间的对应关系。

其次，将留置措施适用条件限缩为可能判处管制以上刑罚符合刑期折抵平等原则。对于留置措施而言，在责任追究时将先行羁押时间予以折抵，是对其适用正当性的有效补强，一定程度上缓解了审前羁押与生俱来的侵权性。然而，由于留置措施本身所产生的长时间人身自由剥夺状态与职务犯罪刑事责任形式多样性之间并不能完全对应，决定了对于职务犯罪案件也并非完全适宜适用留置措施。由于《监察法》所规定的刑期折抵范围包括管制、拘役和有期徒刑三种刑罚种类，因而从折抵可能性角度考量，留置措施对于职务犯罪案件适用范围应当设定为可能判处管制以上刑罚。这一限制既解决了此前留置刑期折抵存在的反向歧视问题，限缩了留置适用范围，强化了被调查人权利保障；同时相较于逮捕措施，适用范围更为宽泛，也满足了职务犯罪案件对于被调查人供述和辩解的高度依赖，适应此类案件调查难度高、早期证据线索较为稀缺的实践特征。

---

① 姚建龙、尹娜娜：《监察法视野下职务违法与职务犯罪的界分——以监察程序的完善为重点》，载《上海政法学院学报》2018 年第 6 期。

② 王贞会：《刑事强制措施的基本范畴——兼评新〈刑事诉讼法〉相关规定》，载《政法论坛》2012 年第 3 期。

5. 构建非羁押监察调查措施优先适用的危险性条件

首先，增加采取其他非羁押措施不足以预防其危险性的条件限制，将其作为留置措施适用危险性条件的基本前提，体现留置措施适用的必要性原则，加强对被调查人的权利保障。在拓展监察调查保障措施体系，增设非羁押性监察调查措施的基础上，监察机关在职务犯罪监察调查时控制被调查人人身自由措施的选项变得更为丰富多样。虽然立法可以根据被调查人人身危险性的不同层级配置相对应的监察调查保障措施的具体适用条件，但是对于不同措施的具体适用位序仍难以完全实现绝对明确。因此，基于不同措施权利限制程度差异，按照比例原则，选择对被调查人权利限制程度最宽松的措施类型应当成为监察调查保障措施适用的基本指导原则。留置措施作为监察调查保障措施中对被调查人人身自由控制力度最强的措施类型，自然应当处于适用位序的最后，在其他非羁押性监察调查保障措施可以满足控制被调查人人身危险性时，不得适用留置措施。

个人基本权利的空间同时也是国家权力的界限，该界限客观存在，并不取决于个人是否确实行使了自由或提出了相关请求。[①] 虽然基于调查便利和规避风险的角度出发，采取留置措施将被调查人完全剥夺人身自由是对监察机关最有利的选项。然而，在监察调查权处于绝对强势主导地位的监察调查环节，对被调查人权利保障不仅需要监察机关的消极不侵权，还需要其主动强化保障力度。具体到留置措施适用危险性条件设定中，应当将采取其他非羁押性保障措施不足以预防其危险性作为底线条件，对符合立法所列举涉案条件、证据条件和危险性条件的被调查人进行再一次审查，最大限度减少对被调查人权利限制，并以此确立监察调查保障措施体系内部适用基本位序，体现留置措施适用的法治性与保障性。

其次，在增加非羁押替代性措施优先适用条件的基础上，应当将留置措施设定为非羁押性监察调查保障措施的后盾措施，一旦出现被调查人严重违反非羁押监察调查保障措施适用要求的，可以对其采取留置措施，以此提高

① 陈征：《国家从事经济活动的宪法界限——以私营企业家的基本权利为视角》，载《中国法学》2011 年第 1 期。

非羁押监察调查保障措施的约束力，加强对被调查人的控制力度。此外，为提高留置措施能够更有效应对监察调查实践中所存在的诸多现实危险性，其危险性条件覆盖范围还应当进一步拓展。在现有可能逃跑、自杀、串供或者伪造、隐匿、毁灭证据等情形的基础上，增加可能实施新的犯罪，有危害国家安全、公共安全或者社会秩序的现实危险，可能对被害人、举报人、控告人实施打击报复等情形。

通过对留置措施适用条件的解构阐释，针对当前留置措施在涉案条件、证据事实条件和危险性条件所存在的理论冲突、立法偏差和实践困境等，其基本的完善路径是在确定留置措施监察调查保障措施的基本属性，并且在监察调查保障措施体系整体拓展完善的基础上，全面进行适用条件的重构，其具体的立法表述可以总结为：被调查人涉嫌职务犯罪，有证据证明可能判处管制以上刑罚，采取非羁押性监察调查保障措施尚不足以防止发生下列社会危险性的，经监察机关依法审批，可以将其留置在特定场所：（1）涉及案情重大，可能判处十年以上有期徒刑的；（2）可能逃跑、自杀的；（3）可能串供或者伪造、隐匿、毁灭证据的；（4）可能实施新的犯罪的；（5）有危害国家安全、公共安全或者社会秩序的现实危险的；（6）可能对被害人、举报人、控告人实施打击报复的。被采取非羁押监察调查保障措施的被调查人违反相关规定，情节严重的，可以予以留置。

三、明确先行拘留的属性定位，细化先行拘留的适用规范

对于先行拘留的属性定位，当前相关研究中存在重大分歧，可以归纳为先行拘留是否为刑事强制措施，以及先行拘留与拘传、拘留、取保候审、监视居住、逮捕等刑事强制措施之间是否为平行关系。对此，应当明确以下几点：

首先，先行拘留的法律渊源为《刑事诉讼法》，运行依托刑事司法权，实践发生于刑事诉讼程序内，因而应当属于刑事强制措施的范畴。《刑事诉讼法》第170条第2款其实创设了一种“先行拘留”的类型，其仍然属于刑事强制措施中的拘留，但自身有独立的适用对象、条件、阶段和决定主体，本质上是对监察机关采取留置措施的对象在被转入刑事诉讼程序后所采取的

一种临时、过渡性质的强制措施。[①] 先行拘留与留置之间紧密的关联性，是在职务犯罪刑事追诉的共同目标驱动下产生的，目的是解决监察调查与审查起诉程序基础不一致所产生的程序转化过程中强制措施断档问题，但这并不意味着由此就可以认定先行拘留具有监察属性，或者属于监察刑事混合强制措施。这是因为：第一，先行拘留的适用与留置措施解除二者之间是联动关系，只有职务犯罪案件进入刑事诉讼程序之后，方能采取先行拘留。就所处程序空间而言，先行拘留完全处于刑事司法领域。第二，先行拘留的适用和解除机关均为检察机关，对于先行拘留的具体管辖以及先行拘留结束后的强制措施流向，均由检察机关独立决定。第三，先行拘留期间，被拘留对象的身份为犯罪嫌疑人，享有委托辩护人并与辩护人会见通信的权利，就其身份定位而言，属于刑事诉讼被追诉人。基于监察调查程序与刑事诉讼程序分立的基本程序领域划分，先行拘留属于刑事强制措施范畴，应当遵循刑事强制措施的基本法理和立法规范。

其次，关于先行拘留与刑事强制措施的关系，应当明确先行拘留虽然在适用对象以及适用条件等方面同其他刑事强制措施存在一定差异，但究其本质，仍然应当被纳入刑事强制措施体系，属于一种特殊类型的拘留。这是因为：第一，先行拘留的适用效果同刑事强制措施一致，都是为保障程序的顺利进行，不具有实体惩罚性。第二，先行拘留的适用情形与刑事拘留具有同质性，都是在紧急情形下，为避免程序拖延导致严重后果所采取的应急性措施，既赋予了检察机关及时有效剥夺犯罪嫌疑人人身自由的自由裁量权，同时又通过前置措施限定和时间长度控制最大限度地规制这一措施的适用。第三，先行拘留适用的自行启动同刑事强制措施的法理冲突可以合理解释。一方面，可以将监察机关采取留置措施作为人身自由剥夺必要性的重要支撑。《监察法》对于留置措施所设置的严格适用条件，昭示了被采取留置措施的被调查人具有极高的羁押必要性。另一方面，先行拘留可以比照《刑事诉讼法》第 81 条第 3 款所规定的强制逮捕措施，将被采取留置措施视为具有需要拘留的人身危险性条件，设定为先行拘留的充要条件。

---

① 李寿伟主编：《中华人民共和国刑事诉讼法解读》，中国法制出版社 2018 年版，第 402 页。

最后，对于先行拘留期间的程序属性，应当被认定为审查起诉阶段，既非监察调查与审查起诉过渡阶段，也非专门的强制措施审查阶段。这是因为：第一，监察调查程序与审查起诉程序分属监察领域与刑事诉讼领域，以《监察法》和《刑事诉讼法》为法律渊源，二者之间以移送审查起诉为节点，互相独立，先行拘留完全发生于审查起诉阶段，由检察机关主导，监察机关并不介入，因而这一阶段应当属于刑事诉讼程序。第二，先行拘留只是对犯罪嫌疑人人身自由的控制，并不限制检察机关的办案行为。先行拘留阶段，检察机关不仅要审查判断后续强制措施的适用，同时也要展开阅卷、讯问等办案活动。将先行拘留阶段限定为专门的强制措施审查阶段，既割裂了检察机关审查案件的工作内容，同时也拖延了诉讼效率。第三，捕诉合一改革后，强制措施审查阶段与审查起诉阶段划分的现实意义已经不复存在。无论是先行拘留阶段，还是先行拘留解除之后，办案人员并不因此发生变化，因此将审查起诉阶段进行进一步划分并无实际价值。

此外，作为监察调查与审查起诉强制措施衔接的核心内容，检察机关先行拘留权的设计是《监察法》与《刑事诉讼法》“法法”衔接的“总开关”,① 对于职务犯罪案件追诉过程强制措施的合法有序衔接意义重大。针对先行拘留所面临的一系列具体适用问题，可以在明确其刑事强制措施性质定位的基础上予以回应。首先，对于先行拘留国家赔偿问题，虽然先行拘留的启动与留置措施之间存在关联，但是基于权责一致原则，检察机关作为先行拘留的适用主体，应当承担这一阶段的错误羁押国家赔偿责任，而且这一责任的设定也有助于检察机关及时审查变更刑事强制措施，落实刑事强制措施必要性原则，强化被追诉人权利保障。其次，对于实践中存在的监察机关移送时被追诉人存在患有严重疾病、生活不能自理、怀孕或者正在哺乳自己婴儿等情形，不宜在看守所拘留和逮捕，是否也必须对其采用先行拘留？对于这一问题，根据先行拘留的刑事强制措施的属性定位，应当以取保候审、监视居住等非羁押性措施作为替代性措施，平衡权利保障与犯罪追诉，兼顾办

---

① 徐汉明、丰叶:《检察机关“先行拘留权”属性、程序、效能之逻辑结构》，载《法学评论》2020 年第 6 期。

案机关的现实需要和特殊类型犯罪嫌疑人的客观情况。

四、细化监察调查强制措施与刑事强制措施衔接流程

科学完备的流程设计是职务犯罪案件监察调查与审查起诉强制措施衔接规范有序进行的重要保障，随着《人民检察院刑事诉讼规则》修改和《监察法实施条例》颁布实施，职务犯罪案件监察调查与审查起诉程序衔接的规范日趋完善，然而由于实践经验缺乏和立法基础薄弱，当前监察调查与审查起诉强制措施衔接具体规范仍然有待于进一步完善与细化。无论是监察调查强制措施，还是刑事强制措施，其适用都直接影响被追诉人的人身自由，关系到案件追诉程序顺利推进，而且衔接流程的设计不仅要考虑便利办案机关，还要从保障被追诉人合法权益的视角出发，强化强制措施衔接期间的权利保障。

首先，明确监察调查强制措施与刑事强制措施衔接的时间节点划分，以此作为监察机关与检察机关职责转移的时间坐标，及时实现被追诉人身份转换和权利义务配置调整。第一，针对羁押性强制措施衔接的时间节点设置要充分考量被羁押人人身自由控制的时空转换接续。根据《刑事诉讼法》和《监察法实施条例》的规定，先行拘留的适用和留置措施的解除是相伴而生的，然而这仅是制度层面的直接衔接，实践中由于留置场所与拘留场所往往并不一致，因而在解除留置措施之后，还需要经过送看守所收押方能完成先行拘留措施的适用。为避免强制措施叠加适用或者适用空白，应当明确留置措施解除以移送审查起诉为时间节点。与此同时，监察机关应当及时将被留置人移交检察机关。第二，针对非羁押性强制措施，衔接的时间节点应当与移送审查起诉同步，监察机关在向检察机关移送案件的同时，应当将被调查人已经被采取强制措施的情况一并移送检察机关，并可以就后续刑事强制措施适用提出建议。

其次，明确监察机关与检察机关在强制措施衔接过程中的职责分工。对于监察机关和检察机关而言，强制措施的衔接既是对被追诉人人身自由控制权的交接，也是对被追诉人权利保障的职权转移。在此过程中，为避免因互相推诿或互相争抢所导致的衔接不畅，影响顺利追诉，应当对监察机关与检

察机关的职责分工进一步予以明确。第一，要明确强制措施衔接过程中，监察机关的移送职责和检察机关的接收职责，以及公安机关的协助配合职责。无论是羁押性强制措施，还是非羁押性强制措施，在案件移送审查起诉之后，监察机关都要及时主动地将被追诉人或者相关材料移送检察机关，不得拖延推诿。检察机关也应当将监察机关移送的被追诉人或相关材料及时予以接收，并依法羁押于看守所，或者采取取保候审、监视居住等措施。为避免衔接过程中被追诉人逃脱或者自伤自残，监察机关和检察机关可以请求公安机关提供配合，保障押解安全和及时收押。第二，要明确强制措施衔接前后的告知职责，保障被追诉人的知情权、辩护权。在移送审查起诉前，无论是被采取留置措施的被调查人，还是未被留置的被调查人，监察机关都应当告知其案件即将移送审查起诉，移送后的办案机关将按照《刑事诉讼法》重新确定其被采取的强制措施类型。在接收监察机关移送的案件后，检察机关也应当及时告知犯罪嫌疑人其被采取的强制措施类型，以及被采取强制措施期间的权利义务。

第五章

职务犯罪案件监察调查与审查起诉衔接机制中的权利保障机制

国家监察体制改革重塑了职务犯罪案件追诉的权力配置与程序设置，为应对权力转移与部门人员转属以及立法规范调整对于职务犯罪案件办理所带来的诸多新挑战，当前对于职务犯罪案件监察调查与审查起诉衔接机制的理论研究与立法规范关注视野主要聚焦于监察调查权与审查起诉权的有效行使，围绕监察机关与检察机关的办案衔接流程提供规范指引。与之相对的是，对于作为监察调查与审查起诉衔接案件直接利害关系方的被追诉人，其权利义务配置与保障却并未得到应有的关注与重视。无论是理论研究，还是衔接实践，都缺乏关于被追诉人在监察调查与审查起诉衔接过程中权利保障的相关内容。国家监察体制改革被视为国家治理能力与治理体系现代化的重要组成部分，法治精神贯穿改革全程，保障当事人权益是《监察法》的基本原则。[①]刑事诉讼领域直接影响犯罪嫌疑人、被告人的自由、财产乃至生命等基础权利，保障权利更是被视为现代刑事诉讼程序的基本特征。由此，决定了被追诉人权利保障应当是职务犯罪案件监察调查与审查起诉衔接机制不可或缺的重要组成部分。监察调查与审查起诉衔接带来的不仅是办案机关的变更和程序阶段的变化，对于被追诉人同样会产生由被调查人向犯罪嫌疑人的身份变化，以及与之相伴而生的权利义务配置的调整。不同于监察调查阶段和审查起诉阶段权利保障的权责明确，为避免监察调查与审查起诉衔接过程中，被

---

① 秦前红、刘怡达：《国家监察体制改革的法学关照：回顾与展望》，载《比较法研究》2019年第3期。

追诉人权利保障因办案机关变化而陷入盲区，则需要对监察机关和检察机关在职务犯罪案件监察调查与审查起诉衔接过程中的权利保障职责予以明确，实现权利保障无空白，权利变更无延时。此外，携款潜逃境外逃避责任追究的现象在职务犯罪领域相较普通刑事案件更为突出，大量外逃犯罪人携带巨额财产潜逃境外，不仅影响案件追诉程序的顺利推进，更会影响社会公众对反腐败斗争的认可度和支持度，因此针对《刑事诉讼法》强调对席审判、无法追究缺席被追诉人刑事责任的束缚，自 2012 年《刑事诉讼法》修正以来，先后通过创设违法所得没收程序和刑事缺席审判制度的路径，解决被追诉人不在案情形下的涉案财产没收和刑事责任追诉问题。然而，相较于被追诉人在案时可以自主行使权利，不在案被追诉人的权利保障存在先天缺陷，为兼顾职务犯罪追诉与权利保障，有必要对被追诉人不在案时职务犯罪案件监察调查与审查起诉衔接过程中的权利保障予以特别关注，防止因被追诉人不在案而无视其合法权益。

第一节 被追诉人在案案件监察调查与审查起诉衔接机制中的权利保障

保障被追诉人合法权益作为近现代刑事诉讼的基本特征，业已成为世界范围内通行的刑事诉讼理念，深刻影响各国刑事诉讼立法和实践。自 1979 年《刑事诉讼法》制定以来，保障犯罪嫌疑人、被告人合法权利就成为我国刑事诉讼立法的重要理念，并且在具体规范中得到广泛体现，尤其是 2012 年《刑事诉讼法》修正，更是将尊重与保障人权作为《刑事诉讼法》的任务予以明确。在立法强化的驱动之下，保障犯罪嫌疑人、被告人权利业已成为刑事司法实践各参与主体的共识，公安机关、检察机关和审判机关作为权利保障的职责主体，主动积极保障犯罪嫌疑人、被告人诉讼权利的意识不断强化，犯罪嫌疑人、被告人及其辩护人主张行使诉讼权利的积极性不断提升。通过长期的理论研究推进、立法内容强化和司法实践贯彻，保障犯罪嫌疑人、被告人合法权益已经成为推动我国刑事司法法治文明水平提升最有效的驱动力，对于建设社会主义法治国家、培育全民法治意识具有重要的标志性意义。虽然国家监察体制改革后，职务犯罪案件刑事侦查被监察调查所取代，导致职务犯罪案件追诉程序纵贯监察调查与刑事诉讼两个独立阶段，但是根据国家监察体制改革所秉持的法治反腐理念，保障被追诉人合法权益同样应当是职务犯罪监察调查的基本价值理念。《监察法》第5条明确规定："国家监察工作严格遵照宪法和法律，以事实为根据，以法律为准绳；在适用法律上一律平等，保障当事人的合法权益；权责对等，严格监督；惩戒与教育相结合，宽严相济。"在此基础上，针对职务犯罪监察调查，《监察法》关于监察权限的规定分别通过约束规范监察调查权行使和明确被调查人权利保障两条路径，为监察调查期间被调查人合法权益保障提供了明确的规范指引和制度保障。据此，职务犯罪案件追诉程序实现了权利保障理念在监察调查与刑事诉讼阶段的全覆盖。然而，虽然在理念导向上保持一致，由于《监察法》和《刑事诉讼法》对于被调查人和犯罪嫌疑人、被告人的具体权利义务配置规定并不一致，导致职务犯罪案件中被追诉人的权利保障在监察调查与审查起诉衔接过程中面临具体保障内容和措施的变化调整，同普通刑事案件侦查与审查起诉衔接机制的权利保障存在显著差异，因此需要特别予以探讨。

一、职务犯罪案件监察调查与审查起诉衔接机制中被追诉人权利保障概述

在近现代刑事诉讼中，保障被追诉人的权利，对于办案机关而言，不仅是不予干涉的消极义务，同时还是主动保障的积极义务，这要求办案机关既要对被追诉人行使诉讼权利的行为予以接受，不得干预和阻碍被追诉人主张权利，又要积极主动保障被追诉人的诉讼权利，并为其行使权利提供配合与支持。因此，对于被追诉人权利保障的内容，包含被追诉人权利配置和办案机关权力规范两个方面。职务犯罪案件监察调查与审查起诉衔接过程中被追诉人权利保障由于同时涉及监察机关与检察机关两个主体，且随着衔接流程的推进，被追诉人的身份还要经历由被调查人向犯罪嫌疑人的身份转换，因而其具体内容更为复杂，包括监察调查与审查起诉衔接机制过程中被追诉人的权利配置与程序流程两个层面。具体而言，职务犯罪案件监察调查与审查

起诉衔接机制中被追诉人权利保障是指监察调查与审查起诉衔接过程中被调查人、犯罪嫌疑人所享有的程序权利及其保障机制。由于职务犯罪案件监察调查与审查起诉衔接机制实质上是职务犯罪由监察调查程序向刑事诉讼程序转轨的关键节点，作为保障关系的双方主体，办案机关要经历由监察机关向检察机关的转变，被追诉人要经历由被调查人向犯罪嫌疑人的身份转换，而且权利保障相较于监察调查阶段和审查起诉阶段，以及刑事侦查与审查起诉衔接机制都更为特殊。

（一）职务犯罪案件监察调查与审查起诉衔接机制权利保障的特殊性

由于《监察法》与《刑事诉讼法》作为监察调查与审查起诉的法律渊源，对于被追诉人权利保障的规定存在差异，因而在监察调查与审查起诉衔接过程中对于被追诉人而言，需要经历由监察调查权利保障体系向刑事诉讼权利保障体系的转换。相较于同属刑事诉讼权利保障体系的刑事侦查与审查起诉衔接机制的权利保障，职务犯罪案件监察调查与审查起诉衔接机制的特殊性不仅表现为权利保障主体身份的转换，还表现为因法律基础不同所导致的保障内容变化。

1. 权利保障主体身份转换

根据现代法治理念，权利保障不仅表现为对被保障主体静态的权利配置，还需要相对应地进行保障职责主体的保障义务设置，而且需要通过完善的运行机制，实现保障主体与被保障主体之间权利行使的动态互动。职务犯罪案件监察调查与审查起诉衔接过程中的权利保障，由于所处阶段的特殊性，决定了这一环节被追诉人权利保障包含衔接前后所涉及的监察调查和审查起诉两重主体关系。根据《监察法》与《刑事诉讼法》的规定，监察调查与审查起诉衔接过程中的权利保障包括监察机关与被调查人之间的保障主体关系，还包括检察机关与犯罪嫌疑人之间的保障主体关系。这意味着，监察调查与审查起诉衔接过程中的权利保障主体转换既包含办案机关由监察机关向检察机关的转变，还包含被追诉人身份由被调查人向犯罪嫌疑人的转变。监察调查与审查起诉衔接过程中的权利保障的两重主体身份转换相较于刑事侦查与审查起诉衔接机制中的权利保障主体关系存在显著差异。

首先，虽然刑事侦查与审查起诉衔接过程中，也会产生办案机关由侦查机关向检察机关的转变，但是监察机关与检察机关的主体变化不仅产生权利保障职责主体变化的效果，还会产生权利保障职责体系的整体变迁。这是因为，无论是侦查机关，还是检察机关，均以《刑事诉讼法》所设定的犯罪嫌疑人权利义务作为权利保障的职责范围，秉持相同的权利保障理念，因而对于保障效果和范围而言，并不会因办案主体的变化而产生变化。与之相对的是，监察机关与检察机关虽然在职务犯罪追诉程序中存在前后相接的紧密关联，但二者无论是性质属性，还是法律基础，都存在本质差异，分别依照《监察法》和《刑事诉讼法》开展监察调查与审查起诉活动。尤其是监察机关作为反腐败专责机关，具有鲜明的政治属性，因而其监察调查过程中权利保障的理念原则与制度规范等都与侦查机关存在本质区别。一方面，在监察调查阶段，监察机关在采取部分监察调查措施时，《监察法》所设定权利保障职责要高于《刑事诉讼法》对于类似侦查措施的要求。例如，《监察法》规定，监察机关调查职务犯罪案件，不仅讯问过程需要全程录音录像，在采取搜查、查封、扣押等监察调查措施时，同样需要录音录像，这相较于《刑事诉讼法》所规定侦查机关仅在重大案件讯问过程中应当录音录像存在显著差异。另一方面，在监察调查阶段，为保证职务犯罪追诉力度，监察机关的权利保障职责相较于刑事侦查又存在部分限缩。例如，不同于刑事侦查阶段对于符合法律援助条件的犯罪嫌疑人，侦查机关需要法律援助机构同时为犯罪嫌疑人提供法律援助；监察调查阶段，监察机关并不负有这一职责。权利保障职责的差异性决定了职务犯罪案件监察调查与审查起诉衔接机制中的权利保障要实现监察机关权利保障与检察机关权利保障两种不同的保障理念之间的协调，还要贯通不同规范体系所形成的具体保障内容和标准。为避免因主体转换导致权利保障盲区，监察机关与检察机关应当根据程序衔接的时间节点精准履职，及时进行权利保障职责的交接。

其次，虽然被追诉人主体对象并不会因监察调查与审查起诉衔接所带来的程序变更而发生变化，然而根据《监察法》和《刑事诉讼法》的规定，被追诉人在监察调查与审查起诉衔接前后会经历由被调查人向犯罪嫌疑人的身份转变，这同刑事侦查与审查起诉衔接前后被追诉人均为犯罪嫌疑人的情况存在差异。被调查人向犯罪嫌疑人的转换不仅是术语名称的变化，与之相伴而生的是权利义务配置的变化。不同于刑事侦查与审查起诉衔接前后犯罪嫌疑人身处统一的法定权利保障体系中，由于监察调查与审查起诉分处监察调查和刑事诉讼两个不同的权利保障体系，导致其权利保障的理念原则和具体规范都存在显著差异。一方面，虽然《监察法》确立了保护合法权益的基本原则，但是基于反腐败斗争的现实需要，监察调查程序规范在保障被调查人基本权利方面体现了“权利克减”的反腐执法理念。[①] 监察调查阶段被调查人相较于刑事侦查阶段的犯罪嫌疑人，并不享有聘请辩护人、申请变更强制措施等重要权利。另一方面，按照刑事诉讼法理，无论是学理上所划分出的防御性权利，如申请回避权、辩护权、有权使用本民族语言文字进行诉讼、有权拒绝回答侦查人员提出的与案件无关的问题，还是救济性权利，如复议权、控告权、申诉权、申请变更、解除强制措施权等，这些权利都是随着犯罪嫌疑人身份的确立而获得，[②] 这意味着职务犯罪案件监察调查与审查起诉衔接机制对于被追诉人权利配置具有标志性意义。然而，由于程序变更的具体时间节点并未完全明确，导致被调查人与犯罪嫌疑人身份转变的精准定位面临挑战。因而，应对职务犯罪案件监察调查与审查起诉衔接所导致被保障对象主体身份转变所产生权利保障理念和规范的变化是其相较于刑事侦查与审查起诉衔接权利保障的重要特征之一，也是对被追诉人影响最直接的关键内容。

2. 权利保障法律渊源变化导致的保障内容变化

为实现整合反腐败资源，形成反腐败合力的改革目标，国家监察体制改革通过权力重塑、立法创设与机构整合，形成了全新的腐败犯罪追诉程序。原本统一由《刑事诉讼法》规范的职务犯罪刑事程序被改造为分别由《监察法》和《刑事诉讼法》规范的监察调查程序和刑事诉讼程序。《监察法》取代《刑事诉讼法》成为职务犯罪案件事实调查阶段的基础法，由此决定了这一阶段被调查人的权利保障需要根据《监察法》的规定展开。基于实现高效

---

① 吴建雄：《国家监察体制改革若干问题探析》，载《新疆师范大学学报（哲学社会科学版）》2019 年第 5 期。

② 董坤：《法规范视野下监察与司法程序衔接机制——以〈刑事诉讼法〉第 170 条切入》，载《国家检察官学院学报》2019 年第 6 期。

反腐的目的，被调查人的权利必然会在一定程度上作出“退让”，[①] 相应地《监察法》中对于被调查人的权利保障规范相较于《刑事诉讼法》对于犯罪嫌疑人的权利保障总体呈现限缩的状态。这有利于职务犯罪案件追诉，但不可避免会对被追诉人权利保障带来消极影响。对此，要做好以下两方面的工作：一方面，要精准区分《监察法》与《刑事诉讼法》的效力范围，精准区分《监察法》权利保障体系与《刑事诉讼法》权利保障体系的衔接节点。另一方面，是要对《监察法》所形成“权利克减”趋势予以严格界分，绝不能拓展扩张至审查起诉环节，更不能形成程序惯性，对职务犯罪案件区别对待，而是应当严格按照《刑事诉讼法》对于犯罪嫌疑人权利保障的相关规定，平等保障职务犯罪案件犯罪嫌疑人的辩护权等诉讼权利。

监察调查与审查起诉衔接过程中权利保障立法渊源的变化还会导致对被追诉人权利保障合法性判断标准的变化，既不能以《刑事诉讼法》所规定权利配置作为监察调查阶段主张权利的依据，也不能在审查起诉阶段以《刑事诉讼法》规定作为判断监察调查阶段办案机关是否存在侵权行为的判断依据。但是，基于法治理念和平等理念，应当在满足职务犯罪案件监察调查需求的前提下，最大限度提升《监察法》权利保障规范与《刑事诉讼法》权利保障规范的对标程度，以此推进职务犯罪案件监察调查与审查起诉衔接机制中权利保障规范体系的协调统一。

（二）职务犯罪案件监察调查与审查起诉衔接机制中权利保障的必要性

虽然具体权利保障内容有所差异，但是在法治理念的统一引领下，《监察法》和《刑事诉讼法》分别对职务犯罪案件的监察调查与审查起诉分别构建了相应的权利保障体系，为被调查人和犯罪嫌疑人、被告人的合法权益保障提供了必要的规范指引和制度支撑。然而，由于监察调查与审查起诉衔接过程中，会面临办案机关、被追诉人主体身份以及法律基础等全方位的变化，为避免因程序转换产生权利保障盲区，应当推进监察调查与审查起诉衔接过程中两种不同权利保障体系之间的融合与协调。因此，为实现职务犯罪案件追诉程序整体法治化水平的提升，除分别强调监察调查与刑事诉讼阶段权利

---

① 汪海燕：《职务犯罪案件认罪认罚从宽制度研究》，载《环球法律评论》2020 年第 2 期。

保障之外，还要对二者衔接这一权利保障“边缘地带”予以高度关注，强化这一环节被追诉人权利保障对于职务犯罪案件追诉机制的整体优化和职务犯罪追诉权的有效规制，以及被追诉人合法权益保障都具有不可替代的重要价值。

1. 提升职务犯罪案件追诉程序整体法治化水平

虽然国家监察体制改革后，职务犯罪案件追诉程序被分化为监察调查与刑事诉讼两个相对独立的程序阶段，二者在程序属性、权力基础、法律渊源等方面都存在差异，但是基于尊重与保障人权的宪法精神引领，作为中国特色社会主义法治体系的重要组成部分，无论是《监察法》，还是《刑事诉讼法》，都将权利保障确立为职务犯罪案件追诉的基本价值取向。这意味着，虽然程序阶段和具体内容有所区别，但是在职务犯罪案件中保障被追诉人权利的法治精神是统一的。不能因为职务犯罪侦查权转变为监察调查权就将刑事诉讼中来之不易的权利保障规定化为乌有，[①] 职务犯罪案件刑事侦查向监察调查的转变要“既转权力又转权利”。基于职务犯罪案件监察调查与审查起诉衔接机制所承载的程序贯通功能定位，强化这一阶段的权利保障对于职务犯罪案件追诉程序整体法治化水平的提升具有重要积极价值。

首先，在理论层面，职务犯罪案件监察调查与审查起诉衔接机制中的权利保障是实现职务犯罪案件追诉程序正当的重要保障。正当程序理论作为刑事诉讼的基础理念，是犯罪追诉程序构建的重要指引。虽然职务犯罪案件追诉程序包含监察调查这一诉讼外程序，但是基于未经人民法院判决不得确定有罪的程序流向设置，职务犯罪案件监察调查的实体内容和程序流程都要在后续刑事诉讼阶段经历审查判断。因此，在合法有效追诉职务犯罪案件的目标导向下，监察机关移送起诉的案件要符合刑事证据和证明标准，必须在监察调查阶段满足尊重和保障被调查人的人格权、隐私权和财产权的基本要求，只有这样才能最终实现程序正义。[②] 由此，决定了正当程序理念应当贯穿职

① 陈光中、姜丹：《关于〈监察法（草案）〉的八点修改意见》，载《比较法研究》2017 年第 6 期。

② 朱福惠：《检察机关对监察机关移送起诉案件的合法性审查——〈人民检察院刑事诉讼规则〉解读》，载《武汉大学学报（哲学社会科学版）》2020 年第 5 期。

务犯罪案件追诉程序全程，监察调查与审查起诉衔接阶段作为职务犯罪案件追诉程序的关键过渡阶段，其权利保障水平直接影响这一程序的整体权利保障水平。权利保障水平作为判断程序正当性的重要指标，所以强化监察调查与审查起诉衔接阶段的权利保障，对提升职务犯罪案件追诉程序整体法治化水平意义重大。

其次，就立法层面而言，当前《监察法》与《刑事诉讼法》对于职务犯罪案件被追诉人权利保障的规范，主要基于程序阶段划分，分别以监察调查与刑事诉讼为规范对象，对于被调查人和犯罪嫌疑人、被告人在监察调查与刑事诉讼阶段的权利保障分别予以规范。这种分离式的立法规范模式导致监察调查与审查起诉衔接阶段作为监察程序与刑事诉讼程序的边界成为权利保障立法规范的真空地带。这不仅导致监察调查与审查起诉衔接过程中权利保障缺乏规范指引，容易滋生侵权风险，还会影响职务犯罪案件追诉程序权利保障规范体系的整体优化完善。对此，通过强化监察调查与审查起诉衔接过程中的权利保障，补强相关立法规范，将有力推进《监察法》与《刑事诉讼法》对于职务犯罪案件监检衔接立法规范的完备科学，实现职务犯罪案件监察调查与审查起诉衔接机制的规范统一。

最后，就实践层面而言，职务犯罪案件追诉程序虽然存在监察调查与刑事诉讼的阶段划分，但是合法有效追诉犯罪的目标是统一的。职务犯罪案件监察调查与审查起诉衔接机制不仅是衔接机制，本身也是职务犯罪案件追诉程序的必要组成部分。这一环节的权利保障同样是职务犯罪案件追诉过程中权利保障体系的必要组成部分，衔接过程中若权利保障不足将会直接影响追诉全程的权利保障。这既不利于办案机关严格依法办案，也不利于被追诉人行使权利，更会影响社会公众对于职务犯罪追诉乃至反腐败斗争整体的舆论评价。因此，通过强化职务犯罪案件监察调查与审查起诉衔接机制中的权利保障有利于优化职务犯罪案件追诉实践操作，实现追诉过程中权利保障与犯罪追诉的有效平衡。

2. 规范职务犯罪案件办案机关公权力行使

为实现整合反腐败资源，形成反腐败合力的改革目标定位，包含监督、调查、处置三项职权的监察权被赋予极高的权威性与强制性，这对于强化腐败打击力度，构建不敢腐、不能腐、不想腐的长效机制具有重要的促进作用。然而，在权力强化的同时，相伴而生的则是对权利保障的隐忧。自国家监察体制改革试点以来，法学界与实务界存在一种忧虑，即基于监察委员会行使调查权的行政化与封闭性，担心其不受有效制约从而导致权力滥用、侵犯公民权利。[①] 对此，除强化监察权内部自我控制与外部监督以外，在职务犯罪案件监察调查这一有明确权力作用相对人的领域，通过权利保障机制实现对公权力的规范同样被寄予厚望。在法律正当程序中，公民的程序权利总能够对国家权力形成有效的监督与制衡，[②] 人权保障实际上就是要为公权力设定界限，成为制约权力的重要手段。[③] 职务犯罪案件监察调查与审查起诉同时涉及监察机关的监察调查权与检察机关的审查起诉权，权力类型的叠加不仅增加了这一环节的侵权风险，也增大了通过权利行使规范权力运行的难度。因此，这一环节权利保障的强化对于监察调查权和审查起诉权的规范行使都具有重要的促进作用。

首先，就职务犯罪案件监察调查与审查起诉衔接机制中监察调查权的有效规范而言，当前《监察法》对于职务犯罪案件监察调查与审查起诉衔接机制的规定主要着眼于如何保障监察机关能够将调查完毕的案件移送检察机关，强调权力高效运行，缺乏对于衔接过程中被调查人权利保障的规范。针对这一现状，在后续立法完善过程中应当将被调查人的权利保障考虑在内，合理制约监察机关权力的行使，防止权力被滥用。[④] 尤其是在移送审查起诉环节，通过被调查人对于案件强制措施、证据材料、管辖等领域参与权的强化，权利保障的规范化在程序运行过程中更为关键，[⑤] 借此可以推进监察机关移送审查起诉活动规范有序展开。

其次，就职务犯罪案件监察调查与审查起诉衔接机制中审查起诉权的有效规范而言，《刑事诉讼法》当前对于检察机关在职务犯罪案件监察调查与

---

① 刘计划：《监察委员会职务犯罪调查的性质及其法治化》，载《比较法研究》2020 年第 3 期。
② 倪铁：《监察刑事调查权的程序重塑》，载《法学》2019 年第 8 期。
③ 韩大元：《完善人权司法保障制度》，载《法商研究》2014 年第 3 期。
④ 卞建林：《配合与制约：监察调查与刑事诉讼的衔接》，载《法商研究》2019 年第 1 期。
⑤ 邓昕：《论职务犯罪调查中被调查人的权利保障》，载《政法学刊》2019 年第 6 期。

审查起诉衔接中的规定主要聚焦于如何实现监察机关所移送案件顺利转入刑事诉讼程序，对于犯罪嫌疑人在这一环节的权利保障并未予以规定。例如，对于犯罪追诉与权利保障同样影响重大的强制措施，《刑事诉讼法》仅规定了检察机关可以采取先行拘留的方式，实现人身自由控制权在监察机关与检察机关之间的交接，对于作为被控制对象的犯罪嫌疑人，其在先行拘留适用中的权利保障则未予规定。因此，为避免检察机关在衔接过程中忽视犯罪嫌疑人的合法权益，应当通过强化监察调查与审查起诉衔接过程中被追诉人的权利保障，并将其转化成为检察机关的办案职责，以此实现检察机关在衔接阶段客观义务的实现。

3. 提升职务犯罪案件被追诉人权利保障水平

当前，《监察法》与《刑事诉讼法》对于职务犯罪案件监察调查与审查起诉衔接机制的规范主要集中于职务犯罪案件证据材料和强制措施的衔接，这两项内容直接关系案件最终的事实认定、法律适用和被追诉人的人身自由，对被追诉人的实体和程序权利具有决定性作用。因此，在监察调查与审查起诉衔接阶段强化被追诉人的权利保障不仅影响这一特定环节中具体权利范围的拓展和权利保障效果的提升，更会对案件后续实体结果和程序走向产生重大影响。

首先，由于从监察调查向审查起诉的程序转换对于职务犯罪案件被追诉人将带来身份的转变，其权利义务相应地都会予以调整，在此过程中，为避免因办案机关变化而出现权利保障滞后和缺位，需要强调被追诉人的自我权利保障，通过全面有效的权利配置，保障被追诉人主动行使权利，规范办案机关的衔接活动，在职务犯罪案件办理过程中促进监察调查与审查起诉的有序衔接。

其次，职务犯罪案件监察调查与审查起诉衔接过程中管辖的确定、证据材料的移送、强制措施的适用等对于被追诉人最终的实体裁判结果和后续的程序走向具有重大影响。对此，应当通过强化监察调查与审查起诉衔接环节被追诉人的权利保障，赋予其知情权、参与权和异议救济权等，保障其能够有效参与衔接过程，并对监察机关和检察机关的衔接活动产生实质性影响，在实现权利保障的同时，推进案件实体公正和程序公正的实现。

最后，作为反腐败斗争的重要组成部分，职务犯罪案件追诉受到社会各界的广泛关注，职务犯罪案件监察调查与审查起诉衔接机制中权利保障的强化有助于树立法治反腐的价值引领，提高社会公众对于职务犯罪案件追诉程序的认可与支持。

二、职务犯罪案件监察调查与审查起诉衔接机制中权利保障的主要内容

国家监察体制改革作为国家重大政治改革，是对国家权力尤其是反腐败职权的调整与重新配置，必然给公民权利带来较大影响。[①] 尤其是作为职务犯罪案件追诉对象的被调查人相较于改革前刑事侦查中的犯罪嫌疑人，其权利义务配置所受影响更为直接。由此，也导致职务犯罪案件监察调查与审查起诉衔接机制中权利保障的内容既有别于刑事侦查与审查起诉衔接机制中的权利保障，也有别于单纯监察调查阶段和审查起诉阶段的权利保障，具有一定的特殊性。由于职务犯罪案件监察调查与审查起诉衔接机制涉及职务犯罪案件追诉机关的变更、程序属性的变迁和权利主体身份的改变，致使这一环节权利保障的具体内容应当围绕如何实现程序衔接过程中被追诉人的主体地位，确保其能够有效参与、及时知情、异议救济，从而对衔接过程和结果产生应有的影响力。根据当前关于职务犯罪案件监察调查与审查起诉衔接机制的立法规范和实践经验，这一环节被追诉人的权利保障内容主要包含衔接参与权和异议救济权两个方面。

（一）职务犯罪案件监察调查与审查起诉衔接机制中的被追诉人参与权

被追诉人作为职务犯罪案件追诉程序的作用对象，根据现代法治理念，人应当为主体而非客体，为避免因衔接过程中被追诉人完全被动消极，处境边缘化、客体化，需要强化其主体性，树立其主体地位。在此过程中，有效参与衔接过程作为被追诉人主体性的基本保障，就成为强化监察调查与审查起诉衔接阶段被追诉人权利保障的首要内容。职务犯罪案件监察调查与审查

---

① 徐汉明、张乐：《监察委员会职务犯罪调查与刑事诉讼衔接之探讨——兼论法律监督权的性质》，载《法学杂志》2018 年第 6 期。

起诉的衔接不仅是监察机关与检察机关之间的案件交接，也是被追诉人主体身份的转换。在此过程中，虽然衔接前后的具体权利内容有所差异，但是无论是监察调查程序，还是审查起诉程序，都将权利保障作为基本理念。一方面，监察调查程序的运行规律要求其以人为本，并以保障调查程序主体的自由和权利为主旨。[①] 另一方面，《刑事诉讼法》更是将尊重与保障人权设定为刑事诉讼的任务，以此为指引，审查起诉阶段自然应当尊重与保障职务犯罪案件犯罪嫌疑人的权利。由于当前《监察法》与《刑事诉讼法》对于被追诉人在监察调查与审查起诉衔接环节的权利保障缺乏必要规范，对于如何保障其实质性参与衔接机制的相关规范也没有规定。根据职务犯罪案件监察调查与审查起诉衔接机制的具体内容，借鉴刑事侦查与审查起诉衔接机制的历史经验，在职务犯罪案件监察调查与审查起诉衔接环节被追诉人的参与权具体包含知情权、意见表达权和获得帮助权三项具体权能，由此完整覆盖被追诉人权利的产生、实施与保障。

1. 被追诉人程序衔接知情权

知情是权利行使的前提，作为职务犯罪案件监察调查与审查起诉衔接机制的作用对象，被追诉人相较于办案机关处于被动地位，甚至在部分案件中，被追诉人还被剥夺人身自由，很难对案件具体进程充分了解，这导致其对监察调查与审查起诉的衔接往往处于不知情的状态。不仅无法全面了解衔接的具体内容，甚至对监察调查与审查起诉衔接是否进行，以及何时进行，都无从知晓，只能被动接收来自办案机关的告知，而这一告知过程和内容当前均缺乏明确的规范。对此，为保证被追诉人及时了解衔接进程以及在衔接过程中所享有的权利，在此基础上有效行使权利，就应当将知情权设定为职务犯罪案件监察调查与审查起诉机制中衔接权利保障的首要内容。根据监察调查与审查起诉衔接流程，被追诉人在这一环节的知情权应当涵盖以下两个方面。

第一，衔接程序事项知情权。这一项内容包含监察机关调查完毕移送审查起诉前的程序知情权和检察机关受理案件后的程序知情权。一方面，监察机关在案件调查终结，决定移送审查起诉后，应当告知被调查人案件移送审

① 倪铁：《监察刑事调查权的程序重塑》，载《法学》2019 年第 8 期。

查起诉的时间、涉嫌的罪名，以及移送的具体检察机关，以保障被调查人及时了解案件移送审查起诉的流程与内容。另一方面，检察机关受理监察机关移送审查起诉的案件后，应当及时告知犯罪嫌疑人案件已经进入审查起诉阶段，以及具体负责案件管辖的检察机关。程序转换会带来办案机关、办案措施以及权利义务配置等全方位的调整，被追诉人及时准确地掌握衔接流程有利于其及时了解案件进程，避免信息滞后和空白所导致的恐慌，还有利于其充分行使程序权利，判断身份变更时间节点以及办案机关是否充分保障其变更后的权利变化。

第二，具体权利内容知情权。这一项权利内容包括移送审查起诉前被调查人享有的权利内容知情权和检察机关受理案件后权利内容知情权。一方面，监察机关应当在案件移送审查起诉前告知被调查人其所享有的意见表达和针对违法违规监察调查行为的申诉控告权利。另一方面，检察机关应当在受理案件后，按照《刑事诉讼法》的规定，告知犯罪嫌疑人其所享有的诉讼权利，如申请回避、聘请委托辩护人、申请变更强制措施、认罪认罚从宽以及约见值班律师等权利。通过权利内容的告知，可以实现权利行使的有的放矢，避免因法律知识缺乏而影响职务犯罪案件被追诉人有效行使权利，也可以对办案机关的办案行为进行有效制约。

由于职务犯罪案件追诉具有高度的权力主导特征，虽然被追诉人具有程序主体身份，但是在具体案件办理过程中其通常处于被动弱势地位。这导致在监察调查与审查起诉衔接阶段，其知情权的实现不能仅凭主动行使权利予以实现，必须依赖监察机关与检察机关的主动告知。因此，在职务犯罪案件监察调查与审查起诉衔接环节被追诉人知情权保障的主体关系中，被追诉人是权利主体，监察机关和检察机关是保障责任主体，对于未履行告知义务的监察机关和检察机关应当认定为程序违法。

2. 被追诉人衔接意见表达权

虽然按照《监察法》和《刑事诉讼法》的规定，案件调查完毕移送审查起诉是监察机关所享有调查权的组成部分，受理监察机关移送审查起诉的案件也是检察机关的法定职权之一，二者可以独立行使监察调查与审查起诉决定权。但是，被调查人作为程序衔接的直接利害相关方，基于正当程序理念，应当赋予其表达意见、提出诉求的权利，以此实现其有效参与，并拓展办案机关作出移送受理决定的信息基础，保障移送受理决定的客观公正。职务犯罪案件监察调查与审查起诉衔接机制包括监察机关移送审查起诉和检察机关受理案件两个组成部分，被追诉人的意见表达权相对应地也可以划分为监察移送审查起诉环节的意见表达权和检察受理案件环节的意见表达权。

首先，监察移送审查起诉环节的意见表达权，是指被调查人对于监察机关调查完毕后，是否将案件移送审查起诉以及以何种罪名情节移送审查起诉等向监察机关发表意见，说明理由，提交证据材料。其次，检察受理案件环节的意见表达权，是指犯罪嫌疑人对于案件性质、涉嫌罪名以及具体情节、证据材料等实体问题，以及案件管辖、回避、强制措施适用和证据排除等形式问题发表意见，说明理由，提交证据材料。意见表达作为双向行为，包括被追诉人的意见表达和办案机关的意见听取，二者之间存在直接的对应关系，因而职务犯罪案件监察调查与审查起诉衔接环节中被追诉人的意见表达权，必须以监察机关和检察机关的意见听取职责为对应方能得以实现。

为保障意见表达权的切实有效，一方面要规定明确的意见听取机制，保障被追诉人可以直接向办案人员发表意见，阐释理由，另一方面要赋予被追诉人就所主张意见提交证据材料的权利，以强化意见的说服力。与此同时，作为意见的听取方，监察机关和检察机关不仅要在形式上保障被追诉人在衔接阶段的意见表达权，还要对被追诉人所表达意见认真听取，对于存疑的还应当相应展开调查核实，以实现被追诉人意见对案件办理的实质影响。

3. 被追诉人衔接阶段获得帮助权

相较于办案机关，职务犯罪案件被追诉人无论是知识基础，还是资源支撑，都处于弱势地位，尤其是部分被剥夺人身自由的被追诉人，其权利行使能力受到严格限制，使监察调查与审查起诉衔接阶段，被追诉人与办案机关处于严重失衡状态。为避免因权利意识和行使能力欠缺影响被追诉人权利保障，在强化监察调查与审查起诉衔接阶段被追诉人权利配置的同时，还应当通过确认获得帮助权，提高被追诉人权利实现能力。由于《监察法》并未确认监察调查阶段辩护律师介入的合法性，因而监察调查与审查起诉阶段，被追诉人的获得帮助权在监察移送环节和检察受理环节应当分别予以讨论。

首先，在监察移送环节，虽然按照《监察法》的规定，辩护律师缺乏介入的法律基础，但这并不意味着被调查人完全不能获得相应帮助，随着监察调查法治化水平提升，未来通过值班律师或者公职律师的路径平衡被调查人获得法律帮助权与职务犯罪案件追诉现实需要被视为最具有可行性的路径。通过外源帮助可以为被调查人行使意见表达等参与权提供保障，并且可以对监察机关移送审查行为的合法性予以必要规制。

其次，在检察受理环节，根据《刑事诉讼法》的规定，犯罪嫌疑人自第一次被讯问或被采取强制措施之日起有权委托辩护人。虽然职务犯罪案件程序阶段设置有别于普通刑事案件，但一旦追诉程序进入刑事诉讼领域，则应当严格按照《刑事诉讼法》的规定，赋予被追诉人聘请辩护人的权利，检察机关也应当及时告知其有权委托辩护人。而且，根据《刑事诉讼法》的规定，对于符合法定条件的犯罪嫌疑人，办案机关还应当通知法律援助机构指派律师为其辩护。

（二）职务犯罪案件监察调查与审查起诉衔接机制中的被追诉人异议救济权

对于以追诉职务犯罪为目标的监察机关和检察机关，被追诉人趋利避害的本能决定了其与办案机关之间必然存在天然的矛盾冲突，而且在监察调查与审查起诉衔接过程中，公权力的错误行使也难免会对被追诉人的合法权益造成侵害。因此，为保障被追诉人对于监察调查与审查起诉衔接环节的权力行使可以提出异议，主张权利，有必要赋予其异议救济权。异议救济权的行使既可以维持监察权与被监察对象权利保障的平衡，[①] 形成良性的监察调查主体关系，也有利于实现审查起诉中犯罪嫌疑人对检察机关审查起诉行为的有效制约。职务犯罪案件监察调查与审查起诉阶段被追诉人的异议救济权既是被追诉人主张权利的保障机制，也是规范监察机关与检察机关衔接行为的重要制约机制。该权利主要分为衔接决定异议权和违法侵权申诉控告权两部分。

1. 衔接决定异议权

监察机关与检察机关作为职务犯罪案件监察调查与审查起诉衔接机制的

---

① 童之伟：《对监察委员会自身的监督制约何以强化》，载《法学评论》2017 年第 1 期。

主导者，在衔接环节的权力行使会形成一系列对被追诉人产生直接影响的决定，这些决定既包括案件是否移送审查起诉，以及以何种罪名、何种情节应予以移送等实体性决定，也包括移送衔接过程中具体管辖的确定、强制措施适用、证据排除等程序性决定。对于上述决定，被追诉人作为直接利害关系人，除享有发表意见的参与权之外，还应当获得发表异议、寻求救济的权利。对于监察机关和检察机关衔接过程中作出的决定，应当允许被追诉人向办案机关或其上级机关申请复议复核。通过赋予被追诉人对衔接决定的异议权既可以为其权利行使增加保障层级，也有助于对办案机关的权力行使予以规制。

2. 违法侵权申诉控告权

为避免权力违法错误行使所可能引发的侵权后果，《监察法》和《刑事诉讼法》分别对监察机关的调查行为和检察机关的审查起诉行为设定了相应的程序规范，对于监察调查措施和审查起诉措施的审批决定机制进行了明确规制。然而，由于监察调查权和审查起诉权在具体行使过程中，必然要转化为特定办案机关和办案人员的具体行为，受制于权力行使能力的限制，加之在部分案件中还可能存在腐败渎职等枉法行为，导致监察调查与审查起诉衔接过程中难免存在错误或者违法的权力行使行为。对此，除加强内部规制和权力监督制约之外，被追诉人作为直接的利害相关方，应当发挥其寻求救济的主观能动性，赋予其申诉控告权，以此及时发现和处理监察调查与审查起诉衔接领域的错误违法行为。

根据《监察法》的规定，对于监察调查终结移送审查起诉阶段的违法调查行为，被调查人可以向调查人员所在监察机关提出申诉，对于监察机关处理决定不服的，被调查人还可以向上级监察机关申请复查。根据《刑事诉讼法》的规定，对于检察机关受理案件阶段的违法行为，犯罪嫌疑人可以向检察机关提出申诉，对于存在腐败枉法行为的办案人员，可以向办案人员所在检察机关或其上级检察机关提出控告。对于被追诉人针对办案人员违法办案行为提出的申诉控告，受理机关应当及时进行调查处理，并将处理结果送达被追诉人。

三、职务犯罪案件监察调查与审查起诉衔接机制中的被追诉人权利保障完善措施

监察机关统一行使职务违法犯罪调查权，以监察调查取代刑事侦查，创设有别于普通刑事案件的职务犯罪追诉程序，对于解决反腐败资源分散、多头管辖所导致的职务犯罪追诉力度不足、效率不高等问题具有重要的积极价值。然而，如果一味地以追诉犯罪为监察调查的目的，而在人权保障机制上不能跟进我国刑事诉讼法治发展状态，则容易产生国家监察体制改革与诉讼法治文明发展不相适应的矛盾。① 对此，以职务犯罪案件监察调查与审查起诉衔接机制这一程序联结为切入点，通过对衔接阶段权利保障的强化，既可以理顺监察调查与刑事诉讼不同权利保障体系之间的冲突，又可以推进职务犯罪追诉程序整体权利保障水平的提升。当前，职务犯罪案件监察调查与审查起诉衔接阶段权利保障领域面临的挑战，形成原因不仅是衔接机制本身权利保障不足，还与职务犯罪案件监察调查与刑事诉讼权利保障机制整体设置之间存在紧密关系。因此，对于职务犯罪案件监察调查与审查起诉衔接机制中的权利保障完善，不仅要关注衔接过程中的具体权利保障强化，还要以衔接机制为纽带，推进监察调查与审查起诉权利保障体系的协调兼容，实现监察调查与审查起诉权利保障的互促互进。一方面，通过监察调查与审查起诉阶段权利保障的强化，有助于将刑事诉讼权利保障标准的影响力拓展至监察调查阶段，进而实现监察调查领域与《刑事诉讼法》中的相关程序标准相对接，建构合理的犯罪嫌疑人程序权利保障体系，进一步完善被调查人的知情权、法律帮助权等程序权利。② 另一方面，通过强化监察调查与审查起诉衔接阶段权利保障也有利于理顺国家监察体制改革后对于刑事诉讼权利保障机制所带来的冲击与挑战，实现职务犯罪案件犯罪嫌疑人与其他案件犯罪嫌疑人平等的保障。

---

① 吕泽华：《我国职务犯罪监察调查工作中的监检关系问题研究》，载《安徽大学学报（哲学社会科学版）》2020 年第 4 期。

② 倪铁：《监察刑事调查权的程序重塑》，载《法学》2019 年第 8 期。

（一）明确程序衔接权利保障转换节点

由于监察调查与审查起诉在程序属性和法律基础上存在差异，导致职务犯罪案件在这一衔接机制前后分别形成了监察调查权利保障体系和刑事诉讼权利保障体系。职务犯罪案件被追诉人的权利保障纵跨这两种不同的权利保障体系，因而在衔接过程中，为实现权利保障体系转换衔接的精准及时，明确监察调查与审查起诉程序转换的时间节点就成为这一衔接过程中权利保障强化的重要前提。这是因为：一方面，对于监察机关而言，程序衔接的时间节点是其权利保障职责履行的终点，对于检察机关而言，程序衔接的时间节点是其权利保障职责履行的起点，这一节点既是办案机关办案职权交接的汇合点，也是办案机关保障职责的分界点。另一方面，对于被追诉人而言，权利保障时间节点是其身份由被调查人向犯罪嫌疑人转换的时间分割点。尤其是按照刑事诉讼法理，犯罪嫌疑人身份的确定是其享有相对应诉讼权利的前提，因而犯罪嫌疑人的产生起点事关公民的基本权利保障，① 由此决定了监察调查与审查起诉衔接过程中的权利保障机制转换节点对于其权利保障的重要标志性意义。然而，由于《监察法》与《刑事诉讼法》对于监察调查与审查起诉衔接的时间节点本身规定不明确，加之缺乏从权利保障视角出发对衔接过程中具体权利保障机制的转换作出的明确规定，导致权利保障衔接时间节点不明确成为职务犯罪案件监察调查与审查起诉衔接机制中权利保障完善需要解决的首要难题。对此，应当在职务犯罪案件监察调查与审查起诉衔接机制的制度背景下，以权利保障的连贯有效为目标，确定职务犯罪案件检察受理作为权利保障机制转换的时间节点，实现与案件衔接的同步进行。明确时间节点的价值在于实现权利保障变更的精准及时，一方面有利于被追诉人准确判断自身权利义务配置，针对权利保障调整不及时的情形有效提出异议；另一方面有利于办案机关以此划分权利保障职责，各司其职，避免互相推诿，影响权利保障。

① 刘方权：《论犯罪嫌疑人身份的确认与撤销》，载《中国人民公安大学学报（社会科学版）》2009 年第 4 期。

为做好这项工作，我们要以检察受理为节点划分监察机关与检察机关的保障职责。

基于职务犯罪案件监察调查与审查起诉衔接机制鲜明的权力主导特征，被追诉人的权利保障自我实现能力有限，必须依赖办案机关的主动保障，因此为避免监察机关与检察机关互相推诿，需要特别强调权利保障衔接时间节点的强制力。一方面，这一节点作为被追诉人权利配置变化的时间标志，是判断监察机关和检察机关是否及时履行权利保障职责的重要依据。另一方面，这一节点对于监察机关与检察机关明确职责范围、避免办案衔接冲突和形成良性衔接关系意义重大。

首先，根据《监察法》与《刑事诉讼法》的规定，监察机关移送审查案件与检察机关受理案件应当同步进行，二者之间应当是前后相继的无缝对接，由此避免办案职责的盲区与空白。与之相对应的是，依据职权与权利同步转换原则，职务犯罪案件监察调查与审查起诉衔接机制中的权利保障应当同案件衔接同时进行。然而，相较于办案管辖权转移，权利保障衔接由于同时涉及办案机关之间的职责交接与被追诉人的权利转换告知，因而其时间节点确定关系到权利保障职责主体间交接时间和被追诉人身份转换，权利保障变更知情时间两个时间节点。其中，前者的确定较为简单，对于监察机关与检察机关而言，可以将权利保障职责作为办案职权的组成部分，一并纳入程序衔接机制，以检察机关受理案件为标志，确定权利保障职责衔接节点。而后者的确定则相对更为复杂。一方面，对于未被采取留置措施的被调查人，由于案件程序衔接完全由办案机关主导，因而往往只有在案件衔接完毕之后，检察机关主动联系或进行讯问之后，方知晓案件程序变更后其主体身份的转换，以及与之相伴而生的权利配置调整。另一方面，对于被采取留置措施的被追诉人，虽然随着强制措施类型和羁押场所的变更，其对所处程序阶段变化感知能够与程序衔接同步进行，但是根据《刑事诉讼法》的规定，对其权利告知并非与先行拘留同步进行，而是在24小时内进行即可。因此，针对权利告知与程序衔接过程中存在的时间滞后的问题，应当在明确被追诉人知情为权利保障衔接时间节点的同时，推进权利告知与程序衔接的同步进行，以此实现职务犯罪案件监察调查与审查起诉衔接机制中职责交接与权利保障的同频共振。

其次，对于监察机关而言，要注意以下两方面：一方面，要以权利保障时间节点作为履行权利保障职责的时间边界，在检察机关正式受理案件之前，作为衔接机制前端的办案机关，都应当积极履行权利保障职责，不能在作出移送审查起诉决定后，就自动解除权利保障职责，而是应当在协助检察机关完成权利保障交接之后方能停止履行权利保障职责，以此实现职务犯罪案件监察调查与审查起诉衔接机制中权利保障的全覆盖，无盲区。另一方面，监察机关应当尊重被调查人的程序主体资格，保障其知情权，在作出移送审查起诉决定后，主动告知被调查人案件程序转换的时间节点，并告知其衔接阶段的具体权利，以及行使参与权还有异议申诉权等权利的具体方式和程序。

最后，对于检察机关而言，要注意以下两方面：一方面，要以权利保障时间节点作为履行权利保障职责的起点，在受理案件后同步展开权利保障，主动与监察机关对接，全面保障被追诉人各项诉讼权利，针对被追诉人主体身份变更，强化案件移送审查起诉之后即程序发生转换之时犯罪嫌疑人权利的保障。① 另一方面，更重要的是，检察机关应当针对职务犯罪案件监察调查与审查起诉衔接机制的特殊性，对应调整权利告知等权利保障机制的实施时间，实现程序转换与权利告知的同步进行。例如，按照《刑事诉讼法》第33条的规定，人民检察院自收到移送审查起诉的案件材料之日起3日以内，应当告知犯罪嫌疑人有权委托辩护人。由于在刑事侦查与审查起诉衔接机制下，在侦查阶段，侦查机关已经就刑事诉讼期间犯罪嫌疑人所享有诉讼权利进行过告知，因而检察机关的告知属于重复告知，通常情况下，在未告知的情形下，犯罪嫌疑人就已经知晓委托辩护人的权利，甚至在部分案件中，其在侦查阶段就已经委托了辩护人。然而，在职务犯罪案件监察调查与审查起诉衔接机制下，由于监察调查阶段被调查人并不享有委托辩护人的权利，因而在监察调查阶段，被调查人不可能获得来自监察机关关于委托辩护人的权利告知，更不可能在这一阶段就委托辩护人。因此，基于控辩平等原则，对监察机关移送的案件不宜规定犯罪嫌疑人自被检察机关第一次讯问或者采取强制措施之日起就有权委托辩护人，而是应当规定“监察机关调查的案件，

---

① 虞浔：《职务犯罪案件中监检衔接的主要障碍及其疏解》，载《政治与法律》2021年第2期。

自案件移送审查起诉之日起，犯罪嫌疑人有权委托辩护人”。无论检察机关是否已经讯问犯罪嫌疑人，是否采取先行拘留等强制措施，被告人在移送审查起诉之日起就应当有权委托辩护人。[①] 由此类推，对于诉讼权利的告知，无论是被先行拘留的犯罪嫌疑人，还是未被采取强制措施的犯罪嫌疑人，检察机关都应当在受理案件后第一时间展开权利告知，及时全面地告知犯罪嫌疑人其在审查起诉阶段所享有的诉讼权利，以及相对应的权利实现保障机制和异议救济机制。

（二）强化被追诉人在职务犯罪案件监察调查与审查起诉衔接机制中的参与权

由于职务犯罪案件监察调查与审查起诉衔接机制的相关立法主要是从监察机关和检察机关的视角出发，如何实现案件在不同机关、不同程序之间的交接，缺乏在被追诉人视角下如何实现衔接阶段权利保障的立法规范。由此，导致当前在职务犯罪案件监察调查与审查起诉衔接阶段，被追诉人作为案件衔接的直接利害关系人缺乏必要的参与权，无法有效行使权利，影响办案机关的衔接活动。被追诉人作为职务犯罪案件监察调查与审查起诉衔接机制的直接利害关系人，不仅有参与衔接、实现主张的积极性，而且其参与活动可以对办案机关进行有效制约，规范监察机关与检察机关的衔接活动。一方面，通过强化参与权，可以推进被调查人有效参与监察机关的移送审查起诉活动，针对监察机关调查完毕后作出的移送审查起诉决定，被调查人的参与可以为移送决定拓展信息基础，并且可以同刑事诉讼法理进行有效对接。作为职务犯罪案件刑事诉讼的前置程序，为了充分满足职务犯罪嫌疑人、被告人在案件进入审查起诉程序之后充分参与程序的需要，以及对案件实体和程序的充分对抗，监察案件也必须贯彻以审判为中心的理念，[②] 强化被调查人的有效参与。另一方面，通过强化参与权，可以推进犯罪嫌疑人有效参与检察案件受理。国家监察体制改革后，职务犯罪案件由检察机关自侦自诉转变为监察

---

① 杨宇冠、郑英龙：《〈刑事诉讼法〉修改问题研究——以〈监察法〉的衔接为视角》，载《湖湘论坛》2018 年第 5 期。

② 谢小剑、李鹏云：《以审判为中心改革中监察案件的办理》，载《江西社会科学》2020 年第 12 期。

调查与审查起诉衔接模式，这使检察机关据以审查起诉的信息均依赖监察机关的移送。犯罪嫌疑人在衔接阶段的有效参与，可以有效拓展检察机关的信息来源，更加全面地掌握案情、发现疑点、印证推断。因此，在检察机关受理监察机关移送审查起诉的案件后应当继续赋予和保障犯罪嫌疑人及其辩护人相应的诉讼权利。① 具体而言，当前职务犯罪案件监察调查与审查起诉衔接机制中被追诉人参与权的强化需要以保障知情权为前提，以实现意见表达权为主体，以获得法律帮助权为保障。

1. 保障被追诉人监察调查与审查起诉衔接知情权

在监察调查与审查起诉衔接阶段，被追诉人的知情权包括案件程序信息知情权与身份权利变更知情权两部分。其中，前者是指对于案件衔接过程中所涉及的管辖以及程序走向、强制措施适用等问题，被追诉人应当得到及时告知。后者则是指对于因程序衔接所导致被追诉人身份由被调查人向犯罪嫌疑人转换，以及由此引发的具体权利配置调整。作为知情信息交换的两端，被追诉人知情权主要依赖于办案机关的主动告知，然而由于立法规范缺失，导致当前对于监察调查与审查起诉衔接阶段被追诉人知情权保障面临的主要挑战集中于办案机关对于权利告知的不充分与不及时。对此，应当强化办案机关的告知义务，以此促使被追诉人可以全面及时地了解监察调查与审查起诉衔接的相关信息。

首先，应当明确监察机关在移送审查起诉之前对于被调查人的程序衔接告知职责。由于《监察法》并未明确规定移送审查起诉前监察机关是否需要向被调查人就案件移送进行告知，因而当前监察调查实践中大部分案件中被调查人对于案件移送审查起诉的相关信息并不能及时知晓，往往是在案件进入审查起诉阶段后，因羁押场所变更或检察机关讯问方才得知。为避免因知情滞后影响权利行使，应当明确监察机关在案件移送审查起诉前，需要向被调查人进行相关情况告知，告知方式为口头告知与书面告知相结合，告知内容范围包括案件衔接流程、移送审查起诉所对应检察机关，以及监察调查与

① 董坤：《法规范视野下监察与司法程序衔接机制——以〈刑事诉讼法〉第170条切入》，载《国家检察官学院学报》2019年第6期。

审查起诉衔接阶段被调查人所享有的具体权利及保障机制。对于监察机关怠于行使告知职责的，被调查人可以提出申诉控告。

其次，应当明确检察机关在受理案件后对于犯罪嫌疑人的及时告知职责。按照《刑事诉讼法》的规定，检察机关在受理案件 3 日内告知犯罪嫌疑人有权委托辩护人即可，但由于职务犯罪案件不同于普通刑事案件，并无前续侦查阶段的提前告知，因而为实现权利保障的时效性，应当对此类案件权利告知的时限进行特别规定，在受理案件后，检察机关应当同步进行权利告知。

2. 充分落实被追诉人的意见表达权

意见表达权是被追诉人职务犯罪案件监察调查与审查起诉衔接机制主体身份实现的核心体现，保障被追诉人充分行使意见表达权，不仅可以让被追诉人有效主张权利，还可以有效制约办案机关的衔接行为，从而实现监察调查与审查起诉的合法有序衔接。当前，在监察调查与审查起诉衔接阶段，被追诉人意见表达权一方面缺乏有效的行使途径，另一方面缺乏对办案机关有效影响力。对此，应当从规范办案机关的听取义务着手，畅通被追诉人的表达机制，强化被追诉人的表达效力。

首先，应当规定监察机关在案件移送审查起诉前，检察机关在受理案件后，都应当听取被调查人和犯罪嫌疑人的意见，不得以任何理由限制和剥夺被追诉人的意见表达权。其次，为强化被追诉人意见表达的影响力，应当赋予其向办案机关提交证据材料或申请办案机关调取证据材料的权利，以此提高其意见表达对办案机关的说服力。

3. 获得法律帮助权

对于被追诉人，受制于法律专业知识和程序行为能力，获得法律帮助权是其在监察调查与审查起诉衔接阶段能够充分行使权利的基础保障。然而，当前《监察法》与《刑事诉讼法》对于监察调查与审查起诉衔接阶段被追诉人获得法律帮助权的规定存在监察调查阶段参与空白和审查起诉阶段介入滞后的缺陷与不足。一方面，在监察调查的移送审查起诉阶段，被调查人无法委托辩护人和接受法律援助，获得法律帮助。另一方面，在检察受理阶段，未被先行拘留的犯罪嫌疑人委托辩护人存在介入滞后的问题。对此要做好以下两点：首先，应当在解决监察调查阶段被调查人获得法律帮助权的基础上，解决移送审查起诉阶段被调查人获得法律帮助权的问题。针对当前辩护律师介入监察调查于法无据、可行性受限的现状，可以尝试通过公职律师,[①] 或者值班律师的方式给予必要法律帮助,[②] 以此兼顾保障监察调查顺利进行与保障被调查人获得法律帮助权，解决被调查人意见表达权行使有效性不足的难题。其次，应当将检察机关受理职务犯罪案件后犯罪嫌疑人委托辩护人的时间予以调整，规定在受理案件的同时，就应当告知犯罪嫌疑人有权委托辩护人，以此提高辩护人介入的及时性。

（三）强化职务犯罪案件监察调查与审查起诉衔接机制中被追诉人异议救济权的保障

基于权力行使的普遍规律，在职务犯罪案件监察调查与审查起诉衔接阶段，公权力行使错误或者违法是不可避免的。对此，除了利用权力行使监督制约机制予以控制之外，还需要通过利害关系人的异议救济机制予以遏制。然而，在当前监察调查与审查起诉衔接阶段，尤其是监察移送审查起诉阶段，由于监察调查线性构造所形成的内部审批模式，使被调查人的救济权实效性大打折扣。[③] 对于监察机关及其工作人员，在监察调查完毕移送审查起诉阶段存在的错误和违法行为，被调查人及其近亲属仅有申诉监察机关自我纠正的权利，而没有申请检察机关权利救济的程序保障。《监察法》在被调查人的权利救济上完全依赖于监察机关的自我纠正和内部自纠机制，缺乏外部的权力制约性，无法体现权力制衡下的权利救济保障。[④] 因此，基于职务犯罪案件监察调查与审查起诉衔接机制对于被追诉人所产生的重大影响，以及对职务犯罪案件追诉程序所具有的重要节点功能，为规范权力运行，保障权利行使，有必要对这一阶段被追诉人的异议救济权进行有效强化。

1. 强化监察移送审查起诉阶段被追诉人异议救济权

作为监察调查权力权利关系的两极，被监察者权利的保障与监察者权力

---

① 陈卫东:《职务犯罪监察调查程序若干问题研究》，载《政治与法律》2018 年第 1 期。

② 陈光中、邵俊:《我国监察体制改革若干问题思考》，载《中国法学》2017 年第 4 期。

③ 吴思远:《我国职务犯罪调查模式之法治化进路》，载《江淮论坛》2019 年第 3 期。

④ 吕泽华:《我国职务犯罪监察调查工作中的监检关系问题研究》，载《安徽大学学报（哲学社会科学版）》2020 年第 4 期。

的运用具有同等重要性，两者在实践中应当协调实现，不应片面强调其中一方而牺牲另一方。[①] 将监察调查完毕的案件移送审查起诉对于监察调查权与被调查人权利保障影响重大，为最大限度避免权力滥用，在强化权力控制约束机制的同时，除了法律规范的静态权利保障外，更关键的是设置程序救济权的动态权利保障机制。[②]

对此，应当明确被调查人对于监察机关及其工作人员移送审查阶段的错误和违法行为的申诉控告权。在我国现行法律制度下，权利救济途径主要有向监察委员会申请复核、申诉和赔偿等方式，这三者在制度上均存在某种缺陷：权利主体范围过于狭窄，权利保障力度、效度不足，权利救济程序具有内部封闭性，缺乏中立机关的有效参与。[③] 对此，要注意以下两方面：一方面，对于监察机关作出的移送审查起诉决定，被调查人可以提出异议，申请监察机关复议，对于监察机关作出复议决定不服的，可以向其上级监察机关申请复核，监察机关及其上级监察机关对复议和复核申请应当受理并及时作出决定。另一方面，对于监察调查人员的非法调查、滥用职权等违法行为，被调查人可以向其所在监察机关提出申诉控告，接受控告的监察机关应当进行调查，并作出相应处理结论。对于监察机关作出处理决定不服的，被调查人可以向其上级监察机关提出申诉控告，要求予以重新处理。

2. 强化检察受理案件阶段被追诉人的异议救济权

虽然《刑事诉讼法》针对审查起诉阶段犯罪嫌疑人、被告人的异议救济权进行了较为充分全面的规定，并且形成了较为成熟的权利救济机制。但针对职务犯罪案件，由于其程序构造特殊，因而在异议救济权方面需要进行特别应对。首先，应当针对职务犯罪案件监察调查与审查起诉衔接机制在管辖以及证据方面的特殊性，强化犯罪嫌疑人对于管辖、非法证据排除等事宜的异议权，以此应对监察调查管辖与刑事诉讼管辖、监察证据制度与刑事证据制度之间因制度性差异所可能导致的异议救济需求。其次，应当针对职务犯

---

① 童之伟：《对监察委员会自身的监督制约何以强化》，载《法学评论》2017 年第 1 期。

② 吕泽华：《我国职务犯罪监察调查工作中的监检关系问题研究》，载《安徽大学学报（哲学社会科学版）》2020 年第 4 期。

③ 张俊：《论我国监察调查权程序性控制模式之完善》，载《湖湘论坛》2020 年第 3 期。

罪案件检察审查起诉的实践现状，强化对于检察机关审查起诉这一环节犯罪嫌疑人的权利保障，进行区别对待的有效治理，实现犯罪嫌疑人异议救济权保障的平等对待。

第二节　被追诉人不在案案件监察调查与审查起诉衔接过程中的权利保障

由于职务犯罪案件被追诉人相较于普通刑事案件被追诉人往往具有更强的反追诉能力、经济基础，以及社会资源，因而其利用刑事诉讼要求被告人在案方能定罪量刑的立法要求，通过潜逃境外或自杀等方式规避刑事责任追究和财产没收的可能性更高。对此，我国《刑事诉讼法》探索构建被追诉人不在案情形下的刑事责任追究与财产没收机制。经过 2012 年《刑事诉讼法》修正创设违法所得没收程序与 2018 年《刑事诉讼法》修正增设刑事缺席审判程序，形成了包含未定罪财产没收与被追诉人缺席情形下刑事责任追究两种被追诉人不在案的刑事司法处理机制。虽然在适用范围上有所差异，但无论是违法所得没收程序，还是刑事缺席审判程序，其主要的作用对象实质上都指向职务犯罪案件。追诉程序的整体关联性，决定了职务犯罪案件监察调查与审查起诉衔接机制相对应地需要解决被追诉人不在案情形下的程序衔接问题。而且不同于被告人在案情形下监察调查与审查起诉的前后相继、分工负责，由于《监察法》第 50～52 条明确了监察机关对于职务犯罪案件国际司法协助的主导地位，[①] 决定了被告人不在案的案件中，监察机关与检察机

① 《监察法》第 50 条规定，国家监察委员会统筹协调与其他国家、地区、国际组织开展的反腐败国际交流、合作，组织反腐败国际条约实施工作。第 51 条规定，国家监察委员会组织协调有关方面加强与有关国家、地区、国际组织在反腐败执法、引渡、司法协助、被判刑人的移管、资产追回和信息交流等领域的合作。第 52 条规定，国家监察委员会加强对反腐败国际追逃追赃和防逃工作的组织协调，督促有关单位做好相关工作：（1）对于重大贪污贿赂、失职渎职等职务犯罪案件，被调查人逃匿到国（境）外，掌握证据比较确凿的，通过开展境外追逃合作，追捕归案；（2）向赃款赃物所在国请求查询、冻结、扣押、没收、追缴、返还涉案资产；（3）查询、监控涉嫌职务犯罪的公职人员及其相关人员进出国（境）和跨境资金流动情况，在调查案件过程中设置防逃程序。

关的衔接不局限于简单的办案程序推进，还需要全局统筹此类案件的程序选择与调整。随着刑事缺席审判程序的创设，在程序类型丰富的同时，受制于当前立法中存在的一些“短板”，被追诉人缺席时监察机关移送起诉的条件、如何处理缺席审判程序与违法所得没收程序、缺席审判与到席审判的关系等法律问题直接影响缺席审判追逃追赃预期目标达成。① 传统刑事犯罪追诉程序都是建立在被追诉人在案的基础上，相对应的权利义务配置都以默认被追诉人在案为前提，违法所得没收与刑事缺席审判，解决了被追诉人不在案而导致程序停滞的困境，却面临权利保障机制不匹配的问题，因而需要针对被追诉人不在案情形，相对应地调整监察调查与审查起诉衔接过程中的权利保障机制。然而，由于违法所得没收程序与刑事缺席审判程序之间存在竞合关系，且共同存在向普通程序回转的可能，因而在探讨被追诉人不在案案件在监察调查与审查起诉衔接过程中的权利保障问题之前，有必要对违法所得没收程序与刑事缺席审判程序的竞合关系予以辨析。

一、违法所得没收与刑事缺席审判的竞合关系②

2018 年 10 月 26 日，中华人民共和国第十三届全国人民代表大会常务委员会第六次会议通过全国人民代表大会常务委员会《关于修改〈中华人民共和国刑事诉讼法〉的决定》，并于公布之日起施行。在此次修正中，为“加强境外追逃工作力度和手段”，创设了缺席审判程序，③ 并将其纳入刑事特别程序立法单元。缺席审判程序直指长期以来困扰我国刑事司法实践的，因被告人潜逃境外无法到案导致刑事诉讼程序停滞不前的现实难题，同 2012 年《刑事诉讼法》修正所创设的犯罪嫌疑人、被告人逃匿、死亡案件违法所得的没收程序（以下简称判决前财产没收程序）呈现并轨协同格局，形成“两

---

① 黄风、齐建萍：《监察机关参与刑事缺席审判法律问题探析》，载《湖南科技大学学报（社会科学版）》2019 年第 4 期。

② 吕晓刚：《刑事缺席审判与判决前财产没收程序适用关系研究》，载《湘潭大学学报（哲学社会科学版）》2019 年第 4 期。

③ 《关于〈中华人民共和国刑事诉讼法（修正草案）〉的说明》，载中国人大网，http：//www.npc.gov.cn/npc/xinwen/2018－10/26/content_2064462.htm。

翼齐飞”的刑事反腐机制。[①] 但与此同时，不得不予以高度重视的是，由于二者在适用对象和程序效果方面都存在一定的竞合空间，导致在具体适用过程中可能存在一定的矛盾和冲突。因此，需要对缺席审判与判决前财产没收程序的立法效力位阶和实践适用次序进行梳理，以实现其立法预设功能，为我国反腐败斗争全面推进提供程序保障。

（一）单轨“对物”到“人、物”双轨的嬗变

针对数量众多、涉案资产规模庞大的外逃贪官如何进行刑事追诉一直以来是我国反腐败斗争中高度重视的一个问题。[②] 为此，除了通过引渡等国际刑事司法协助途径让相关犯罪嫌疑人、被告人到案审判之外，理论界和实务界都试图寻求构建一种能够在被告人不到案的情形下对其刑事责任进行追究，对涉案财产予以没收的程序机制，以突破被告人不在案时审判无法进行的立法限制。[③] 在探索过程中，缺席审判和判决前财产没收两种程序机制逐渐成为主流的备选方案，[④] 其中判决前财产没收程序借助我国成为《联合国反腐败公约》缔约国的契机，[⑤] 在2012年《刑事诉讼法》修正中被正式纳入立法，并且在刑事司法实践中发挥了积极作用，在许多重大案件中发挥了积极作用。然而，由于判决前财产没收程序只能解决违法所得和涉案财物没收，并不对行为人进行定罪量刑，难以发挥刑事责任所具有的威慑力。因此，在2018年新一轮《刑事诉讼法》修正中，构建缺席审判程序成为法律修改的重要内容。

---

① 樊崇义：《腐败犯罪缺席审判程序的立法观察》，载《人民法治》2018年第13期。

② 自党的十八大以来，出台“百名红通人员名单”等“猎狐”机制，截至2017年年底“百名红通人员”中已有51人到案。参见姜洁：《2017国际追逃追赃步伐加速》，载《人民日报》2017年12月8日，第1版。党的十九大报告中更是旗帜鲜明地指出：“不管腐败分子逃到哪里，都要缉拿归案、绳之以法。”

③ 最高人民法院《关于适用〈中华人民共和国刑事诉讼法〉的解释》第219条规定，对于检察机关提起公诉的案件，被告人不在案的，应当退回人民检察院。对于在审理期间被告人脱逃不在案的，按照《刑事诉讼法》第206条的规定，应当中止审理。

④ 陈光中、胡铭：《〈联合国反腐败公约〉与刑事诉讼法再修改》，载《政法论坛》2006年第1期；张小玲：《问题与误读：刑事缺席审判制度质疑》，载《政法论坛》2006年第3期。

⑤ 《联合国反腐败公约》第54条第1款第3项规定，考虑采取必要的措施，以便在因为犯罪人死亡、潜逃或缺席而无法对其起诉的情形或者其他有关情形下，能够不经过刑事定罪而没收这类财产。

1. 缺席审判程序创设的时代背景与价值

（1）缺席审判程序创设的时代背景

缺席审判程序，是指在被告人不到庭的情形下对其刑事责任进行确定的审理程序，在民事诉讼领域内得到广泛认可，然而在刑事诉讼领域内，由于程序结果直接关涉被告人的财产权、自由权乃至生命权，加之控诉一方绝大多数情形下都是代表国家的检察机关，因而缺席审判程序在刑事审判中的合法性一直未受到普遍认可。绝大多数国家都将缺席审判程序作为一种例外性规范，[①] 适用范围受到严格限制。我国刑事诉讼理论长期以来对缺席审判程序持否定态度，1979 年、1996 年以及 2012 年《刑事诉讼法》修正时也都并未确认其合法性。其中，2012 年《刑事诉讼法》修正时，虽然通过创设判决前财产没收程序开启了被告人不到庭情形下开展审判活动的先河，但这恰恰表明了立法在判决前财产没收程序和缺席审判程序的抉择中选择了前者。[②] 然而，根据党和国家的反腐败战略部署和境外追赃追逃的实践现状，判决前财产没收程序并不能完全满足惩治腐败犯罪的需要，因此在 2018 年《刑事诉讼法》修正时，缺席审判被正式纳入立法。相较于判决前财产没收程序仅没收财产不追究刑事责任的“对物”模式，缺席审判程序实现了刑事责任追究与涉案财产处置的“既对人又对物”，以“对人”定罪量刑为主，附带解决“对物”没收的全覆盖模式。

需要注意的是，根据对《刑事诉讼法》所确立缺席审判程序的规范内容的分析，缺席审判程序作为一种程序工具，实际上目标指向各不相同，[③] 包括贪污受贿等特定犯罪的缺席审判、被告人无法出庭自愿放弃在场权的缺席审判和被告人死亡的缺席审判三种类型。其中，第一种为修法主旨直接被确认，并且所规范问题在当前刑事司法实践中受关注程度最高，与判决前财产没收程序关联度最密切，因此本文将研究的范围限定在涉嫌贪污受贿、恐怖

① 张吉喜：《论刑事缺席审判的适用范围——比较法的视角》，载《中国刑事法杂志》2007 年第 5 期。

② 万毅：《刑事缺席审判制度立法技术三题——以〈中华人民共和国刑事诉讼法（修正草案）〉为中心》，载《中国刑事法杂志》2018 年第 3 期。

③ 陈卫东：《论中国特色刑事缺席审判制度》，载《中国刑事法杂志》2018 年第 3 期。

主义犯罪等特定案件中的犯罪嫌疑人、被告人潜逃境外缺席审判这一特定类型。

（2）缺席审判程序创设的制度价值

缺席审判程序限制了被告人在场权的实现，因而其正当性具有先天的“原罪性”，而我国《刑事诉讼法》之所以仍要构建这一制度，是因为这一程序机制在当前的时代背景下有着不可替代的重要价值。我国的缺席审判程序是一种具有典型中国特色的制度创新，其理论架构、立法解释和实践推进都必须建构在中国语境之下，不能简单套用域外相关缺席审判理论和立法作为评价和衡量指标，① 而是应当根据大量腐败分子潜逃境外，无法引渡或追逃归案的现实需求，以及党的十八大以来党中央全面推进反腐败斗争，践行法治反腐的政策导向，确定缺席审判程序的制度价值。虽然根据相关国际公约和外国立法司法实践，经缺席审判程序所作出的判决能够得到承认和协助执行的可能性并不高，但是对潜逃境外涉嫌贪污贿赂等犯罪的被告人进行定罪量刑本身就具有重要的对外宣示价值和对内回应价值。

首先，缺席审判程序具有对外宣示价值。一方面，通过对潜逃境外的涉嫌贪污贿赂、恐怖主义犯罪的被告人定罪量刑，可以向域外各国政府宣示我国党和政府严厉打击腐败犯罪和恐怖主义犯罪的信心与决心。通过对所谓寻求庇护的贪污贿赂和恐怖主义犯罪的犯罪嫌疑人、被告人进行缺席审判，以正式裁判的方式宣告其有罪身份，可以揭露其真实面目，以我国的司法公信力向该类犯罪嫌疑人、被告人潜逃所在国政府和司法机关明确宣示其所实施的犯罪行为以及造成的社会危害性。另一方面，通过对潜逃境外的贪污贿赂被告人定罪量刑，可以发挥刑法的评价功能。通过刑法的否定性评价，确认潜逃境外的犯罪嫌疑人、被告人的有罪身份，并以生效裁判所确定的刑罚作为后盾，发挥法律的威慑力，使其不能够继续在境外安心潜逃。并且，缺席

① 虽然法国、意大利等国均存在缺席审判的立法先例，但是一方面各国均将缺席审判限定为轻罪案件中方可适用，另一方面根据2016年3月9日欧盟发布的《关于强化无罪推定的某些方面和强化刑事程序中参加审判权利的指针》，欧盟各国所构建的缺席审判程序必须建立在被告人明确放弃在场权的基础之上。参见黄风：《对外逃人员缺席审判需注意的法律问题》，载《法治研究》2018年第4期。

审判程序还会对其他类似犯罪嫌疑人、被告人产生辐射效应，阻遏其实施犯罪或者潜逃境外的动机，发挥刑法的特殊预防与一般预防功能。

其次，缺席审判程序具有对内回应价值。贪污贿赂犯罪等腐败犯罪以及恐怖主义犯罪，一直以来为社会各界所高度关注和痛恨。通过对潜逃境外的犯罪嫌疑人、被告人进行缺席审判，追究其刑事责任，可以平复社会公众对刑事司法机关因犯罪嫌疑人、被告人潜逃而停止追诉所产生的负面情绪，回应民众对于惩治潜逃境外犯罪分子的诉求。就这一层面而言，缺席审判程序对于维护刑事司法权威、塑造司法公正具有一定的积极促进作用。构建缺席审判程序反映了党和国家反腐败全覆盖的坚定意志，对于增强社会各界对党和国家维护政治廉洁、实现社会公平正义的信念具有重大意义。

2. 缺席审判程序与判决前财产没收程序的竞合空间

判决前财产没收程序和缺席审判程序创设的实践基础都是外逃贪污贿赂、恐怖主义等犯罪嫌疑人、被告人的惩治。虽然前者侧重“对物”，后者侧重“对人”，但根据相关立法规范，二者之间的具体适用范围存在重叠适用的竞合空间。根据《刑事诉讼法》第 291 条第 1 款的规定，缺席审判程序的适用范围为犯罪嫌疑人、被告人在境外的贪污贿赂犯罪案件，以及需要及时进行审判，经最高人民检察院核准的严重危害国家安全犯罪、恐怖活动犯罪案件。第 298 条第 1 款规定，判决前财产没收程序的适用范围为贪污贿赂犯罪、恐怖活动犯罪等重大犯罪案件，犯罪嫌疑人、被告人逃匿，在通缉一年后不能到案，或者犯罪嫌疑人、被告人死亡，依照《刑法》规定应当追缴其违法所得及其他涉案财产的。这意味着，对于涉嫌贪污贿赂犯罪或者恐怖主义犯罪，且潜逃境外一年以上的犯罪嫌疑人、被告人理论上同时满足缺席审判程序和判决前财产没收程序的适用范围。根据《刑事诉讼法》第 292 条的规定，缺席审判程序在开庭审理，依法作出判决的同时，还要对违法所得及其他涉案财产作出处理。这显然与判决前财产没收程序追缴违法所得及其他涉案财产的制度目标之间存在交叉。由此可见，缺席审判程序与判决前财产没收程序在追缴潜逃境外贪污贿赂、恐怖主义犯罪嫌疑人、被告人违法所得及其他涉案财产时存在适用竞合。为避免适用冲突，必须对二者的立法适用位阶和实践适用顺序进行明确。

（二）缺席审判程序与判决前财产没收程序的适用位阶分析

缺席审判程序与判决前财产没收程序同为刑事特别程序的组成部分，各自都有明确的立法预设目标和适用范围，在立法效力上本无明确的高下之分。然而，适用范围的交叉性决定了为保证实践适用的有序性，必须对竞合情形下的适用位阶进行明晰。根据二者规范内容的包含关系，结合立法确认的时代背景，以及程序结果的效力，可以判定缺席审判程序的适用优先于判决前财产没收程序，当同时符合两种程序的适用条件时，应当适用缺席审判程序。

1. 解决事项的覆盖性

判决前财产没收程序与缺席审判程序的创设都有着极为深刻的现实需求作为实践基础，其中对于涉嫌贪污贿赂、恐怖主义犯罪等严重罪行并潜逃境外的犯罪嫌疑人、被告人进行司法处置是二者共同关注的重点作用对象，并且二者都是在被告人不到场的情形下展开审理活动。因此，在程序作用对象上，二者具有很强的相似性，二者之间最重要的区分依据在于对潜逃境外的犯罪嫌疑人、被告人进行规制的程序机理不同。其中，判决前财产没收程序是通过对违法所得和其他涉案财产的没收，对具有强烈贪利性的贪污贿赂犯罪和以大量资产作为犯罪基础的恐怖主义犯罪进行惩戒，并消除其社会危险性，是以非法所得和涉案资产的没收为中心展开的。而缺席审判程序则通过直接定罪量刑的方式，对贪污贿赂和恐怖主义犯罪进行刑事审判，以生效裁判的方式确定相关被告人的刑事责任，同时一并解决违法所得及其他涉案财产的处置问题，是以被告人定罪量刑为中心展开的，附带性地解决违法所得和涉案资产处置问题。缺席审判程序的处理事项既包括对人的追诉，也包括对物的没收，而判决前财产没收程序仅着眼于对物的没收，并不对案件所涉刑事犯罪行为进行审理和裁判，待被告人到案后方能正式进行刑事审判。

在处理事项上，缺席审判程序包含了判决前财产没收所处置中的对物没收，还根本性地解决了对人追诉的问题，一次性地解决了对贪污贿赂和恐怖主义等严重危害社会行为的刑事追诉问题，而无须同判决前财产没收程序一样搁置对案件的刑事审判。借此，可以有效提高诉讼效率，节约司法资源，更可以避免因案件后续刑事审判结果与判决前财产没收裁定相冲突所导致的一案不同判问题，确保刑事司法裁判的稳定性与权威性。因此，就程序解决事项的完整性和彻底性而言，缺席审判程序具有显著优势。为节约司法资源，维护司法权威，当缺席审判程序与判决前财产没收程序出现适用竞合时应当优先适用缺席审判程序。

2. 规范解释的优先性

虽然在立法体例上，缺席审判程序与判决前财产没收程序同属刑事特别程序立法单元，而且立法并未对二者适用位阶进行明确规范，但是通过对立法时序、立法内容和立法初衷的分析，可以判断立法者对于缺席审判程序与判决前财产没收程序的适用位阶已经有了比较明确的配置。

根据“新法优于旧法”的效力确定规则，作为“新法”的缺席审判程序在时效性方面优于作为“旧法”的判决前财产没收程序。更重要的是，缺席审判程序作为后来者，之所以能够在立法已设置对潜逃境外涉嫌贪污贿赂、恐怖主义犯罪的案件进行处置的判决前财产没收程序的情形下获得一席之地，恰恰反映了立法者对于两种程序位阶所秉持的立法初衷，即缺席审判程序的创设某种程度上可以被视为对判决前财产没收程序的“替代”和“进化”，侧面表明判决前财产没收程序并未完全实现立法者所期望的有效打击特定类型犯罪，遏制犯罪嫌疑人、被告人外逃，促进追赃追逃的国家意志和政策导向。此外，在具体立法体例上，作为“后法”的缺席审判程序却被安排在作为“前法”的判决前财产没收程序之前，这也在一定程度上反映了立法者对于这两种程序的位阶排序。

3. 程序效力的权威性

根据《刑事诉讼法》的规定，缺席审判程序和判决前财产没收程序在审判级别管辖上都是由中级人民法院管辖，两种程序所形成的裁判结果都是正式的刑事司法裁判，都具有相应的法律强制力，都受到刑事司法权的保障，当事人和检察机关对于裁判结果有异议的，也都可以向上一级人民法院上诉和抗诉。但是，由于二者本身程序属性存在本质差异，且裁判执行力范围有所差异，决定了缺席审判程序的程序效力强于判决前财产没收程序。

首先，就程序属性而言，在被告人死亡或潜逃的情形下对违法所得和涉案财产进行没收在世界范围内主要存在民事没收和对物保安处分两种主流模式，[1] 根据对我国判决前财产没收程序立法内容的分析可以将其归类为对物保安处分模式，程序属性归属为保安处分程序。缺席审判程序虽然建立在被告人不到庭的基础之上，但是通过强制辩护等制度的平衡，其基本诉讼构造和运行原理同普通刑事诉讼程序并无本质区别，因此就程序属性而言，其仍属于刑事诉讼程序的范畴。相较于保安处分程序，刑事诉讼程序的规范性和权利保障性都更具优势，更符合刑事诉讼法惩罚犯罪与保障人权平衡的诉讼理念。因此，当这两种不同属性的程序存在适用竞合时，应当优先适用具有刑事诉讼程序属性的缺席审判程序。

其次，就程序的执行力而言，根据《刑事诉讼法》的规定，判决前财产没收程序中“财产”的范围仅限于违法所得和其他涉案财产，并非一个完整的刑事定罪量刑生效裁判，所负载的国家强制力相较于完整定罪量刑的缺席审判程序显然存在一定劣势。对于域外国家和政府而言，缺席审判程序所形成的正式生效裁判无疑最能够代表我国司法主权，而判决前财产没收程序由于本身并不对被没收财产人所涉嫌犯罪行为进行审理，对是否涉嫌犯罪也未做认定，因而对部分非联合国反腐败公约缔约国而言，这一裁判本身的权威性和正当性存在重大不足。而缺席审判程序所形成的裁判，无论是对于案件事实认定的实质要件，还是对于正式审判所赋予的形式要件，都使其裁判结果被视为代表我国司法主权的正式裁判，应当得到普遍认可与尊重。

最后，就裁判执行过程的属性而言，判决前财产没收裁定的执行属于保安处分执行，而缺席审判裁判的执行则属于刑罚执行的范畴。相较而言，刑罚执行的权威性和规范性更为严格。通过缺席审判裁判结果的执行能够一次性解决对人的惩罚矫正和对物的没收处置问题，比单纯的对物没收更有威慑力和效率性。

（三）缺席审判与判决前财产没收的实践适用位序分析

在明确适用竞合的前提下，缺席审判程序相较判决前财产没收程序具有优先性，但由于立法中对于缺席审判和判决前财产没收的适用范围规范采用的都是如“需要及时审判”“严重危害”“可以”等原则性、描述性的表述，

---

① 黄风：《论对犯罪收益的民事没收》，载《法学家》2009年第4期。

需要在适用过程中进行个案裁量，这意味着这两种程序在具体适用中必然存在大量的自由裁量空间。对于监察机关和司法机关而言，虽然在明确竞合的情形下有优先适用缺席审判程序的明确适用指引，但是当面临适用范围模糊的情形时，如何具体抉择则需要重新予以探讨。前文中对于缺席审判程序的创设价值和其在立法位阶上的优先性进行了全面的分析，但是回归到司法实践中，受制于这一程序在正当性方面所存在的"先天缺陷"，其适用应当恪守歉意原则和必要性原则。在缺席审判程序与判决前财产没收程序存在适用范围模糊时，应当优先适用判决前财产没收程序。

1. 维持裁判稳定性，确保司法公信力

缺席审判程序通过形成完整正式的刑事生效裁判的方式发挥刑法的否定性评价功能，这一功能的发挥需要建立在刑事司法体系的权威性和公信力的基础之上，而裁判结果的确定性和稳定性则是维系刑事裁判权威性和公信力的重要保障。然而，通过对缺席审判程序立法内容的分析不难发现，为了平衡这一程序与生俱来的，因被告人不到案而导致的正当性的先天不足，《刑事诉讼法》对缺席审判程序的稳定性作出了妥协和让步。一方面，在审理过程中，一旦被告人自动投案或者被抓获，法院都应当重新审理。另一方面，即使审理完毕，判决、裁定生效之后，到案罪犯在被交付之前，对判决、裁定提出异议的，人民法院也应当重新审理。

通过上述重新审理机制，以保障被告人的重新审判权弥补其在场权的缺失，一定程度上提升了缺席审判程序的权利保障性。但是，这种正当性的提升是以牺牲裁判的稳定性为代价的，不仅在审理过程中审理活动会因被告人的到案而归于无效，需要重新进行；即使在已经形成生效裁判之后，也会因被告人的异议而使裁判一律归于无效。这不仅会对个案裁判结果的确定性产生不利影响，如果频繁出现甚至会危及刑事司法体系整体的权威性和公信力。一旦社会公众了解到此前对贪污贿赂和恐怖主义犯罪被告人所作出的缺席审判裁判结果会因被告人的异议而轻易归于无效，无法真正转化成为现实的刑罚执行，显然会影响其对刑事司法的信赖。因此，为避免因裁判动辄归于无效损及缺席审判程序回应社会公众诉求的价值根基，应当对缺席审判程序的适用采取审慎态度，不可随意滥用。

此外，缺席审判程序的裁判结果能够得以实现往往需要来自域外国家和政府的引渡和刑事司法协助等协助措施，但如果本身所提供的裁判文书随时有可能归于无效，不仅会影响其他国家和政府提供协助的积极性，更会损及我国刑事司法体系的国际评价，不利于法治国家形象的确立。

与之相对的是，根据《刑事诉讼法》及有关司法解释的规定，判决前财产没收程序只有在审理过程中，犯罪嫌疑人、被告人自动投案或者被抓获的，人民法院才终止审理。如果审理已经结束，形成了生效的裁定，并不会因被告人到案表达异议而自动使程序归于无效。对于已经被没收的财产当事人提出异议的，要与其所涉嫌的刑事犯罪一并审理，原裁定正确的，予以维持，不再对涉案财产作出判决；原裁定确有错误的，应当撤销原裁定，并在判决中对有关涉案财产一并作出处理。[①] 更重要的是，由于判决前财产没收程序并不对被没收财产人所涉嫌的刑事犯罪行为进行审理，更不会进行定罪量刑，因而即使未来被该案的正式刑事裁判推翻也并不会对刑事司法体系公信力和权威性造成严重影响。

此外，判决前财产没收程序作为一种仅没收财产的特别程序，社会公众对其程序效力预先有判定，即使程序结果改变也不会对我国刑事司法体系的稳定性产生根本性动摇。对于域外政府和司法机关而言，判决前财产没收程序裁定结果并非正式定罪量刑刑事裁判的基本属性也是明确的。一旦接受并提供刑事司法协助，就意味着未来的程序结果变更并不会超出其可预期范围。因此，两相比较，当缺席审判与判决前财产没收程序在具体适用中存在模糊或者争议时，优先适用判决前财产没收程序对维护我国刑事司法公信力和权威性更为有利。

2. 提高裁判执行力，实现程序实效性

对于缺席审判程序和判决前财产没收程序，其对潜逃境外的被告人所作出裁判结果能否得到切实执行是二者面临的共同难题。受制于被告人潜逃境外不能到案的客观现实，缺席审判程序和判决前财产没收程序的执行需要来自潜逃境外的被告人所在国政府和司法机关的协助方能得以实现，这意味着

① 最高人民法院《关于适用〈中华人民共和国刑事诉讼法〉的解释》第522条。

是否能够获得承认和协助就成为衡量缺席审判程序和判决前财产没收程序可执行性的关键性因素。

就缺席审判程序而言，虽然独特的中国语境使其可以针对涉嫌特定类型犯罪的被告人未到庭的情形下进行定罪量刑，脱离了仅能适用于轻罪的适用范围限制。然而，这种独创性的代价就是由于无法与域外刑事诉讼理论、立法和实践进行有效对接，致使其裁判结果获得承认和认可的可能性被大大削弱。例如，《联合国公民权利和政治权利国际公约》第 14 条第 3 款（丁）将被告人“出席受审并亲自替自己辩护或经由他自己所选择的法律援助进行辩护”是判定对任何人提出的任何刑事指控或确定他在一件诉讼案件中的权利和义务时，人人有资格由一个依法设立的合格的、独立的和无偏倚的法庭进行公正的和公开的审讯的最低标准。这意味着，对于在被告人潜逃境外、未能参与庭审情形下所形成的裁判结果难以获得国际条约和公约的支持。此外，由于绝大多数国家都不承认对于重罪可以进行缺席审判，依据此种缺席审判所作出的定罪判决提出的引渡请求遭遇到普遍拒绝。[①] 由于缺席审判程序所形成的生效裁判难以获得域外政府和司法机关的承认，自然也就难以在追赃追逃过程中凭借这一裁判作为请求国际刑事司法协助的依据。

就判决前财产没收程序而言，作为我国履行国际公约义务所构建的刑事司法机制，其裁判结果获得来自联合国反腐败公约的直接确认，对于所有该公约缔约国都具有普遍约束力，在应对涉嫌贪污腐败犯罪嫌疑人、被告人潜逃问题上符合国际主流制度发展趋势。此外，由于该程序裁判结果并不对被没收财产人进行定罪量刑，仅对其违法所得和其他涉案财产进行没收，无论是在对物保安处分模式下，还是在民事没收模式下，都能找到与其有效对应的域外制度对接平台，因而更容易获得域外政府和司法机关的认可和协助执行。

两相对比不难发现，判决前财产没收程序的裁判结果获得域外执行协助的可能性显然更有优势。此外，由于缺席审判程序重点在对人追诉，对物没

① 黄风：《对外逃人员缺席审判需注意的法律问题》，载《法治研究》2018 年第 4 期。

收只是附带性效应，而判决前财产没收程序完全以对物没收为执行内容。这意味着，对于犯罪嫌疑人、被告人潜逃境外，但违法所得和其他涉案财产在境内的案件，如果适用缺席审判程序，则裁判结果的主要部分因行为人不到案而无法执行，但如果适用判决前财产没收程序则可以实现裁判结果的完全执行。裁判结果能够得到执行是保证程序威慑力和实效性的根基所在，如果存在大量的“白条”裁判文书得不到有效执行势必影响司法的公信力。因此，从提高程序结果可执行性角度出发，当实践中出现缺席判决与判决前财产没收程序适用灰色地带时，应当优先适用判决前财产没收程序，以此兼顾对贪污贿赂犯罪、恐怖主义犯罪进行有效打击和维护刑事司法程序的威慑力、权威性。

二、被告人不在案案件监察调查与审查起诉衔接过程中的权利保障完善路径

无论是违法所得没收程序，还是刑事缺席审判程序，都是在被追诉人不在案的情形下推进追诉程序。相较于被追诉人在案的案件，由于被追诉人不能直接行使权利，此类案件面临程序保障的先天缺陷。对此，为平衡被追诉人不在案所导致的权利保障失衡，有必要在权利配置和实现机制上予以特别设置，以此实现被追诉人不在案的职务犯罪案件监察调查与审查起诉衔接机制中的权利保障符合正当程序基本要求。虽然《刑事诉讼法》针对违法所得没收程序和刑事缺席审判程序专门设置了指派辩护、异议重审等特别权利保障机制，然而在此类案件的监察调查与审查起诉衔接环节中，无论是《监察法》，还是《刑事诉讼法》，都对这一环节的权利保障进行特别规范。对此，有必要针对被追诉人不在案的职务犯罪案件监察调查与审查起诉衔接机制中的权利保障进行强化，以此实现违法所得没收程序与缺席审判程序的整体法治化水平提升。

相较于《刑事诉讼法》对于犯罪嫌疑人、被告人不在案时进行违法所得没收和缺席审判均设置相应的特别权利保障机制，能够对审查起诉阶段不在案的犯罪嫌疑人进行必要的权利保障，受制于立法时限和立法经验的限制，《监察法》对于被调查人不在案的职务犯罪案件的权利保障缺乏应

有的关注。因此，完善被告人不在案案件监察调查与审查起诉衔接过程中的权利保障，要重视监察机关对于被追诉人不在案案件监察调查与审查起诉衔接过程中权利保障中的关键角色。一方面，根据《监察法实施条例》第234条和第237条的规定，监察机关是职务犯罪案件被告人不在案时追逃追赃的主导机关，[①] 对于被调查人不在案案件的程序流向具有决定权，自然也就决定了后续权利保障的具体内容与实现机制，对于被追诉人不在案案件监察调查与审查起诉衔接过程中的权利保障具有引领作用。另一方面，由于监察机关移送审查起诉决定以及具体移送内容对于被追诉人最终的刑事责任追究具有基础性作用，因而在这一环节其权利保障对于最终追诉结果具有重要影响，为避免因权利行使缺位危及被追诉人权利的保障，必须重视监察移送审查起诉环节，实现这一环节不在案被调查人权利保障水平的有效提升。

（一）违法所得没收程序监察调查与审查起诉衔接过程中的权利保障完善措施

虽然自2012年《刑事诉讼法》修正创设违法所得没收程序以来，这一程序得以适用的案件数量极为有限，但基于这一程序对于职务犯罪案件被追诉人潜逃和死亡情形下财产没收所形成的有效威慑，《监察法》第48条明确

---

① 《监察法实施条例》第234条规定，国家监察委员会统筹协调与其他国家、地区、国际组织开展反腐败国际交流、合作。国家监察委员会组织《联合国反腐败公约》等反腐败国际条约的实施以及履约审议等工作，承担《联合国反腐败公约》司法协助中央机关有关工作。国家监察委员会组织协调有关单位建立集中统一、高效顺畅的反腐败国际追逃追赃和防逃协调机制，统筹协调、督促指导各级监察机关反腐败国际追逃追赃等涉外案件办理工作，具体履行下列职责：（1）制定反腐败国际追逃追赃和防逃工作计划，研究工作中的重要问题；（2）组织协调反腐败国际追逃追赃等重大涉外案件办理工作；（3）办理由国家监察委员会管辖的涉外案件；（4）指导地方各级监察机关依法开展涉外案件办理工作；（5）汇总和通报全国职务犯罪外逃案件信息和追逃追赃工作信息；（6）建立健全反腐败国际追逃追赃和防逃合作网络；（7）承担监察机关开展国际刑事司法协助的主管机关职责；（8）承担其他与反腐败国际追逃追赃等涉外案件办理工作相关的职责。

《监察法实施条例》第237条规定，监察机关应当建立追逃追赃和防逃工作内部联络机制。承办部门在调查过程中，发现被调查人或者重要涉案人员外逃、违法所得及其他涉案财产被转移到境外的，可以请追逃追赃部门提供工作协助。监察机关将案件移送人民检察院审查起诉后，仍有重要涉案人员外逃或者未追缴的违法所得及其他涉案财产的，应当由追逃追赃部门继续办理，或者由追逃追赃部门指定协调有关单位办理。

了这一程序在监察调查中的合法性，并对其适用条件进行了规范，[①] 由此形成了覆盖职务犯罪追诉全过程的违法所得没收程序体系，为实现违法所得没收程序在监察调查与审查起诉程序之间有效衔接，《监察法实施条例》和《人民检察院刑事诉讼规则》对其衔接流程进行了细化。其中，《监察法实施条例》第232条明确对于被调查人逃匿或者死亡的职务犯罪案件，应当经过监察机关集体审议后，将案卷材料和证据一并移送检察机关，对于移送后被调查人到案的，监察机关应当及时告知检察机关。[②] 检察机关作为违法所得案件监察调查与审查起诉衔接的受理主体，《人民检察院刑事诉讼规则》规定，对于监察机关移送审查起诉适用违法所得没收程序的案件，由受理案件的同级监察机关负责移送，[③] 并且由受理案件的检察机关捕诉部门负责办理，[④] 受理后需要对监察机关移送的案件材料进行全面审查，[⑤] 并作出是否向人民法院提起违法所得没收申请的决定。对于作出不提起违法所得没收申请

① 《监察法》第48条规定，监察机关在调查贪污贿赂、失职渎职等职务犯罪案件过程中，被调查人逃匿或者死亡，有必要继续调查的，经省级以上监察机关批准，应当继续调查并作出结论。被调查人逃匿，在通缉一年后不能到案，或者死亡的，由监察机关提请人民检察院依照法定程序，向人民法院提出没收违法所得的申请。

② 《监察法实施条例》第232条规定，对于贪污贿赂、失职渎职等职务犯罪案件，被调查人逃匿，在通缉一年后不能到案，或者被调查人死亡，依法应当追缴其违法所得及其他涉案财产的，承办部门在调查终结后应当依法移送审理。监察机关应当经集体审议，出具《没收违法所得意见书》，连同案卷材料、证据等，一并移送人民检察院依法提出没收违法所得的申请。监察机关将《没收违法所得意见书》移送人民检察院后，在逃的被调查人自动投案或者被抓获的，监察机关应当及时通知人民检察院。

③ 《人民检察院刑事诉讼规则》第521条规定，监察机关或者公安机关向人民检察院移送没收违法所得意见书，应当由有管辖权的人民检察院的同级监察机关或者公安机关移送。

④ 《人民检察院刑事诉讼规则》第518条规定，人民检察院审查监察机关或者公安机关移送的没收违法所得意见书，向人民法院提出没收违法所得的申请以及对违法所得没收程序中调查活动、审判活动的监督，由负责捕诉的部门办理。

⑤ 《人民检察院刑事诉讼规则》第522条规定，人民检察院审查监察机关或者公安机关移送的没收违法所得意见书，应当审查下列内容：（1）是否属于本院管辖；（2）是否符合《刑事诉讼法》第298条第1款规定的条件；（3）犯罪嫌疑人基本情况，包括姓名、性别、国籍、出生年月日、职业和单位等；（4）犯罪嫌疑人涉嫌犯罪的事实和相关证据材料；（5）犯罪嫌疑人逃匿、下落不明、被通缉或者死亡的情况，通缉令或者死亡证明是否随案移送；（6）违法所得及其他涉案财产的种类、数量、所在地以及查封、扣押、冻结的情况，查封、扣押、冻结的财产清单和相关法律手续是否随案移送；（7）违法所得及其他涉案财产的相关事实和证据材料；（8）有无近亲属和其他利害关系人以及利害关系人的姓名、身份、住址、联系方式。对于与犯罪事实、违法所得及其他涉案财产相关的证据材料，不宜移送的，应当审查证据的清单、复制件、照片或者其他证明文件是否随案移送。

决定的案件，需要向移送案件的监察机关说明理由，需要补充证据或补充调查的，应当书面通知移送案件的监察机关。[①] 相较于《刑事诉讼法》对于违法所得没收程序立法中对于被没收财产人及利害关系人权利保障的高度关注，现行衔接规范主要围绕职务犯罪案件监察调查与审查起诉衔接机制中的监察机关与检察机关的案件流转程序，对于被追诉人权利保障缺乏应有关注。虽然违法所得没收程序最终裁判结果并不涉及对被追诉人的定罪量刑，但是是否没收的决定将直接影响被追诉人的财产权，还有可能波及涉案财产的利害关系人的财产权，因而相较于被追诉人在案案件，违法所得没收案件的监察调查与审查起诉衔接阶段，一方面要以财产权为中心设计权利保障机制，另一方面要对权利保障的范围进行拓展，覆盖涉案财产的利害关系人。

首先，对于被追诉人在案的案件，监察调查与审查起诉衔接过程中的权利保障的主要内容以最终定罪量刑为目标，集中于强制措施等程序性人身自由权和证据材料等实体性抗辩权，以被追诉人的自主权利行使为实现机制。违法所得没收案件中，监察调查与审查起诉衔接过程中的权利保障的主要内容以涉案财产的没收为中心展开，既不涉及被追诉人的人身自由，也不关涉最终定罪量刑，而且由于被追诉人不在案，决定了其不可能通过自主行使权利实现权利保障，而利害关系人并非案件的当事人，其参与衔接过程的主体资格并未得到立法的确认。对此，应当构建以财产权保障为中心，以不在案被追诉人和利害关系人有效参与为内容的监察调查与审查起诉衔接过程中的权利保障体系。针对监察调查与审查起诉衔接过程中的财产权保障，应当明确衔接过程中监察机关与检察机关要依法进行涉案财物的移送接收，并进行妥善保管，不得挪用和随意处置，不在案被追诉人可以通过近亲属或者辩护人对案件移送表达意见，申请解除扣押、冻结等强制性措施。

其次，虽然违法所得没收程序的推进以被追诉人不在案为前提条件，但

① 《人民检察院刑事诉讼规则》第523条规定，人民检察院应当在接到监察机关或者公安机关移送的没收违法所得意见书后30日以内作出是否提出没收违法所得申请的决定。30日以内不能作出决定的，可以延长15日。对于监察机关或者公安机关移送的没收违法所得案件，经审查认为不符合《刑事诉讼法》第298条第1款规定条件的，应当作出不提出没收违法所得申请的决定，并向监察机关或者公安机关书面说明理由；认为需要补充证据的，应当书面要求监察机关或者公安机关补充证据，必要时也可以自行调查。监察机关或者公安机关补充证据的时间不计入人民检察院办案期限。

是对于不在案的被追诉人，同样需要尊重其在违法所得没收程序中的知情权和意见表达、异议救济等权利。针对其不在案这一特定主体状态，可以将当面告知保障知情权转变为通过公告送达的方式实现其知情权，可以将直接意见表达调整为为其指派法律帮助者，代为转达其意见，可以将直接提出异议救济和申诉控告调整为由其代理人提出异议救济和申诉控告的方式予以保障。由此可见，违法所得没收案件监察调查与审查起诉衔接过程中权利保障的核心环节是确定不在案被追诉人的程序代理人，尤其是在监察调查阶段，虽然现行立法未确认律师参与的合法性，但是在此类案件中，基于被调查人不在案的先天限制，应当赋予律师等法律帮助者作为被没收财产人的代理人参与监察调查与审查起诉的衔接过程。对于涉案财产的利害关系人，应当将其纳入监察调查与审查起诉衔接过程中的权利保障主体范畴之内，办案机关应当在衔接阶段主动保障其参与权，对于利害关系人要求参与衔接过程的，要保障其知情权，尊重其意见表达权和异议救济权。

最后，由于违法所得没收程序以被追诉人不在案为先决条件，然而在实践中，存在办案过程中被追诉人主动或被动到案的可能性。对此，按照《监察法》和《刑事诉讼法》以及有关司法解释的规定，被追诉人在案件移送审查起诉后，因自动投案和被抓获而到案的，应当及时终止违法所得没收程序，并将案件回转至监察机关，[①] 按照被追诉人在案程序展开监察调查与刑事诉讼，以此保证被追诉人自主行使抗辩权利，维护其合法权益。在此过程中，为保障被追诉人的合法财产权，应当在终止程序的同时，将被申请没收的财产退回监察机关，按照监察调查程序终结处置的规范予以处置。

（二）缺席审判案件的监察调查与审查起诉衔接过程中的权利保障完善措施

缺席审判程序中，由于被追诉人无法亲自到案参与诉讼，致使其程序正

① 《人民检察院刑事诉讼规则》第526条规定，在审查监察机关或者公安机关移送的没收违法所得意见书的过程中，在逃的犯罪嫌疑人，被告人自动投案或者被抓获的，人民检察院应当终止审查，并将案卷退回监察机关或者公安机关处理。《人民检察院刑事诉讼规则》第532条规定，在审理案件过程中，在逃的犯罪嫌疑人、被告人自动投案或者被抓获，人民法院按照《刑事诉讼法》第301条第1款的规定终止审理的，人民检察院应当将案卷退回监察机关或者公安机关处理。

当性存在先天缺陷，缺席审判程序不可避免地减损了犯罪人的质证权、辩护权，故设计该项制度时要格外重视权利保护，做到人“缺席”但权利不“缺位”，尽可能避免因权利保障不足带来的司法协助中判决难以获外国认可或执行的困境。[①] 对此，要注意以下两方面：一方面，应当对缺席审判的适用进行严格限制，为以有限的监察、司法资源尽可能地实现追逃，先判后追应该是一种“备而不用”的选择，先追后判更具现实可行性。[②] 另一方面，更重要的是，通过强化衔接阶段的权利保障，补强这一程序所面临正当性不足的缺陷。然而，当前监察法领域和刑事诉讼领域对于缺席审判案件监察调查与审查起诉衔接的规范集中于为监察机关和检察机关之间的案件流转提供程序规范，[③] 缺乏对这一阶段被追诉人权利保障的应有关注。对此，相较于检察受理案件环节可以援引《刑事诉讼法》对于刑事缺席审判程序所设置的指派辩护等权利保障机制，受制于《监察法》的立法时限，监察移送审查起诉阶段缺席审判案件被追诉人的权利保障面临无法可依的问题。因此，强化缺席审判案件监察调查与审查起诉衔接阶段中被追诉人权利保障不仅事关这一环节的监察移送审查起诉程序的优化，还可以辐射推进缺席审判案件监察调查权利保障体系的整体构建。

首先，保障监察移送审查起诉阶段的获得法律帮助权。被追诉人不在案

---

① 黄风、齐建萍：《监察机关参与刑事缺席审判法律问题探析》，载《湖南科技大学学报（社会科学版）》2019 年第 4 期。

② 黄风、齐建萍：《监察机关参与刑事缺席审判法律问题探析》，载《湖南科技大学学报（社会科学版）》2019 年第 4 期。

③ 《监察法实施条例》第 233 条规定，监察机关立案调查拟适用缺席审判程序的贪污贿赂犯罪案件，应当逐级报送国家监察委员会同意。监察机关承办部门认为在境外的被调查人犯罪事实已经查清，证据确实、充分，依法应当追究刑事责任的，应当依法移送审理。监察机关应当经集体审议，出具《起诉意见书》，连同案卷材料、证据等，一并移送人民检察院审查起诉。在审查起诉或者缺席审判过程中，犯罪嫌疑人、被告人向监察机关自动投案或者被抓获的，监察机关应当立即通知人民检察院、人民法院。

《人民检察院刑事诉讼规则》第 505 条第 1 款、第 2 款规定，对于监察机关移送起诉的贪污贿赂犯罪案件，犯罪嫌疑人、被告人在境外，人民检察院认为犯罪事实已经查清，证据确实、充分，依法应当追究刑事责任的，可以向人民法院提起公诉。对于公安机关移送起诉的需要及时进行审判的严重危害国家安全犯罪、恐怖活动犯罪案件，犯罪嫌疑人、被告人在境外，人民检察院认为犯罪事实已经查清，证据确实、充分，依法应当追究刑事责任的，经最高人民检察院核准，可以向人民法院提起公诉。

是刑事缺席审判程序存续的基本前提条件。根据《刑事诉讼法》的规定，被追诉人缺席的原因包括潜逃境外、患有严重疾病和死亡，这 3 种情形理论上在职务犯罪案件中都可能存在。虽然在缺席原因上有所差异，但无论是被动缺席，还是主动缺席，为保证程序过程和实体结果的公正性，都应当设置必要的权利保障机制，确保被追诉人不在案的情形下能够得到相应的权利保障。其中，最为重要的权利保障机制就是通过辩护人的参与，代替被追诉人维护其程序和实体权益。除此之外，此类案件中赋予被告人法律帮助权不仅有利于树立我国司法机关的国际形象，展现我国刑事司法保障人权的水平，还有利于缺席审判案件后续国际刑事司法合作工作的开展。[①] 检察审查起诉作为刑事诉讼组成部分，可以援引《刑事诉讼法》的规定，[②] 检察机关在受理案件后，应当为缺席审判的犯罪嫌疑人、被告人通知法律援助机构指派辩护人。与之相对的是，由于《监察法》本身并未规定监察调查阶段律师参与的合法性空间，对此应当从缺席审判程序特殊的主体状态出发，通过值班律师或者公职律师的方式，为不在案的被调查人提供必要的法律帮助，代表其参与监察移送审查起诉环节，维护被调查人衔接阶段的合法权益。以此，形成监察调查与审查起诉衔接阶段中被追诉人法律帮助权的全覆盖，从而提升刑事缺席审判程序的整体权利保障水平。

其次，保障被追诉人的知情权与意见表达权。根据《刑事诉讼法》的规定，对于刑事缺席审判程序中最为重要的潜逃境外类缺席审判案件的被追诉人，在庭审之前应当通过送达的方式保障其知情权，并以此作为缺席审判程序的适用前提。在此基础上，还允许缺席审判的被告人通过自行委托辩护人或者委托近亲属的方式参与庭审，发表意见，提交证据，申请法庭通知证人、鉴定人出庭，参与法庭辩论等，以此行使参与权。虽然《监察法》与《刑事诉讼法》并未将被追诉人知情权和意见表达权作为监察调查与审查起诉衔接

---

① 杨宇冠、郑英龙：《〈刑事诉讼法〉修改问题研究——以〈监察法〉的衔接为视角》，载《湖湘论坛》2018 年第 5 期。

② 《刑事诉讼法》第 293 条规定，人民法院缺席审判案件，被告人有权委托辩护人，被告人的近亲属可以代为委托辩护人。被告人及其近亲属没有委托辩护人的，人民法院应当通知法律援助机构指派律师为其提供辩护。

的必要条件，但是作为职务犯罪案件事实调查主体，为保证后续刑事诉讼程序的顺利进行，应当将锁定外逃人员住址作为监察机关缺席审判案件移送审查起诉的前置条件。[①] 在此基础上，在作出移送审查起诉决定后，监察机关应当将相关决定向被调查人送达，并告知其可以通过书面或委托的方式，就移送审查起诉的决定表达意见，提交证据。检察机关在受理案件后，也应当及时向犯罪嫌疑人送达案件审查起诉相关信息以及其所享有的诉讼权利义务。缺席审判案件被追诉人监察调查与审查起诉衔接阶段的知情权与意见表达权，不仅是强化职务犯罪案件缺席审判程序权利保障的现实需求，同时也有利于案件追诉的客观公正。这是因为，由于整个办案过程中被调查人可能自始至终“不在案”，这一特点决定了该类案件在取证上存在天然的口供缺失，收集的证据多以间接证据为主。[②] 通过被追诉人的知情和参与，可以拓展办案机关的信息来源，避免因证据偏差影响事实认定。

最后，保障缺席审判案件被追诉人利害关系人在职务犯罪案件监察调查和审查起诉衔接阶段的参与权。根据《刑事诉讼法》的规定，刑事缺席审判程序适用的情形包含被告人潜逃境外、被告人死亡和被告人患有严重疾病三种类型，但无论何种类型的缺席审判程序，被告人的近亲属均有权参与诉讼，享有知情、参与和异议救济等权利。这是对被告人近亲属自身利益的尊重，也可以通过近亲属参与，代替被告人维护权益。职务犯罪案件监察调查与审查起诉衔接机制作为监察调查程序的终点和刑事诉讼程序的起点，对于被追诉人程序和实体权利影响重大，不在案被追诉人近亲属参与这一阶段，既可以满足其关注案件进程的自我利益诉求，也可以代替被追诉人参与程序，拓展信息来源。据此，应当规定，监察机关在调查终结移送审查起诉环节，应当通知缺席被调查人的近亲属，并告知其有权就案件监察调查过程和移送审查起诉决定发表意见，提交证据。检察机关受理监察机关移送审查起诉的缺席审判案件后，也应当及时通知其近亲属，并听取其意见。

---

① 黄风、齐建萍：《监察机关参与刑事缺席审判法律问题探析》，载《湖南科技大学学报（社会科学版）》2019 年第 4 期。

② 董坤：《论外逃人员缺席审判的三重关系》，载《法学杂志》2019 年第 8 期。